健身理论与方法指导

JIANSHEN LILUN YU FANGFA ZHIDAO

本书编委会

主　编：刘　胜　贾　鹏　张先松

副主编：万发同　徐　桐

编写组成员（以姓氏笔画为序）：

万发同　山东体育学院竞技体育与体育教育学院

王　丹　湖北科技学院体育学院

毛学贝　湖北科技学院体育学院

刘　胜　江汉大学体育学院

张文君　武汉文理学院体育学院

张先松　江汉大学体育学院

李　炜　湖北文理学院体育学院

李　夏　武汉学院体育系

罗　飞　广州体育职业技术学院体育运动系

陈玉群　湖北师范大学体育学院

徐　桐　武汉文理学院体育学院

贾　鹏　江汉大学体育学院

长江出版传媒

湖北人民出版社

图书在版编目(CIP)数据

健身理论与方法指导/刘胜,贾鹏,张先松主编. —武汉:湖北人民出版社,2021.8
ISBN 978-7-216-10235-3

Ⅰ.①健… Ⅱ.①刘… ②贾… ③张… Ⅲ.①健身运动—研究 Ⅳ.①G883

中国版本图书馆 CIP 数据核字(2021)第 112049 号

责任编辑:徐　艳
封面设计:张　弦
责任校对:范承勇
责任印制:王铁兵

出版发行:湖北人民出版社	地址:武汉市雄楚大道 268 号
印刷:武汉首壹印务有限公司	邮编:430070
开本:787 毫米×1092 毫米 1/16	印张:21.5
字数:443 千字	插页:1
版次:2021 年 8 月第 1 版	印次:2021 年 8 月第 1 次印刷
书号:ISBN 978-7-216-10235-3	定价:56.00 元

本社网址:http://www.hbpp.com.cn
本社旗舰店:http://hbrmcbs.tmall.com
读者服务部电话:027-87679656
投诉举报电话:027-87679757
(图书如出现印装质量问题,由本社负责调换)

前　言

现代科技与文明给人们带来了各种生活上的便利，同时也使得一些复杂的新问题得以产生。随着快速交通的不断发展、人类向城市的不断聚集，全球卫生健康问题不容忽视。同时，负面情绪的压力、不健康的饮食及运动缺乏，业已成为高血压、糖尿病、冠心病等慢性病发生、发展的重要生活方式因素。2020年12月23日，国务院新闻办公室发布的《中国居民营养与慢性病状况报告（2020年）》更是指出，我国超过50%的成年居民超重或肥胖，儿童超重和肥胖患病率也呈不断上升趋势。而当肥胖作为流行病的一种四处蔓延之时，当心脑血管疾病等现代人的慢性杀手向我们迎面袭来之时，当我们的生理与生活突变期降临之时，当我们的体形体态及心理发生异样改变之时，科学的运动健身、平衡的膳食营养、适度的心理调适和必要的身体保健将给予我们有效的保护。

现代技术的自动化对人力的要求越来越低，人类肌肉与骨骼所受的负荷刺激减少使得人体的机能水平严重下降，骨质疏松症也日益泛滥。美国在2017年6月发表了一份对11.5万人的研究结果：坚持健身跑的人群，膝盖关节最为健康，他们的髋关节与膝关节骨性关节炎发病率仅有3.5%，而静坐少动人群则高达10.2%。缺乏身体活动与很多因素有关，包括个体因素、社会因素、政策因素等。为此，世界卫生组织提出健康的四大基石，即合理膳食、适量运动、心理平衡和睡眠充足。只有更好地了解人体生理学知识与现代运动的科学方法与手段，并伴随着现代社会认知的逐步发展，坚持倡导积极运动与合理的生活习惯，才能打造适合每一个人的优质健身方式，进而为全社会的"大健康"打造科学的健身体系。

同时，各种科技条件改善后所带来的运动穿戴装备的热销，也从侧面反映了大众健身热情的不断高涨。近年来，国内各个城市都争相举办各类大型的全民健身赛事，也是欲引领大众积极进行健身运动，并借此打造体育氛围浓郁的、充满运动激情的城市风格，进而塑造城市形象，提升社区地位，展现社团魅力。因此，那些独具影响力的城镇或社团，无一不是引领时代潮流、注重体育文化建设和打造健康生活方式的先锋。君可见，群众"马拉松热"方兴未艾，全国参加健身广场舞运动的人口超过1亿，疫后健身人群骤增等，都预示着只要社会条件具备，一定会有更多的健身爱好者加入各项运动中。

为了促进全民健身更高水平地发展，更好满足人民群众的健身和健康需求，国务院于近日颁布了《全民健身计划（2021—2025）》，并明确提出要提升科学健身指导服务水平。目前我国民众普遍缺乏科学的健身知识，怎样参与运动？采用什么样的运动方式？如何确定适合自己的运动频率和运动强度？如何科学地健身才不至于导致运动损伤？这些都是摆在专业健身指导者面前的必要而迫切的问题。

解决以上问题及相应的一些矛盾关系，就成为本书出版的新要求与新宗旨。本书承续了《体育健身原理与方法》和《健身原理与方法》两本书的精华，同时汇集了近年来健身理论与指导方法研究的最新成果，在编写体例、结构和形式上相比过去的教材也有较大的突破。本书编写团队参与的前两本书都曾经是全国体育院校和普通高等学校体育专业核心课程的选用教材。《体育健身原理与方法》教材由唐宏贵教授、张先松教授等分别担任正副主编，自1999年出版以来多次再版并印刷10余次；《健身原理与方法》教材由刘胜教授、贾鹏副教授、张先松教授主编，自2010年出版以来亦加印近10次。这两本书的出版都受到了全国众多大专院校体育专业师生和广大健身人士的欢迎。

在广大健身人士的鼓励和湖北人民出版社的盛情邀请下，我们决心在几十年的健身研究成果及实践经验的基础上，依据2020年10月国务院《关于全面加强和改进新时代学校体育工作的意见》中提出的，要加强体育课程和教材体系建设，注重聚焦提升学生核心素养，高等教育阶段体育课程与创新人才培养相结合，培养具有崇高精神追求、高尚人格修养的高素质人才的指示精神，并以2019年9月国务院办公厅颁布的《体育强国建设纲要》的战略目标和战略任务中明确提出的学校体育在体育强国建设中可以发挥重大作用，体育课程作为学校体育的核心引擎，对于落实体育强国精神有重要的意义为指导，根据学生的特点和身心发展规律，围绕课程目标和健身项目特点，精选教学素材，夯实健身理论与方法，打造融通中外的健身新理念，紧跟全民健身国家战略总目标，力争打造出一本充分体现思想性、教育性、创新性、实践性的《健身理论与方法指导》教材，以期满足不同健身人群的需求。

此外，新版本在对原有的健身原理与方法进行更新的基础上，对健康内涵与外延等方面进行深入探索，并在借鉴最新的健身科研成果的基础上，尽可能全面地论证运动健身的专业理论，并提供翔实的有益于健身者身体状况及体适能运动实施方案的理论依据与指导办法。

本书既可以作为高校体育专业学生健身指导类基础课程的专修或选修教材，也可以作为大学体育课程的选项课教材，还适用于一般人群的健身指导。本书在编写过程中参阅了大量国内外的文献资料和有关专家的研究成果，在此一并表示真挚的谢意！书中可能存在不妥疏忽之处，还请读者朋友多多包涵与指正。

编　者
2021年8月5日

目 录

第一章 现代健身新理念 001
　　第一节 健身与健康促进 001
　　第二节 健身的内涵及特点 007

第二章 健身理论基础 017
　　第一节 中国传统健身原理 017
　　第二节 健身的生理学基础 027
　　第三节 健身的运动学基础 034
　　第四节 健身的心理学基础 040

第三章 健身过程与原则 043
　　第一节 健身过程的特点与目标 043
　　第二节 健身过程应遵循的基本规律 048
　　第三节 健身原则 054

第四章 健身手段与方法指导 060
　　第一节 健身手段分类 060
　　第二节 有氧和无氧健身手段 061
　　第三节 休闲健身手段 075
　　第四节 民族传统健身手段 077
　　第五节 自然力健身手段 079
　　第六节 运动处方健身手段 082
　　第七节 健身恢复手段 096
　　第八节 常用健身方法 101

第五章　健身效果测评指导·····104

第一节　健身效果测评的种类和原则·····104
第二节　健身效果的定性评价方法·····108
第三节　健身效果的定量测评方法·····113

第六章　科学健身营养指导·····131

第一节　健康营养与营养素·····131
第二节　健身营养膳食指导·····146
第三节　不同年龄人群健身营养指导·····168
第四节　不同季节健身营养指导·····178
第五节　不同运动项目健身营养指导·····182
第六节　减肥塑身人群营养指导·····190
第七节　强身健体人群营养指导·····195
第八节　康复人群健身营养指导·····196
第九节　女性人群健身营养指导·····203

第七章　不同环境和季节健身指导·····207

第一节　不同环境健身指导·····207
第二节　不同季节健身指导·····216

第八章　身体不同部位健身健美指导·····223

第一节　颈部肌群健身健美指导·····223
第二节　肩部肌群健身健美指导·····225
第三节　臂部肌群健身健美指导·····230
第四节　胸部肌群健身健美指导·····236
第五节　背部肌群健身健美指导·····241
第六节　腰腹部肌群健身健美指导·····245
第七节　臀部肌群健身健美指导·····251
第八节　腿部肌群健身健美指导·····254

第九章 不同人群健身分类指导 ··· 262

第一节 不同年龄人群的健身指导 ·· 262
第二节 女性人群的健身指导 ··· 268
第三节 康复人群的健身指导 ··· 274
第四节 特殊人群的健身指导 ··· 283
第五节 形体修塑人群的健身指导 ·· 300
第六节 体态矫正人群的健身指导 ·· 308

第十章 健身计划的制订与实施 ··· 323

第一节 健身锻炼的安排 ·· 323
第二节 健身计划的制订 ·· 328
第三节 健身方案的实施 ·· 331

主要参考文献 ·· 337

第一章 现代健身新理念

本章导语

从远古时代开始，人们就祈求长生不老，希望有健康的体质和强壮的体格，并且一直努力和探索着。现代健身作为一种社会现象，随着人类社会的不断发展、生产和生活方式的重大变革，而逐渐成为世界各国一种崭新的生活时尚并风靡世界。了解和掌握健身的相关理论，正确理解健身对人体健康发展的促进作用和重要意义，关系着个人健康和社会的可持续发展。

第一节 健身与健康促进

随着我国社会经济的发展和人们生活水平的提高，人们渴望健康的愿望越来越强烈。全民健身运动的广泛开展，人们参与体育锻炼积极性的普遍提高，充分证明健康已经成为人们生活的第一需要。

一、社会发展与人类健康危机

自"二战"以来，西方发达国家工业化和城市化进程的加快，在给人类带来文明进步的同时，也给人类带来了许多困扰。工业化的高速发展对大自然的破坏日趋严重；工业化社会的竞争使人们承受了巨大的心理压力；快节奏的生产方式与生活方式使人们运动的机会越来越少；老龄化社会的来临使国民的医疗保健费用大幅度增加，使相关各国的国民经济背上了沉重的负担。为此，在21世纪，为了建设健康的国家，西方各国的政要们无一例外地把目光投向了大众健身。

中共中央总书记、国家主席习近平更是指出："体育是提高人民健康水平的重要途径，是满足人民群众对美好生活向往、促进人的全面发展的重要手段，是促进经济社会发展的重要动力，是展示国家文化软实力的重要平台。"习近平总书记还强调："发展体育事业不仅是实现中国梦的重要内容，还能为中华民族伟大复兴提供凝心聚气的强大精神力量。"

健康是一个人一生最宝贵的财富。人生在世，即使你拥有一切，若无健康，一切都等于零。在高度发展的现代社会，人们更加注重身体的健康、内心世界的充实与安宁，追求与周围环境的协调平衡，以迎接现代生活的各种挑战。而一个人健康与否主要有三个影响因素：一是营养，二是休息，三是运动。现代科学技术的发展给社会发展创造了物质基础，到20世纪末，随着计算机、自动控制、信息技术在各个领域的广泛运用，人类已经进入信息社会，极大地加快了生产、生活的现代化步伐，提高了社会生产力。但与此同时，也给人们带来了一些负面效应，这些效应主要体现在人的生理和心理两个方面。例如：现代生活使人感到紧张和疲劳；生活变化速度过快使人感到焦虑不安；工作、生活节奏过紧使人无暇顾及身体锻炼，从而运动不足，引发肌力衰退；营养结构的失调，造成肥胖病和营养不良；等。精神负担过重、体力活动不足、营养摄入与消耗失衡，导致心血管病、糖尿病、肥胖症等"现代文明病"泛滥。

据统计，现代城市人口中，心血管系统的疾病已高居各病之首，其病因与紧张、焦虑、运动不足、肥胖等有密切的关系。据国外资料报道：20世纪80年代美国就有20%的人患肥胖症，德国高达30%。美国因心血管病死亡的人数占总数的50%以上。在美国，国民的体质并没有随物质生活水平的提高而上升，甚至出现了下降的趋势。而我国1979年、1985年、1991年和1995年四次大规模的7～22岁城乡男女学生体质健康调研结果表明，中国7～22岁学生的耐力素质普遍下降，呼吸机能（肺活量）普遍下降，大学生下降的幅度最大，体质状况低于日本同龄组的学生。男生18岁、女生16岁以前，其生长发育水平均落后于日本男女学生1岁。在我国56～59岁成年男性人群中，患有高血压和糖尿病的人分别为6.8%和1.4%。2020年12月23日，在国务院新闻办公室举行的发布会上发布的《中国居民营养与慢性病状况报告（2020年）》指出，我国超过50%的成年居民超重或肥胖，儿童超重和肥胖比率也呈不断上升趋势。面对现代文明给人类健康带来的负面效应，人们最终把目光投向了体育。

二、健康新理念

1978年世界卫生组织在《阿拉木图宣言》中提出：健康是基本人权，达到尽可能的健康是全世界的一项重要的社会性指标。体质健康水平不仅关系到个人的幸福，而且关系整个民族的健康素质。随着人类社会的发展和人们认识水平的不断提高，人们对于"健康"这一概念的理解不断变化，健康的内涵也不断扩大。美国社会学家约翰·奈斯比特指出，美国人的健康观念发生了根本性的变化，在过去人们认为只要没有病就是健康，而现在则认为健康是整个人的身心处于一种积极的健康的状态。《世界卫生组织宪章》也给健康下了新的定义：健康是整个身体、精神和社会的完好状态。这个提法的核心是强调肉体和精神的统一，人与社会的统一，人与自然的统一。从有生命就是健康，没有疾病就是健康，生理、心理的健全就是健康，到生理、心理健全和社会适应良好、道德健康才能称为健康等发展过程来看，人们对健康的认识和追求从低层次的生理健全逐步拓展到生物、心理和社会多维健康观上。

究竟什么是健康，健康的内涵是什么？当前世界卫生组织（WHO）对健康的定义得到人们的普遍认可。世界卫生组织提出的健康新概念是：所谓健康，并不仅仅是不得病，还应包括心理健康以及社会交往方面的健康。因此，广义的健康概念并不是简单的身体无病状态，还包括躯体健康、心智健康以及社会健康等共同构成的全健康。

（一）躯体健康

躯体健康是大众最为关注的健康形式。它是指个人有充沛的精力，注意运动和营养的结合，保持良好的生活习惯，避免危险的行为，并随时注意自己的身体健康状况和休息状况。躯体健康的保持离不开运动习惯的养成、合理营养的摄取，以及良好的生活习惯与休息模式。

（二）心理健康

在亚健康、文明病等名词出现的同时，抑郁症等心理疾病也日益成为困扰现代社会的一大痼疾，严重影响着人们的健康。据世界卫生组织的定义，心理健康包括"主观的幸福感、感觉到个人的效能、自主性、和其他人的互动、可以实现个人在智能及情感上的潜力等"。世界卫生组织进一步指出个人的幸福包括实现个人能力、可以克服平常生活中的压力、富有成效的工作以及对群体的贡献。心理健康是指个体能够保持良好的思维与情绪，并且可以与周围的人良好地沟通，在遇到困难挫折时能充满信心并保持情绪稳定，懂得与周围人沟通，能适时表达自己的情绪，具备以冷静客观的态度去应付挫折及压力的能力。

（三）社会健康

除了身心健康，广义的健康还包括具有充分的社会知识和理解问题的能力，具备能够全面参加日常生活及社交活动所应有的态度、价值观与手段，并保持团队意识与适应社会的能力，为大众打造健康的精神状态和良好的社会道德。

综上所述，全新的"健康"理念，意味着肌体与自然环境的动态平衡和一种身体、精神和社会多方位的完美状态，它是在理解生物学内涵的同时，把人体健康置于整个外部环境中来认识，把人体健康与社会文化、经济条件、自然环境、人际关系等联系起来，形成的系统的健康观念。健康的真正内涵不仅是减少疾病和增强体质，更重要的是追求、探索、建立适合自己健康的良好生活方式。

三、影响人体健康的因素

（一）环境因素

人类的生存和繁衍及其一切活动都与环境息息相关。因此，环境对人的健康影响极大。环境包括自然环境和社会环境。自然环境包括空气、阳光、水、土壤、食物等，它是人的生命之源，但由于地理地质原因及人类发展对自然环境的污染和破坏，以及某些致病微生物的侵袭，人类健康面临着严重的威胁。因此，为了人类的健康，必须要保持一个良好的自然环境。

社会环境包括社会制度、经济、文化、教育等，社会环境对人类的健康也会产生重要影响。社会制度主要为国家制定和实施的各种方针、政策、法令。我国已经响应世界卫生组织的号召，广泛开展群众性的爱国卫生运动，建立健全了医疗保健体系、医疗保险体系、合作医疗体系和社会救济体系，确保人民健康水平得到较大提高。目前，全国上下正在按照党中央、国务院关于加快推进体育强国建设的决策部署，全面贯彻落实国务院《体育强国建设纲要》等文件精神，在健康中国建设国家战略的指引下，推进全民健身与全民健康的深度融合，着力发展群众体育，鼓励大众参与，倡导全民健身新时尚，以满足人民群众日益增长的多元化体育健身需求。

经济的发展为人们提供了更多受教育的机会，有利于提高人们的健康意识和健康知识水平，促进人们选择增进健康的行为。

文化是指物质文化和精神文化的总和，包括思想意识、道德规范、风俗习惯等，这些也直接影响着人类的健康。一个有着崇高理想和明确的人生目标、朝气蓬勃、积极进取、不怕困难与挫折的人，必定具有健康的行为方式；相反，一个颓废的、思想意识混乱的社会成员必定存在危害健康的行为。可见，思想意识与个体健康有着密切的联系。

教育不仅能促进受教育者知识技能水平的提高，同时也能增长受教育者的健康知识，使其提高健康意识。一个人受教育水平的高低对其健康的影响是十分明显的。受到良好教育的人接受的健康信息多，自我保健意识强，有着良好的生活习惯，能够按照社会健康规范来约束自己。同时，教育事业越发达的国家，国民健康水平也越高。

（二）生物学因素

生物学因素主要指先天遗传因素，它在个体生长发育过程中起决定性的作用。遗传基因决定了人体的各种遗传性状，如体型、长相、性格和气质等，包括某些遗传性疾病。不仅如此，受后天环境的影响，遗传也可以变异。后天环境条件的改善，使肌体在充分保留遗传特征的同时，还能促使肌体朝着好的方向发展，持续若干年后，这种后天获得的优良体质和体格都能遗传给下一代。不良环境和不利因素的干扰，也可使肌体内外平衡失调，引起遗传基因的突变，导致各种遗传病发病率升高。因此，人的一生中注意卫生保健，养成健康的行为和生活方式、科学健身、科学选择婚姻和优生优育，对种族的世代繁衍，增强后代人的体质，获得健康美好的生活有着重要意义。

人类在心理方面的遗传特征也是明显的。俗话说，"笑一笑，十年少；愁一愁，白了头"，表明了心理对人的健康的影响。积极的心理状态是保持增进健康的必要条件，消极的心理因素能引起许多疾病。现代医学证明，50%～80%的疾病属于"心身疾病"，是指以心理和社会因素为主要原因引起的疾病，如高血压、癌症、神经衰弱等，因此保持良好的情绪，做到心理平衡，对于预防疾病均有重要作用。

（三）生活方式因素

生活方式是指不同的个人、群体或社会全体成员在一定的社会条件制约和价值观指导下，所形成的满足自身生活需要的全部活动形式与行为特征体系。生活方式是人们的行为方式，人类的健康水平与体质状况越来越多地受这一因素的影响。要解决人类的健康问题就必须从人们的行为和生活方式入手。苏联医学博士兹马诺夫斯基提出了一个著名的健康长寿公式：健康长寿＝（情绪稳定＋经常运动＋合理饮食）/（懒惰＋烟＋酒）。因此科学、合理的体育运动是提高生活质量，保证健康的生活方式不可缺少的因素，这种健康的生活方式将给人类带来积极的影响。

20世纪80年代以来，我国的疾病谱、死因谱已经和西方发达国家一样，主要是心脑血管疾病和癌症等非传染性疾病。其产生的重要原因为：60%的源于不健康的生活方式和行为方式，其中最为严重的危害因素是吸烟、过量饮酒、膳食结构不合理、缺少运动和心理应激能力下降等。不良的生活方式会导致各种疾病，严重地损害人体的健康和寿命。在许多国家人们都把由于不健康生活方式导致的疾病叫"生活方式病"。许多专家发出警告：改变不健康的生活方式是当今预防生活方式病的根本对策，如果人们不改变有害于健康的生活方式，生活方式病将在全国、全世界大流行。世界卫生组织向全世界人民提倡四种健康的生活方式：不吸烟，饮酒不过量，平衡膳食，体育锻炼。随着社会的进步，人们要想保障身心健康，就必须把思想观念的重点转移到改变和克服不良生活方式，进而引导到良好生活方式上。

四、健身对人体健康的促进

随着社会的发展，人们对健身与健康的认识正不断走向深入。1997年日内瓦第47届世界健康大会上，世界卫生组织与国际奥委会联合召开会议并倡导"积极生活——体育为健康"的观点。马克思曾说过，现代社会对体育的需要是由生产力发展的客观要求决定的。随着人类社会的发展，体育将越来越显示它的重要地位。人的发展和进步是以健康为基础的，人体是知识、精神、信仰等的载体，它的好坏直接影响人的创造力。为了解除快节奏、高效率工作环境给人带来的生理和心理上的疲劳与压抑，人们迫切需要在紧张的工作之余有多种活动方式调节，使体力和脑力的疲劳状态得以改善，精力得以恢复。体育活动的健身、益智、观赏、休闲、娱乐、医疗等功能能充分满足人们的各种需求。人体是一个复杂的、有机统一的整体，健身活动作用于人体必然使得人体内部产生一系列变化。体育健身活动对人体的生理功能影响尤为明显。

（一）健身对身体健康的影响

健身活动可以提高身体的兴奋程度，使脑垂体分泌生长素，甲状腺分泌甲状腺素，并维持维生素A的含量，使得长骨不断加长；健身还可以促进人体的新陈代谢水平，使流向长骨的血量增多，加速细胞分裂，促使骨骼生长加快。血液循环的改善，还可促使骨密质增厚，骨骼变粗，使骨骼从形态结构上变得粗壮而坚固。此外，运动健身还能够改变肌肉的形态和结构。肌肉的基本单位是肌纤维，运动过程中，血液循环及血氧供应。增加了肌肉的营养物质，肌肉的收缩使肌球蛋白不断增加。运动还可以使肌肉结缔组织增厚，肌肉纤维的数量增加和横截面积增大，从而使人体的体重、宽度、围度和厚度增大。体姿是人体各部位在空间的相对位置，又叫体态，人的身体姿态主要是通过人体脊柱弯曲的程度及坐、立、走、跑的体态来体现。一个人良好的身体姿态，不仅反映其精神面貌，而且是一个民族精神文明的标志之一。健身运动不仅可以促进青少年正常的生长发育，而且还可以培养他们挺拔、轻灵和矫健的姿态。这是因为运动中一定的运动负荷，促进了其血液循环和新陈代谢，使附着在骨骼、脊柱上的肌肉及韧带的柔韧性加强，消除体内多余的脂肪，故可控制体重，改善体形和外表。

健身运动可以提高人体各器官系统的机能，尤其是神经系统、心血管系统、呼吸系统和消化系统的机能。俗话说："身体锻炼好，八十不算老。"大量研究表明，有规律地长期坚持健身运动不仅能够提高人体各器官系统的机能水平，还可以延缓衰老，延年益寿。

体能也叫体适能，主要是通过健身锻炼而获得。每个人的健康都需要有一定的体能，但是每个人所需要的体能水平不尽相同。体能可以分为两类：与健康有关的体能和与动作技能有关的体能。健身锻炼是提高体能水平的重要途径。我们在进行健身锻炼时，首先要明确自己的目标，然后再选择与目标相关的体能指标进行针对性的锻炼。如你想增进健康水平，就要发展与健康有关的体能；如果想提高运动技能，就要发展与动作技能有关的体能。作为大学生，应该重点考虑发展与健康有关的体能。当然，这两者之间也有共同之处，如心肺耐力、肌肉耐力、肌肉力量、柔韧性和身体成分等，无论是对健康还是对技能性运动项目都是十分重要的。

（二）健身对心理健康的影响

心理健康不仅是人适应社会的基本条件，而且对人体的生理健康有着直接的影响，甚至还会影响到人的智力发展水平。由此可见，一个人只有保持良好的心理状态，才能保证身体健康、学业的完成、个人的成长以及事业的发展，才能更好地适应社会发展，幸福地生活一辈子。

经常参加健身活动，能够体验丰富多彩的生活，缓解学习和工作上的压力，驱散生活的空虚与忧愁，消除人际关系中的不快和烦恼；有利于扩大交往范围，增进友谊；有利于改善神经系统的调节机能；有利于疲劳的消除，使人心情舒畅、思维敏捷；有利于提高适应自然环境和社会环境的能力等。另外，体育活动中的情感体验强烈而深刻，可以帮助人们改善心境、降低压力、宣泄消极情绪、转移个体不愉快的意识、情绪和行为，使人从烦恼和痛苦中尽快摆脱出来。

体育活动能够降低应激反应和紧张情绪，对消除疲劳，保持良好的情绪状态有很大益处。在健身活动中,需要不断克服客观困难(气候条件变化、动作难度提高和设置条件障碍等)和主观困难(胆怯、畏惧、疲劳等),这些都能够帮助人们培养起良好的意志品质,并对他们的工作、生活和学习产生积极影响。健身活动被公认为是一种良好的治疗心理疾病的手段。美国对1750名医生的调查显示,80%的人认为体育活动对治疗抑郁症有效,60%的医生认为可以用来消除焦虑症。众多研究资料显示,有氧运动都有助于轻度和中度抑郁程度的降低。

(三)健身对社会适应能力的影响

人际交往是指在社会活动中人与人之间进行信息交流和情感沟通的联系过程。人际关系的好坏反映了人们在相互交往中精神和物质的需要能够得到满足的心理状态,它反映了人与人之间的心理距离,其好坏程度也影响到人们的健康。

现代社会的发展,城市化进程的加快,使得人们的生活节奏加快,工作压力加大,生活环境和工作环境发生改变,使得现实生活中人们情感交流的机会和渠道减少。人们需要通过各种交往方式表达情感和传递信息,去缓解生活中出现的情感危机。健身活动能够增加人们交流的机会,满足人的社交需求。体育锻炼能促进人的社会交往活动,而且,体育活动的社会交往特性又会吸引人参与和坚持体育锻炼。

现代社会需要有合作精神,一个人要想在社会和集体中取得成功,就要学会与他人合作,借助于他人的帮助,否则难成大业。合作能力既是体育活动参与者的必备素质,也是可以通过体育活动培养和发展的一种能力。从事体育活动,特别是从事集体性的体育活动,需要与他人通力合作,这不仅有利于团队目标的实现,而且个体的才能也能充分发挥。经常性地参加体育活动,特别是参与集体性的体育活动,有助于合作意识和团队精神的培养。

第二节 健身的内涵及特点

从远古时代开始,人们就希望有健康的体质和强壮的体格,并且一直努力和探索着。现代健身是随着人类社会的不断发展,生产和生活方式的重大变革,而逐渐成为风靡世界各国的一种崭新的生活时尚。健身活动与体育的产生和发展有着非常紧密的联系。

一、健身运动的产生与发展

(一)人类健身活动的起源

在人类社会形成之初,教育就随之产生了。为了生存和繁衍,人类必须学会劳动作业过程中的跑、跳、投掷、攀登等技能并将之传授给后人,这就是体育教育的发端,也是人类健身活动的源头之一。

当原始人类在物质生产过程中逐步积累了愈来愈多的经验时,就开始认识到他们的生存取决于自己同所追逐的野兽之间在力量、速度、耐力、灵巧等方面的差异,于是开始有意识地对上述身体素质进行培养。随着人类的进一步发展，萌芽期的身体教育已开始与社会的一般教育分离，成为人类社会的一种以人的自身为其客体的特殊的活动形式，从而导致了"身体练习"的出现，这就是学者们所称的"原始体育的第一次质的飞跃"。

在原始人类的社会活动中，已经出现了最初的艺术、舞蹈、娱乐、祭祀、礼仪等活动。关于舞蹈的产生，古书这样记载："情动于中而形于言，言之不足，故嗟叹之，嗟叹之不足，故咏歌之，咏歌之不足……手之舞之，足之蹈之也。"

舞蹈源于人类的生产劳动，但它与人类对自己情感的表达和模仿自然的游戏心理有关（也就是所谓的"心理冲动"）。舞蹈属于艺术的范畴，但与体育和体育健身活动有着不解之缘，古今亦然。人们在舞蹈过程中，又逐渐产生对自身的朴素的美学要求。伴随着人类的社会需要，与舞蹈相近的活动性游戏也在原始社会出现了。

健身运动的另一种渊源，是原始的医疗卫生活动。医学史认为："……我们不必把医药的起源推崇为伏羲或是神农，或是黄帝的发明，而是原始社会人民同疾病伤害作斗争……从生活经验的积累中渐渐产生了纯靠经验的早期医学。"在人类的早期医学中，古代舞蹈兼具医疗卫生功能。关于原始社会末期"消肿舞"的记载，就是这方面的典型例子。《吕氏春秋·古乐》中曰："昔陶唐氏之始，阴多，滞伏而湛积，水道壅塞，不行其原，民气郁阏而滞著，筋骨瑟缩不达，故作为舞以宣导之。"

古罗马的医生盖伦著书立说，倡导健身运动。他将运动分为臂部、躯干和腿部运动，并倡导举重、爬绳等运动项目。古印度的医生也非常重视公共卫生和保健，主张通过身体运动（如瑜伽术）、按摩等手段来保持和恢复健康，达到预防疾病、帮助消化、延缓衰老等目的。

关于健身运动的源起，还有一种"需要论"。这种观点认为，"需要"是人类一切活动的动因。任何社会现象和生命现象，无不以社会的需要和人的需要为其产生、存在和发展的依据，可以说，人的活动都是由需要引起的，需要是人的能动性的源泉和动力。单就健身运动产生的动因而言，除了劳动的需要以外，还有适应环境的需要，对付同类袭扰的防卫需要等。这些需要归纳起来，就是需要健康的身体，需要进行强健自身的活动，因此，也就构成了健身运动产生的原因。

学者们认为，人类的健身运动不是自发产生的，它是为适应人们的社会需要而产生和发展起来的。人类健身运动的产生，具有三个最为直接的渊源，即最初的教育、文化娱乐和医疗卫生。上述这些活动的发展，推动了健身运动的发展。

（二）古代健身运动的发展

1. 东方古代健身运动的发展

在世界上绝大多数地区还处于混沌蒙昧状态的时期时，古代的东方已于公元前5000年便开始向文明社会过渡。东方各民族多生息于大河流域，生活环境相对稳定。许多民族形成了清静淡泊、自然调和、温顺好养的特点，致使其体育不是以争胜负、表现自我的竞技运动为主要内容，而是以保健养身（生）为主要活动形式。这种形式，在历史上得到了极大的丰富和发展，至今仍是世界体育运动的重要内容。

比如，在古埃及，由于社会等级森严，社会各阶层人群的健身状况存在着很大的差异。许多自由民家庭都注重孩子德智体的发展：当婴儿开始学步时，父母便任其赤裸着身子在空气新鲜、阳光充足的户外尽情活动、嬉戏。进入儿童和青少年阶段，各种体育游戏活动，如捉迷藏、骑人马、滚铁环、鞭陀螺、球戏等便成为他们生活的重要内容。他们的身心得到了极大的满足和发展。

在古代印度，健身活动相当普及，每个人都有参加体育健身活动的权利，连妇女也不例外。除各种球戏、拳击、狩猎、骑马、战车等活动十分流行外，体育的卫生保健原则和方法手段也开始在宗教的影响下形成。在早期吠陀时代，人们已经有了长寿的愿望，印度独具特色的瑜伽术也逐渐形成。

中华民族在几千年的历史长河中，创造了灿烂的文化。植根于祖国医学沃土上的中华养生术，是中国传统文化的奇葩。中华民族世世代代铸成了清静淡泊、顺乎自然、淡情寡欲、洁身自好、温良敦厚的性格；追求个人与社会、伦理与心理、理智与情感和谐统一的理想；追求重人伦、重情操的美德，从而使萌发于史前时代的、采用控制呼吸等以获得超自然体验的"养生术"得以在中国延续和发展。中国古代的养生活动，一直与哲学、伦理、道德、医学、教育、科学、艺术相互交织在一起，彼此渗透。但由于它产生于中国重人贵生的环境，从而与印度瑜伽术中的弃世绝俗、逃避人生甚至自我摧残大相径庭。此外，发源于中国古代民间的许多健身游戏也倍备受人们喜爱，并一直流传于世。

2. 西方古代健身运动的发展

古代西方文明比古代东方文明要晚几千年。但是，它一问世，就以咄咄逼人的气势雄踞历史舞台。西方古代体育刚一出现，就显现其鲜明的个性，使世界呈现出两种不同类型的体育交相辉映、平等发展的新态势。

不宜农耕，只宜发展商业的环境，使得古代希腊人形成了力求开拓、勇于竞争的性格，他们敢于否定自我，对个人的目标有着执着的追求。古希腊体育就以带有个人情感和争胜负为特点的竞技运动为主要内容，古代奥运会在此基础上蓬勃兴起。

另一方面，古希腊的审美观在重物理的思辨哲学基础上形成和发展起来，其审视的眼光又必然落到具体的自然物——人体上，其结果，使得人体的健美成为体育实施的主要目标之一。

在古希腊，原始的体操得到了较大的发展，有一种原始的体操称为巴列斯特里卡，内容包括五项运动：赛跑、跳跃、投掷标枪、投掷铁饼和摔跤。儿童也时常进行球戏、滚铁环、跑步、投掷标枪及其他一些增强身体素质的体育健身游戏。

在古希腊，有两种颇有代表性的体育健身运动，那就是斯巴达和雅典的体育健身运动。

（1）斯巴达的体育健身运动。古代斯巴达的体育健身运动被严格地纳入军事教育范围之内。12岁以下的儿童，就要在专门的机关中学习游戏、投枪、投重物、跳跃、角力、赛跑、远足和游泳等。12岁以上的青少年被重新编组，进行更加严格和强度更大的训练。意志训练被列入斯巴达青少年教育的重要内容，如鞭笞、惩罚、过极其艰苦的生活等。斯巴达的女子在18岁以前，也要进行严格的身体训练，经常进行的运动项目有赛跑、跳跃、投掷重物和摔跤，以及球戏、舞蹈、爬山活动等。经过运动磨炼的姑娘，也具有和男子同样的刚毅性格和健美体形。国家对她们进行系统的身体训练，是为了让她们生育健壮的后代，并在男子出征后，能担负守城的防务。严格的体育制度，使古代斯巴达人具有强壮的体魄、优越的身体素质，从而在古代奥运会的竞技中，保持了100多年的优势。

（2）雅典的体育健身运动。雅典体育的重要特征之一就是民主性，其最突出的表现是公民都享有体育权。雅典的教育制度是一种包括德育、智育和体育在内的全面发展的教育制度，一个雅典公民在尚未成年前，便有资格接受包括体育在内的全面发展教育，各类体操学校和体育馆均向他们开放。成年自由公民也享有国家提供的参加文娱活动和从事体育活动的同等待遇，不因财产多寡而有所差异。在某些节日，雅典人甚至可以倾城参加包括体育竞赛在内的庆典。

值得一提的是，许多古希腊著名学者，都是十分注重健身运动的专家。苏格拉底（公元前469—公元前399年）是古希腊著名的哲学家，他认为身体是事业成功的关键，人的身体越是健康，其工作效率就越高。他注重从国家利益的高度来认识体育问题，强调体育于国家存亡至关重要，若无视青年人的体育，到战时便会有亡国之灾。苏格拉底被视为智慧的化身，他不仅推崇知识，而且十分欣赏健美，并身体力行。他曾经感叹过：如果一个人一生都未曾使自己身体表现出力和美，那是一个极大的悲剧。

柏拉图（公元前427—公元前347年）不仅是著名的学者，而且是当时杰出的竞技手。他主张采用斯巴达教育制度的原则，在雅典实施强制性教育，培养青年人的勇敢精神和不畏劳苦的品德。他认为在青少年成长时期，要特别注意进行系统的健身训练，教他们舞蹈、骑马、投掷、赛跑、野营等。亚里士多德（公元前384—公元前322年）师承柏拉图20多年，也同柏拉图一样注重身心的全面发展教育。他提出"体育先于智育"的观点，在他看来，有了健康的身体，才有进一步接受知识教育的条件。他主张把体育作为人的全面发展的有机组成部分，并按年龄分期实施。

中世纪的欧洲，西方体育运动因种种原因曾经一度销声匿迹。但公元15—16世纪的文艺复兴，对欧洲健身体育的复兴起到了重要的推动作用。在人文主义思潮的影响下，以及在众多社会学家、教育家、思想家的倡导下，欧洲的健身运动又得到一定的发展，各种户外运动、游戏、球类运动、体操、旅行等又逐渐地兴盛起来。

总之，西方古代的健身运动经历了三个重要时期，即人类童稚时期（如古希腊人对健身运动的崇拜时期）；中世纪对上帝的偶像崇拜和对人及体育的否定时期；直到欧洲文艺复兴时期，资产阶级思想家对人的价值予以重新肯定，健身运动才得以回到人们中间。

（三）现代健身运动的发展

今天的健身运动已不可与昔日同日而语了，特别进入21世纪以来，世界发生了根本性变化，这是一个数字化生存的新世纪，这是一个知识产业化、国民经济知识化的新世纪，这也是一个需要终身学习和锻炼的新世纪。这个世纪，社会经济得到了高速发展，人们的余暇时间日益增多，业余生活丰富多彩。今日之中国，人口已达14亿之多，经常参加体育健身活动的人数接近5亿，参与休闲健身的人数将近7亿。在我国，仅国家开展的非竞技体育项目（即社会体育项目）就有100余个，另外，还有民间开展的各类健身运动项目。这些，带来了现代人生活质量的显著提高和健身价值观的日益更新。

新中国成立后，毛泽东主席及时发出"发展体育运动，增强人民体质"的伟大号召，各种体育措施相继出台，促进了群众体育运动的发展和人民体质健康水平的提高。改革开放以来，随着我国的综合国力不断增强，广大人民群众生活质量不断提高，竞技运动水平也有了长足的进步，人们对提高身体健康和体质水平的要求日趋迫切。为了适应广大人民群众对健康生活的强烈愿望和要求，国务院于1995年颁布了《全民健身计划纲要》，2003年出台了《普通人群体育锻炼标准》。2014年10月20日正式公布了《国务院关于加快发展体育产业促进体育消费的若干意见》，该意见中有一个提法值得关注，那就是要将全民健身上升为国家战略，"体育也是民生"已成共识。

党的十八大以来，以习近平同志为核心的党中央把保障人民健康摆在优先发展的战略地位，作出了"实施健康中国战略"的重大部署，当前全国上下都在健康中国建设视域下致力于推进全民健身与全民健康的深度融合，健康中国及体育强国建设成为国家战略。一个由国家倡导、政府推动、全民参加的大众健身运动热潮已经在我国城乡蓬勃兴起，健身运动正逐渐向着生活化、社会化、科学化和法制化的方向发展。

我们乐观地预测，党的十九届五中全会通过的《中共中央关于制定国民经济和社会发展第十四个五年规划和二〇三五年远景目标的建议》中提出的"全面推进健康中国建设"的重大任务一定会提前实现。为此，有关学者还为现代社会的健身运动总结了如下几个特点。

一是参加体育健身活动的人数十分广泛。

二是各国政府积极倡导和参与领导。

三是体育健身活动形式丰富多彩。

四是体育健身活动设施的建设受到全社会的重视。

五是体育健身科学化的步伐进一步加快。

六是大众健身活动与社会经济发展的联系日趋紧密。

二、健身的概念及内涵

（一）健身的概念及内涵

健身是指运用各种体育手段，结合自然力和卫生措施，以发展身体、增进健康、增强体质和愉悦身心为目的的身体活动。健身包括智力、肌体及社会的行为，这种行为的结果将是身体健康状况的明显改善，而不仅仅是摆脱疾病的状态。健康的人有很高的心肺功能和智力的敏感性；有良好的社会交往；有理想的体脂、体力及肌体的灵活性。经常性地健身锻炼，健康地饮食，避免滥用药品及不断发展摆脱压力的能力便可以达到这种理想的状态。它是以身体运动、自然力、饮食营养、卫生措施、生活制度、优生优育等作为手段，培育、锻炼、养护身体，以增强体质、增进健康的活动过程。健身，在这里是指体质的全面发展，而不是指某一方面运动能力的极限发展。

用"健身"这一现代汉语用词，既代表了古汉语中的"养生"这个词，也概括了当今世界各国所用的"增强体质""发展身体""完善人体"之类的词语。人类的身体建设，既要由弱到强（强健），又要在种族的遗传变异中由不完善到完善（健全）。所以我们选用健身一词来标记"养生""增强体质""发展身体"和"完善人体"这些词语。我们明确肯定："健身"这个词概括了增强体质、发展身体和完善身体的几层内涵，具有强健身体和健全身心的综合含义。

（二）与健身相关的概念

1. 健身锻炼

以强身健体、健全心智为目的而进行的一切身体活动，都可以称之为健身锻炼。随着人类社会的发展，人类文明的进步，健身锻炼已成为一种有目的、有组织、有计划地促进身心全面发展、增强体质、健美体形、延缓衰老、提高和丰富生活质量的手段。它不以夺取比赛优胜、摘取金牌及实现个人功利为主要目的，而是以增强体质、提高健康水平和生活质量、谋求身心愉快、延年益寿为主要目的，有时还包含有提高劳动效率等含义。

2. 健身运动

健身运动是根据人体生命科学的原理，运用不同的运动方式，通过各种形式练习，以增强体质、提高生活质量、延长人类寿命为目的的体育运动。它不是某一个单一的项目，而是一个广义的概念，是所有益于身心的运动项目的概括，包括健美、康复健身、体形修塑及娱乐与休闲健身等。

健身运动一般多以有氧代谢为主，对运动量的控制要求较高。由于参加者的年龄、性别和健康状况不同，因而所采用的内容与方法也不一样。青少年常采用田径、体操、球类、游泳、滑冰等。中老年人则一般采用走（散）步、慢跑、做操、太极拳、气功、健身球等。在形式上常以自我锻炼为主。

3. 休闲健身

休闲健身亦称闲暇体育、余暇体育、休闲体育、娱乐体育等，是人们为了丰富生活、调节情绪、谋求身体满足、善度余暇而进行的自由自在的体育健身娱乐活动。休闲健身以消遣、娱乐、放松为目的，内容选择上以个人爱好为前提，如各种竞技、游戏、球类活动、郊游、钓鱼、艺术欣赏、科学活动及接触大自然等。

4. 健美运动

健美运动是在健身运动的基础上，为增加身体美感而进行的建设性的身体锻炼。它是健身运动的升华和提高。当然，健美运动也属于广义的健身运动范畴。通过练习，可以形成良好的体形和姿态。健美运动的针对性较强，如为发展肌肉，可采用负荷和器械练习；为了养成端庄优美的体形，增加协调和韵律感，可采用艺术体操、健身操、健美操和体育舞蹈及轻器械练习等。健美运动的概念是，使用健身器械或徒手，通过专门的动作方式和方法进行锻炼，并根据人类遗传学、运动解剖学、运动生理学、运动训练学、运动生物力学、运动营养学、运动医学，结合音乐美学等学科原理，以锻炼身体、增强体质、发达肌肉、修塑体形、陶冶情操、促进人体健美为目的的体育运动。在体系上，健美运动又可分为竞技健美和大众健美两类。

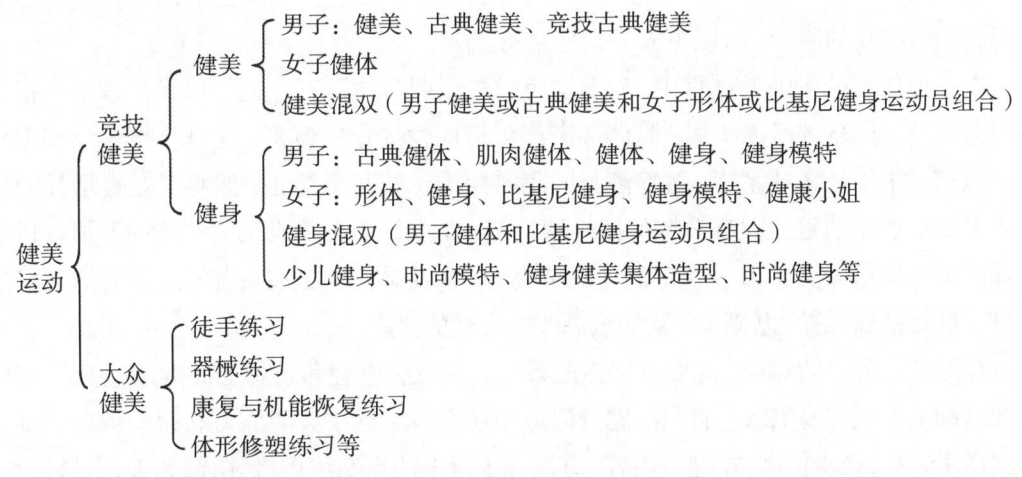

图 1-2-1　健美运动分类分支图

5. 康复健身

康复健身又称康复体育和医疗体育，是指疾病患者为了治愈某些疾病或恢复身体机能而进行的健身锻炼。康复健身的内容应根据疾病性质采用适宜的锻炼方法，如动作缓慢、负荷较小的散步、慢跑、太极拳、气功、按摩、保健操等。为提高康复效果，锻炼活动常与药物治疗相结合，在医生的指导下按运动处方要求进行定量锻炼。

三、健身的特点

(一)健康第一

随着社会的进步与发展,人类的生产和生活方式发生了巨大的变化,运动缺乏导致人类机能下降和"文明病"的产生,严重威胁着人类的健康。为此,世界各国政府通过设立各种机构和组织来大力发展大众健身。健身已经成为现代生活方式的主要内容。但是,健身与竞技运动不同,它主要是以强健身体、娱乐为目的的。通过健身锻炼,人们可以增强体质、塑造美的形体、形成良好的心理素质、提高对环境的适应能力和对疾病的抵抗能力等。因此,在健身过程中人们首先关注的是能否获得理想的健身效果。

为了使健身锻炼更能促进人体的健康,在锻炼之前,应进行身体机能和运动能力检查,明确身体机能、素质和能力等方面的基础与现状,为科学选择健身锻炼的内容和方法提供依据,也为日后评价锻炼过程与效果提供参考。参与健身锻炼之前还应该特别注意自身的健康状况,应通过必要的医学检查,预先发现身体的各种疾病,明确体育锻炼的禁忌,进而有针对性地采取必要的医疗保健措施,避免产生不良后果。

(二)长期坚持

俗话说:"冰冻三尺,非一日之寒。"健身锻炼由于受到体质增强的渐进性和锻炼效果不稳定性特点的制约,所以更需要长期坚持。

在人体体质的增强的过程中,健身锻炼首先引起身体形态、机能以及生理生化指标的良好变化,且经过逐步积累,肌体逐渐产生适应性变化。但是,健身获得的生理生化变化效果,并非会终身保持,随着健身间隔时间的延长甚至终止,健身者获得增长的技能水平也会逐步消退。健身锻炼的持续性特点,要求每个人养成长期锻炼的习惯。科学规律的健身能够使身体形成稳定的生物节奏,并对身体产生的良好影响,为后面进行锻炼打下良好基础,在此基础上,新的锻炼才会有新的提高。

良好健身习惯的养成,需要有坚强的毅力。要克服生理和思想上的惰性,坚持不懈,在此基础上产生健身需求。此外,健身锻炼中还应该注意在技能练习和运动负荷安排上做到循序渐进,稳步提高;在健身内容、方法和手段上注意系统连贯,由简到繁,由易到难,逐步提高,并采用有氧锻炼方法,这样健身效果会更明显。

(三)因人而异

健身者既可以根据个人学习、工作和生活的实际,也可以根据自己的年龄、性别、健康状况、兴趣爱好、传统习惯、职业特点、作息制度、自然条件和健身环境等综合因素,来合理计划自己的健身方案,充分满足自己个性化的需求。如人在不同的年龄阶段,健身锻炼的侧重点就应不同。婴幼儿时期(0~6岁),由于身体各器官和系统发育还没有成熟,在健身中应注意培养和锻炼身体的全面协调能力,尽可能让孩子参加游泳等需要全身协调用力的运动,随着其年龄的增大,逐渐让其参与一些有竞争意识的竞赛活动,培养健身兴趣；儿童时期（7～12岁），在全面提高其身体素质的同时，应培养孩子的自觉性和主动精神；少年时期（13～17岁），可以在健身中追求个人身体素质和运动能力的最高水平，健身负荷可以大、中、小相结合，以此促进青少年生长发育和素质的全面提高；青壮年时期（18～35岁），由于身体发育水平达到人生的最高水平，可以参加较大强度和负荷量的体育活动，且由于该时期个体之间差异较大，在内容、方法和强度上可以选择适合个人特点的健身活动；中年期（36～60岁），健身内容丰富多彩，但对于个体而言，应精选健身内容，注重锻炼的目的和时效性，养成锻炼习惯，另外，还应结合工作和生活进行锻炼；老年期（60岁以上），健身方法应该简单，锻炼应与防病和治病紧密结合，强度要小，负荷量要适当。

在健身内容方面，每个人可根据自己的实际情况来进行选择，如肥胖者可参加减肥运动和健美运动，老年人则可以选择慢跑一类的有氧锻炼或中国传统体育健身方法等。个体不同、年龄不同、性别不同，采用的手段、方法、组织等也不同，可根据个人需要灵活掌握。在时间上，根据季节的不同，体育健身活动形式也有变化，如夏季游泳、冬季慢跑、冰雪运动等。在空间上，根据地区特点，近山者登山，近水者游泳、划船；高寒地区进行冰上、雪上体育健身；逐牧地区选择摔跤、骑马；等等。

对于不同职业的人群，其健身锻炼的重点也应有所区别。如脑力劳动者群体由于肌力活动少，身体长期处于固定姿势，健身中应养成锻炼习惯，注意选择合适的内容，增强心肺功能、发展身体协调能力及增强体力，还应多参加户外运动，增强肌体适应外界环境的能力；农民群体，应注重身体的全面发展，弥补体力劳动的不足，避免与防止身体畸形发展，内容上应选择增强身体柔韧性和灵活性的练习，增进身心健康；工人群体应根据身体局部负担过重的现状，针对性选择体操动作和全身性运动项目，提高整个肌体及心血管系统的机能能力，改善身心状态等。

（四）全面发展

健身能全面锻炼和发展身体的各个部位、各器官系统的机能，各种身体素质和基本活动能力。健身以追求身体形态、机能、身体素质与心理等全面和谐发展为目标，健身中不仅要锻炼身体各部位的关节、骨骼、韧带和肌肉，以提高人的力量、耐力、柔韧、灵敏度、协调性等身体素质，还要使人体的循环系统、呼吸系统、消化系统及神经系统的功能都能得到改善。人们通过健身锻炼，还能体验运动的乐趣和产生愉快的情绪，并把这种娱乐方式变成生活中一个重要的组成部分，以调节工作的压力，起到健身和健心的效果。

> **思考题**
> 1. 人类健康危机产生的原因是什么？
> 2. 影响健康的因素有哪些方面？如何树立正确的健康理念？

3. 什么是健身？简要概述健身的特点？
4. 健身是如何促进人体健康的？

第二章 健身理论基础

本章导语

"生命在于运动"——古往今来，无论哪个年代、何种民族，均将健康视为人生的第一需要。我国五千年灿烂文化孕育的体育养生健身理论博大精深、源远流长。两千多年前，西方医学之父希波克拉底就曾说过，健康是最可贵的。世界卫生组织明确指出，健康是基本的人权，尽可能达到健康水平，是世界范围内的一项重要的社会性指标。随着社会的发展、科学技术的进步以及物质水平的提高，体育健身与社会发展有着越来越紧密的联系。人们应该深刻认识和理解中国传统健身思想和现代健身理论的内涵和特质，并运用于体育健身实践，不断增强自身体质健康水平，以抵抗疾病的侵袭和应对工作的压力，达到延年益寿的目的。

第一节 中国传统健身原理

中国传统体育在数千年的发展过程中，由于受中国传统文化的影响，从思想体系、理论体系到实践体系，都形成了独特的体育文化，在养生长寿、内外兼修、身体训练、技能培养等方面创造和遗留了丰富的经验和辉煌的理论。总结我国传统养生健身理论，不仅可以揭示出古代养生观对现代健身理论发展的重要意义，而且可以以其为基础重构现代健身理论的基本理念。

一、中国传统养生健身思想的沿革

夏朝尧舜时代，为了治疗风湿病和关节炎症，远古的先民选择将一些动作编排成舞蹈，用来舒筋活血、强身健体，用导引按摩的方法来达到消除疾病、恢复健康的目的。这可以说是中国医疗体育以及养生中导引、按摩等古代体育健身形式的最早雏形。

夏商西周时期，医疗保健和养生知识都已经有了初步的发展，特别是早期养生思想的出现，为后来的中国古代体育健身思想的发展奠定了基础。《周易》是我国古代的一部巨著，它认为人的生命起源于阴阳的相互作用。宇宙事物的发展变化，都是由阴阳、动静相互运动作用而产生的，所以"天行健，君子以自强不息"，生命在于阴阳调和，在于合理的运动。

随着人们对于自然界和社会认识的提高，人们日益增长的自然科学知识，如阴阳、五行、医学等，对于中国古代体育健身思想的产生和发展起到了推动作用。《黄帝内经》是我国医学宝库中现存成书最早的一部医学典籍，也是中国古代第一部养生宝典。其中一个非常重要的思想——"治未病"，给古代体育健身思想的发展提供了自然科学的背景。

中国古代体育健身思想在漫长的发展过程中，受到儒家、道家、阴阳家、佛教的影响。儒家的体育健身思想重视伦理，讲究等级和秩序，强调仁、礼，寓体育教育于礼乐，强调文武兼备的思想；道家在体育健身方面主张道法自然，顺其自然，提倡清静无为，守雌守柔，以柔克刚；墨家尚力，注重形与神、生命与运动的关系，重视身体健康和身体机能的锻炼；阴阳家提倡阴阳五行学说，认为阴阳是事物本身具有的正反两种对立和转化的力量，重视生命运动的规律，主张天人合一，和谐共处。

春秋战国时期的诸侯争霸，使得尚武精神在民间得以推行，为古代体育的发展提供了良好的土壤。秦汉时期的体育健身活动以养生和导引术最为盛行。早期的道教也把行气、导引、辟谷作为修炼身体的方法。所谓"养生"，就是指通过各种方法颐养生命、增强体质、预防疾病，从而达到延年益寿目的的一种健身活动。我国古代的"导引"就是指"导气会和""引体会柔"，是呼吸运动和躯体运动相结合的一种体育疗法。英国科学家李约瑟博士认为，西方现代的医疗体操实际上是从中国早期的体操传入欧洲演变而成的。华佗是汉末著名的医学家，在养生方面很有研究，他在体育健身、医疗体育方面也有着重要贡献，并创立了著名的五禽戏来舒展筋骨，畅通经脉，达到治疗疾病、强身健体的作用。

魏晋南北朝时期，长期的封建割据和连绵不断的战争，使得这一时期中国体育健身思想的发展受到特别的影响。这一时期的体育健身方法出现了两种倾向：一是偏重于精神的修炼，追求虚无寂静，动中求静；二是偏重于"炼丹服药"以求康健，而忽视身体运动机能的拓展。

隋唐五代时期尚武之风尤盛，体育健身和武术运动得以发展，慢慢地向健身、娱乐的"武术运动"演进。体育健身思想也由原来的注重养生逐渐向体育竞技和体育娱乐方面演变。孙思邈是唐代著名的医学家和药物学家，他将儒家、道家以及外来古印度佛家的养生思想与中医学的养生理论相结合，提出的许多切实可行的养生方法，如清心寡欲，顺其四时调神迎气，每日小劳居家有戒以防风邪，每日按摩、保健养生行气导引，祛病延年等。他指导人们心态要保持平衡，不要一味追求名利，饮食应有所节制，不要过于暴饮暴食，气血应注意流通，不要懒惰呆滞不动，生活要起居有常，不要违反自然规律，时至今日，这些理念还在指导着人们日常的健身养生。

宋朝体育健身思想的发展受到理学思想的影响。理学大师朱熹认为心理健康是身心健康的基础，只有通过养气、养神，才能达到合乎于大道的真正理想的状态，他提出了"顺道、持中、主静、宜时"的健身养生的原则与方法，即是要顺应天道，每天吐故纳新，通过呼吸运动、肢体运动调节"阴阳"二气,在养生中要注重整体与平衡,一切顺其自然,要注重精神的自我修养,以求身心健康在不同的节气中要有所侧重,不能逆时而动。宋代对于前人体育健身思想的成果有很好的集成,健身方法也在前人的基础上有了很多的创新发展。最有代表性的便是二十四势坐功、八段锦和小劳术,这些导引术的共同特点是把古代的导引术集合成套路,并与保健和身体运动结合,简单易学,祛病健身。

明代在体育健身思想上,基本上继承了宋代的理念。武术在明代得到飞速的发展,形成体系,并以古代的阴阳、五行、八卦学说为其武术理论的基础,体现了鲜明的传统文化特色和浓郁的哲学色彩,并形成了流派。

清代,我国传统体育的某些项目逐渐衰落,但武术、摔跤、骑射、滑冰、围棋等体育活动的水平却有显著提高,规则也逐渐完善,成为中国古代民间体育活动大荟萃的时期。这一时期很多体育健身、养生方面的著作问世。

鸦片战争以后,由于受到来自西方的冲击,我国传统体育发展轨迹被迫中断。西方的坚船利炮,使本已不合时宜的传统军事体育加速退出战场;日渐萎顿的乡村社会和遭遇现代工商业及现代化农业围剿的小农经济,已经无力支持传统民俗民间体育活动继续发展;传统的养生方术也遭遇到前所未有的健身理论与方法的挑战……传统体育陷入了空前的危机。面对这些危机与挑战,社会各阶层都以自己的方式作出回应。尽管这些回应并不都明确地指向体育或以体育为工具,但其中多少都包含着对体育的性质、功能与方法的重新认识。在这个过程中,洋务运动使相当一部分中国人开始接触到西方体育,而甲午战争前后的危急局势,却使越来越多的中国人意识到变法维新、"自强保种"的紧迫性。人们开始从国家前途、民族素质、教育使命等角度去重新认识素来被社会鄙视的身体活动,形成了一套不同于传统养生保健观念的新的体育观。在这种认识和社会需要的双重推动下,中国体育以不断解决当时紧迫的现实需要的形式,艰难地寻求着体育的现代化之路。

现代体育在19世纪末20世纪初传入中国,当它深入被视为"道"与"体"的教育和军事制度领域时,它与中国传统体育的冲突也就是不可避免的了。经过数十年的酝酿和积聚,在新文化运动时期和20世纪30年代先后爆发了两次空前激烈的争论。讨论结果是不但促进了中国传统体育的现代化和科学化进程,促进了中西方体育文化的融合,加速了中国体育的国际化进程,还对当时中国的体育政策和实践产生了深刻的影响。新民主主义的体育思想为中华人民共和国成立以后的体育思想和政策的发展奠定了基础。后来,随着改革开放政策的推行,体育思想呈现多元化的发展趋势。

当前,传统体育现代化和中国体育融入全球化进程一个不容忽视的问题,是重建民族本位的体育话语权。这就要求我们从悠久的中华传统体育中整理出曾经有过,且仍在影响着中国人的生命观、身体观、健康观和体育生活的那些观念、范畴和独特认识,并以现代科学体育话语体系为参照,建立起民族本位的体育话语体系,以实现东方体育与西方体育文化、传统体育与现代体育的平等对话,共同去探究人类体育文化的奥秘。

二、中国古代养生（健身）流派

中国古代健身思想流派众多,按照思想流派的文化特点来划分,可以分成儒家养生（健身）思想、道家养生（健身）思想、佛家养生（健身）思想、医家养生（健身）思想、兵家养生（健身）思想等。各个思想流派都有一套自己的健身理论及养生手段,从生活的调理,到身心的颐养,自成系统而互有联系,反映出从形到神、从物质到精神的一种内在建构逻辑。

（一）儒家养生（健身）思想

儒家在春秋末年由著名的思想家、教育家孔子创立,由孟子、荀子所发展,是在春秋战国时期"百家争鸣"中出现的一个重要学派,后来被后世的历代封建统治者奉为经典。儒家学说所倡导的"仁、义、礼、智、信"被后来的历代统治者及学术界所尊崇,成为中国传统思想的核心及道德的主流。儒家的体育健身思想秉承了其主要的思想特质,在体育活动中重视伦理,讲究等级和秩序,强调仁、礼。孔子倡导尚武实践,他本身也是一个通晓兵法、阵法,善于射御之人。孔子主张将健身和德行教化结合在一起,强调文武兼备。

荀子是无神论者,他认为万事万物的运动是有其内在和外在的规律的,不以人的意志为转移。他十分重视体育健身,强调以动健身,很好地继承和发展了儒家的体育健身思想。荀子认为身体是一切精神活动的根本,强调身体锻炼对于身体健康的重要性。荀子提出了健身要依靠人自身的力量,顺应时节变化,加强身体的"养备",才能达到真正的健身养生的目的。同时荀子认为劳逸结合也是一种有效的养生方法。

后世儒家又在先秦儒家的思想基础之上有所发展,提出了许多健身养生的观点。如董仲舒在《春秋繁露》一书中提出了养气和养义的观点,他认为精神道德的修养对于身体健康来说比物质的享受更加重要,在董仲舒的养生思想中,他非常重视心性的修养。他主张养气之道在于顺应天地阴阳四时之气,也就是人的元气。养义是从心性伦理方面符合天道,养气是从身体保健上面顺应天时,可以说天人合一的思想贯穿了他的体育健身思想的始终。

唐代著名思想家、文学家韩愈提出"乐知天命、静以养心、修身治国"的体育健身观点。他认为一切皆有天命,人的寿命也是由天决定,所以他采取了顺应天命、珍重自爱、注重饮食、以静养心、静心养气,以达到强身健体的目的。

北宋史学家司马光提出"致中和以养生"的观点,他认为"君子守中和之心,养中和之气,既得其乐,又得其寿矣",他要求人们要保持乐观,控制饮食起居。从养生健身的角度来看,还是十分有利于健康的。

（二）道家养生（健身）思想

道家是春秋战国时期诸子学派之一,老子、庄子都是这一学派的代表人物。道家以

"道"说明宇宙万物的本质、本源、构成和变化，认为天道无为，万物自然化生，否认上帝鬼神主宰一切，在体育健身方面主张道法自然，顺其自然，提倡清静无为、守雌守柔、以柔克刚。

老子是我国古代伟大的哲学家和思想家、道家学派创始人，著有《道德经》，其著作的精华是朴素的辩证法，主张无为而治，其学说对中国哲学发展具有深刻影响。道教将老子尊为道祖。他认为事物都有向着对立面转化这一基本规律，事物越是强大，就会走向衰老。他主张去掉那些极端、奢侈、过分的状态，保持"道"的虚而不盈的状态。老子的体育健身思想可以归纳为以下几个方面：

一是清静。道家的祖师老子把"清静"当作身心修养、健康长寿的基本法则。只有明达人生的大道，懂得生命活动的规律，才能生机不息，健康长寿。

二是贵柔。老子强调世间万物可以由柔弱转化为刚强，认为阴阳、刚柔都是对立统一的，又可以相互转化的。他认为柔能克刚、弱能胜强，凡是雄的、强的、刚的，到后来都会向对立面转化，被消弱而逐渐消亡。为了避免这一情况，就要保持一种谦虚、柔弱自守的状态，才能得以繁荣。

三是重音啬。就是广进而寡出，积蓄阳气、精气，固本培元，最终达到祛病强身的目的。

四是不争。老子不主张争名夺利。他曾说"求生长者，不劳精思求财以养身，不以无功劫君取禄以荣身，不食五味以患，衣弊履穿，不与俗争"。

五是节欲。老子认为养生应当节欲，提倡"见素抱朴、少私寡欲"。认为过多的物欲只能够引起人们心智的混乱。他说"五色令人目盲，五音令人耳聋，五味令人口爽，驰骋田猎，令人心发狂，难得之货，令人行妨是以圣人为腹而不为目，故去彼取此"。

六是道法自然。《老子·二十五章》中提到"人法地，地法天，天法道，道法自然"，老子认为自然界是人类思想和生命的源泉，人类必须按照自然界的客观规律办事，健身首先就要法自然，顺其自然，顺应客观的规律，不可有意作为。

道家的另一位代表人物庄子认为，养生之道重在顺应自然，忘却情感，不为外物所滞。庄子在两千多年前就从解剖学、生理学、心理学的角度阐述了体育健身思想，对于我国古代体育健身的发展起着重要的推动作用。道家的思想对于后来体育健身中的养生思想有着重大的影响，推动了中国古代体育健身思想的发展。

（三）佛家养生（健身）思想

佛教在东汉初年传入我国，在中国得到了很大的发展，在传播的过程当中逐渐融合了中华传统文化精髓，形成了不同于印度佛教、具有中国特色的佛教。佛教对于中国古代体育思想的发展产生了深远的影响，对中华武术的发展起到了重要的推动作用。

佛家认为生命是无常的。一方面佛教反对修行者对于自身身体的过分的执着与贪恋关照，认为应该致力于学佛修道；一方面佛教还认为"人身难得"，应当倍加珍惜与爱护。

从古至今，各家健身养生之道尽管说法不同，但是所坚持的原则都有共通之处，"动形健身""静神养心"本身就指出了健身养生需要内外兼修，不可偏废。佛家的"禅修"和"禅武合一"很好地结合了这两个方面。禅修就是佛家的气功修炼，由佛教禅宗的创始人慧能法师所开创。禅修又称"禅坐"，是一种身心协调的、配合吐纳呼吸的气功养生方法，是佛家最重要的修行方法之一。通过修习坐禅，不但可以祛病强身、冶情养性、延年却老、防范和治疗人的许多疾病，还可以克服大千世界六尘的诱惑和七情六欲的困扰，使精神得以安定和专注，解除人们内心存在的种种烦恼、忧愁和妄想，彻底根除人们心理上的疾病。

（四）医家养生（健身）思想

健康、长寿是人类追求的永恒目标。《周易》说"天行健，君子以自强不息"。《素问·上古天真论》中说，"余闻上古有真人者，提挈天地，把握阴阳，呼吸精气，独立守神，肌肉若一，故能寿蔽天地，无有终时"。《黄帝内经》奠定了中医学养生健身思想的基础，它提出的"治未病"的养生思想，影响了许多医家流派，开拓了医学养生的领域。汉末张仲景说，"怪当今居世之士，曾不留神医药，精究方术。上以疗君亲之疾，下以救贫贱之厄，中以保身长全，以养其生"，明确提出运用医药的办法进行养生健身的观点。

许多医家根据自己丰富的临床实践经验，对致病的原因进行了深入的研究和讨论。在体育健身思想方面，各个医家流派以天人合一思想为基础，结合儒家、道家、佛家等诸多养生健身理论，形成了自己独具特色的体育健身思想和养生理念。早在原始时代，先民们为了表示欢乐、祝福和庆功，往往学着动物的跳跃姿势和飞翔姿势舞蹈，后来便逐步发展成为锻炼身体的医疗方法。秦汉时期，导引术兴盛起来，许多医家也使用导引之术来治病防病，最负盛名的如华佗的五禽戏、张仲景的导引吐纳等。到了魏晋之后，随着社会的进步，出现了许多有代表性的体育健身思想，比如张仲景的未病先防、有病早治疗的养生保健观，巢元方的导引法和六字气诀，都是从中医的角度阐述的养生之道，为后世健身思想的发展做出了卓越的贡献。张仲景认为讲究养生就必须珍惜健康，身体搞垮了，一切名利都会落空。他重视疾病预防，主张未病先防、主张爱惜身体，淡泊名利，有病早治疗。在养生思想方面，他还主张因人而养，要根据自身的情况，采取适合自己的养生健身方式与方法，不要别人如何做或书上怎么说，自己就盲目地效仿，这样不仅对健康无益，有时还会起反作用。因此，辩证地看待生命和辩证地对待自己是十分重要的。巢元方主张根据不同疾病施以不同的导引方法。这些导引方法内容丰富，简便易学，并与吐纳相结合而成，用于预防和治疗多种疾病，具有很好的治疗效果。同时，他还提出了祛风避邪、注重饮食和环境的卫生、控制七情六欲注重心理健康等健身思想和观念，具有一定的借鉴意义。

（五）兵家养生（健身）思想

兵家是中国古代从事军事理论研究和军事活动的学派，属于诸子百家之一。《汉书·艺文志》中将兵家分为侧重于军事思想、战略策略的兵权谋家；善于变化，专论用兵之形势的兵形势家；以阴阳五行论兵且杂以鬼神助战之说的兵阴阳家和重视武艺训练和体育锻炼的兵技巧家四类。春秋时孙武，战国时孙膑、吴起、尉缭、赵奢、白起，汉初张良、韩信等都是兵家的代表人物。兵家著作《孙子兵法》《孙膑兵法》《吴子》《六韬》《尉缭子》等至今还广为流传，供后人借鉴。兵家的实践活动与理论，对当时及后世影响甚大，是我国古代宝贵的军事思想遗产。兵家著作中还含有丰富的朴素唯物论和辩证法思想。

兵家是诸子百家中最讲究实际效果的流派。兵家所采用的所有的手段都是为了一个目的，也就是取得胜利。无论是以战屈人之兵，还是不战屈人之兵，苦肉计也好，离间计也好，都是为了这个目的而服务的。我们在工作、生活乃至于健身活动中，经常会遇到需要解决的问题和难于逾越的障碍，然而在面对这些障碍和问题的时候，由于我们对目标没有一个清晰的认识，经常兜圈子，精力被分散，不能够全力以赴地去解决问题。所以即使在日常的健身活动中，人们依然需要军事思想和军事作风，达到我们预期的目的和效果。

《孙子兵法》为春秋时期吴国的将军孙武所著，是从战国时期起就风靡的军事著作，古今中外的很多军事家们都使用其中论述的军事理论来指导战争，在现代其基本理论和思想还被运用到了企业现代经营决策和社会管理层面。《孙子兵法》在健身养生方面也是具有很好的应用价值的。古代的扁鹊、孙思邈等名医大家就提出过以兵论医、防病如防敌、治病如治寇、组方如布阵、用药如用兵等立论新颖独到的医理，具有较高的应用价值。

《孙子兵法·行军篇》中提到"凡军好高而恶下，贵阳而贱阴，养生而处实，军无百疾，是谓必胜"。这里的养生处实是指在军旅管理中，要注意选择有利于军队蓄养生力的坚实之地，或有利于休养生息的地理位置，这样才能使军队没有隐患，使军队无任何后顾之忧，行军打仗才能取得胜利。养生处实的思想表明了《孙子兵法》中注重选择有利于人类生存和发展的地理位置的养生智慧，包含众多传统养生思想的基本内涵，对于现世的人们具有很好的指导意义。

三、中国传统养生健身思想

（一）气一元论

我们的祖先在长期的社会实践中逐渐利用"气"来认识和解释世界与生命。他们认为：人体的气分为先天气和后天气。先天气又称为元气，是禀受父母的先天之精气，根于肾脏，藏于丹田，且依赖水谷精气的充养，经由三焦通道到达全身，推动人体生长和发育，激发经络、脏腑等组织器官的功能活动，是人体生命活动的生命之根、生命之源，决定着人的强弱寿夭。后天之气，主要有宗气、营气、卫气等，来源于水谷之精气和空气的清气。人体禀受于父母且藏于肾中的精气与来源于脾胃的水谷精气、自然界的清气相互结合，入藏于肾，称之为"真气"，人体真气再随经脉运作到全身各处，维持着生命的动力和源泉。所以中国传统养生认为生命盛衰的变化都是"气"作用的结果，人体"气"的质量好坏决定了人生命状态的优劣。因此，练气与养气就成为中国传统养生的主要内容。正如传统养生所云，"善养生者养其形，善养形者养其气"。因此"气沉丹田""意与气合""气与力合"等也就成为传统养生功法中的练功口诀和要领。

（二）天人合一观

"天人合一"是中国传统哲学的一个重要观点。"天人合一"即指人与自然界、社会的和谐统一。主要表现为：一是人与自然的合一，即人与大自然要融合共存，人类既然来自天地，理应法天则地，遵循大自然的规律。中国传统养生学家认为，人的生命活动要根据自然规律顺应四时，如根据季节气候春温、夏热、秋燥、冬寒的变化规律，人就应该随着季节气候与之相适应春生、夏长、秋收、冬藏。二是人与社会的合一。人作为社会的成员之一，只有依靠和融入社会才能提高生活质量，如果一个人的认识深度不够、逻辑思维导向不清、调心养神的指导思想方法不正确，处理不好情绪的波动和骤变，往往会累及五脏，导致疾病。"顺乎天道、顺乎自然"是传统体育养生思想对待天与人的主要观点，说明人不仅要主动适应自然与社会，而且要以积极进取的态度，利用自然变化规律，变通社会事理，使生命在自我调控过程中追求健康长寿。

（三）阴阳平衡观

阴阳学说发源于先秦，它认为宇宙中任何一对相互联系的事物，都可以用阴阳来概括，任何一种事物内部都可以划分阴阳两个方面，或两种对立趋势，而阴阳则使事物体现出无限的可分性。《素问·阴阳应象大论》云："阴阳者，天地之道也。万物之纲纪，变化之父母，生杀之本始，神明之大府也。"说明阴阳是宇宙的总规律、世界万物的纲领，是一切生物生长、发展和变化的根源，万事万物的内部都包含着阴阳这两种无穷变化的趋势。传统养生根据阴阳的相互对立、依存、消长、转化这些互动特性，以身体练习为基本手段和方式，从影响人体健康内外环境中的阴阳入手，通过各种养生方法的实施，调节肌体的阴阳平衡，使之朝着阴气平顺、阳气固秘的"阴平阳秘"的状态发展，以达到人体精气神充足饱满、滋阴壮阳、身体康健、延年益寿的目的。如根据季节的规律，传统养生春夏选择养阳、滋阴的一些传统体育功法进行锻炼，如徒步、登高、旅游等轻松愉快、舒心平血的养生活动；秋冬采用一些养阴补阳的传统体育养生功法进行修炼。

据前面所述，"阴阳平衡"就是阴阳双方的消长转化保持协调，既不过分也不偏衰，呈现出一种协调的状态。阴阳平衡不是静止的、绝对的，而是相对的、动态的。这种平衡的呵护，需要人们用动功塑造自己的形体，同时也需要人们用静功来修炼自己的精、气、神，二者不可偏废一方，否则，一旦阴阳失衡就危及人的健康。

（四）五行生克观

五行指金、木、水、火、土五种物质。五行学说认为世界上的一切事物，都是由这五种物质按照一定行列顺序相互作用生成的，并且这些事物都不是孤立的、静止的，而是在不断的相生、相克、相乘、相侮的运动之中维持着协调平衡。相生与相克是不可分割的两个方面，没有生，就没有事物的发生和成长；没有克，就不能维持其正常协调关系下的变化和发展。只有依次相生，依次相克，如环无端，才能生化不息，并维持着事物之间的动态平衡。五行的相乘、相侮，是指五行之间正常的生克关系遭遇破坏后所出现的不正常相克现象，具体表现内容如图2-1-1。

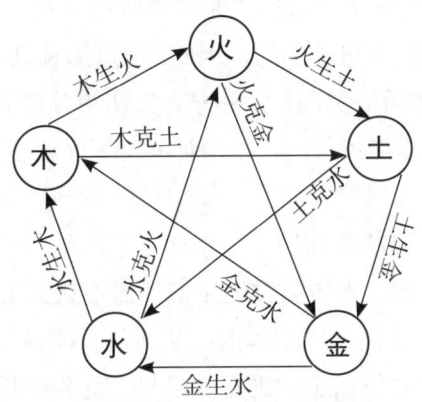

图 2-1-1　五行生克图

根据五行生、克、乘、侮的规律，传统体育养生观点认为，在人体生命活动过程中，肌体各组织器官或各种生理功能之间，不仅可以通过生克制化维系生命活动动态平衡的正常现象，而且也可以通过相乘或相侮引起生命活动的不正常现象，导致肌体脏腑组织器官的器质和功能不平衡、病变或衰竭。譬如：具有增强养生和技击效果的形意拳，其五种基本拳法崩、炮、横、劈、钻的训练，既能提高实战技击性，又能按金、木、水、火、土五种属性，使五脏肝、心、脾、肺、肾得到彼此联系和滋补。《黄帝内经》将五行生克作为健康与疾病彼此消长的内在原因和规律，并总结了情绪的分类和属性、情绪的生理基础、情绪变化规律。《素问·阴阳应象大论》载："天有四时五行"，"人有五藏化五气，以生喜怒悲忧恐"。五脏分属五行："肝主木，心主火，脾主土，肺主金，肾主水"；五脏之气化生五志："心主喜，肝主怒，脾主悲，肺主忧，肾主恐"；故情志之间存在着相生相克关系："怒伤肝，悲胜怒；喜伤心，恐胜喜；思伤脾，怒胜思；忧伤肺，喜胜忧；恐伤肾，思胜恐"，这些根据五行相生相克关系归纳的情志相胜原则，被广泛用于中医辨证施治、心理调节和其他治疗实践中。

（五）形神兼修观

形和神是构成人体生命的两大要素。形亦即身体，指人体的组织结构，包括五脏六腑、躯干四肢等，是生命活动的物质基础，是神存留的房舍。神就是我们所说的心，指人的心性、意识、思维等，是生命活动的主宰。

所谓形神共养，不仅要注重形体的养护，而且还要注意精神的调摄，使得形体健康、精神健旺，身体和精神都能均衡发展。《黄帝内经》有云："故能形与神俱，而尽终其天年，度百岁乃去"，说明人的生命过程是形神统一的过程，形体与精神相互依存、相互作用，又处于相对平衡运动之中。中国传统养生推崇"形与神俱"的形神共养方法，在锻炼中强调"调心""精神内守"，调心在于旺神，炼身在于形健，并且提出了外避邪气以养形，内养真气以充神的形神合养方法，如"春三月"应该夜卧早起，广步于庭，披发缓行，（养形）以使志生（养神）。古代养生学家还主张"修身以立命、存心以养性"，心理的修炼和生理的修炼是同等重要的、不可分割的。因此，通过形神共养、内外修炼，一方面使作为生命载体的身体状态得到质的提高；另一方面又使精神得到新的体验和发展，使人的生命机能日益完善，使得外在形体与内在精神都能健康旺盛，并相互协调平衡。

（六）经络保健观

经络是运行全身气血、联络脏腑肢节、沟通上下内外、调节体内各器官功能活动的通道，是人体功能的调控系统。人体通过经络把气血输送到五脏六腑、肢体官窍以及皮肉筋骨，经络畅通，则可保证行气血、营阴阳，从而使人体各部分功能活动保持协调和相对的动态平衡，人体生命活动得以正常进行。可见，经络对调和人体气血、维系阴阳平衡具有总调控的作用。同时，经络学也是人体针灸和按摩学的基础，是我国中医学的重要组成部分。经络主要包括经脉和络脉，如图2-1-2。

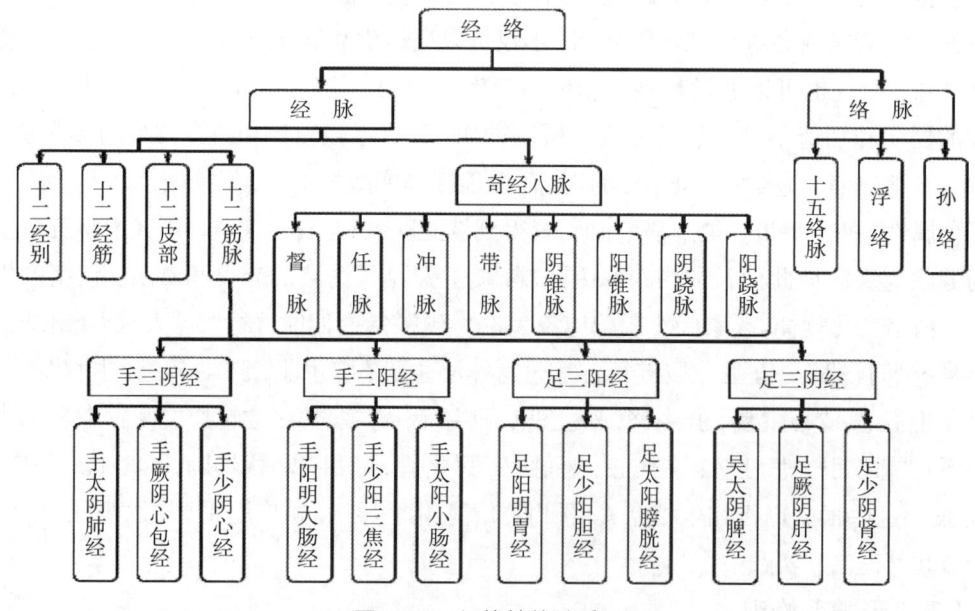

图2-1-2　经络结构关系图

在传统体育传统养生中，养生家往往通过循经取动的形体锻炼，以及意念导引、气功、保健按摩等方法的实施，使经络疏通，气血顺畅、阴阳平衡，进而发挥经络正常的生理功能，达到强身健体、预防疾病、健康长寿之效。

第二节　健身的生理学基础

一、人体的物质与能量代谢

水、蛋白质、糖、脂肪、无机盐和维生素六大营养物质，是人生命活动的物质基础。人体活动的能量，是人吃的食物在人体内经一系列化学变化，进行物质代谢而得到的。人参加体育运动时，由于肌肉长时间的收缩和舒张，脏器活动的增强，能量消耗会大大增加。所以体育运动可以促进人体的新陈代谢过程和提高身体机能，是增强体质的一种积极手段。

（一）物质代谢

人体中主要的物质代谢包括糖代谢、蛋白质代谢和脂肪代谢。

1. 糖代谢

（1）糖的生理功能。糖是人体组织细胞的重要组成成分，它在体内的含量虽较蛋白质和脂肪少，但它是人体所需能量的重要来源。人体每天所需的能量约有70%来源于糖的氧化分解，因此糖是人体内最主要的供能物质。糖在氧化时所需的氧较脂肪和蛋白质少，所以也是人体内最经济的供能物质。此外，糖在无氧条件下还可进行无氧氧化（酵解），并释放少量能量供组织应急需要。除供能外，糖与脂肪可形成糖脂，它是构成神经组织和细胞的重要成分。此外，体内过多的糖还可转化成脂肪和某些氨基酸。

（2）糖在体内的代谢过程。食物中的糖主要是多糖（淀粉）和双糖，它们在消化道经消化酶的作用，大部分分解为葡萄糖被吸收进入血液。葡萄糖经门静脉进入肝脏后，其中一部分在肝脏合成肝糖原（100克左右）储存于肝内，一部分随血液运送到肌肉合成肌糖原（150～200克）储存起来，还有一部分则被直接氧化利用或变成体脂。血糖过高时，多余部分则经过肾脏排出体外。在体内，糖分解释放能量的方式有两种：一是糖的无氧氧化。即在无氧的情况下，糖原或葡萄糖在体内可通过一系列无氧代谢酶的作用进行酵解，生成乳酸，并释放出一定的能量。这一反应过程不需要氧，故称为"糖的无氧氧化"或"糖的无氧酵解"。糖的无氧酵解产生的能量少，但速度快。在强度大和时间较短的运动中，糖原或葡萄糖主要进行无氧代谢，供给肌体急需的能量。二是糖的有氧氧化。即在有氧的情况下糖原或葡萄糖通过一系列有氧代谢酶的作用进行氧化分解，被氧化成二氧化碳和水，并释放大量能量。糖的有氧分解所产生的能量比无氧酵解多19倍。肌肉运动时能量的来源以有氧氧化为主，特别是进行强度较低和持续时间较长的运动时更是如此。

2. 蛋白质代谢

（1）蛋白质的生理功能。蛋白质是生命的基础，是构成细胞和组织的主要成分，也是体内各种酶和激素的主要成分。此外肌肉收缩和神经系统兴奋的产生与传递，都和蛋白质有关。蛋白质也可以氧化分解释放能量，供肌体活动需要。体内的蛋白质不断地被分解，又不断地再合成。所以，每天的食物中必须含有一定量的蛋白质，以补充蛋白质的消耗。而生长发育旺盛的青少年，需要的蛋白质就更多。

（2）蛋白质的代谢过程。蛋白质分子是由许许多多的氨基酸组成的，氨基酸是构成蛋白质的基本单位。食物中的蛋白质被消化分解成氨基酸后，才能被肠黏膜吸收入血。蛋白质在体内的代谢过程，实际就是氨基酸的代谢过程。氨基酸进入血液后有三条去路：第一，合成细胞组织蛋白、血浆蛋白、激素和酶等物质；第二，进行氧化分解释放能量，供肌体利用；第三，转变成糖和脂类。氨基酸在分解释放能量或转变成其他物质之前，需要在肝脏中经过脱氨基作用脱掉氨基。脱下的氨基被合成尿素，由肾脏排出体外。另一部分在去掉氮的成分后，经过一系列复杂的化学分解过程，释放能量供肌体利用，最后生成二氧化碳和水等。

3. 脂肪代谢

（1）脂肪的生理功能。脂肪是含能量最多的营养物质，也是人体中最大的"能量库"。脂肪既是身体所需能量的一个重要来源，也是组织细胞（如细胞膜）的重要组成成分。脂肪大部分储存在皮下组织、内脏器官周围和大网膜等地方。体内脂肪的储存量很大，一般成年人的总储存量约占其体重的10%～20%，肥胖人的可达40%～50%。另外，储存的脂肪还有保温和保护内脏器官的作用。

（2）脂肪的代谢过程。食物中的脂肪经消化后分解成甘油和脂肪酸后，才能被肠黏膜吸收。被吸收后一部分作为能源物质进行氧分解并产生能量供肌体利用，一部分在体内重新合成脂肪储存起来，或作为组织细胞的原料。脂肪除了可由饮食供给外，还可以在体内由糖或蛋白质转变而成。营养较好而又不爱活动的人，其多余的营养物质就会变成脂肪储存起来，久而久之就会发胖。脂肪氧化后的最终代谢产物是二氧化碳和水。

（二）能量代谢

人体内糖、脂肪和蛋白质作为人体的三大细胞燃料，经过氧化，将分子内储存的能量释放出来，并被转移和利用的过程，称为能量代谢。这些物质释放的能量，除一部分以三磷酸腺苷（ATP）的形式储存起来供肌体各种生理活动使用外，其余都转为热能以维持体温。

三磷酸腺苷（ATP）是一种含有高能的磷酸化合物，是肌肉收缩唯一的直接能量来源，也是人体其他任何细胞活动（如腺细胞的分泌、神经细胞的兴奋等）的直接能源。ATP由一个称为腺苷的大分子和三个较简单的磷酸根组成，后两个磷酸根上有"高能键"，键上储有大量化学能，所以ATP这类化合物又被称为高能磷化物。当ATP末端一磷酸键断裂时，便释放出能量，供肌体利用。三磷酸腺苷虽然是体内唯一直接供能的物质，但它在组织中的含量很少，在持续消耗时，必须不断地由其他能量物质分解释放能量供其再合成。

在体内能量代谢的整个过程中，三磷酸腺苷的合成与分解是肌体内能量转移与利用的核心。例如，合成代谢所需要的化学能、肌肉收缩所需要的机械能、神经兴奋传导所需要的电能以及维持体温所需要的热能等，都是由三磷酸腺苷分解供能的。

（三）能量供应与运动的关系

能量储存于糖、脂肪、蛋白质的各类物质中的化学键间，但要被神经、肌肉及其他细胞所利用，必须首先转化成三磷酸腺苷（ATP），这是细胞可利用能量的唯一形式。必须牢记的是，ATP必须尽快地转运到细胞，否则细胞的代谢将减慢甚至死亡。当一个人进行短跑运动时，ATP必须以最快的速率运输给肌肉细胞，而当他跑马拉松项目时ATP必须连续数小时运输给肌肉组织。因此，基于ATP转运至肌肉的速度及时间，我们将肌肉在运动时的能量供应归为三类：

（1）直接能量供应（来自磷酸肌酸的分解放能）。我们的肌肉细胞储存的ATP仅能维持大强度运动约1秒钟。而且，肌肉内存在着另外一种高能量化合物磷酸肌酸（CP），它能瞬间地转换成ATP。然而CP也只能维持大强度运动3～5秒钟。我们可以看出，这些直接能量的利用在肌体需要时能迅速地给肌体提供能量，但并不能持久。这种能量供应是不需要氧气的，故又称之为无氧代谢能量供应。

（2）短时间能量供应（来自肌糖原的糖酵解放能）。当肌体内ATP的直接利用耗尽时，可以通过糖原（储存于肌肉内）的酵解快速地产生ATP。这一过程也是无氧代谢过程，能维持大强度运动的ATP供应不超过2分钟。糖的无氧分解的副产物为乳酸，它能干预能量产生的过程，又能影响肌肉的收缩。尽管产生的乳酸不利于肌体运动，但这种无氧代谢提供的ATP使肌体在必须快速奔跑时能帮助顺利地完成任务。健身锻炼计划的目的之一就是减慢这种代谢过程的能量利用，这种代谢过程容易引起肌体疲劳。

（3）长时间能量供应（来自糖和脂肪可能还有蛋白质的氧化放能）。在氧气供应充足时，体内多数的ATP是由脂肪及糖来提供的，我们把它称为有氧代谢能量供应。这种有氧过程提供的ATP不及无氧代谢过程快，约需3分钟才能提供ATP给肌肉组织利用。另一方面，有氧过程供应能量是"适时供应"的，允许肌肉活动持续很长时间。健身健美锻炼计划中能量供应的形式与心血管系统锻炼的适应性的关系是最关键的。健身锻炼的重点是：通过进行需要肌肉有氧代谢供能的亚极量运动来刺激心脏运输所需的血量。健身运动锻炼中，有氧供能与无氧供能哪个更为重要？这个问题的答案有赖于身体锻炼的形式。在进行1分钟以下的最大强度运动时，无氧代谢供能提供的ATP占了绝大部分；在持续时间为2分钟的全力运动中，无氧代谢和有氧代谢供能各占一半，而当运动时间持续10分钟时，由无氧代谢提供的ATP仅占约15%。造成这种无氧和有氧代谢供能比例的变化，部分是由于运动时骨骼肌纤维类型的差异。在极大强度运动和快速运动时，骨骼肌肉组织使用的是快肌纤维，该类纤维主要是通过无氧代谢产生的ATP来提供能量，这就解释了为何极大强度的运动会伴随乳酸的产生。慢肌纤维虽然产生的力量较小，但由于它主要是依靠有氧代谢供能，所以极不容易疲劳。慢肌纤维比快肌纤维有更丰富的毛细血管、线粒体，在氧气充足的条件下，ATP均由此产生。随着耐力锻炼水平的提高，肌纤维（包括快肌纤维和慢肌纤维）内的毛细血管和线粒体数目增加，肌体依靠有氧代谢供能的能力也越强，进而使运动时乳酸的产生与堆积减少，更能对抗疲劳的出现。

从事不同运动项目时，ATP重新合成的能量来源途径不同。从事短时间大强度的运动项目，如100米跑，ATP重新合成的能量来源于CP的分解；从事时间长和强度小的运动项目，如马拉松跑，ATP重新合成的能量几乎全部来源于糖和脂肪的有氧氧化；介于上述二者之间的运动项目，如800米和1500米跑，则需要有氧氧化和无氧氧化混合供给能量。

人体在进行运动时，肌肉活动强度越大，单位时间内能量消耗得越多（表2-2-1）；运动持续时间越长，总能量消耗越大（表2-2-2）。

表2-2-1 不同强度运动单位时间的能量消耗

指 标	短跑 （最大强度）	中跑 （次最大强度）	长跑 （大强度）	超长跑 （中等强度）
能量消耗（千卡/秒）	4	0.6～1.5	0.4～0.5	0.3

表2-2-2 各项运动的能量消耗（按体重60千克计算）

运动项目	全程能量消耗（千卡）	运动项目	全程能量消耗（千卡）
100米跑	30	自行车10千米	368
200米跑	60	自行车50千米	1100
400米跑	86	100米游泳	86
800米跑	111	200米游泳	120
1500米跑	145	400米游泳	171
5000米跑	385	1500米游泳	428
10000米跑	645	足球（全场比赛）	1287
30000米跑	1542	篮球（全场比赛）	772
马拉松跑	2150	排球（1分钟）	8.2
5000米自行车	197	摔跤（全场）	353

摘自张先松. 健身健美运动[M]. 北京：高等教育出版社，2005.

二、运动疲劳的产生与恢复

参加体育锻炼以及运动训练和比赛到一定程度的时候，人体就会产生工作能力暂时降低的现象，这种现象称为运动性疲劳。早在1880年，莫索（Mosso）就开始研究人类的疲劳。此后，许多著名学者从多种视角采用不同手段广泛研究疲劳，并先后给疲劳下了不同的定义。第五届国际运动生物化学会议（1982年）指出，运动性疲劳是指肌体生理过程不能持续其机能在一特定水平上或不能维持预定的运动强度。

运动性疲劳是运动本身引起的肌体工作能力暂时降低，经过适当时间休息和调整可以恢复的生理现象，是一个极其复杂的身体变化综合反应过程。疲劳时工作能力下降，经过一段时间休息，工作能力又会恢复。只要不是过度疲劳，并不损害人体的健康。所以，运动性疲劳是一种生理现象，对人体来说又是一种保护性机制。但是，如果人经常处于疲劳状态，前一次运动产生的疲劳还没来得及消除，而新的疲劳又产生了，疲劳就可能积累，久而久之就会过度疲劳，影响运动员的身体健康和运动能力。如果运动后能采取一些措施，就能及时消除疲劳，使体力很快得到恢复，让消耗的能量物质得到及时的补充甚至达到超量恢复，就有助于训练水平的不断提高。

（一）疲劳产生的原因及意义

体育运动科研人员对疲劳进行了大量的研究，提出了运动性应激的负效应可能是导致运动性疲劳发生的根本原因，如代谢基质的耗竭、代谢产物的堆积、代谢环境的改变等。

目前，运动生化研究对"运动性疲劳"的定义是：肌体的生理过程不能维持其机能在某一特定水平或不能维持预定的运动强度。"力竭"的定义为：疲劳的一种特殊形式，是在疲劳时继续运动，直到肌肉和器官不能维持运动。

"运动性疲劳"的定义具有以下特点：把疲劳时肌体的体内组织、器官的机能水平和运动能力结合起来评定疲劳的发生和疲劳的程度；有助于选择客观的指标来评定疲劳。通过这个定义，可以对运动员的疲劳进行客观的评价，这也是疲劳在运动实践中重要的应用。

体育锻炼后身体会产生一定的疲劳感，这主要表现在三个方面。

一是肌肉疲劳：肌肉力量下降，收缩速度放慢，肌肉出现僵硬、肿胀和疼痛，动作慢、不协调。

二是神经疲劳：反应迟钝，判断错误，注意力不集中。

三是内脏疲劳：呼吸变浅变快，心跳加快等。

由于运动量不同，每个人的情况不一样，产生的疲劳也有不同程度之分。一般将疲劳分成三个层次：轻度、中度和重度。运动后产生疲劳感是正常的。轻度疲劳可以在短时间内消除；中度疲劳通过采取一系列手段也能很快消除，不会影响身体；但如果重度疲劳不能及时消除，就会影响学习和生活，损伤身体。研究证明，运动员提高体育成绩最关键的两个条件是运动训练的科学性和恢复手段的有效性，由此可见消除疲劳、恢复体力的重要性。

运动性疲劳可以分为躯体性疲劳和心理性疲劳。这两种不同性质的疲劳有不同的表现：躯体性疲劳主要表现为运动能力的下降；心理性疲劳主要表现为行为的改变。按不同运动项目的物质能量代谢特点，可将运动项目分为五种代谢类型（磷酸原代谢类型、磷酸原糖酵解型、糖酵解型、糖酵解有氧代谢型、有氧代谢型）。不同运动项目的疲劳存在一定的规律性，短时间最大强度运动的疲劳是由于肌细胞内代谢变化导致 ATP 转换速度下降或一部分运动单位不能参加收缩所致。长时间中等强度运动疲劳往往与能源储备动用过程受抑制有关。

（二）运动性疲劳的消除

运动时和运动后供能物质量的变化，是人体消耗和恢复的结果。运动时以消耗过程为主，恢复过程跟不上消耗过程，表现为能源物质数量下降；运动后休息期，以恢复过程为主，消耗过程下降，因此，能源物质逐渐恢复，达到或超过原来水平。

在训练期应根据训练的目的、身体内消耗的主要能源物质，选择最适宜的休息间歇，并在这期间增加被消耗能源物质的补充或采取其他有关的措施，以加速恢复过程。力竭后能源物质的恢复时间如下：①肌肉中磷酸原恢复。最短 2 分钟，最长 3 分钟。②氧合血红蛋白恢复。最短 1 分钟，最长 2 分钟。③长时间运动后肌糖原恢复。最短 10 小时，最长 46 小时。④间歇训练后肌糖原恢复。最短 5 小时，最长 24 小时。⑤活动性休息时肌肉和血液中乳酸消除。最短 30 分钟，最长 1 小时。⑥静坐休息时肌肉和血液中乳酸消除。最短 1 小时，最长 2 小时。

运动性疲劳的消除可以借助以下途径：

1. 用各种方法使肌肉放松，改善肌肉血液循环，加速代谢产物排出及营养物质的补充

一是整理活动：整理活动是消除疲劳、促进体力恢复的一种良好方法，教练员、运动员应给予足够的重视。剧烈运动后进行整理活动，可使心血管系统、呼吸系统仍保持在较高水平，有利于偿还运动时所欠的氧债。整理活动使肌肉放松，可避免由于局部循环障碍而影响代谢过程。

整理活动应包括慢跑、呼吸体操及各肌群的伸展练习。运动后作伸展练习可消除肌肉痉挛，改善肌肉血液循环，减轻肌肉酸痛和僵硬程度，消除局部疲劳，对预防运动损伤发生也有良好作用。

二是按摩：按摩是有效的恢复手段。负担量最大的部位，应是按摩的重点。肌肉部位以揉捏为主，交替使用按压、抖动、扣打等手法，在肌肉发达的部位可用肘顶、脚踩。关节部位不仅是运动的着力点，也是运动的枢纽，应全面按摩，穿插使用按压、搓和揉拉等手法。按摩应先全身后局部，全身性按摩一般取俯卧位。根据专项不同，如某部位运动负担过重，需重点按摩，应在全身按摩之后再进行。在按摩肢体时，先按摩大肌肉群

后按摩小肌肉群。如按摩下肢，先按摩大腿肌肉后按摩小腿肌肉，以提高肌肉韧带的工作能力，加速疲劳时的肌肉僵硬紧缩和酸胀痛的代谢产物的排出，改善血液循环和心脏收缩功能。

2. 通过调节神经系统机能状态来消除疲劳

一是睡眠：睡眠是消除疲劳、恢复体力的好方式。睡眠时大脑皮层的兴奋程度降低，体内分解代谢处于最低水平，而合成代谢水平则相对较高，有利于体内能量的蓄积。

成年运动员在平时训练期间，每天应有 8～9 小时的睡眠。在大运动量和比赛期间，睡眠时间应适当延长。青少年运动员的睡眠时间应比成年运动员长，必须保证每天有 10 小时的睡眠。

入睡前，应注意以下几点：①就寝前尽量使精神状态趋于平静；②避免外界刺激；③室内空气保持新鲜；④就寝前应泡脚，使大脑得以休息，有助于尽快入睡，使疲劳能快速消除。

二是温水浴：健身后进行温水淋浴是最简单易行的消除疲劳方法。温水浴可促进全身的血液循环，调节血流，加强新陈代谢，有利于肌体内营养物质的运输和疲劳物质的排出。水温 42℃ 左右为宜，时间为 10～15 分钟，勿超过 20 分钟。训练结束半小时后，还可进行冷热水浴。冷水温为 15℃，热水温为 40℃。冷水淋浴 1 分钟，热水淋浴 2 分钟，交替 3 次。

三是意念活动：心理恢复主要是意念活动，通过一定的套语暗示进行引导，使肌肉放松，心理平静，从而调节植物性神经系统的机能，然后再运用带有一定愿望的套语进行自我动员，如暗示性的睡眠休息、肌肉松弛、心理调节训练。实践证明，采用上述方法能促进身体疲劳的尽快消除，加快身体的恢复过程。另外，舒适幽雅的环境、音乐等也有助于人们消除疲劳。

3. 通过补充肌体在运动中大量失去的能源物质，促进疲劳的恢复

一是药物：中药，如黄芪、刺五加、参三七等，都具有调节中枢神经系统的功能、扩张冠状动脉和补气壮筋的作用，对促进疲劳的消除有较好的效果。

二是营养物质：运动中产生疲劳的重要因素之一，就是肌体能量供应不足，运动中各种营养物质消耗增加。运动后及时补充营养物质，有助于消除疲劳，恢复体力。疲劳时，注意补充能量和维生素，尤其是糖、维生素 C 及 B_1，夏季或出汗较多时，应补充盐分与水。食品应富有营养和易于消化，并尽量多吃些新鲜蔬菜、水果等碱性食物。但不同性质的运动项目需要不同营养。速度性的项目应供给易吸收的糖、维生素 B_1 和维生素 C、蛋白质和磷；耐力性的项目要多供给糖以增加糖元储备，同时还要增加维生素 B_1、维生素 C 和磷；力量性的项目需要增加蛋白质和维生素 B_2，因此在运动中适时地补充有关营养物质，既能提高身体的抗疲劳能力，又有助运动性疲劳的消除。

人们食用适量的酸性食品和碱性食品，会维持体液的酸碱平衡，食品若搭配不当，则会引起生理上的酸碱失调。在营养学的角度上，酸性食物和碱性食物实际上是针对它们对人体酸碱平衡的影响而言的。当食品搭配不当，酸性食品在膳食中超过所需的数量时，血液偏酸性、黏度增加，这会使肌体感到疲劳，影响身体健康。同时体液酸化还会动员骨骼里的钙质游离出来，导致骨质流失，引起缺钙。因此，运动后应注意食物的酸碱搭配，这样才有利于运动性疲劳的消除。

第三节 健身的运动学基础

一、运动技能的基本概念

运动技能是指人体在运动中掌握和有效地完成专门动作的能力。这种能力包括大脑皮质主导下的不同肌肉间的协调性。换言之，运动技能也就是指在准确的时间和空间里大脑精确支配肌肉收缩的能力，需要用精确的力量和速度依一定的次序和时间去完成所需要的动作。运动技能的发展和提高，有赖于人们对人体机能客观规律的深刻认识和自觉运用。

二、运动技能的分类

美国学者将运动技能划分为闭式技能和开式技能两类。

（一）闭式技能的特点

一是完成闭式技能动作时，基本上不因外界环境的改变而改变自己的动作。

二是闭式技能动作几乎是千篇一律的重复动作。

三是完成闭式技能动作时，反馈信息只来自本体感受器。

（二）开式技能的特点

一是完成开式技能动作时，往往随外界环境的改变而改变自己的动作。

二是开式技能动作是多种多样的。

三是完成开式技能动作时，由多种分析器参与工作，并综合反馈信息，其中往往以视觉分析器起主导作用。

多数单人项目属于闭式技能，如田径、游泳、自行车等，对抗性项目属于开式技能，如球类、击剑、摔跤等。一般来说，开式技能比闭式技能的动作复杂。

三、运动技能的生理本质

（一）运动条件反射的形成与运动技能

1. 人随意运动的反射本质

谢切诺夫曾提出："一切随意运动，严格地讲，都是反射。脑的活动的一切外部表现，确实都归结为肌肉运动。"其生理机理被认为是：人的随意运动是从感觉开始，以心理活动为中继，以肌肉的效应活动而告终的一种反射。后来巴普洛夫在《所谓随意运动的生理机制》一文中，从理论上阐明：随意运动的生理机理是暂时性神经联系。他用狗建立食物—运动条件反射证明，大脑皮层动觉细胞可与皮质所有其他中枢建立暂时性神经联系，包括内、外刺激引起皮质细胞兴奋的代表区。随意运动的生理机理是以大脑皮质活动为基础的暂时性神经联系。因此，学习和掌握运动技能，其生理本质就是建立运动条件反射的过程。

2. 人运动条件反射形成的生理机理假说

人形成运动条件反射的过程要通过许多简单的非条件反射活动，如食物反射、防御反射等。在这些非条件反射的基础上，通过视觉、听觉、触觉和本体感觉与条件刺激物的多次结合，就形成了简单的运动条件反射。大脑中，与条件反射相关的中枢之间建立起了暂时的神经联系。

人形成运动技能就是形成复杂的、连锁的、本体感受性的运动条件反射。

运动技能与一般运动条件反射的区别是：①复杂性。有多个中枢参与形成运动条件反射活动（运动中枢、视觉中枢、听觉中枢、皮肤感觉中枢和内脏活动中枢）。②连锁性。反射活动是一连串的，一个接一个，前一个动作的结束便是后一动作的开始。③本体感受性。在反射过程中，肌肉的传入冲动（本体感受性冲动）起重要作用，没有这种传入冲动和由运动中枢发放神经冲动，这个复杂的条件反射就不能形成，运动技能就不能掌握。因此，形成运动技能就是建立复杂的、连锁的、本体感受性的运动条件反射。

（二）运动技能的信息传递与处理

从信息处理过程来看，将人看成是信息处理器，人受外界环境的刺激到发生反应，就是信息处理过程。运动技能的学习也可以看成是这一过程。

形成和再现运动技能的信息（刺激）来自体外和体内两个方面。体外信息来自教学过程中，教师发出信息（包括信息的形式、强度、数量等），传输给学生（传输手段包括讲解、示范、录像等）。学生通过感觉器官，经大脑皮质分析综合形成初步的概念。体内信息来自大脑皮质一般解释区。大脑的一般解释区由躯体感觉、视觉和听觉的联合区组成。一般解释区位置在颞叶后上方，角回的前方。一般解释区是动觉、视觉、听觉的汇合区，具有各种不同的感觉体验和分析能力，信号是由这里转移到脑的运动部位以控制具体的运动。

四、运动技能的形成及其发展

运动技能的形成，是由简单到复杂的过程，并有建立、形成、巩固和发展的阶段性变化和生理规律，只是每一阶段的长短随动作的复杂程度而不同。一般说来，可划分为相互联系的三个阶段或称三个过程。

（一）泛化过程

学习任何一个动作的初期时，通过教师的讲解和示范以及自己的运动实践，只能获得一种感性认识，对运动的技能的内在规律并不完全理解。由于人体对外界的刺激，通过感受器（特别是本体感觉）传到大脑皮质，引起大脑皮质细胞强烈兴奋，另外因为皮质内抑制尚未确立，所以大脑皮质中的兴奋与抑制都呈现扩散状态，使条件反射联系暂时不稳定，出现泛化现象。这个泛化过程表现在肌肉的外表活动往往是动作僵硬，不协调，不该收缩的肌肉收缩，出现多余的动作，而且做动作很费力，这是大脑皮质细胞兴奋扩散的结果。对此，教师应该抓住动作的主要环节和学生掌握动作中存在的主要问题进行教学，不应过多强调动作细节，而应以正确的示范和简练的讲解帮助学生掌握动作。

（二）分化过程

在不断的练习过程中，初学者对该运动技能的内在规律有了初步的理解，一些不协调和多余的动作也逐渐被消除。此时，大脑皮质运动中枢兴奋和抑制过程逐渐集中。由于抑制过程加强，特别是分化抑制得到发展，大脑皮质的活动由泛化阶段进入了分化阶段，因此练习过程中的大部分错误动作得到纠正，能比较顺利地、连贯地完成动作，初步建立了动力定型。但定型尚不巩固，遇到新异刺激（如有外人参观或比赛），多余动作和错误动作可能重新出现。在此过程中，教师应特别注意错误动作的纠正，让学生体会动作的细节，促进分化抑制进一步发展，使动作日趋准确。

（三）巩固过程

通过进一步地反复练习，运动条件反射系统已经巩固，达到动力定型阶段，大脑皮质的兴奋和抑制在时间和空间上更加集中和精确。此时，不仅动作准确、优美，而且某些环节的动作还可出现自动化，即人不必有意识去控制而能做出动作来。在环境条件变化时，动作技术也不易受破坏，同时由于内脏器官的活动与动作配合得很好，人在完成练习时感到省力和轻松自如。

形成运动技能的三个过程是相互联系的，各过程之间并没有明显的界限。训练水平高的运动员在学习掌握新动作时泛化过程很短，对动作的精细分化能力强，形成运动技能快。运动新手在学习新动作时，泛化过程较长，分化能力较差，掌握动作较慢。动作越复杂，泛化过程就越明显，分化的难度也就越大，形成运动技能所需要的时间就越长。

但是，动力定型发展到了巩固过程，也并不是可以一劳永逸了。一方面，还可在继续练习巩固的情况下精益求精，不断提高动作质量，使动力定型更加完善和巩固；另一方面，如果不再继续练习，巩固了的动力定型还会消退，运动技术愈复杂，难度愈大，消退得也愈快。在此过程中，教师应对学生提出进一步要求，并指导学生进行技术理论学习，更有利于动力定型的巩固和动作质量的提高，促使动作达到自动化程度。

（四）动作自动化

随着运动技能的巩固和发展，暂时联系达到非常巩固的程度以后，动作即可出现自动化现象。所谓自动化，就是练习某一套动作时，人可以在无意识的条件下完成。其特征是，人的某个动作或者是动作的某些环节暂时变为无意识的。例如，走路是人类的自动化动作，在走路时人可以谈话、看报，而不必有意识地想应如何迈步，如何维持身体平衡；又如熟练的篮球运动员在比赛时运球等动作往往也是自动化的动作。

此外，在运动技能已经巩固的时候，第一和第二信号系统之间的联系，已经成为运动动力定型的统一机能体系。第一信号系统的兴奋可以选择性地扩散到第二信号系统，所以运动员可以精确地意识到自己所完成的动作，并可以用语言表达出来。当动作出现自动化现象时，第一信号系统的活动已经从第二信号系统的影响下相对地"解脱出来"。完成自动化动作时，第一信号系统的兴奋不向第二信号系统传递，或者只是不完全地传递，这时的动作是无意识的，或是意识不完全的。要想提高运动成绩，必须使动作达到自动化程度，但不应认为动作达到自动化后运动质量就得到保证。虽然动力定型已经非常巩固，但进行自动化动作时第一信号系统的活动经常不能传递到第二信号系统中去，因此，如果动作发生少许变动，人也可能一时未觉察，等到一旦觉察，变形的动作已因多次重复而巩固下来。所以，动作达到自动化以后，仍应不断检查动作质量，精益求精。

五、影响运动技能形成与发展的因素

（一）动机

人们的一切行动都是有目的的，都是受一定目的支配的，这种支配人们行为的目的，就称为动机（又称要求、抱负、意愿、志向、需要、理想、向往等）。动机是行为的发端。

动机与运动机能之间成倒"U"字形的曲线。在教学、训练和比赛中，教师要善于调整学生的动机状态，使之处于最佳水平。心理学家将动机分成原发性动机和继发性动机。原发性动机（先天固有的）多来自人体内部生理的需要，与人体器官、系统、激素水平有关。例如，体内钠离子浓度的减少，会使人有渴的感觉，驱使人去喝水。生理动机具有维持人体生存的意义，它在保持人体内环境的稳定方面起着重要作用。继发性动机（后天获得的）又称获得性动机或社会性动机。它是个体通过学习和在生活经验中获得的，受社会环境的影响极为明显（如追求荣誉、地位、成就等）。

抱负水平（Lebel of Aspiration，缩写 LOA），是指一个人在从事某种活动之前，希望自己的活动结果达到什么水平。抱负水平受个人经验与真实水平以及社会环境等条件的制约。因此，在为自己的行为结果制定指标时，必须从主客观的实际情况出发。抱负、动机和运动机能的形成及运动成绩之间有密切的联系。如果学生动机处于最佳状态，抱负水平较高，其获得的学习效果和运动成绩较理想。

（二）反馈在形成运动技能中的作用

控制论创始人维纳认为：反馈是输出信息的一部分，而这部分的输出信息又返回到输入信息中去，通过伺服机构调整，使再次输出更为精确。通俗说，反馈就是效应器在反应过程中产生信息又传回控制部位，并影响控制部位的功能。

生理学根据反馈效果将反馈划分为正反馈和负反馈。正反馈的作用是通过反馈信息加强控制部位的活动。负反馈的作用是通过反馈信息抑制反馈部位的活动。运动技能学根据不同信息将反馈划分为固有反馈和非固有反馈。根据不同情况，科学地运用反馈原理来提高教学训练水平。例如，用非固有反馈改善学生的技术；用语言反馈给学生以必要的暗示；用同步反馈在练习时让学生不断地强化；在闭式运动技能中使学生善于体会本体感觉器的反馈信息；在开式运动技能中善于利用综合的反馈信息；教师应在反馈原理指导下创造出行之有效的教法。教师应教会学生重视有效的反馈，如图 2-3-1 所示。在学习的分化阶段，神经过程处于泛化阶段，内抑制尚未完全建立，因而控制动作的能力差，动作不协调、不精确，有多余动作。在这一阶段的教学中，教师应充分利用视觉的反馈作用，加强示范与模拟练习，不断强化视觉与本体感觉之间的沟通，但应注意不要过多地抓动作细节。在学习动作的巩固阶段，肌肉运动的表象更清楚，动觉动作的控制及语言反馈信息作用加强，视觉和意识对动作的控制相对逐渐减弱。因此，在此阶段的教学训练中，应多运用语言反馈信息，以及非固有的、积累的反馈信息，引导学生的注意力去适应环境，强化动作与思维的沟通。在纠正动作时，对初学者应当经常给予阳性的反馈信息（即肯定其对的或正确的一面）。这实际上是在肯定正确动作的同时，通过负诱导的机制来纠正错误动作。

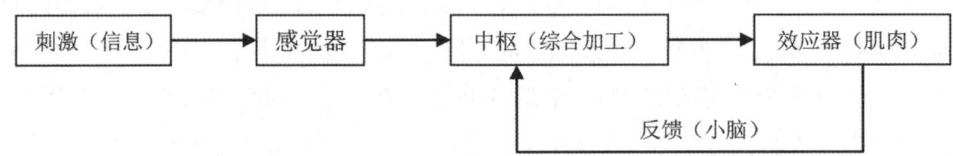

图 2-3-1　运动技能形成过程的信息反馈通道

对于高水平运动员，因为他们对动作理解深刻，原来的动作定型巩固，故可以直接指出其错误动作，特别是精细动作更是如此。反馈对初学者的作用是直接指导他们完成正确动作，对高级运动员的作用是直接帮助他们改进错误动作。

（三）运动成绩与运动技能的关系

运动训练水平的提高一般是开始快，后期则既慢又难。其原因如下。

（1）在学习新技术初期，过去已经掌握的与新技术有关的相似动作及动作经验，具有迁移作用，有助于新技术的掌握。但到了后期，随着技术水平的提高，对运动条件反射的精确性的要求越来越高，与训练初期形成的运动条件反射差距很大，这就相当于需要重新建立新的运动条件反射。

（2）在学习新技术的初期是粗糙的分化，而到了后期则要求进行精细的分化。技术水平越高，对分化的精度要求也越高，因此，这种分化抑制的建立也就越困难。

（3）运动技术的掌握和提高是建立在一定的身体素质基础上的。在学习新技术的初期，可以利用原有的素质基础，而到了后期，随着运动技术水平的提高，对身体素质的要求也越来越高，而发展和提高身体素质是需要时间的。

（4）运动成绩的提高是螺旋式上升的，因而运动训练也总是分周期的。运动成绩是身体素质、技术、战术、心理因素的综合表现。每一个训练周期，在不同的训练水平上，都存在一个构成运动成绩的诸因素重新综合的问题。这种综合实质上是要求重新建立更高水平的运动条件反射。

（5）从心理因素来分析，初学动作时，运动内容和教学训练方法都比较新颖，容易激发起学生的学习兴趣，加之学习效果比较明显，因而容易激发学生的学习积极性，从而加速了掌握技术的进程。而到了改进和提高阶段，练习内容、手段大都是重复的，可直接感知的学习效果减少，因而容易使学生产生单调、枯燥以至厌烦的感觉，而形成消极心理，影响学习效果。

（四）大脑皮质机能状态与运动技能

大脑皮质机能状态对运动技能发挥的熟练程度起着重要的作用。大脑皮质兴奋性过高或过低都会影响正常水平发挥。20世纪初期美国的耶克斯和多德森发现应激水平与技能之间的倒"U"型关系，如图2-3-2所示。

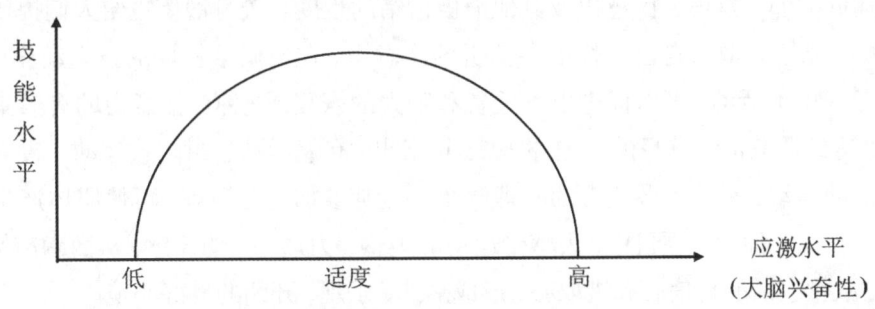

图 2-3-2　应激水平与技能水平之间的关系

疲劳可以导致应激水平降低，赛前紧张可以导致应激水平提高。通过调整赛前状态和准备活动可以调整应激水平达到最佳状态。研究应激水平的方法，目前主要应用脑电图、心率、呼吸、肌电、皮电等。

（五）充分利用各感觉机能间的相互作用

运动技能的形成过程，就是在多种感觉机能参与下同大脑皮质动觉细胞建立暂时的神经联系。特别是本体感觉，对形成运动技能有特殊意义。人体各种感觉都可帮助肌肉产生正确的肌肉感觉，没有正确的肌肉感觉就不可能形成运动技能。所以在运动实践中只有勤学苦练，反复实践，才能建立精确的分化，区别正确动作和错误动作的肌肉感觉，才能巩固正确动作，消除错误动作。

在体育运动训练中，充分发挥视觉与本体感觉之间的相互作用，能强化正确动作，纠正错误动作。充分发挥听觉与本体感觉间的相互作用，能建立正确动作的频率和节奏感。要充分发挥位觉与本体感觉间的相互作用，也要充分发挥皮肤感觉与本体感觉间的相互作用，以建立正确的动作定型。

如上所述，在形成运动技能时，除视觉、听觉、位觉、皮肤感觉外，内脏感觉机能也起到重要作用。在完成任何动作时各感觉机能都同时起作用，只不过根据运动项目的特点，对某一种感觉机能的要求更高一些。所以在运动实践中，要尽量多实践，充分发挥各感觉机能的作用，以便有效地加速运动技能的形成。

第四节 健身的心理学基础

健身与心理健康有着密切的关系。心理健康是指个体心理在本身环境条件许可的范围内所能达到的良好功能状态。也就是说，个体心理具有平稳的、良好的状态，对自然环境、社会环境有良好的适应性，并具有最好的功能状态。心理健康对人的生活、学习和工作都有重要意义。良好的情绪对人的行为具有增力作用，消极的情绪会影响人的正常学习工作，还会对人的身体心理产生许多不良影响。长时期的情绪压抑、忧虑和紧张，还可导致疾病。有调查表明，人运动时大脑会产生一种类似吗啡作用的物质——内啡肽，它可以降低抑郁、焦虑、困惑以及其他消极情绪的程度。健身锻炼也给人们提供一个机会，使人们能够分散对自己的忧虑和挫折的注意力，在单调重复性的技术动作中，通过冥想思考等思维活动，可以促进思维反省和脑力的恢复，这种对注意力的有效集中或转移，可以达到调节情绪的目的。伯杰1988年指出，有氧运动、封闭式运动、没有人与人之间竞争的运动，有助于锻炼者的心理健康。经常参加健身锻炼，可使肌体产生极大的舒适感。应在各种运动项目中，去感受运动的美感、力量感、韵律感，从而陶冶情操、开阔心胸、激发生活的自信心和进取心，形成豁达、乐观、开朗的良好心境。

一、健身促进心理健康的理论机制

（一）健身锻炼能促进认识能力的发展

体育运动各项目都有一个共同的特点，即在运动或高速运动中要求运动者既能对外界物体（如球、器械等）作出迅速准确的感知与判断，又能迅速感知、协调自己的身体以保证动作的完成。这样，长期的运动便能促进人感觉、知觉能力的发展，提高人的反应速度和直觉判断能力，使人变得敏锐、灵活。

（二）健身锻炼能培养坚强的意志品质

意志品质是指一个人的目的性、自觉性、自信性、坚韧性、自制力以及勇敢顽强和主动独立等精神，意志品质既是在克服困难的过程中表现出来的，又是在克服困难的过程中培养起来的。锻炼者越能克服困难也就越能培养良好的意志品质。体育活动的特征是克服一定的困难和障碍，能培养人的意志品质。

（三）健身锻炼可调节情绪

体育运动对心理健康影响的主要标志之一就是情绪状态，也是人的自然需要是否得到满足而产生的一种体验。情绪几乎参与人的所有活动，对人的行为活动起着很大的调节作用。而体育活动能直接给人带来愉快和喜悦，并能缓解紧张和不安，从而调控人的情绪，改善心理健康。伯格1993年的研究认为，有规律地从事中等强度（最大心率的60%～75%）活动的锻炼者，每次活动20～30分钟，有利于情绪的改善。有些研究人员发现，用力运动可减少情绪上的负担，甚至能减轻因精神压力而造成的心理负担。运动行为的替代作用能减轻或消除情绪障碍。在当今比较发达的城市，人们处在快节奏、高效率、强竞争的环境下，心理上会产生一定程度的紧张、焦虑和不安，通过体育运动可以使不良的情绪状态得到改善，心理承受能力得到提高。

（四）健身锻炼可以降低应激反应

健身运动具有减轻应激反应以降低紧张情绪的作用，因为体育活动可以锻炼人的意志，增强人的心理坚韧性。有实践表明，一些高应激反应的成人参加散步或慢跑训练，或接受应激灌输训练，其中接受任何一种训练方法的被试者都比控制被试者（即未接受任何方法训练的人）处理应激反应的能力强。克瑞等在1987年回顾了以前发表的34篇论文后指出，与习惯坐着的人相比，经常从事体育活动的人更少产生生理上的应激反应，如果有，也能尽快地从中恢复过来，这说明了健身锻炼在降低应激反应方面的功效。

二、健身促进心理健康的效益

（一）主动培养对体育的兴趣

兴趣是最好的老师。兴趣是探究某种事物或进行某项活动的一种带有情绪色彩的心理倾向，它能使大脑皮层的相应区域处于兴奋、活跃状态，而其他区域受到抑制。当我们的注意、思维、想象等心理活动集中在体育上时，锻炼效率就会大大提高。人对体育的兴趣是与需要相联系的，是在健身锻炼的实践活动中逐渐产生和培养的。有的人还没有进行健身锻炼，主观上先觉得健身锻炼没意思，带着任务观点，缺乏主动性和积极性。

应明确体育锻炼的意义和作用，树立体育意识，认识体育锻炼对自己的身体、学习和生活的积极作用。认识不到体育锻炼的作用，人就会缺乏体育锻炼的内驱力。相反，把体育锻炼作为促进身心发展的需要，人就会产生积极参与的愿望。

经过努力后，即使是微小的进步与成功，也会增强自信心，不断提高兴趣。特别是通过努力克服身心方面可能产生的障碍，战胜了困难而获得成功后，更会体验到其中的甘甜，提高参加体育锻炼的积极性。

把对体育的理性认识与体育锻炼的实践结合起来，从而巩固学习兴趣，形成良性循环，参加体育锻炼的兴趣就会日益浓厚。

（二）树立自信心

自信心是一个人学习进步、事业成功的必要条件。认识和发现自己的能力和潜能是自信的前提，并应把可能性变为现实性。然而，在体育锻炼中，有的学生因为某次挫折，便失去了信心，甚至产生自卑心理。这不仅对健身锻炼十分不利，而且会影响心理健康。

在树立体育自信心的过程中，一方面要正确地对待挫折和失败；另一方面要量力而行，循序渐进，先易后难，从而减少挫折，在成功的实践中，体验胜利的喜悦。

健身锻炼的过程，时刻伴随着意志的磨炼。要使身体健康、强壮，除学习和掌握各项运动技术外，还要进行重复甚至是枯燥的练习，这既是体育锻炼的特点之一，也是身体机能提高、磨炼意志的重要过程。意志的磨炼来源于对体育锻炼的坚定信念。应把体育锻炼过程作为有意识培养自己坚强意志品质的过程，逐渐使自己成为意志坚强、勇往直前、百折不挠的人。

> **思考题**
> 1. 简述我国古代养生健身不同流派及其思想内涵。
> 2. 简述我国传统养生健身思想的主要内容。
> 3. 如何理解健身的生理学基础？试述它们与健身运动的关系。
> 4. 简述体育促进心理健康的理论机制。
> 5. 运动技能的形成与发展有哪几个阶段？健身锻炼中如何运用该原理指导实践？
> 6. 简述运动技能形成与发展的影响因素。

第三章 健身过程与原则

本章导语

生命在于运动，运动必须科学，健身的实质就是在理解健身规律、遵循体育健身原则的基础上，通过合理选择健身手段和方法，科学设计和安排健身过程，并针对健身效果做好反馈及评价。如何深入研究健身过程的内部规律，获取最佳的健身效果，已经成为广大人民群众对健身过程的迫切要求。

健身是以身体运动、自然力、饮食营养、卫生措施、生活制度、优生优育等作为手段，培育、锻炼、养护身体，以增强体质、增进健康的活动过程。健身过程是现代社会中人们追求自我完善的一项重要实践活动。要科学健身，首先要理解和把握健身过程，在此基础上了解健身过程特点和规律，理解健身原则，深入研究健身过程的内部规律，以获取最佳的健身效果。

第一节 健身过程的特点与目标

健身的实质就是要科学设计和安排健身过程。健身过程要求体育锻炼者运用体育方法和手段，通过身体承受一定的负荷，促使身体出现身心变化发展的过程。健身过程是指健身锻炼者自觉运用体育手段，达到健体强身主要目标的实际锻炼过程。健身过程不仅受先天禀赋的影响，它还受到各种后天性因素，包括精神心理修养、合理的营养结构、规律的生活、适度的体力劳动、优良的环境、和谐的家庭、不良嗜好的戒除、良好的医疗保障等方面的影响。

一、健身过程的特点

（一）健身过程是促进人全面协调发展的活动过程

体育健身过程是身心健康协同发展的过程。从活动目的来看，它集健身、健心、健美等多种功能于一体，用哲学和现代科学的观点看待人，它是自然属性与社会属性的统一，也是物质实体与精神实体的一致。只有用物质与精神辩证统一的观点看待人，才能科学地把握健身过程的本质。在现代医学中，人们提出了生物、心理、社会的三维医学模式。它告诉我们，人的健康状态，并不只是人的生物肌体的完好状态，它还是心理、精神等诸方面的和谐一致。无独有偶,现代体育哲学亦提出了新的体育观——生物、心理、社会体育观。它指出,人们在进行健身活动时,所谋求的也并不单是一种生物学效应,而是利用体育手段,获得心理的放松和满足、社会的安宁和人际关系的和谐。我国的传统体育思想也强调"身体健全,情感斯正"。在实际健身活动中,我们看到许多中老年人参加体育锻炼,并不完全出于增强体质的需求,他们往往有着十分广泛的参与动机,诸如消除孤独感、热爱生活、交流情感、结交朋友等。这就要求体育组织者们不断更新健身观念,把健身活动作为一种具有广泛影响的社会文化活动。

(二)健身过程是主观实践与客观规律协调统一的过程

无论是自然界还是人类社会都是有规律可循的,这是马克思主义认识论的基本观点。健身过程的本身,也是有规律可循的。违背健身规律,健身活动就会事倍功半。人作为万物之灵,一个基本特性就是能够在认识自然的情况下改造自然,认识人类社会的情况下改造社会,认识自身的情况下改造自身。这就是人的主观能动性在社会发展和自然界演化中的十分重要的作用。比如说,人的生、老、病、死是宇宙间不可抗拒的规律,与宇宙间万物的发生、发展是一致的。但是,人们还是通过不懈的努力,试图揭示人体的发育、成长到衰老的奥秘,不断寻求防老抗衰的方法,寻找通往人体健康和体质强壮的路。人们创造的各种健身运动手段,就是这种探索的结晶。我们的任务是坚持自然规律性与主观能动性的高度统一。既要看到人体受到生命规律的制约,人们本身是不能违背这一规律的;另一方面,也要充分发挥人的主观能动性,积极探索健身活动的新办法、新途径,为人类自身造福。

(三)健身过程是锻炼与养护有机结合的过程

在体育健身学中,锻炼与养护是一对矛盾。锻炼是肌体的更新过程,是异化,是革命;而养护则是肌体的修复过程,是同化,是保守。它们相辅相成,又相互作用。缺乏锻炼的养护是被动的养护,而缺乏养护的锻炼也非万全之策。中国传统养生理论十分强调锻炼与养护的统一,构成了独树一帜的东方养生体育体系,是中国传统文化与哲学结出的硕果,在今天仍充满生机与活力。

普通人的体育健身活动,特别强调锻炼与养护的互补。俗话说,三分靠锻炼,七分在养护。锻炼如下山猛虎,养护如抽丝吐穗。锻炼是对自我的一时性的否定和超越,它寄希望于明天和未来;养护则是对个人永恒的肯定和保护,它享受着今天的美好人生。我国古代养生术中常常把肢体与静思结合起来,一方面强调习动养生、动则强身。另一方面强调静中求动,调养精神,并通过用意念和气功促进健身锻炼后的恢复。古人一句"动静乐寿"的座右铭,言简意赅地说明了锻炼与养护的辩证关系。

(四)健身过程是体力、智力和外部助力共同参与的运动行为过程

人的身心统一决定了体力与智力不可分割,人与环境的统一决定了必须充分利用外部环境的助力,这就决定了健身活动表现形式的多样性。如跑步运动虽然是以体力为主,

但也需要心理的修炼和大脑神经中枢对运动系统的及时调控；还有门球和台球运动，主以智力为主，但实践过程中也需要相应的体力活动；像旅游等项目，要接受大自然的恩惠和经受大自然的洗礼。很多娱乐体育强调身心的放松和超脱，是现代人为消除社会烦恼，提高生活质量的有效手段。

（五）健身过程是方法多样并与其他身体活动紧密联系的社会活动

健身活动从组织形式上看，既可以集体练习，也可以小组和个人练习。在组织方法上，也极为灵活，没有统一的规定。从健身的角度看，只要达到一定的生理负荷刺激，均可以获得健身效果。这样，生活中的一些体力劳动和家务劳动都可以作为健身的辅助手段来达到强身健体的功效。但是，这种功效不能成为用工作、劳动代替健身活动的理由，它们的活动目的、作用和方式在本质上与健身是完全不同的。

二、健身过程的目标

针对广大健身锻炼者的目的，健身锻炼过程的目标一般包含以下方面内容。

一是促进有机体的正常生长发育和提高肌体活动能力，全面改善和提高体质状况。

二是维持正常的机能水平，推迟人体生理性老化过程，消除或缓解病理性老化过程，延年益寿。

三是提高和维持人体对外环境的适应能力，预防和治疗疾病，提高健康水平。

四是提高人的审美意识，改善人对美的感受、理解、鉴赏、评价和创造能力。

五是全面调节人的心理和社会适应能力，改善人的精神生活与社会生活，使人朝气蓬勃，充满活力。

当然，由于不同个体健身锻炼的需求存在差异，其健身过程目标也不尽相同。如青少年的健身目标主要是改善身体机能，增强运动能力，提高自身体质健康水平。而中青年人群的健身过程主要是维持现有的体能和健康水平，改善和调节心理，打造健美体型。对于老年人群则是延缓身体机能衰退，最大限度挖掘身体潜力，保持健康长寿。虽然不同人群的健身过程目标都有一定差异，但全面调节和提高自身的心理和社会适应能力则是大家都应该重视的。

三、健身过程的构成

健身是一个多因素的、复杂的系统，也是一个完整的、独立的系统。从体育的角度看，健身只是体育的功能之一而不是体育的唯一功能。具体说来，健身应该具备运动知识和运动技术的基础，也有赖于营养、卫生、优生优育、环境保护、身体锻炼等多种因素，健身是一个多因素的、完整的体系。按照以上对健身过程的理解，可以认为健身过程包括三个连续的阶段（如图3-1-1）：

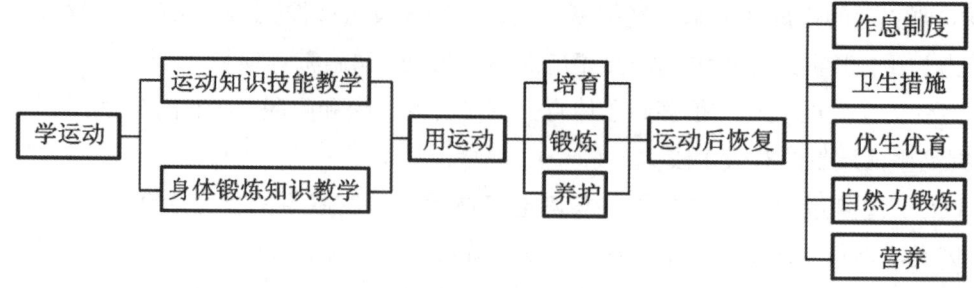

图 3-1-1　健身过程的阶段划分

从图 3-1-1 可以看出,健身过程是一个复杂和多层次的过程,它应该包括体育教学、运动实践和恢复三个阶段,每个阶段都有鲜明的特点和功能。体育教学是学习者学习健身锻炼知识,掌握运动技能和方法的过程;运动实践是健身者运动锻炼的过程;恢复过程是健身者锻炼后,身体恢复正常并获得新的效果的过程。如果健身者接受了很好的体育知识、技能教育,但不亲自进行运动实践,不按科学的健身方法进行运动,不注重健身后的恢复和调整,同样不能够达到增强体质、增进健康的目的。

健身过程三阶段的理解,既是对体育和健身历史经验和研究成果的总结,也是现代健身科学发展的产物,是现代化体育思想科学化的表现形式。健身全过程的第二、三阶段比第一阶段运动教学更为重要。第三阶段是健身全过程增强体质的归宿,如果这一阶段的效果不好,就是全过程的失败。故要依据这一段的效果来考查和评定健身全过程。第一阶段依据第二阶段,第二阶段依据第三阶段。三个阶段是不可分割的有机整体,共同构成健身过程。

四、健身过程的影响因素

体育健身过程是一个专门组织的科学活动过程,与其他体育活动一样,也应该从准备活动开始,通过热身运动,克服身体生理惰性,激活生理机能,为即将开始的健身锻炼做好准备,形成良好的运动状态。运动状态会受到一系列内外部因素或者条件的影响,必须加以调整或控制才能收到满意的健身效果。

(一)外部因素

1. 体力因素

体力是人们进行体育运动的基础,包括走、跑、跳、投等基本活动能力以及速度、力量、耐力等运动素质和时空感知能力等。体育健身者拥有充沛的体力,才能承受一定的运动负荷并产生积极的健身效果。正常人体力水平相对稳定,但在生病或者比赛状态下,体力会产生急剧变化,健身锻炼时应及时调控负荷。

2. 心理因素

心理因素对锻炼积极性有着重要影响,情绪高涨则锻炼的积极性高,运动感觉良好,动作轻松协调，负荷总量容易加大；反之，心理状态不好，情绪不佳，则使人倦怠，不想运动。形成固定的锻炼机制以后，由于生物钟的及时提醒，锻炼情绪较为稳定，心理状态正常。锻炼机制一旦改变，情绪也会发生变化。精神适度紧张对发挥肌体能力有好处。但当劳动过度，精神过于紧张时，情绪也会受到影响，此时负荷不宜安排过大。

3. 饮食营养因素

其基本原则是保持肌体同化和异化作用的平衡。当营养不足或空腹运动时，则负荷安排宜小，以降低因血糖低而引起的不适；当营养过剩时，要适当加大负荷，特别要注意延长运动时间，促进脂肪的消耗，还应注意饮食平衡和饮食卫生。

4. 劳动负担因素

劳动也是一种消耗，从生理角度来看，它属于异化作用过程，具有促进同化的作用。劳动负担直接影响到健身活动的安排。当劳动强度过大时，运动更多地带有调整和放松的性质；而当劳动强度较小时，运动多带有锻炼因素。劳动性质和部位对健身锻炼过程的影响很大，健身锻炼时劳动肢体要注意放松，非劳动肢体要加强锻炼。脑力劳动者更有必要进行全身锻炼。

5. 作息制度因素

运动在余暇时间进行，余暇时间的多少，对锻炼机制亦有重要影响。时间充裕的健身锻炼者，锻炼时间较为自由，多采用运动与休息相间安排；时间较紧的锻炼者，要采用集约化方式安排，注重提高单位时间内的锻炼效益。缺乏整块余暇时间的人，也可以分散安排，化零为整也有效果。

6. 体育素养因素

体育素养是健身锻炼者受到体育教育的程度和水平，包括体育知识、运动技能掌握程度，身体素质和机能水平等方面。它们对健身内容的选择、健身兴趣和爱好的形成以及个人的健身行为都会有所影响，进而影响到体育健身过程。

（二）内部因素

1. 健身手段

健身手段是健身锻炼的载体和外部形式，对健身活动的部位和运动肌群，健身锻炼活动的组织，健身锻炼负荷和健身效果以及健身锻炼者的生理、心理状态及社会参与程度都有着重要作用。健身手段的选择一般是依据健身活动条件，健身手段的负荷特点，健身手段的发展变化趋向以及健身锻炼者年龄、身体条件、运动基础、个性心理特征等方面因素综合考虑。

2. 健身负荷

运动负荷是指健身者锻炼中所承受的生理负荷，它是引起人体生理和心理变化的刺激因素和原动力，其因素构成包括负荷量和负荷强度、生理负荷和心理负荷、负荷表面数据和内部数据。

负荷量是健身运动中完成练习的数量，表现为时间、次数、个数、组数、距离、时间等。其中，练习时间是反映负荷量的基本指标；负荷强度是健身活动时肌体用力的大小或肌体的紧张程度，如动作速度、密度、间歇时间、负重量、投掷的距离、跳高的高度等方面。负荷强度对健身效果的影响最大，根据负荷强度法则，肌体的适应性变化与负荷程度密切相关。

健身锻炼中承担负荷后产生的生理变化即生理负荷。健身运动的生理负荷主要以中等负荷为主，通过坚持长时间的运动，保持肌体运动时的有氧状态。健身锻炼应在轻松、优雅、舒适的环境中进行，应保持放松状态，淡化功利色彩，营造和谐协调的活动气氛。

表面数据是身体练习的量和强度，用以评价身体锻炼水平，也可运用表面数据设计组织健身锻炼。内部数据是健身锻炼者承担联系负荷后引起生理变化所测得的数据，它反映锻炼者在承担负荷后肌体受刺激的程度和肌体健身运动的效果。健身锻炼中更应该重视运动中负荷的内部数据，锻炼中应充分利用内部数据对锻炼过程进行控制。

3. 健身频度

锻炼频度是指锻炼活动的密度，往往以周作为评定的时间周期。锻炼频度与锻炼的总负荷有着密切的关系，不能简单评价一个人的锻炼频度，但应提倡每日锻炼或隔日锻炼，使锻炼机制与生活规律相匹配，与体内的生物节律相适应，这有利于培养稳定的锻炼习惯和兴趣。

4. 健身场地设施

健身场地设施是从事健身活动的物质基础，对提高健身积极性和防止运动损伤及意外事故具有重要的意义。随着我国体育事业的发展，健身场所条件大大改善，健身人群可以根据自身周围的环境条件进行合理选择。需要注意的是：在健身活动前要对场地器材进行认真的准备，要选择安全卫生、适合自己健身需求的场地设施。同时也要注意运动场地的环境绿化，要在空气新鲜、洁净，氧气含量高的场所健身，起到呼吸舒畅、延缓疲劳、增进健康的作用。

第二节　健身过程应遵循的基本规律

一、新陈代谢理论

人体生命活动最重要的物质基础是蛋白质和核酸这两种高分子物质。恩格斯曾指出："生命是蛋白体的存在方式，这种存在方式本质上就在于这些蛋白体的化学组成部分的不断地自我更新。"有机体与外界交换物质的过程，就是新陈代谢的过程。新陈代谢是蛋白体的基本运动形式，也是有机体最基本的生命过程，人体的一切生命过程如生长、发育、生殖、遗传、变异、适应、进化等都是在新陈代谢的基础上进行的。它是人体生命活动的基本规律。

新陈代谢是生物体与外界环境之间的物质与能量交换以及生物体内物质和能量的转变过程，包括物质代谢和能量代谢两个方面，是生物的基本特征之一。在新陈代谢过程中，同化作用是肌体从外界摄取营养物质并转变为自身物质，意味着体质的增强；异化作用是肌体自身的部分物质被氧化分解并排出代谢废物，意味着体质的削弱。在健身过程中，唯有在保持同化作用占优势的情况下，才能达到增强体质的目的。因此，在健身过程中必须根据有机体同化作用和异化作用相互诱导原理，保证体育方法对增强体质具有良好的效果。

在健身实践中，保证同化作用优势必备的条件：一是良好的身心状态。它是保证新陈代谢正常运转不可缺少的条件。二是保证足够的营养供给。大量进食虽然对保证同化作用优势起不了决定作用，但饥饿却会失去同化优势。为了保证同化作用的优势必须补充足以补偿异化作用所消耗的物质。三是控制一定的体力消耗，避免过度疲劳，才能保持同化优势。四是保证必要的休息是保证同化优势的重要条件。真正增强体质的过程是在休息中实现的，而运动只是引起同化作用优势的诱因。

二、运动负荷价值阈规律

运动负荷（Exercise Workload，简称 EW）是指加载于肌体上的各种外部物理"功"的总称。健身运动过程中都存在运动负荷，它包含运动量与运动强度两个方面。前者反映负荷对肌体刺激的量，后者反映负荷对肌体刺激的深度。负荷的量和强度分别通过不同的侧面表现出来，但是也可以运用不同的指标反映运动量和运动强度。不合理的运动时间、运动负荷、运动量非但不能达到锻炼目的，还会对身体造成慢性伤害。长期无效的健身不但浪费时间，而且可能在不知不觉中侵害我们的健康。

运动量是指在一定运动强度下维持的时间长短和一定时间内的次数，是运动强度、持续时间和频率的乘积，即运动的总量。运动量是运动健身计划中最重要的内容，是健身有效性和安全性的关键。根据年龄、性别、运动强度的大小，运动量还有许多分配方法。总趋势是强度越大，间隙越大，年龄越大，运动量越小。从低强度、小运动量到中等强度、中运动量，不同群体的训练过程是不同的。年轻人用 1～2 个月的时间进行过渡期的训练，而心脏病、高血压患者可一直采用持续轻度的训练，而老年人要用 3～4 个月进行过渡期训练。

运动强度是指人体单位时间所完成的运动量，由运动密度、每组运动数和每组运动之间的休息时间等因素构成。这些因素相互联系、相互制约，任何一种因素的改变，都将改变运动强度，从而影响到运动量。运动强度可分为绝对运动强度和相对运动强度两种。绝对运动强度指肌体所承受的物理负荷量，如做了多少"功"等，又叫物理负荷强度。物理负荷的优点是强度大小简单明了，能对体力进行绝对评价，其不足是难以了解运动者身体机能的变化情况。相对运动强度是根据个人最大摄氧百分数或最大心率百分值等生理指标来反映某一负荷量对身体的刺激程度。

所谓运动负荷的价值阈是指人体的健身活动应承受适宜的对人体有着良好健身效果的负荷强度，且应按照一定的心率区间去确定运动负荷的计量标准。健身锻炼应根据不同个体的特点安排运动负荷，不能参照一个绝对标准，但正常人之间差异不大，因此，运动负荷价值阈对多数人来说有着普遍的意义，如图 3-2-1 所示。

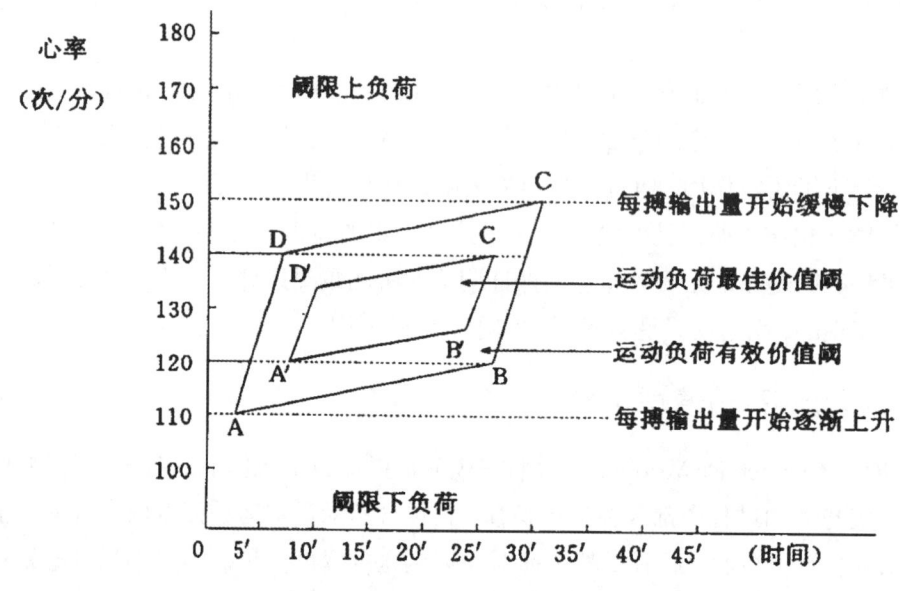

图 3-2-1　运动负荷价值阈示意图

相关研究认为，心率在 120～140 次/分时，心脏的脉搏输出量达到最高值，身体各器官系统能够得到充分的血液供应，新陈代谢状态最好，增强体质的效果也最明显。当心率在 120 次/分以下时，心脏功能未得到充分发挥，健身效果小。而当心率达到 140 次/分以上时，肌体主要靠增加脉搏频率来提高心脏血液输出量，肌体运动只能维持较短时间，否则会出现全身供血不足而精疲力竭。所以，为了防止运动过度而损伤人的身体，把最佳负荷价值阈定在心率 140 次/分以下，对保证运动，增强人的体质具有重要意义。

心率 120～140 次/分的负荷标准是针对普通的健身运动人群的，不是针对知识技能教学和运动训练的。在技能学习过程中，经常用到阈限下负荷，而在运动训练中则经常采用阈限上负荷。例如目前我国要求学生每节课的运动密度必须达到 75% 以上，运动强度达到心率 140～160 次/分，还需要有机融入其他学科的知识内容以促进学生体育学习与文化课学习一体化，每节课至少要融入一门学科的基础知识。

另外，在运用价值阈规律过程中，还应注意到年龄、体质的不同，来合理确定健身负荷，以自我感觉舒适，不影响正常的工作、学习和生活为准。

三、超量恢复原理

超量恢复也称超量代偿,是关于运动时和运动后休息期间能量物质消耗和恢复过程的超量恢复学说,是由苏联学者雅姆波斯卡娅提出来的。其主要观点为:人体在运动中所消耗的能量物质,在运动后不仅可以恢复到原有水平,而且可以超过原有水平,且机能水平的恢复也可以超过原有水平,这就是超量恢复原理。根据超量恢复原理,人体的锻炼过程可以分为三个阶段,即运动时各器官系统工作能力下降阶段、运动后工作能力复原阶段、工作能力超量恢复阶段,如图3-2-2所示,从而达到增强体质的效果。

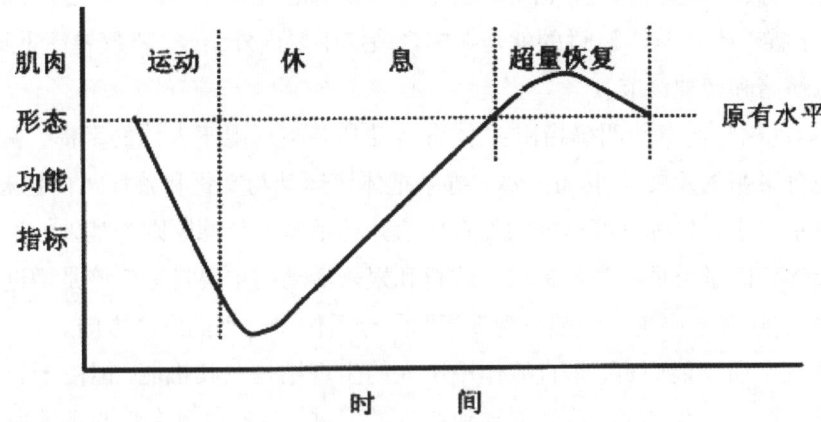

图 3-2-2　健身过程中消耗和恢复规律示意图

该研究还证明:在适宜的刺激强度下,运动肌糖原消耗量随刺激强度增大而增加。在恢复期的一个阶段中,会出现恢复的被消耗物质超过原来数量的恢复阶段,称为超量恢复。超量恢复的数量与消耗过程有关,在一定范围内,消耗越多,超量恢复效果越明显。此后,许多运动生化工作者对肌肉中磷酸肌酸、肌肉蛋白质、肌红蛋白、磷脂、酶活性的超量恢复过程进行了研究,进一步证实超量恢复的基本规律是客观存在的,并且不同物质超量恢复的速度不同。由此提出肌肉活动时消耗物质的超量恢复原理和运动后恢复期物质恢复的异时性原理。

超量恢复的程度和时间取决于消耗的程度,在一定范围内,肌肉活动量越大,消耗过程越剧烈,超量恢复越明显。但如果活动量过大,超过了生理范围,恢复过程就会延缓。

不同能源物质运动时的消耗速率和恢复时间是不相同的,而不同专项运动又对消耗能源物质的要求不同,这就成为选择休息间歇、掌握负荷强度和量度的一个重要依据和指标。目前学者认为可以根据不同能量物质恢复的速率来安排不同专项练习的间歇休息时间。而超量恢复则是课后休息期至下次训练时应掌握的指标。

以上内容提醒我们,为了达到健身效果,锻炼过程中肌体必须要承担一定的生理负荷，造成消耗和产生疲劳，才能达到一定的健身效果。另外，运动后必须要有合理的恢复与休息，并补充合理的营养，否则，超量恢复的效果是不明显的。

四、身心互制原理

20世纪以来，现代西方哲学家已经认同身体不再是单纯的生理肌体，而是心灵和躯体的结合点，身体不仅包含躯体，而且包含意识。有机体是内外相连，形神兼备的，健康的身体不仅是没有疾病和肌体功能正常，还是生理、心理和社会适应方面具有良好的状态。古代雅典人的健身理念就始终认为："身体优美既指身体诸部分都得到和谐的发展，而且又举止文雅。"我国传统养生理论也非常重视身心互补，《养生大观》中说："善养生者养内，不善养生者养外"，说的就是在体育锻炼中要内外结合，不仅要注重身体活动，而且要注意情绪和精神调节。

《体育运动国际宪章》明确指出："体育运动却并不局限于人体的幸福、健康，还有助于人的充分平衡的发展。"因此，要"寻求把体育运动与文化和教育融合起来，创造一种在努力中求欢乐、发挥良好榜样的教育价值并尊重基本公德原则为基础的生活方式"。美国医学会体育医学委员会甚至提出"体育和娱乐活动的主要目标应该是增进人的精神素质的提高"。这些身心统一的健身观都指明了今后健身运动的发展方向。

体育从其本质功能而言，是直接作用于人的生理结构及其机能，但由于心理是生理的功能形态，所以对生理的改造必然导致心理的发展，并且也只有将心理的发展纳入身体的改造中，让人的心理来调控人的生理，才符合体育特征。因此，体育不仅要体现在人的身体方面，也同时要体现在人的心理方面。实际上，体育就是一种有目的的使人的身体健康化的和谐教育活动。因此，在体育锻炼活动中，锻炼者不仅要充分利用多种途径和方式来增进健康，增强体质，同时也应该充分发挥体育对人的多方面的作用和影响，也就是说体育锻炼应该是身心的全面锻炼。随着社会的发展，自然环境和人际关系对人的不利影响越来越大，就更需要人们通过体育锻炼来促进人的身心协调发展。

五、人体发展的阶段性特征

人体的生命过程中，由于结果和功能上质的变化，有机体在规律性的形态、机能、生化的变化方面表现出不同年龄阶段的特点。而且各年龄阶段并不是孤立的，而是互相联系，前一个阶段的生长发育为后一个新的阶段奠定了物质基础。具体特点如下。

一是波浪性和阶段性。人体的生长发育虽然是一个连续、统一、逐渐完善的过程，但在各个年龄阶段生长发育的速度并非是均匀的，而是有快有慢，呈现出明显的波浪性和阶段性特点。虽然人体生长发育在不同的年龄阶段都要经历出生、生长、成熟、衰老、死亡的生命过程，但由于各方面因素的影响，如生活方式、卫生习惯、营养条件、客观环境、健身锻炼等，每一个个体的生命历程又是不尽相同的，如图3-2-3。

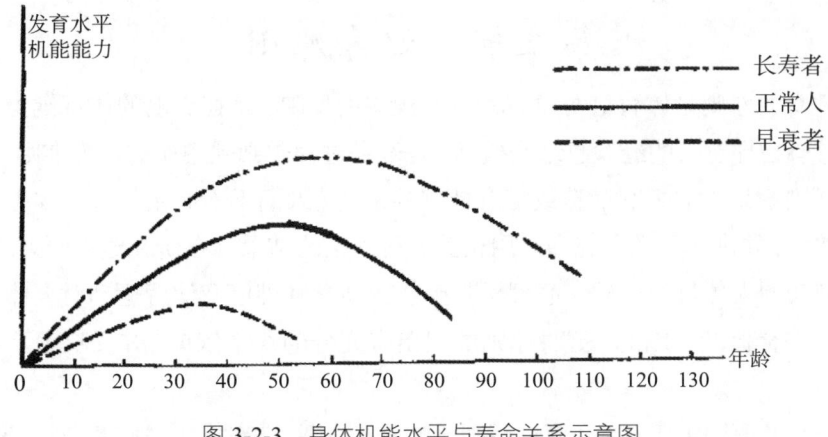

图 3-2-3　身体机能水平与寿命关系示意图

二是非等比性。人体是一个统一的有机体。因此，人体各部分的生长发育有相应的比例，但身体各部分的生长发育在发育过程的每一时期内并不按比例进行。

三是程序性。人体在生长发育的不同时期，分别遵守头尾发展规律和向心发展规律的不同生长方式。

四是性别差异。从青春期开始，男、女之间的生长发育出现了明显的差异。主要表现在以下几方面：时间上的差异，女子青春期发育较男子早；各项发育指标的增长值和增长率曲线出现高峰的年龄，女子比男子早 1～2 年；青春期发育的结束时间女子比男子早 2～3 年。体格上的差异，男子多数指标生长发育曲线的波峰比女子高，波幅比女子宽，这就造成了男子体格比女子高大；多数指标的发育曲线存在两个交叉，10～14 岁的女子身高、体重的平均数高于男子，形成发育曲线上的第一次交叉；14 岁左右男子的身高、体重又超过女子，形成发育曲线上的第二次交叉，此后，男子各项指标的数值一直高于女子，最终形成了成年男、女在身高、体重上的显著差异。体型上的差异，青春期男子上体的围度、宽度增长得较快，女子则是下肢的围度、宽度增长得较快，所以，男子的上体粗宽、下肢细长，女子的上体窄细、下肢粗短。

很显然，人们都希望健康长寿，这就要注重养生之道，并通过积极的措施和手段，科学地进行健身锻炼。人体生命活动的发展变化过程受遗传和后天生活条件影响，遗传在很大程度上决定肌体的生命活动过程。后天生活条件对人的影响也是巨大的，而且这种影响的时间越早，效果越明显，所受的影响也比较稳定而深刻。健身者和健身指导人员应掌握生长发育规律，在临界期内科学安排健身锻炼，保持强健阶段，推迟衰老的到来，以促使人体的生长发育及身体素质的增长接近或达到遗传物质所规定的最高极限，才能实现人们的愿望。

第三节 健身原则

体育健身的原则是体育健身过程中客观规律的反映,是在长期的体育健身实践中积累起来的具有指导意义的经验总结和概括,是健身过程中必须遵循的行为准则。

健身原则不是人们主观臆造或随意杜撰的,它是人们不断总结健身过程中的成功经验和失败教训,并进行科学研究和运用相关学科理论的结果。在研究健身原则的过程中,学者依据健身的人体科学基础、心理学基础、运动学基础以及体育运动对人体的作用和特点等进行综合概括。因此,健身原则的提出有充分的科学依据,并反映了事物发展的客观规律。

体育健身的原则主要有:全面性原则、自觉性原则、渐进性原则、经常性原则、适量性原则、针对性原则。

一、全面性原则

全面性原则是指通过体育锻炼使身体形态、机能、素质和心理品质等各方面都得到和谐发展。人体是有机的统一体,各组织、器官、系统之间是相互联系、相互制约的,身体某一方面的发展会影响其他方面的发展。这就要求我们在体育锻炼中要注意全面锻炼身体,要把身体形体和机能的锻炼、身体和心理的锻炼紧密结合起来,使有机体得到全面协调发展。

人体是一个有机联系的统一整体,身体某一个方面的发达或衰退,都会影响和关联其他方面。生物进化的"用进废退"原理也告诉我们,在一定范围内,经常使用的部位、器官和系统会得以发展,并逐渐形成形态学和生理学特征。而那些长久不用或很少使用的部分,就可能萎缩或退化,由此造成身体发展的比例失调。

贯彻全面性原则,应注意以下几点。

一是健身应从改善肌体形态、提高身体机能、适应环境、抵抗疾病、愉悦身心等方面综合考虑,全面发展。全面发展不等于没有重点,而是要根据个体的需要,发展各自职业需要的部位和素质,重视在劳动过程中活动最少的部位。这样有的放矢地进行锻炼,将收到更好的效果。如纺织工人大多数下肢负担过重,容易静脉曲张,应多做些下肢屈伸活动,促进全身血液循环。长期伏案工作的知识分子,则需要提高心血管系统和呼吸系统的功能,特别要注意中枢神经系统的调节,因而需要全面锻炼身体,如跑步、体操、打拳、练气功等都是很好的锻炼项目。

二是要合理选择和搭配健身内容。要达到全面发展,一方面要尽可能选择那些对身体有全面影响的锻炼内容,如跑步、游泳等;另一方面,要以某一运动项目为主,辅以其他锻炼内容。此外,在锻炼过程中还要注意扬长补短,应加强薄弱环节的锻炼。

三是要内外结合。健身锻炼中不仅要注重骨骼、肌肉等形态上的锻炼,同时也应加强内脏器官、系统的功能锻炼，使肌体能力得到全面提高。内外结合还应身心合一，不仅要注重身体和动作的质量，更要求在锻炼中精神集中、意念专注，使动作和思想紧密结合，这样不仅可以提高身体锻炼的效果，更能够获得精神上的享受和心理上的修炼，使身体锻炼获得物质和精神的双重效应。

二、自觉性原则

人们做任何事情，都要有追求、有目标。体育锻炼也是这样，首先明确了锻炼目的，才能自觉地坚持身体锻炼。自觉性原则是指健身应该出自锻炼者的内在需要和自觉的行动。毛泽东同志在《体育之研究》一文中提出："欲图体育之有效，非动其主观，促其对于体育之自觉不可。"并指出："坚持在于锻炼，锻炼在于自觉。"这充分说明自觉性对于体育锻炼的重要意义。

健身锻炼是一种业余活动，制约性与监督性都不强，锻炼者的自主性较大，再加上身体锻炼本身就是克服自身惰性的体力性活动，健身者不仅要承受一定的生理负荷，还要面对严寒酷暑、雨雪风霜等困难条件，这对锻炼者的身心都是一个巨大的考验，没有主动自觉性是难以常年坚持的。另外，健身锻炼是一个长期积累、反复实践和不断提高的过程，要想取得理想的健身效果，必须要主动积极、长期坚持。健身活动作为人类特有的一种有目的、有意识的实践活动，主要是通过人体的自觉锻炼来获得强健身体、增强体质的实效。它不同于日常生活和劳动中的一般躯体活动，它要求锻炼者自觉、积极地投入，才能使人体在活动中得到身心发展，达到事半功倍的锻炼效果。

贯彻自觉性原则，应注意以下几点。

一是明确目的、强化动机。人的一切行为总是与动机紧密联系在一起的，健身锻炼也应首先明确目的，每个人健身锻炼的目的应与个人的健身需要结合起来。根据性别、年龄、身体条件等方面的差异，健身锻炼的需求主要有强身、保健、娱乐、健美、竞赛等。例如针对有保健需求的个体，应结合生物学的基本观点，在客观认识药物、营养品等保健作用的同时，充分认识健身锻炼这一特殊保健手段的医疗作用和保健价值，通过各种健身锻炼的实例，推动他们参加健身锻炼。

二是培养兴趣、形成习惯。健身锻炼的自觉性一方面依赖于健身者的意志努力，另一方面也受健身内容的影响。兴趣有直接兴趣和间接兴趣之分。直接兴趣是指对现实具体的活动内容本身所产生的兴趣，如羽毛球、乒乓球运动就受到大多数健身爱好者的欢迎。而间接兴趣是对活动的结果所产生的兴趣，如对锻炼后生理机能和素质的提高、身体多余脂肪的减少等结果感兴趣。应通过启发引导和多种形式的组织，将两种兴趣结合起来，互相渗透，形成稳定的健身兴趣。健身锻炼自觉性的养成，还要依靠锻炼习惯的养成。俗话说："习惯成自然。"只有把身体锻炼纳入日常生活中，形成规律，才会坚持不懈、主动积极。

三是检查评价、激发动力。健身锻炼的实效是逐步积累的，在锻炼过程中应该通过医务监督、效果评定和比赛等方式，对锻炼效果定期进行检查，让锻炼者及时了解健身效果，充分调动锻炼的积极性，从正反两个方面激发健身者的锻炼热情。

三、渐进性原则

渐进性原则是指健身必须根据客观规律和个人实际，在健身内容、方法、运动负荷等方面逐步提高，不断提高和改善机能水平。循序渐进是人体适应环境的基本规律，人体对内、外环境变化的适应是一个缓慢的由量变到质变的过程。只有遵循这个规律，才能取得良好的健身效果。否则会引发运动性疾患，损害身体的健康。因此，进行体育锻炼不能急于求成。

贯彻渐进性原则，应注意以下几点。

一是合理选择健身内容。根据自己身体状况合理选择健身内容。体质不同的人健身起点也不同。体质较好的人，可选择比较剧烈的运动方式，如各种竞技运动项目。体质较差的人，开始健身时可选择比较缓和的运动，如慢跑、武术、乒乓球等。慢性疾病的人，可选择保健体育的内容，如太极拳、散步等。当体质逐渐变好时，健身内容可逐步转为强度较大的项目。

二是运动量逐步加大。肌体对运动量的承受能力有缓慢的适应过程，健身时运动量要由小到大，逐步增加。开始时运动量不要过大，时间要短，待肌体适应后再逐步较大。运动量如果长期停留在一个水平，肌体的反应就会越来越小。肌体机能的提高是按照刺激—适应—再刺激—再适应的规律有节奏的上升的，运动量也应随着这种节奏来安排。

三是每次健身过程也要循序渐进。每次健身前要做好准备活动，健身后也要做好放松活动。

四、经常性原则

经常性原则是指参加体育锻炼要持之以恒，坚持长期、不间断地锻炼。众所周知，生命在于运动，运动贵在有恒。人的体质增强是一个长期积累的过程，绝非一朝一夕就能奏效的。任何运动水平的提高，都是通过肌肉活动反复多次强化的结果。

体质增强的渐进性规律告诉我们，人体机能水平的提高是一个逐步发展的过程，人体在体育运动的作用下所发生的各种适应性变化，只靠几次身体锻炼是不可能的，必须经过由少到多的逐渐积累和持续不断地科学锻炼，才能收到良好的效果。同时，运动技能的形成，人体结构、机能的改善，身体素质的提高等，都符合"用进废退"的规律，如果人不能经常锻炼，已取得的锻炼效果就会逐渐消退。

要贯彻经常性原则，应注意以下几点。

一是养成锻炼习惯。健身效果并非一劳永逸，健身者要有坚定的信念，从自己身体的实际情况出发，制订合理的锻炼计划，确定锻炼的时间、次数、内容和负荷，长期有规律地进行锻炼，并形成较为稳定的生物钟，这样才能持之以恒。如果健身锻炼间隔时间过长，健身效果就会受到影响。

二是循序渐进，逐步提高。锻炼内容和方法的选择要注意连贯和系统，注意由简到繁、由易到难，逐步提高。科学研究证明，采用有氧代谢的方式进行身体锻炼，健身价值较大。

三是合理设定自己的健身目标，并制订具体可操作和可落实的锻炼计划，把经常性锻炼作为培养毅力、锻炼意志、陶冶情操的手段和过程，尽力排除各种因素的干扰。

五、适量性原则

众所周知，健身锻炼对身体健康的良好作用，只有在运动负荷维持在适宜程度时方能取得。适量性原则是指体育锻炼要根据参加锻炼者的实际情况（年龄、性别、健康状况等），合理确定锻炼的运动负荷。人体能够承受的生理负荷都有相对的极限，锻炼的运动负荷要求被控制在一定的范围之内。锻炼效果很大程度上取决于运动刺激的强度，弱的刺激不能引起肌体功能变化，而过大的负荷刺激可能损害健康。

从20世纪90年代开始，日本、美国、德国等体育发达国家，对健身的适宜负荷进行了专题研究，从健身频度、健身强度、每次健身持续时间及健身方式等方面提出了不同的要求。除此以外，他们还通过先进的检测监督仪器，运用气体分析、能量消耗、人体质量分析、脂肪重量以及汗和尿液化验等手段，进行身体锻炼负荷的评价，提出许多负荷强度掌握的方法。如德国黑廷格提出，采用肌肉紧张方法健身的负荷强度，应以肌力的40%为标准；美国健身运动创始人劳伦斯认为，运动时应以脉频120次/分为标准；美国医生库珀倡导有氧长跑，他认为，适宜的运动负荷应为锻炼者最大摄氧量或最大心脏血液输出量的70%。

目前各类文献中较为常见并在实践中运用较多的负荷强度掌握方法有以下几种。

一是以脉频150次/分以下（平均130次/分）的负荷量为指标，测量肌体的有氧代谢能力；

二是用180（体弱或病患老人用170）减去锻炼者的年龄数所得的差作为锻炼时的每分钟平均脉频数；

三是运动时的最高心率（次/分）＝（接近本人极限心率－安静心率）×70%＋安静心率；

四是负荷指数评定法。

负荷指数＝（运动后心率－运动前心率）/运动前心率×100%

其负荷对照标准为：小负荷为30%～40%，中负荷为40%～70%，大负荷为70%以上。

强度取决于能量的消耗和恢复的超量补偿，能量消耗过多，便产生了疲劳。适度疲劳经过休息和恢复，可以促进人体机能水平的提高，产生明显的锻炼效果。而过度疲劳则造成身体机能水平的下降并损害身体健康。适宜负荷既包括负荷强度,又包括负荷量。负荷强度计量简易方法一般以脉率来度量,而负荷量则以连续时间、次数、距离和重量等计算。为了准确掌握健身适宜负荷,应注意以下几个方面:一是健身锻炼要量力而行,适度把握健身时间、健身频率和健身强度等要素,将客观标准与自我感觉结合起来,使锻炼更具有针对性;二是要根据年龄、性别、环境、劳动强度、睡眠、营养、兴趣等综合因素统筹安排健身锻炼;三是注意避免过度疲劳,可通过自我症状诊断等方法判断运动负荷大小。

健身中在保证适宜负荷的前提下,应注意逐步增加运动负荷,保证肌体机能能力的不断提高,还要合理安排锻炼和间隔时间,并进行医务监督。

六、针对性原则

针对性原则是指在健身锻炼过程中,根据锻炼者的个人实际以及客观环境条件,合理确定锻炼内容,选择健身方法手段及负荷,使之更符合健身者个人实际。

健身锻炼者的个体差异是普遍存在的,其锻炼需求也是千差万别的,必须根据锻炼者的不同特点区别对待;其次,健身手段丰富多彩,具有广泛的选择性,这些运动项目特点功能各异,为提高锻炼身体的实效,应该有针对性地进行选择;再者,健身锻炼的环境也是经常变化的,健身锻炼者也应该随着季节、气候等自然条件的变化,实时调整健身内容和方案。

贯彻针对性原则,应注意以下几点。

一是注重年龄特点。人在不同的年龄阶段,身体机能是有显著差异的(图3-3-1),应根据人体生长发育的年龄特征,科学合理地进行健身锻炼。如少儿阶段,由于骨骼硬度小,韧性大,不宜采用过多的负重练习。同时,由于心肺功能尚未完善,心跳和呼吸频率快,心脏血液输出量和肺通气量较小,应避免剧烈运动、憋气或静力性练习,防止过劳。

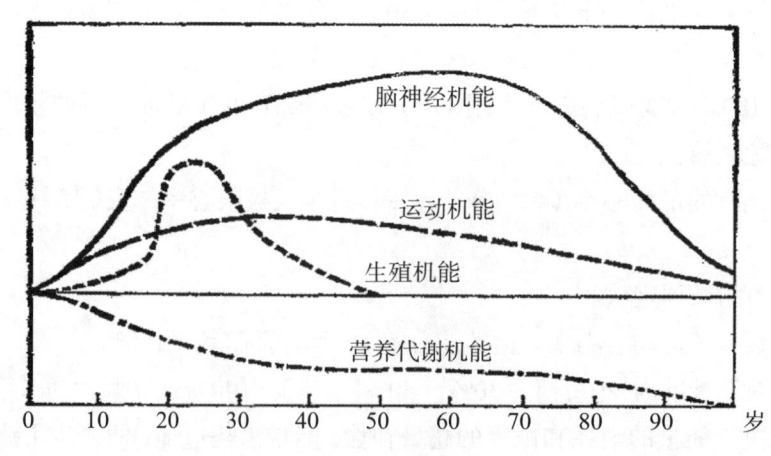

图3-3-1 各年龄阶段人体机能变化图

二是注意性别特点。男女身体在许多方面存在差异。如男性肌肉发达，约占体重的42%，而女性只占36%左右，因此在安排健身负荷时女性运动负荷应该小于男性。另外，女性一般更适合完成平衡和柔软等练习，而男性一般在力量、速度及跳跃方面能力更强。

三是身体健康状况。人体各部位的机能状况，是确定锻炼内容、方法和运动负荷的主要依据。健身锻炼前应该掌握和了解锻炼者的健康水平，有疾病的人群应在医生的指导和监督下进行锻炼。病情较重的患者应暂时中止锻炼。

四是职业特点。不同职业劳动者劳动强度差别较大，掌握锻炼者的职业特点，就可以"因人制宜"制订合理的健身方案。如脑力劳动者，长期伏案，脑部供血受阻，经常出现头昏脑涨和颈部、背部、腰部的肌肉酸痛，他们应该以动作舒展的户外运动为主。

五是地域和季节特点。我国幅员辽阔，不同地域的地理条件和文化背景不同，应从各地实际出发，根据季节和自然环境条件合理选择健身方案。此外，健身锻炼还应充分考虑锻炼者的兴趣爱好、体育基础和锻炼条件，只有综合考虑这些因素，才能科学合理地制订锻炼方案。

思考题

1. 简述健身过程的特点和目标。
2. 健身过程分为几个阶段？各阶段的相互关系如何？
3. 简述健身过程的影响因素。
4. 健身过程应该遵循哪些基本规律？健身实践中如何遵循相应规律？
5. 什么是健身原则？健身实践中如何贯彻健身原则？

第四章 健身手段与方法指导

本章导语

健身手段是人们以发展身体、增强体质、增进健康和愉悦身心为目的而采取的各种内容和方法的总称。自古以来，人们在寻觅运动健身手段的同时，亦从来没有放松过对健身方法的探索，两者密不可分。健身手段和方法的合理选择，直接关系健身方案的实施和健身目标的实现，因而选用健身运动锻炼方法时，要因人而异。健身有法，但无定法，灵活用法，贵在得法。

第一节 健身手段分类

健身手段是人们以发展身体、增强体质、增进健康和愉悦身心为目的而采取的各种内容和方法的总称。健身手段可以有广义与狭义之分。广义的可以指一种活动形式或一个运动项目，如游戏、篮球等均可称是健身手段；狭义的可以指某一种身体练习的动作，如高抬腿跑、仰卧起坐等也是健身手段。健身手段是伴随着人类社会的生存繁衍而逐步产生和发展起来的，具有悠久的历史。我国在几千年的历史长河中，创造了极为丰富的健身内容和手段，如导引术、五禽戏、八段锦、太极拳等，至今仍广为流传。到了近代，随着西方文明的"东渐"，欧美盛行的某些健身手段，如田径、体操、球类、舞蹈等，也逐渐植根于中国的大地上。随着人们对体育健身科学认识的不断深化，体育健身的手段将日臻丰富，更加系统科学。对体育健身手段按其目的分类，有助于我们有针对性地选择和运用。

一、健身运动

健身运动主要指一般健康者为强健身体而从事的身体锻炼。通过练习增强身体各器官系统的机能，提高身体素质，发展基本的运动能力。可根据个人特点和爱好，选用各种锻炼手段，既可采用各种竞技运动项目，也可采用日常生活中一些有价值的动作，如走、跑、自行车等。

二、健美运动

它是在健身运动的基础上,为增加身体美感而进行的身体锻炼。通过练习形成良好的体形和姿态。健美锻炼的针对性较强,如为了发展肌肉体积,可采用举重和器械练习;为养成端庄优美的体形,增加协调性和韵律感,可采用艺术体操、健美操和体育舞蹈等。

三、医疗体育

又称康复体育,是指病患者为了治愈某些疾病而进行的身体锻炼。医疗体育的内容应根据疾病性质采用相应的手段。一般采用动作轻缓、负荷较小的散步、慢跑、太极拳、气功、按摩、保健操等。为提高康复效果,常与药物治疗相结合,在医生的指导下,按运动处方要求进行定量锻炼。

四、矫正体育

它是指为了弥补身体某些缺陷或克服功能障碍而进行的身体锻炼。练习内容应根据身体的特殊情况进行专门安排,如轻度驼背可做脊柱弯曲矫正操等。

五、娱乐体育

是为丰富生活、调节情绪、缓解精神紧张、善度余暇而进行的体育活动。娱乐体育以消遣、娱乐为目的,内容选择上以个人爱好为前提,如游戏、球类活动、郊游、钓鱼等。

六、防卫体育

它是指为防范各种自然和人为危害,提高人的应变能力和肌体适应能力而进行的身体锻炼。这种锻炼既可强身,又有较强的实用防护价值,如摔跤、拳术、擒拿术,以及某些自我防护性练习等。

健身手段对锻炼效果的影响是很大的,根据健身手段的特征和来源,我们可以有条件地把它们分成若干种类,即有氧和无氧健身手段、休闲健身手段、民族传统健身手段、自然力健身手段、运动处方健身手段、健身恢复手段等。

第二节 有氧和无氧健身手段

一、有氧运动健身

有氧运动健身是指锻炼者通过呼吸能够满足运动对氧气的需要,在不负氧的情况下进行的健身锻炼手段。这种健身的运动负荷强度适中,运动时间较长,以增强心血管系统和呼吸系统功能为主要目标,是近年来国外和国内较流行的一种健身手段。

有氧（cardio）运动一词是在20世纪60年代末由健身先驱肯尼斯·库珀发明的。库珀是一位美国军医，负责指导美国飞行员、宇航员的体育锻炼。他目睹工业国家文明病越来越普遍，便利用其有利条件，埋头钻研四年，研究了3万多人，从而创造了闻名世界的"有氧健身法"，特别是他创造的"12分钟跑"，曾经为世界大多数国家所采用，几乎成了运动场上众人皆知的通用方法。

库珀认为，只有根据吸氧能力才能判定一个人体力的强弱。平时对氧的最小需要量和激烈活动时对氧的最大需要量之间的差别大小，就成为测量人的体力强弱的标准。从事这种有氧健身的目的，是使身体每一部位都能得到充分的氧供应，促使参加循环的血量增多。这种健身需要强而有力的心血管和呼吸系统作基础，通过锻炼，又能使其变得坚强有力。

（一）有氧运动健身的作用

一是有氧运动可以有效地改善心血管系统、呼吸系统功能，提高人体的最大摄氧能力。主要表现为：①降低心率；②增强心肌力量；③能增加开放的血管的数量并增大其口径，从而增加血流量，并充分地把氧送到每个组织；④能提高最大耗氧量，增强整个身体特别是心肺、血管等的功能，提高抗病力。

二是改善脂肪代谢，燃烧多余脂肪：①有氧运动可以消耗身体脂肪，有效防止脂肪在体内过多地储存；②预防动脉粥样硬化。

三是增强肌肉耐力（红肌纤维为主）及体力。

四是减肥塑身。采用60%～75%最大心率（或50%～70%最大摄氧量时，脂肪氧化的绝对速率处于理想状态，也就是说这时脂肪燃烧最快）运动持续时间超过40分钟，就可使脂肪代谢的速度增加。当持续时间达120分钟以上时，脂肪供能成为主要方式，可达50%～70%之多。此时，脂肪细胞释放出大量游离脂肪酸，脂肪细胞的体积随之变小。同时，体内多余的血糖也被消耗殆尽而不再转化为脂肪。

五是预防和治疗糖尿病（同力量训练）。经常运动的人患糖尿病的概率要低20%。

六是预防和治疗高血压。有氧运动能使肌肉和血管的张力改善，使软弱无力的肌肉和血管变得坚韧，可以消除紧张消极情绪，缓解紧张状态，同时减少脂肪沉积，延缓血管硬化，从而有效地降低血压。

七是提高骨密度，保持或增加瘦体重（LBM）。

八是增加胰岛素的敏感性，改善内分泌系统的调节机能。

九是有氧健身能健脑，并延缓老年人认知功能的下降。

美国哥伦比亚大学神经学家斯莫尔在经过近10年动物研究的基础上，第一次把这个原理运用到人身上：连续锻炼3个月之后，所有参加实验的人都有了新的神经细胞。美国伊利诺伊州立大学神经学家查尔斯·希尔曼认为，肌肉与大脑之间存在着某种关系。

（二）理想的有氧运动健身

当今世界最常用的有氧运动锻炼项目是长跑、游泳、骑自行车，还有步行、甩手、爬楼梯、有氧健身操及球类运动，有条件的还可以进行滑雪运动等。

1. 步行健身

步行，就是轻松地散步，是最简便、最安全、最受人喜爱的健身方法。它不受年龄、性别、身体健康状况、场地器材设备等条件的限制，不论男女老幼，谁都可通过步行达到健身的目的。步行时，四肢动作自然而协调，全身关节筋骨都可得到适度运动，可使人气血流通，经络畅达，壮筋骨、益五脏，能防治神经衰弱、冠心病、肥胖病、糖尿病、消化不良等多种疾病。特别是年老体弱和脑力工作者，尤其适合在空气清新、鸟语花香的环境中散步。散步是非常有效的精神调节剂和健身法。

散步虽不拘形式，但也要讲究要领。散步时，应放松全身，调匀呼吸，悠闲自得，百事不思，心空脑静。步行要做到：身体端正，挺胸收腹，两肩放松，目视前方，不低头，不驼背，步履轻松自如，犹如闲庭信步。其呼吸方法一般是两步一吸，四至六步一呼。

散步时间，可安排在清晨、饭后或睡前。清晨，如在空气清新的花前树下，从容踱步，乃是人生一大享受。饭后散步可健脾消食，但应稍事休息一下后再去散步，若行走中以手摩腹，效果尤佳。睡前散步，可使人心平气静，解乏安神，有益睡眠。

步行健身方法可归纳为五种。

一是缓步健身：以每分钟60～70步的慢速和每分钟80～90步的中速，每天步行锻炼1～2次（隔天一次也可），每次30～60分钟。此法最适合于年老体弱者和一般人饭后活动。

二是快步健身：指步履速度稍快的行走，每分钟约120步左右，每次锻炼约30～60分钟。此法适用于中老年人增强心力和减轻体重。步行时最高心跳应控制在每分钟120次以下。

三是逍遥步健身：指散步时且走且停，且快且慢。步行一段距离后稍事休息，接着再走，或快步走一程，再换缓步走一段。走走停停，快慢相间，量力而行，自由随便。此法适用于病后康复或体弱者锻炼。

四是摆臂散步：步行时两臂用力向前后摆动，可增进肩带和胸部活动，此法适用于肺结核、慢性支气管炎等呼吸系病人锻炼。

五是摩腹散步：指一边散步，一边自我按摩腹部。此法适用于消化系统疾患者锻炼。

另外，患病者进行步行锻炼，还应根据病情选择好环境。如肝气郁滞、心情不畅的人最好到花香鸟语的公园；心情烦躁、心火较重者宜去湖边和密林深处；水肿病人和风湿性关节炎患者，应选择沙地干燥处；口干舌燥者宜去梅林水果园；畏寒者宜选阳光充足处。

步行的运动量要自我掌握。最佳标志是：呼吸平稳，不气喘。四肢发热，身体稍有汗，感觉轻快，稍有疲劳感，心率比平静时每分钟增加 10～20 次，经 5～10 分钟后可恢复正常。

2. 慢跑健身

慢跑健身是一项轻松的具有中等强度的健身运动，特别适合中老年人进行需氧运动锻炼。实践证明，慢跑健身能增强心肺功能，减少体脂贮存，促进新陈代谢，增强消化能力、免疫能力及肌力，调节神经系统功能，预防高脂血症、冠心病、肺气肿、肌肉萎缩、便秘及消化不良等疾病。平时，如果能坚持慢跑，一定能使精神状况得到明显改善，推迟人的衰老。

当然，进行慢跑锻炼，要掌握正确的方法才能取得良好效果。跑步时，上体正直稍前倾，头和上体应成直线，两臂屈肘前后自然摆动，前摆时稍向内，后摆时稍向外，全脚掌落地，然后到脚外侧，最后再用前脚掌蹬离地面。身体各部肌肉、关节尽量放松，配合协调。呼吸要有节奏，可采用二步一吸、二步一呼，或三步一吸、三步一呼；尽量做到吸气要深，呼气要充分，最好采用口鼻兼用，以鼻为主的呼吸方法，呼吸时应半张开口，轻咬牙，舌头上卷，轻抵上颚，让空气从牙缝中进入。跑步强度要适当，跑速一般每分钟 120～130 米为宜，开始时，每次可跑 5～10 分钟，逐步增加到 15～20 分钟或 20 分钟以上。跑时心率每分钟最低不少于 120 次，最高不超过 180 次，最佳心率应是 180 减去本人年龄。

初跑时可采用走跑交替的方式，先走后跑，或先跑后走、走走跑跑交替进行，如走 200 米、跑 300～500 米、再走 200 米，接着再跑……熟练掌握后，再视身体情况选择匀速跑、变速跑、重复跑、间歇跑、定时跑等方法进行练习。研究证明，3000 米持续慢跑（或走），几乎是 100% 的有氧系统供能。

跑后应做些放松和自我按摩下肢的活动。如放松按摩后仍有酸痛感，可进行局部热敷或洗热水澡，这样更易消除疲劳。为了保证安全，跑前到医院检查一下身体很有必要。患病者一定要经医生同意再确定可否参加健身慢跑。

3. 甩手健身

甩手运动是我国民间的一种健身手段，它对全身经络可起到有节奏的按摩作用。甩手时，由于两臂前后摆动，胸部活动增加，呼吸加深加快，有助于治疗呼吸系统疾病。甩手时，由于膈肌上下活动，可有节奏地按摩腹腔的内脏器官，促进胃肠蠕动，减轻肝脏淤血，改善消化吸收功能，有助于治疗消化系统疾病。甩手时，全身肌肉放松，排除杂念，心静脑空，把意识集中到手上，可改善大脑的功能，有助于治疗神经系统疾病。

甩手运动最好在早晨起床后和晚上临睡前进行。饥饿或过饱时，都不宜做甩手运动。地点宜在空气清新、环境安静的庭院或公园，也可在室内或凉台。甩手时，须摒除杂念，全身放松，两脚自然开立，双臂下垂，掌心向内，在腰腿带动下，双臂前后来回摆动，前摆时与身体垂直角度为 40°～60°，后摆时不超过 30°。摆动速度为每分钟 50 次，每次可摆动 500～1000 下。如用此法得当，坚持一段时间就会感到精神振奋、食欲旺盛、睡眠良好、体质增强；如健身中出现头晕、胸痛、臂酸沉、疲乏无力，说明运动量过大，应减少甩手次数或暂停此项运动。

4. 登楼梯健身方法

近些年来，登楼梯已成为人们喜爱的健身方法。的确，利用楼梯进行健身锻炼非常简便，既不需什么设备器材，又不受时间和气候的影响，况且，登楼梯所消耗的能量又很大。据有关专家测定，快速上楼梯所消耗的能量是静坐的 10 倍，散步的 5 倍，游泳的 2 倍，快速跑的 1.8 倍。经常上下楼梯可改善心肺功能，增强下肢肌肉的力量，改善髋、膝、踝等关节与韧带的柔软性、灵活性，促进胃肠的蠕动和胃液的分泌，对增强消化系统功能和肥胖者减肥都是很有益的。

登楼梯也应讲究方法。初练时，运动量不可过大，例如：登一层用 30 秒、3 分钟登上六层楼。下楼用两分钟，休息几分钟再登。重复次数先是 2～3 组，逐步增至 5～6 组，甚至 10 组，如此循序渐进，坚持不懈。

登楼梯所选台阶不要太光滑，要有坚固的栏杆，光线要明亮。在登攀过程中如感到心慌气短，头晕腿软，不要惊慌，可手扶栏杆休息一会儿，平静一下，如无其他不适，可继续攀登。登楼梯时最好穿平底布鞋或胶鞋，忌穿高跟皮鞋，精力要集中，步态要从容。最好选在行人较少的时间进行锻炼，每天至少 1～2 次，每次一般为 15～20 分钟。

另外，利用楼梯还可进行塑造优美体形的锻炼，健身方法如下：

一是俯卧撑。膝盖跪在第一台阶上，手撑在高几级台阶处，先屈肘，后撑起，如能将腿伸直更好。

二是反坐撑。坐在第二台阶，脚放地上，手置于第三台阶，直臂撑起。

三是腹腿练习。一脚站地，一脚上抬置于第二或第三台阶上，挺身、臀部向抬起脚的方向反复移动。换脚重复以上动作。

四是仰卧起坐。面对楼梯躺于地上，脚跟置于第二或第三台阶上，双臂交叉置于胸前，起身向上，反复做。

五是足跟起落。重心脚站于第一台阶，脚掌踩于台阶边缘，另一脚踏于第二台阶，重心脚抬高直至脚趾撑地，暂停片刻，再把脚跟降至平面以下。换脚重复上述动作。

六是压腿前屈。面对楼梯站立，一腿放于第四或第五台阶上，支撑腿上体前屈，两手握台阶上的足踝处。换脚重复做。

七是胸腿运动。面对楼梯站立，脚尖距楼梯 10 厘米，双手撑于与腰同高的台阶上，伸直双腿，尽力下压胸部和肩部，臀部向后移动。反复数次。

5. 游泳健身

游泳与骑自行车、慢跑及滑雪是当今世界首推的最佳健身、健美和减肥运动项目。

首先，游泳可使形体变得健美。因为，人的脊椎状态是决定人们体态的关键因素，而游泳锻炼的重点正好在强健脊椎上。因为无论何种游泳方式，都是平卧在水中进行的。蛙泳，不仅要俯卧，而且还要略呈背弓，使身体在水中尽可能呈流线型，最大限度地减少水的迎面阻力。海豚泳，则要求躯干做波浪动作，背部肌肉须保持紧张。蛙泳时，虽然腿不能蹬出水面，但在抬头吸气时，臀部和下肢仍要保持较高的位置，也要求背肌有一定的紧张度。各种游泳姿势都要求脊柱充分伸展，以便加长划水路线，使游泳动作更符合力学原理。而脊柱伸展对矫正和防止驼背及其他职业性脊柱侧弯是有益的。

游泳时，腿臂并用，全身肌肉都对称地参与运动。长期游泳不仅可以使四肢肌肉匀称发达，而且还可以使身体的一些小肌肉群得到锻炼。此外，因为水的密度比空气的密度大320倍，游泳时胸廓所承受的压力为12～15千克，因此，游泳对人的呼吸肌提出了更高的要求，喜欢游泳的人，一般都胸部肌肉丰满，肩部宽阔。由于游泳多在露天进行，因而能经常接受阳光中紫外线的照射。这对皮肤中的胆固醇转化为骨骼发育所需的维生素D具有强化作用，有助于骨质钙化和佝偻病的防治，长期坚持能使青少年大幅度增高。

游泳还是一种有效的减肥运动。科学试验证明，水的导热性比空气高28倍，其阻力远远超出空气。当在水温为12℃的水中活动4分钟时，它所消耗的热量几乎等同于在同温度空气中活动1小时释放出的能量。因此，通过游泳锻炼，可使人体变得苗条而富有曲线感。

与此同时，有些人还把游泳视为高效的"血管体操"。这是因为：其一，水对身体各部分有按摩作用，有助于血液循环和促进表皮细胞的新陈代谢，使人的肌肤更加光滑细腻，富于弹性和美感；其二，人体在水中运动时，节奏一般都比较缓慢，这对心脏的工作很有好处；其三，当人体进入水中时，皮肤和皮肤血管会急剧收缩，大量血液被驱入内脏和深部组织，使内脏器官增大。接着，皮肤血管也随之扩张，血液开始回流。这种来回往复有利于增强血管弹性，提高心脏机能，促进形体健美。

游泳的姿势不限，距离可视体力等情况而定。研究表明，仅400米游泳而言，有氧系统供能就接近70%，如果采用持续游的方法游较长的距离则效果更佳。对体力较差者可采用间歇练习法练习。间歇时间的长短，可用心率来控制，在下一次练习前，心率一般为120次/分左右为宜，因为此时心脏处于良好的功能状态。普通健身者，完全可以采用嬉水、重复性慢游、间歇性慢游、定额慢（快）游等方式来练习。

然而，游泳健身也需认真注意。游泳前一定要做好准备活动，使全身肌肉和关节都活动开，以免抽筋，发生危险。不要空腹下水，以免体内能量入不敷出，使大脑血糖供应不足，直至引发头昏眼花、四肢无力、面色苍白乃至晕厥等症状。同时，刚吃过饭也不宜游泳，容易造成体表血管扩张，胃肠血液相对减少而影响消化功能。鉴于此，游泳最好安排在饭后一小时进行，每次不要超过3小时，而且每隔半小时应休息10分钟。若遇雷雨天气，不要游泳。游泳时，还应保护好眼、耳、鼻等器官，以免造成疾患。

6. 骑自行车健身

中国是一个"自行车王国",过去乃至现在,自行车仍是我国城乡重要的代步工具。骑自行车亦因为骑行者下肢关节负荷较小、参加运动的肌肉较多(达100多块)、锻炼效果全面、运动量适中等特点而受到人们的钟爱。更有人研究证明,自行车运动员的快缩肌(白肌)因运动反而变细变小,因此它又是减肥者首推的运动项目之一。

骑车的时间可长可短,几十分钟至数小时均可。只需注意姿势和方法即可。

骑车的姿势主要取决于自行车的结构。骑车者首先要选用适合自己体型的车型。如女子最好选用坤车,不但上下车方便,符合妇女生理特点,而且也符合女子上体较长,下肢较短的形体。腿长的男子要选用横梁较长的男车,肩宽的要选用车把较宽的型号。其次,要对自己的用车进行适当的调整。自行车可调整的部位主要是车座和车把。车座应调整到能使腿伸直或基本伸直的高度,这样可保证骑车时腿有伸直的空间,也给人舒展的感觉。车把是调整上体姿势的主要部件。男子骑车时上体应保持略微前倾,女子应保持基本正直,双臂伸直或稍有弯曲。

骑行时头部保持正直,双眼看前下方15～20米处,下颌不要前探,身子不要摇晃,亦不要用脚心和脚跟蹬车。蹬踏方法最好是用前脚掌踏在脚蹬子上,脚蹬转向前方时,脚、小腿、大腿能呈一线。髋关节和膝关节依次用力。踝关节也可以协助用力,以减少动作的幅度。呼吸与车速配合,用腹式呼吸方法,尽量用鼻腔呼吸。骑车健身的方式不限,可慢骑行、定时骑行、定距骑行、重复骑行、变速骑行、间歇骑行等。

另外,上下车时还要注意动作协调敏捷,不宜过猛,以免显得十分局促。上车时在车充分滑行后,内侧腿再舒展地摆过车座;下车时应在车速减慢时再下,不宜在车子高速行驶或完全静止时下车。此外,更要注意交通安全。

(三) 有氧运动健身注意事项

1. 要进行医学检查

在从事有氧健身之前要进行医学检查,以确定身体是否能够从事有氧运动。这种检查的目的是了解其心脏、血管、肺部等器官的功能是否正常,是否存在运动中可能发生意外的隐患。患有严重的心脏病、高血压、糖尿病和过分肥胖者,除步行外,绝不可从事长跑等剧烈运动;上述疾病症状较轻者,以及肾脏病、贫血症、肺病、下肢血管病、关节炎患者,也应"相对地禁止运动"。相对禁止运动并非完全不可运动,但要在医学监督下因人而异地进行运动。

2. 要根据有氧健身的特点选择锻炼项目

有氧锻炼以提高心血管和呼吸系统功能为目的,以有氧耐力水平提高为标志,其项目特点是长时间小强度匀速运动。因此,在项目选择上,一般不采用举重、肌肉健美、力量体操等,也不主张运用短跑等无氧运动手段。因为这些项目或手段与有氧锻炼的目标是不相吻合的。当然,也不是说这些项目或手段对身体无锻炼价值。从身体全面发展的角度来说也是必要的。

3. 健身的强度和时间要因人而异

每个个体及其在不同的年龄阶段，其心血管和呼吸系统的功能是有差异的，有氧健身的强度也应有所不同。为此，首先要通过耐力测验的结果来衡量健身者的体力情况，据此定出个人的有氧健身方案。库珀根据自己研究的测验方法所得出的结果，把健身者的体力分成5级，并提出了不同的负荷标准，这种方法值得我们借鉴。此外，在健身的时间安排上，也要因人而异。

4. 要做好准备活动和整理活动

心血管和呼吸系统从相对安静状态转入功能较高的状态，要有一个准备过程。否则，关节、肌肉就容易受伤，对于40岁以上的人来说更是如此。跑的准备活动应使全脚掌着地，以利于伸展下肢和关节，准备活动的节奏也要由慢到快，逐步达到基本练习的要求。

许多人往往不太注意整理活动，运动结束后马上坐下休息，这就难免发生眩晕或昏迷。因此，在有氧健身后进行5分钟左右的走步或慢跑是必要的。

知识链接☆体力测试

确定健身者的体力水平可采用12分钟跑，其标准如表4-2-1。当然，也可采用24分钟跑或定距离跑。通过体力测试，将锻炼者的体力分成五个等级。体力水平达到四、五级者，说明其体力水平较高，可以直接按照健身方案进行锻炼。体力水平为一、二、三级者，需要进行预备性体力锻炼。

表4-2-1　体力评价标准表（12分钟跑）

单位：米

体力级别	30岁以下	30～39岁	40～49岁	50岁以上
Ⅰ极差	1600 ↓	1500 ↓	1400 ↓	1300 ↓
	1500 ↓	1400 ↓	1200 ↓	1000 ↓
Ⅱ差	1600～1999	1500～1799	1400～1699	1300～1599
	1500～1799	1400～1699	1200～1499	1000～1399
Ⅲ稍差	2000～2399	1800～2199	1700～2099	1600～1999
	1800～2199	1700～1999	1500～1799	1400～1699
Ⅳ好	2400～2799	2200～2599	2100～2499	2000～2399
	2200～2599	2000～2399	1800～2299	1700～2199
Ⅴ极好	2800 ↑	2600 ↑	2500 ↑	2400 ↑
	2600 ↑	2400 ↑	2300 ↑	2200 ↑

注：表中各栏数字，上为男，下为女。

知识链接 ☆ 有氧健身量度

如何确定每周有氧健身的量度,这是一个运动适度的问题,同时也是一个十分棘手的问题。库珀提出以标准分作为每周有氧健身量的标准。他曾对数千人进行测试和训练,结果是每周取得30分的人,有80%都达到了理想的体力水平,他结合本人的实践经验和瑞典的体力标准,提出每周锻炼量应达到30分。

制定标准分的要领是运动的强度(即每分钟、每千克体重的耗氧量),其基本数据如表4-2-2所示。

表 4-2-2 有氧锻炼计分标准

1600米跑或走的时间(分.秒)	分数	耗氧量(毫升/千克·分)
20～14.30	1	7
14～12	2	14
12～10	3	21
10～8	4	28
8～6.30	5	35
6.30	6	42

知识链接 ☆ 预备性锻炼

其他的运动项目,只要达到相应的时间和强度,也可得到相应的评分。甚至劳动和日常生活的体力投入,都可加入相应的评分。譬如,每周锻炼要取得30分,其典型方案是:长跑2400米,用时12分钟,每周一、二、四、五锻炼4次,每次取得7.5分,总计30分。这是取得30分的最快的方法。也可以采用跑步、游泳、骑自行车、球类运动等相结合的办法,以获得相应的分数。

在开始正式的有氧健身之前,体力较差者必须先进行预备性身体锻炼(如年龄小,训练水平低的就以匀速、低强度为主)。库珀认为,1、2、3级体力者,要进行10～16周的预备性体力锻炼,才能按照正常的锻炼标准进行运动,如表4-2-3所示。

表 4-2-3 预备性体力锻炼方案

Ⅰ级		Ⅱ级		Ⅲ级	
周数	每周应达到的分数	周数	每周应达到的分数	周数	每周应达到的分数
1～2	5	1～2	5	1～2	5
3～4	10	3～4	10	3～4	10
5～7	15	5～7	15	5～7	15
8～11	20	7～9	20	7～8	27
12～14	27	10～21	27	9～10	30
15～16	30	12～13	30		

知识链接☆有氧健身强度

采用有氧健身法的关键是掌握练习强度,这种练习强度既要处在有效健身价值阈以上,又不能超过无氧阈值,以保持"有氧"的性质。国内外较为流行的是用运动时心率控制练习强度,可以用130次/分左右,不高于150次/分作为控制指标,或以180减去锻炼者年龄的差值作为控制强度指标。另一种意见认为,运动强度处于最大吸氧量的70%以下,属于有氧健身强度范围。此外,运动强度与年龄有一定的依存关系。日本学者在广泛研究的基础上,提出了运动强度与不同年龄锻炼者心率对照表(表4-2-4),可作为有氧健身者的参考心率指标。有了这种对照表,要保持最大吸氧量的70%以下,就显得容易多了。

表4-2-4　运动强度与不同年龄锻炼者心率对照表(次/分)

强度 \ 年龄(岁)	8～12	13～17	18～29	30～39	40～49	50～59	60以上
100%	195	190	190	185	175	165	155
90%	180	175	175	170	165	155	145
80%	170	165	165	160	150	145	135
70%	160	155	150	145	140	135	130
65%	150	150	140	140	135	130	125
60%	145	140	135	135	130	125	120
55%	140	135	130	130	120	120	115
50%	135	130	125	120	115	110	110
45%	130	125	120	115	110	105	105
40%	125	120	115	110	105	100	100

生理学分析得出,5分钟(持续运动)是全身有氧耐力运动所需的最短时间,60分钟对于坚持正常工作的人是最长时间。一般中老年如以健身为目的,应选择强度小且时间长的方法;青少年则可选择时间相对较短,强度相对较大的方式进行锻炼。一般以30～60分钟为宜。

从锻炼的次数看,研究也证明,一周运动1～2次,锻炼效果不明显;一周运动3次,基本是隔日运动,不仅不会疲劳,反而锻炼效果更好;一周运动4～5次,效果最佳。当然最好要以自己不感觉疲劳为原则。

二、无氧运动健身

(一)无氧运动健身(肌肉力量训练)的作用

第一,延缓衰老。有研究证明,长期力量训练者比实际生理年龄年轻5～7岁。此外,不经常参加锻炼的人在20～25岁达到最大肌肉力量,以后每10年将会损失10%左右的肌肉重量和肌肉力量。60岁后，力量损失加速。经常参加锻炼的人可以把最佳状态保持到60岁以上。

第二，美化体形体态（发达肌肉，改变或修塑体形）。

第三，增加骨密度，减少骨质疏松、关节病以及其他相关疾病。

第四，消耗更多热量，防止肥胖，改善脂肪代谢。

即使在不运动的状态下，每千克肌肉每天也要消耗75～110千卡的热量。通过力量训练，每增加1千克肌肉，其消耗的热量等于在一年内燃烧掉3～5千克脂肪。经常参加力量训练，可以使血液总胆固醇下降，低密度脂蛋白下降，高密度脂蛋白升高，有利于心血管健康。

第五，减少运动器官的损伤和疼痛。肌肉力量的不足和退化会造成肌肉劳损、疼痛及身体形态改变。力量训练可以使颈部和腰部等重要部位的肌肉力量增强，延长工作时间。

第六，改善身体对碳水化合物的代谢机能，促进心血管健康，预防和帮助治疗糖尿病。力量训练可增加肌肉重量，更多的肌肉组织使肌体对胰岛素的敏感性加强，从而更有效地从血液里摄取所需的糖并加以利用，降低血糖，起到预防和治疗 II 型糖尿病的作用。

第七，降低患癌风险。瑞典研究人员2009年宣布，经过20多年跟踪8677名男性志愿者生活方式，并对每名参与研究的志愿者定期体检和做肌肉力量测试。结果显示，定期做举重等锻炼且肌肉发达的男子比其他人患癌症丧命的概率低30%～40%。

此外，无氧练习（训练）还可以锻炼速度、力量及爆发力；培养神经、肌肉的"强度"。

（二）无氧运动健身的供能特点

无氧运动是以无氧供能占优势的运动。运动中，如果ATP-CP系统的最大供能速率或输出功率为56焦/（千克·秒），供能持续时间仅为7.5秒左右。其供能特点是供能总量少，持续时间短，功率输出最快，不需要氧气，不产生乳酸物质。随后体内的葡萄糖或糖原在无氧情况下分解产生乳酸的过程中，再合成ATP的能量系统，并释放能量，称无氧酵解。如果最大供能速率或输出功率为29.3焦/（千克·秒），供能持续时间为33秒左右。专门的无氧训练可有效提高乳酸供能系统的供能能力。

从健身健美的角度看，无氧运动主要是发展人的速度、力量和爆发力，培养神经、肌肉的"强度"，提高人体的某些极限体能等。国际健身健美专家认为，对中老年人来说，应主要采用有氧负荷强度或混合强度练习，不宜强调无氧锻炼，他们认为，只有以有氧锻炼为主，才对中老年身体好处更大。故此，这里介绍的无氧运动健身技法一般只适宜健身健美运动员的体能性训练和供体质较好的健身锻炼者参考。

（三）无氧运动健身指导

根据不同练习的不同特征，以人体的运动能力结合技术动作结构，可将无氧运动练习分为周期性练习、非周期性练习、混合性多元练习、固定组合练习及变异组合练习等。

根据体能周期性练习中无氧供能的能量输出功率又可以分为以下三种强度的无氧练习。

1. 体能性周期性练习

（1）极量强度的无氧练习。在这类练习中，无氧供能占总能需量的90%～100%，其中主要是磷酸原系统供能，能量输出功率可达480千焦/分钟，最长运动时间仅几秒。此类练习包括100米跑、短距离赛场自行车、50米游泳和50米潜泳等。

（2）近极量强度的无氧练习（混合的无氧强度练习）。在这类练习中，无氧供能占总能需量的75%～80%，其中一部分靠磷酸原系统供能，大部分靠乳酸能系统供能。能量输出功率为200～400千焦/分钟，最长运动时间为20～30秒。属于这类练习的项目有200米和400米跑、100米游泳和500米速滑等。

（3）亚极量强度的无氧练习（无氧有氧强度练习）。在这类练习中无氧供能占总能需量的60%～70%，主要靠乳酸能系统供能。能量输出功率为160千焦/分钟，最长运动时间为1～2分钟，运动后血乳酸高达20～25毫摩尔/升。氧运输系统功能一些指标可以接近或达到最大值。属于这类练习的项目有800米跑、200米游泳、1000米和1500米速滑以及1000米赛场自行车赛等。

2. 体能性非周期性无氧练习

（1）爆发性的练习。特点是快速完成一个或几个非周期性的、短时间的、大强度的、用力的动作。完成这类练习的时间从几秒到十几秒，有的项目还包括周期性动作。跳跃、投掷和举重项目均属此类练习。

（2）有定规变化的练习。是由一些不同形式的单个动作按严格规定组合在一起的联合动作。竞技体操、技巧、武术、花样滑冰和跳水等均属此类练习。

（3）无定规变化的练习。是由无定规的、急剧变换的、不同性质的、不同强度的动作组成的练习。其中既有爆发性用力，又有较小强度的负荷；既有紧张的活动期，又有一定的间歇休息。突出特点是随机应变。所有的球类项目、摔跤、拳击、山地滑雪等均属此类练习。

3. 人体运动能力和技术动作结构类练习

（1）周期性单一练习方法。周期性单一练习是指周期性重复进行单一结构动作的身体练习。由于该类练习动作相对简单，动作环节相对较少，因此，较易使练习者学习、掌握并强化主要环节的训练。由于该类练习的动作方式较易设计，因此，可以作为体能主导类速度性、耐力性运动项群的主要练习手段和其他项群的基本练习手段。

①全身周期性练习。

A. 各种快跑练习：不同距离或时间的跑的练习。步法可为向前跑、垫步跑、交叉步跑、后蹬步跑及并步跑等。要求：在动作正确的情况下，强调步法动作的规范性，提高速度和动作的节奏。

B. 跳推杠铃练习：立姿，两脚自然站立，与肩同宽。两手翻握轻重量杠铃放置胸前。

全身用力时，两脚交叉步或并步跳起，同时，两手上推杠铃到头顶至两臂伸直。连续练习若干次，练习若干组。要求：在动作正确的情况下，重点发展无氧供能条件下的力量耐力和协调性素质。

C. 拉测功仪练习：坐在测功仪上，按划船动作，做全身性拉桨练习，练习时上下肢配合，全力做 6~10 分钟，做若干组。要求：在动作正确的情况下，重点发展无氧与有氧混合供能条件下的速度耐力和力量耐力。

②局部周期性练习。

A. 快速挥臂练习：原地站立，头上方悬吊重沙袋，做扣排球动作，连续挥臂拍击沙袋若干次，练习若干组。要求：在动作正确的情况下，强调挥臂和鞭打速度。

B. 卧推杠铃练习：仰卧于卧推凳上，两手与肩同宽握杠，由胸前上推杠铃至两臂伸直，连续向上推若干次，练习若干组。要求：在动作正确的情况下，强调提高胸、臂部位肌群的最大力量与速度力量，及发达相应部位的肌肉。

C. 拉橡皮带练习：立式上身前俯或俯卧式，两手由前方向后体侧拉橡皮带，反复多次，做 3~10 分钟，练习若干组。要求：在动作正确的情况下，提高胸、臂部位的力量耐力。

（2）混合性多元练习方法。混合性多元练习是指将几种单一结构的动作混合进行的身体练习。由于该类练习的动作相对复杂、动作环节相对较多，因此，有利于形成复杂动作的神经联系，提高技能的储备量，有利于学习、掌握较为复杂的技术动作。由于该类练习的技术动作以非周期的方式表现于练习的整个过程，因此，有利于提高练习者的协调性素质和时空感知能力，进而有利于提高运动员的综合运动能力。由于该类练习动作的环节较多，因此通过该练习较易掌握不同环节的动作方法。由于该类练习动作特点与体能主导类力量性、技能主导类对抗性项群技术特点类似，因此，可以作为这些项群的主要练习手段。

①全身混合性练习。

A. 跑动跨跳练习：中速跑，每跑 3 步跨步跳 1 次，连续跨跳 10 次。如固定距离可计时进行。每组练习 3~5 次，练习 2~3 组。要求：摆动腿尽量向前摆出，速度始终如一。跨步的幅度要大，以提高爆发力素质。

B. 助跑掷枪练习法：按完整掷标枪动作练习。要求：助跑快速，变步清晰，制动有力，挥臂快速，出手利索。

C. 助跑扣球练习：按排球助跑扣球完整动作的方法进行实际扣球练习。每组练习 5~8 次，练习 3~5 组。要求：助跑节奏清晰，起跳快速有力，跃起滞空时间较长，扣球挥臂迅速，落地缓冲轻松。

②局部混合性练习。

A. 助跑起跳练习：助跑 10 米起跳跳远练习；5、7、9 步助跑单、双脚起跳手摸高练习；持竿助跑 30 米接插穴起跳练习等。要求：助跑与起跳环节衔接连贯，转换速度快。

B. 助跑掷球练习：手持轻实心球，加速跑 6～10 米后侧交叉步跑 3～5 步，按掷标枪动作将球掷出。要求：助跑过程节奏清晰，出手速度快。

C. 摆浪收腹练习：撑竿跳高动作的辅助练习之一。助跑起跳后，双手握在吊绳上，身体悬垂并随吊绳摆动之势屈腿或直腿收腹起。要求：摆浪收腹动作协调。

（3）固定组合练习。固定组合练习手段是将多种练习手段依固定形式组合的身体练习。运用该练习较易学习、掌握、巩固和应用成套的固定组合的练习动作，使练习动作娴熟化；较易获得与技术动作相匹配的运动机能和运动节奏，进而提高运动能力；较易形成复杂动作的暂时性神经联系，提高技能的储备量，学习、掌握较为复杂的技术动作；较易获得运动的协调性素质和时空感知能力。由于该类练习动作特点与技能主导类表现性项群技术动作的特点类似，因此，该类练习手段是上述项群的主要练习手段。

①各种自选拳练习。根据武术规则，将各种拳法、腿法及身法动作编排为成套的自选拳组合动作进行练习。要求：在动作正确的情况下，按规定时间和技法完成练习，并达到提高无氧代谢能力的目的。

②各种协调性练习。将各种脚步动作、跳跃动作和滚翻动作有机地编排成各种成套的组合动作进行练习。要求：注意提高各个基本动作之间的衔接能力和动作的协调性。

（4）变异组合练习。变异组合练习手段是指在多元动作结构下，将多种练习手段依变异形式组合进行的身体练习。通过各种变异组合的练习，可以有效地提高运动过程的应变能力；可以提高对复杂状态的预见能力；可以提高各种运动战术的应用能力；可以提高与运动技术、运动战术相匹配的运动机能；可以提高对信号刺激的复杂反应能力，提高技能的储备量和掌握较为复杂的技术动作；可以有效提高运动的灵敏性素质和时空感知能力。由于该类练习动作特点与技能主导类对抗性项群技术、战术动作的特点类似，因此，该类练习手段是上述项群的主要练习手段。

①完整变异组合练习。

A. 各种格斗性对抗练习：摔跤、散手、拳击等格斗性项目的半场或全场实战练习。要求：攻防格斗动作快、脚步移动变换快、个人战术变换快。

B. 各种同场性对抗练习：篮球、足球、手球等同场性项目的半场或全场实战练习。要求：攻防配合形式多、基本技术动作好、集体战术选择正确、个人战术应变快。

C. 各种隔网性对抗练习：排球、网球、羽毛球等隔网性项目的半场或全场实战练习。要求：攻防配合密切、基本技术扎实、战术选择正确、战术应变迅速。

②局部变异组合练习。

A. 进攻战术配合练习：在设置防守对手的情况下，专门进行少人或多人的某几种进攻战术配合应用的练习。要求：在恰当的进攻时机，选择适宜的进攻战术形式，并能合理地形成战术配合。

B. 防守战术配合练习：在设置进攻对手的情况下，专门进行少人或多人的某几种防守战术配合应用的练习。要求：在对手进攻方式的变换下，能及时选择适宜的防守形式并能合理地形成防守战术配合。

第三节　休闲健身手段

休闲健身是人们为了丰富生活、调节情绪、谋求身体满足、善度余暇而进行的自由自在的体育健身娱乐活动。休闲健身方法有别于其他的体育健身活动，参加者可根据自己的体质、娱乐和余暇等特点，自由选择健身、娱乐活动的内容、时间、地点、场所、组织形式、方法和负荷等，以利于表现个人特点，发展和彰显个性。这种健身方法更强调健身活动的时间、人们在活动时的心态，以及活动所采取的方式。休闲健身方法的活动强度也不宜过大，这样才可起到愉悦身心、消除疲劳和善度闲暇等作用。

目前休闲的种类很多，有滨海休闲、沙漠休闲……而健身是休闲的一部分，休闲作为人权已被世界公认。在全国开展"全民健身运动"的今天，不少专家提出了"全民休闲健身运动"的设想，主张以"健康休闲""快乐休闲""游戏休闲""竞技休闲"的休闲健身方式来应对具有后现代（即后信息时代）特征的即将到来的休闲时代。

人们在余暇时间里的健身消遣运动和方式很多，如手工工艺收藏、观看戏剧电影、欣赏音乐、健身运动等。从休闲健身的角度分析，可分为三类：一类是非运动性休闲健身活动，如通过观赏各种体育比赛或表演，获得心理满足；一类是运动性休闲健身活动，如散步、旅行、踏青、登高、狩猎、垂钓、泛舟等；另一类是智力性休闲健身活动，如下棋、打牌等。

一、非运动性休闲健身

体育比赛的频繁和体育场馆的巨型化，以及电视体育节目的丰富多彩，为体育欣赏提供了巨大的空间。在体育比赛和表演中，运动员熟练、优美、准确、惊险的技术动作，能使观赏者油然产生心灵的快感和健康美的精神享受。在体育比赛中运动员勇敢拼搏的精神、积极进取、落落大方的比赛风格，能使观赏者受到教益，陶冶情操，增强民族自尊心和自豪感等。体育欣赏还可以调节人的心理平衡和加强自我修养等。

要使体育欣赏成为人们善度余暇和陶冶情操的有力手段，一方面需要充实和丰富体育欣赏对象，组织优质健康的体育比赛和表演。另一方面，欣赏者本身也有必要提高自身的知识修养和道德情操。体育比赛是宣传文明、弘扬真理、营造团结祥和气氛的重要活动。观赏者既要以放松随意的心情欣赏体育比赛和表演，又负有一定的社会道义和职责，维护比赛热烈正常的气氛，不仅有利于比赛的顺利进行，也有利于观赏者的心理健康。与此同时，观赏者还需要加强体育运动的知识修养，充分了解各种体育比赛与表演的特点、各项比赛的规则要求、各项目的技术和战术特点等，这对于提高观赏水平和兴趣也是十分必要的。

此外，音乐与艺术欣赏、观看戏剧电影等，也是善度余暇、消遣与娱乐的好方式。

二、运动性休闲健身

运动性休闲健身活动的内容十分广泛，如开展篮球、排球、足球、羽毛球、网球、乒乓球、保龄球、高尔夫球等球类运动；进行游戏、跑步、旅游、骑自行车、登山、武术、气功、健（身）美操、健美舞等，这些活动，既可以健身健美，又可以消遣娱乐，陶冶性情。一般来说，体力性健身消遣活动与日常体育锻炼活动相比较，在内容选择上应当更为随意，运动负荷安排应当更小一些，在活动环境上应当尽可能优雅舒适，使人的肌体和情绪更为放松。

例如，垂钓就是一项有益身心健康的娱乐健身活动。钓鱼的健身机理主要有四方面：一是体力上的锻炼。无论步行或骑车前往垂钓地，均能使肌体获得运动的机会，可以提高心血管系统和呼吸系统机能，改善血液的携氧能力。二是开阔胸襟。置身于大自然的怀抱会令人心旷神怡，尤其是垂钓地的优美景致——水波粼粼，柳枝荡漾，空气清新，使得平日紧张的神经得以放松。三是调神爽身。垂钓者临风把竿，虔诚专一，一边恭候静守鱼标，一边享受钓上鱼后的欢乐，一静一动，动静结合，既能提高视力，又能愉悦神志，对高血压和神经衰弱均有良好的康复作用。四是磨炼意志。垂钓需要耐心和信心，而漫不经心、三心二意或心绪烦躁是钓鱼之大忌。所以，通过钓鱼的锻炼，还可使人变得稳健、成熟。故此，我们认为垂钓既属于体力性娱乐健身活动，又属于智力性健身消遣活动，还属于非智力性（心理）休闲健身活动。

此外，养花与放风筝等也能起到陶冶情操、充实生活、锻炼肌力和增进身心健康的作用。

三、智力性休闲健身

智力性休闲健身活动主要包括下棋、打牌、吟诗、作画、音乐、摄影、集邮等，以下棋打牌最为典型。"琴棋书画"为我国古代四大消遣艺术。在现代社会里，由于具消遣娱乐价值，下棋、打牌均被列入体育运动项目之中。

下棋是人们十分喜爱的一项文化娱乐活动，不仅能丰富业余生活，调节精神，而且还能锻炼人的思维，增强智力，延缓衰老。古人云："善弈者长寿。"一般人下棋的目的在于娱乐，愉悦身心，不可把胜负看得太重，不必为一子一盘之得失而大动肝火。下棋的时间也不要过长，以免影响休息和睡眠。下棋一般取坐姿，时间长了，肌肉活动减弱，致使肠胃的消化功能减弱，食欲下降，进而影响胃肠的蠕动和食物的消化吸收，导致便秘，诱发痔疮，故应加以注意。

牌的种类很多，如纸牌、麻将牌等，也具有一定的娱乐价值，运用得当，可以交流感情，陶冶情操，调节身心。但打牌时间也都不宜过长，因为久坐不利于健康。只有把智力性消遣娱乐活动与非智力性消遣娱乐活动结合起来,特别是与体力性健身锻炼结合起来,才能有效地充实生活内容,提高生活质量,达到乐度余暇的目的,并获得强身健体和益寿延年的效果。

四、休闲健身活动的要求

娱乐和锻炼时,情绪应放松,注意力应专注,要暂时忘记和摆脱工作、生活的困扰。活动内容选择要以兴趣爱好为前提,并符合个人意愿和休闲健身的特点。运动负荷应视体质水平和运动能力而定,并以中、小强度为宜,以运动后产生惬意的疲劳感为好。为增进情感交流,增添消遣情趣,防止伤害事故发生,最好能与亲友结伴而行,共同参与活动,其中又以互动性、游戏性等活动方式为最佳。

第四节　民族传统健身手段

中国传统健身养生术源远流长,早在春秋战国以前,人们模仿禽兽的运动姿势,创编了不少健身体操,当时称为"导引"或"导引术"。春秋战国时期,导引已正式成为人们强身的活动。到了秦汉,我国出现了有关导引方面的专著。1973年长沙马王堆三号汉墓出土的帛书《导引图》,就是先秦时流传下来的古代导引图谱。东汉名医华佗创编的"五禽戏",唐代流传的"易筋经",明代风行的"八段锦""太极拳"等,都是在古代导引的基础上发展起来的。

导引不同于一般的体操,它是具有鲜明民族特色的养生长寿术。其特点是不单纯练肌肉筋骨,尤强调练神。导引的功法是动中有静,静中有动,动静结合,身心俱练,并配合气功进行。所以它比现在的体操运动更有益于健康长寿。中国古代传统养生术经过不断发展,宋元时期已经出现众多流派,明清两代还有创新,流传的导引术不下三四十种。下面仅就有代表性的养生技法进行一些介绍,供爱好者选用。

一、保健气功

气功在养生学里称为"导引""行气""静坐""吐纳"等,是我国传统的养生手段之一,是体育与医疗相结合的产物,在我国有悠久的历史。几千年来,气功理论和功法丰富多彩,变化多端,但始终不出宁神入静、调息运气的范畴。

我国的气功,来源于佛教、道教、儒教、医家和武术家各流派,也有来自民间的。通常分硬气功和气功两大类,后者又包括静功和动功两类。气功锻炼的流派很多,方法各异,但都要求发挥人的主观能动性,做到"三调"(调心、调息、调身),以调整肌体的机能,控制肌体的活动,达到肌肉放松,精神安宁,思想入静。

气功健身对人体神经系统、心血管系统、消化系统、呼吸系统和内分泌系统等均有良好的作用。在气功锻炼中,意念入静,神经系统处于内抑制状态,能消除大脑皮层的紧张状态，对肌体有很好的保护作用。练功时以腹式呼吸为主，能有节律地"按摩"腹腔器官，改善消化和吸收功能。此外，气功锻炼能使皮质激素、生长激素分泌量减少，从而使蛋白质更新率变慢、酶的活性改变，并使肌体免疫功能强化。

二、五禽戏

五禽戏是我国东汉名医华佗模仿虎、鹿、熊、猿、鸟（鹤）五种长寿动物矫健活泼、沉稳优美的活动姿态和神态习性而创编的一套仿生健身运动方法。五禽戏的基本要领是内外结合、动静相兼、刚柔并济、意气合一。内外结合，即内练精气，外练筋骨。动静相兼，指既重视精神的宁静，同时又注意肢体的运动。刚柔并济，即练刚劲时须刚中有柔，练柔劲时须柔中有刚。意气合一，是指在注意呼吸锻炼的同时，又不放松意念活动的锻炼，即以意领气，神不外逸，气贯丹田。

三、易筋经

易筋经是我国古代的一项健身运动，传说为达摩老祖首创，在唐代广为流传。易筋经的动作，刚劲有力，其运动的强度和动作的难度都比较大。因它有滑利关节、调和气血、强筋壮骨的作用，故把它作为骨、关节疾病及骨科创伤病人恢复肌体部位功能和肌力锻炼的一种康复手段。在锻炼时强调情绪安定，全神贯注。以刚柔相济、动静结合、意到力到、自由呼吸为其基本要领。运动量因人而异，根据病情及身体健康情况酌情选练，一般以微出汗为度。

四、八段锦

八段锦是一套由八节动作编排而成的导引强身术，在宋朝已经问世，明代开始风行，后来在民间广为传播，并形成了南北两派。北派托名岳飞所传，动作繁而难度较大，以刚为主，姿势多用马步势，又称武八段；南派托名梁世昌所传，动作难度小，以柔为主，姿势多用站立势，又称文八段。文八段锦与十二段锦术势基本相似，这里介绍的是武八段锦。它是我国传统的医疗保健活动，集医疗、保健、养生于一体，具有全身性、综合性的医疗保健功效，长期坚持练习，对中老年人及慢性病患者具有较好的强身健体功效，正常人经常练习，同样会起到强身健体的功效。

五、太极拳

太极拳最初是明末河南温县陈家沟拳师陈王廷编创的。太极拳在我国源远流长，并在长期健身实践过程中不断地被加以创新，产生了许多流派，如有杨式、陈式、吴式、武式、孙式等。中华人民共和国成立以来，原国家体委专门组织力量对太极拳进行整理，新编了简化二十四式太极拳、四十八式太极拳等。太极拳是中国传统的医疗体育方法，是以轻松和缓、舒展大方的动作，配合呼吸意念活动来调节肌体功能平衡的一种健身运动，具有有病治病、无病防病、强身健体等作用，坚持练习，能让人精神饱满，体力充沛，睡眠好转，身体健康。

六、推拿与按摩

推拿又称按摩、按蹻、蹻摩。它是以中医基础理论，尤其是经络学说、脏象学说为指导，运用各种手法技巧直接作用于人体经穴和局部，通过经络由外达内，引起局部或全身的反应，达到治病保健目的的一种整体疗法。推拿属于中医的外治法。推拿的分类方法有几种。根据其应用目的可分为保健推拿、医疗推拿、康复推拿。根据其应用对象可分为成人推拿和小儿推拿。根据其施术者与医治对象关系可分为自我推拿和被动推拿。保健推拿又称自我推拿，它是和医疗推拿相对而言的。保健推拿多以自我操作为主，主要用于预防和强身，常用方法有摩面、栉头、搓鼻、弹耳、擦颈、拍胸、摩腹、摇腰背、击四肢、擦涌泉。医疗推拿多是由医生操作的被动推拿，由医生操作的被动推拿也可达到保健、康复目的。医疗推拿包括成人推拿和小儿推拿。

第五节 自然力健身手段

人与自然的关系，有一个内外环境的统一和平衡的问题。人不仅要在各种自然环境下求生存，而且要谋"发展"，以适应自然环境和人类自身的要求。那就应该充分利用大自然的因素进行健身，由此便衍生出一些利用自然力锻炼的手段，如结合日光、空气和水沐浴进行的健身方法等。

一、日光浴

日光浴俗称"晒太阳"。太阳光分为可见光、红外线和紫外线，阳光中的红外线可以提高皮肤调节体温的作用，增强肌体的造血功能，改善血液循环，促进新陈代谢，提高肌肉和神经系统的活动能力。阳光中的紫外线还可杀死人体表面的细菌，将血液里的胆固醇转化为维生素D，促进钙的吸收和骨骼的生长，维护人体健康，对佝偻病、骨结核等有一定的治疗作用。

"日光浴"是指在海滩、河岸、旷野或庭院阳台等处，让皮肤直接接受阳光照射。只要天气不冷，最好只穿内衣短裤，使皮肤尽量裸露在阳光之下。进行日光浴时，可采用坐式或卧式，不断翻转身体，尽量使身体各部分都能照射到。也可局部照射，或从下肢逐渐扩展到躯干。

如果是春、秋、冬季节，最好选在上午9—12点、下午4—5点，夏季选在上午10点以前、下午5点以后，气温以20摄氏度为宜。单次日光浴的时间可由短到长，因人而异，从5分钟一直可增至1小时。

日光浴时，为了避免阳光直射头部，刺激脑膜而引起日射病，可用遮阳雨伞遮住头部或戴上草帽。为了保护眼睛，可戴茶色太阳镜。

日光浴时，如皮肤潮红，痒痛，有灼烧感，应停止日光浴。日光浴后如出现心跳过速、恶心、呕吐、头昏、头痛、失眠、精神不振、食欲下降等，也不宜继续进行日光浴。

夏天日光浴前，最好先在阴凉处做几分钟空气浴。日光浴后，应多饮开水或淡盐水。并进行淋浴，洗去身上的汗液，以防中暑或日射病。

饭前、饭后不宜马上进行日光浴。有慢性病者需在医生同意之后才可进行专门的日光浴。患有顽固性皮肤病、关节炎、神经痛的人，可进行局部日光浴，非照射部位用布遮盖上，患有心脏病、严重高血压、严重贫血、严重失眠、过度疲劳、神经兴奋症、发烧、皮肤有炎症及各种急症的病人均不宜进行专门的日光浴。三个月内的婴儿和妇女月经期以及分娩后一个月内不宜进行日光浴。

二、空气浴

空气浴就是裸露身体或穿短衣裤而让空气"沐浴"身体。经常进行空气浴有益于保持体温的恒定，提高皮下血管活动的灵活性，增强身体对外界环境的适应能力，减少感冒，具有改善心血管系统、呼吸系统和神经系统的功能。

根据所浴空气温度的不同，可把空气浴分为冷空气浴（温度为6℃～14℃）、凉空气浴（15℃～20℃）、中等温度空气浴（21℃～25℃）、暖空气浴（26℃～30℃）和热空气浴（31℃以上）。对于锻炼者来说，主要应采用冷空气浴和凉空气浴。

进行空气浴有两种方法：一是结合日常活动，随时随地都可有意识地进行。做空气浴时，尽量少穿衣服，充分利用气温和人体表面温度的差异来刺激皮肤，促进新陈代谢，增强人体健康。二是在一定的时间和地点进行专门的空气浴锻炼。锻炼时间最好在春秋两季早晨，此时气温一般为摄氏10℃～15℃，很适合进行空气浴。如果体弱多病或适应能力较差，最好选在上午9—10点或下午3—5点进行空气浴，这时阳光充足，气温较高，刺激不大，较易适应。

进行空气浴的地点最好选在空气新鲜、烟尘较少、绿化优美的地方，如田野、公园、湖畔、海边。

空气浴锻炼一般应从暖空气浴开始，逐渐过渡到冷空气浴。冷空气浴锻炼时间因人而异，可从15分钟至2小时，随着气温的下降，冷空气浴的时间应适当缩短，每次以不出现恶寒或寒颤为度。如遇大风、大雾和寒流，应暂停空气浴锻炼，饭前和饭后也不宜进行空气浴。同时，空气浴最好与体育健身锻炼相结合，效果会更好。

患有疾病者必须在医生的指导下进行专门的空气浴。

三、水浴

水，特别是冷水，是用来锻炼身体效果十分显著的一种物质。水浴是水锻炼的一种，它是利用水的温度、机械作用和化学作用来锻炼身体的手段。

冷水浴是指在水温不超过20℃的水中洗浴或擦浴。经常进行冷水浴可以提高身体对寒冷的适应能力，不易因着凉而引起感冒、支气管炎、扁桃体炎、肺炎等疾病，同时，又可促进血液循环系统，增强血管的弹性，减少胆固醇在血管壁上的沉积，有助于预防血管硬化、静脉曲张、脉管炎、血管破裂等疾病。另外，冷水浴还可以改善神经系统、消化系统功能，改善皮肤营养状况，促进皮脂分泌，使皮肤变得光滑、细嫩而富有弹性。

冷水浴应在夏季就开始。夏末秋初是进行冷水浴的最好时机，此时的冷水浴可以逐步提高肌体适应气温逐渐变冷的能力。开始锻炼时间为1～2分钟，逐渐增加到10～15分钟。水温可根据个人的耐受性而定，一般从温水开始，隔3～5天水温降低1℃。总的说来，可以从35℃逐步降至12℃左右。

冷水浴宜在早晨进行，它使人精神振奋，可快速消除睡眠后的抑制状态。为避免冷水的突然刺激，起床后可先做些其他运动，直至身体发热再进行冷水浴。冷水浴后应立即把身体擦干，直至皮肤微红，然后穿衣，再做些轻微活动，使皮肤温度尽快恢复正常。一般饭后和晚上均不宜进行冷水浴。

（一）冷水浴的具体方法

一是冷水洗脸：先将面部皮肤搓热，再用冷水擦洗脸部、耳部和颈部，直至擦红皮肤。

二是冷水洗脚：将脚浸入冷水中，用手擦搓，然后再用干毛巾将脚擦干擦红。

三是冷水擦身：一边用冷水擦身一边按摩。其顺序是：脸部—颈部—上肢—背部—胸腹—下肢。摩擦四肢时，沿向心方向进行，以助静脉回流，擦身要把皮肤擦干擦红。

四是冷水淋浴：用冷水淋浴时，要用力作自我按摩，并用毛巾擦身。注意水温不宜过低，淋浴时间不宜太长。

五是冷水浸浴：把身体浸没在冷水中。这是冷水浴反应最剧烈的一种，一定要严格根据个人的耐受性来调节水温和时间。目前大多采用冬泳的方式进行。冬泳前尤其要做好准备活动，让肌肉、关节都得以充分活动，使神经系统和各个器官都有充分准备。下水前先站在浅水里，用冷水浇四肢，拍打胸腹、前额和颈部，然后再下水。冬泳时间一般每天一次或隔日一次，每次15分钟或半小时。冬泳结束后，应立即用干毛巾把身体擦干擦红，穿上厚衣服，喝点热饮料，做些体操，使身体发热。

六是冷热交替浴：从温水开始逐渐加热，使体表血管扩张，片刻后再做冷水浴，使血管收缩。通过血管的扩张和收缩来锻炼血管和身体对外界的快速反应，提高身体的御寒能力。

（二）冷水浴注意事项

洗冷水浴不是一件容易的事，也不是什么人都可进行的，患有高血压、心脏病、关节炎、坐骨神经痛、病后初愈和各种急病患者，都不宜做冷水浴。在坚持冷水浴期间，也应定期检查身体，如自我感觉不良，体重持续下降，出现失眠或其他异常，应暂停锻炼，寻找原因。必要时，应请教医生。

第六节　运动处方健身手段

处方，本指医生给病人治病所开的药方，病人凭药方就医服药。运动处方则是在身体检查的基础上，根据锻炼者的需要，运用科学健身的原理，以开处方的形式向其提供量化的健身运动方案或凭证。因为方式同医生给病人开处方相仿，故得名。开处方前，必须询问其病史或健康状况，对其进行体格检查和必要的实验室检查，特别是心功能检查，从而确定适宜的训练内容和运动负荷（强度、数量、次数、时间及要求等），使其在一定时期内进行适量的训练。经过一段时间的训练后，再根据其肌体功能提高或改善的状况，重新设计出新的运动处方，以达到强健身体、疗疾康复的目的。这就是国内外盛行运动处方的原因之所在。

一、运动处方的特点和作用

（一）运动处方的特点

运动处方最大的特点是因人而异，针对性强，能对锻炼者提出具体的运动负荷量度和运动方式，从而保证了其锻炼的科学性、安全性和有效性。

（二）运动处方的作用

一是有助于保证锻炼的科学性和系统性，克服日常锻炼中经常存在的"一曝十寒"的弊端；同时便于锻炼过程中进行反馈调节。

二是有助于增进身体健康，提高身体机能。一般来说，人们进行运动处方锻炼，是为改善身体状况，提高健康水平，预防疾病，特别是防止现代"文明病"的侵袭。另一方面，按照运动处方锻炼，又能有效地提高身体机能，比如提高肌体的肌肉耐力、肌肉力量、爆发力，身体的灵敏性、平衡性和柔韧性等，进而促进身体运动能力的提高。

三是能治疗疾病，促进肌体康复。许多慢性病患者常常把运动处方作为治疗疾病和康复疗法的一种手段。严格地按照处方要求锻炼，就可大大提高运动中的安全性，尽可能减少意外事故的发生，有效地提高肌体对疾病的抵抗力，达到治疗疾病的效果。

二、运动处方的种类

（一）按阻力形式分类

运动处方中常见的运动形式包括克服阻力性的肌肉运动（无氧运动、有氧运动）和调理内脏功能的心肺功能运动（无氧运动、有氧运动和混合式运动）两大类。因为我们日常生活中的所有活动都是克服阻力的过程。

（二）按运动处方的功能分类

1. 锻炼性运动处方

主要用于提高身体机能，适合于青少年身体锻炼，要求有针对性地提高身体运动能力。这种处方往往带有全面锻炼的性质，并在某些方面有所侧重。

2. 预防性运动处方

主要用于中老年人健身防病。人过中年以后，身体各器官就开始衰退，特别是心血管系统的衰退对人的影响更为明显。因此，中老年运动处方常常采用持续时间稍长的有氧耐力锻炼方案，以延缓和推迟肌体的老化过程。

3. 治疗性运动处方

常用于某些疾病或外伤的治疗和康复，它使医疗体育更加定量化和具有针对性，比如减肥锻炼和心血管疾病的康复锻炼。这种处方常与其他治疗和康复措施结合起来进行。

（三）按所锻炼的器官系统分类

1. 心脏体疗锻炼运动处方

它以提高心肺功能为主，用于冠心病、高血压、糖尿病、肥胖症等内脏器官疾病的防治和康复。

2. 运动器官体疗锻炼运动处方

以改善肢体功能为主，用于因各种原因引起的运动器官功能障碍，以及畸形的矫正等。

三、运动处方的制订和实施

（一）了解锻炼者的基础情况

包括姓名、性别、年龄、职业、疾病史，过去和现在的身体锻炼状况，以及锻炼者的食欲、睡眠和常用药品等。

（二）健康诊断

这是对锻炼者健康程度的判断，是制订运动处方的重要依据之一。可采用直接的医学检查，也可索取锻炼者近期的身体检查证明。在进行健康检查时，要排除体育运动的禁忌证（见表4-6-1）。

（三）运动负荷实验

这是对锻炼者运动承受能力的检测和评定。一般要进行安静状态和在定量负荷状态下的生理机能测试，主要测试指标包括安静时心率、血压，运动时最大吸氧量等。定量负荷有两种，最大负荷和次最大负荷。一般说来，前者更合乎要求，但危险性较大，特别是对中老年人和某些疾病患者更是如此，因此常采用后者。

（四）体力测定

主要是对锻炼者的身体素质状况进行检查评定。内容包括：锻炼者身体各部位的力量、速度、耐力、灵敏性、柔韧性等。为了便于评价，常要将该群体的较大样本指标进行数理统计，建立起数学模型。然后将该受试者的指标与数学模型加以对照，以确定其各项指标的水平和优劣。

表 4-6-1　运动与运动负荷实验的禁忌证

（1）充血性心脏衰竭
（2）不稳定心绞痛
（3）严重的主动脉狭窄
（4）肺循环高血压
（5）过去一年中患有心肌炎、心包炎、细菌性心内膜炎、毒性风湿热或心肌病
（6）未控制住的高血压
（7）严重心律不齐（二度和三度房室阻滞、未控制住心房纤颤、过多的或复杂的期前收缩、室性心动过速）
（8）明显的心动徐缓（除耐力训练有素者）
（9）固定频率的人工起搏器
（10）显著的心脏肥大
（11）瓣膜疾患（中度到重度）
（12）近期肺栓塞
（13）严重贫血
（14）未控制住的代谢疾病（糖尿病、甲状腺机能亢进、黏液性水肿）
（15）暂时性的疾病并伴有高烧
（16）某些畸形造成的功能丧失
（17）运动试验中出现不正常的血压反应
（18）过量服用心脏病药物，如洋地黄、奎尼丁、利多卡因、普鲁卡因酰胺、心得安和异搏停

（五）制订运动处方

根据上述调查与测定结果和身体锻炼的原则、方法，为锻炼者提供包括锻炼内容、强度、时间等在内的方案。

（六）实施健身方案

即按照运动处方的要求进行健身。锻炼一个时期以后，再进行身体健康检查，以及运动负荷和体力测定。一方面用以评价依据运动处方健身的效果，另一方面也可以用以提供反馈信息，修改和制订出新的运动处方，调节健身过程，从而保证整个健身过程与身体状况相适应。

运动处方的制订和实施流程如图 4-6-1 所示。

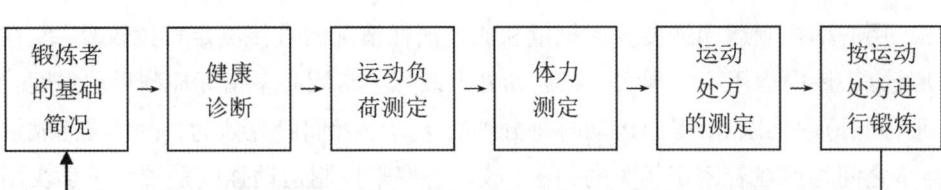

图 4-6-1　运动处方制订与实施流程图

四、运动处方的要素

一个完整的运动处方方案，其基本要素有四个，即运动项目、运动强度、运动时间和运动频度。

（一）运动项目

适用于一般健康者和慢性病健身者的运动项目，可以分为五类。

（1）耐力性健身项目，如步行、长跑、骑自行车、长距离游泳、登山、远足等。在生理机制上看属于有氧代谢运动。

（2）力量性健身项目，如练拉力器、哑铃、杠铃、实心球，以及克服自身体重的练习（如引体向上）、操作多功能练习器等。这类练习在性质上往往与改善体形练习、健美运动练习相匹配。

（3）放松性健身项目，如散步、旅行、按摩、打太极拳等。

（4）一般健身性项目，如各种球类运动、游戏、广播体操、徒手或器械体操、八段锦等，属于非特异性锻炼项目。

（5）专门性体操健身项目，如为不同锻炼者或比赛参加者设计的医疗体操、矫正体操、健（身）美操等。

（二）运动强度

运动强度是运动处方的核心部分，反映肌体运动时用力的大小和肌体紧张度，它既影响到肌体的承受能力，又直接关系到运动锻炼的效果。定出适合健身者特点的量化强度指标，是制订运动处方的精髓。

运动处方研究者提出了许多种表示运动处方运动强度的指标，如功率、能量代谢率、心率、摄氧量、代谢当量等，有的具有很强的理论意义，有的则具有运动价值，其中最为常用的有以下几种。

（1）用耗氧量控制强度。这是由于运动强度越大，则耗氧量也越大。通常是以运动时摄氧量占最大摄氧量的百分数来控制运动强度，用 VO_{2max}（%）表示。

（2）用能量消耗量控制强度。这是由于运动强度与肌体能量消耗的多少成正比。能量消耗的具体派生指标有瓦（W）、能量消耗量（kj/m）、能量代谢率（RMR），以及代谢当量等。代谢当量的使用单位是梅脱［Met，1 梅脱 = 3.5ml（O_2）/（kg·m）］。

（3）用心率控制运动强度。耗氧量和能量消耗情况的直接测定都比较复杂，在日常的运动处方锻炼中运用不太现实。在运动处方锻炼中常用心率指标控制运动强度。通常用 10 秒钟脉搏数乘以 6，得出运动时每分钟心率。学者们研究认为，心率与耗氧量和能量消耗量之间均存在着密切相关的关系，故用心率来控制运动强度是较为科学实用的方法（如表 4-6-2）。

表 4-6-2　运动强度各指标之间的对应关系

强度	占最大吸氧量比例	梅脱	心率（次/分）				
			20～29 岁	30～39 岁	40～49 岁	50～59 岁	60 岁以上
较大	80	10	165	160	150	145	135
	70	7	150	145	140	135	125
中等	60	6.5	135	135	130	125	120
	50	5.5	125	120	115	110	110
较小	40	4.5↓	110	110	105	100	100
	30	3	100	100	95	90	90

用运动心率表示运动强度可有许多计算方法，如年龄算法、净增心率计算法、运动量百分比分级法、靶心率法、最大心率储备计算法、心率百分比表示法等，并推导出各种各样的公式。

国内外科研成果表明，最适宜的健身强度的吸氧量为最大吸氧量的 65%～75%，即心率为 130～150 次/分。日本池上晴夫教授认为，运动心率在 110 次/分以下时，肌体的血压、血液、尿和心电图等指标均无明显变化，健身价值不大；心率为 140 次/分时，每搏输出量接近并达到最佳状态，健身效果明显；心率为 150 次/分时，心脏每搏输出量最大，健身效果最好；心率在 160～170 次/分之间时，虽无不良的异常反应，但也未出现更好的健身效果；心率达到 180 次/分时，体内免疫球蛋白减少，易感染疾病，易产生疲劳或运动伤病。

他还提出了科学的运动健身的最佳心率范围，见表 4-6-3。

表 4-6-3　运动最佳心率范围表

性别/年龄（岁）		运动心率（次/分）
男 31～40	女 26～35	140～150
男 41～50	女 36～45	130～140
男 51～60	女 46～55	120～130
男 60 以上	女 55 以上	100～120

唐宏贵等还认为，单用年龄因素来确定运动时的强度也有失偏颇。这是因为，影响

运动强度最根本的因素是健身者个体的体质水平，它决定着肌体承担负荷的能力。同样年龄的健身者，由于体质状况的差异较大，其健身强度是不一样的。体质较好的健身者，可以并必须承担较大的运动强度，对肌体才有健身价值，其运动时心率也应高一些；反之，体质稍差的健身者，需要并只能承担较小的负荷，其运动时的心率也应适当低一些。根据超量恢复原理，对后者来说，即使负荷安排较小，也能取得一定的健身效果。这就要求在制订运动处方时，要通过对某些年龄组健身者的体质指标作较大样本的数量统计和处理，分析该年龄组群体的体质总体水平和分布情况，从而评价出该个体带特异性的体质水平，据此确定运动健身的强度指标。

（三）运动时间

运动时间指每次运动所持续的时间，即达到处方强度后必须保持的时间。运动时间的长短，要根据个人资料、医学检查情况来确定。

研究认为，运动时间阈值应不少于3分钟，最大持续时间一般不超过60分钟，有的研究认为，每次进行20～60分钟的耐力性运动是比较适宜的，从运动生理学的角度来说，5分钟是全身耐力运动所需的最短时间，60分钟是肌体坚持正常工作的最大限度时间。库珀认为，心率达到150次/分以上时，持续5分钟即可收到效果，如果心率在150次/分以下时，需要持续5分钟以上才有效果。

与运动时间相关的因素有运动项目、运动强度、运动频度和运动方式、年龄体质因素等。

（1）运动项目。从事力量、速度项目锻炼，其运动持续时间应短；从事耐力性项目持续时间应稍长。因为要使呼吸、循环系统充分动员起来，大约需要5分钟左右，在达到恒常运动以后还要继续运动一段时间才有效果。

（2）运动强度。运动时间与运动强度成反比，运动强度越大，则持续时间越短；运动强度越小，则持续时间越长，见表4-6-4。

（3）运动频度。当运动强度固定不变时，运动时间与运动频率呈反比关系。由此可见，运动频度越大，则每次运动时间越短。反之，则运动时间越长。

表4-6-4 运动时间与运动强度的配合

运动时间（分钟）		5	10	15	30	60
运动强度	小强度	70	65	60	50	40
	中强度	80	75	70	60	50
	大强度	90	85	80	70	60

（4）年龄和体质因素。当运动强度不变时，越年轻，体质越好，则运动持续时间越长。在锻炼实践中，年龄、体质因素与运动强度的相关性强，因而，随着年龄的增大，应对运

动处方加以调整。往往是通过调整运动强度以维持一定的运动时间。特别是到了老年期，由于退休或离休所带来的时间充裕，保证了运动时间的恒定或略有延长，这时就要求大幅度降低运动强度，尽可能维持一定的运动时间来保证锻炼效果，而不至于使肌体过于疲劳。

（四）运动频度（每周锻炼次数）

究竟每周应锻炼多少次？唐宏贵教授等认为：从理论上讲，只有不造成疲劳积累并能形成超量恢复效果的那种运动频度才是最理想的，然而，在实际锻炼中如何控制却是较为复杂的。

有人观察认为，当每周锻炼多于3次时，最大吸氧量的增加趋势逐渐趋于平坦；当锻炼次数增加到5次以上时，最大吸氧量的提高幅度很小；而每周锻炼少于2次时，通常不引起最大吸氧量的改变。日本学者池上晴夫研究认为：一周运动1次时，运动效果不蓄积，肌肉痛和疲劳每次都发生，运动后1~3天身体不适，且易发生伤害事故；一周运动2次，疼痛和疲劳减轻，效果有蓄积，但不显著；一周运动3次，不仅效果可以充分蓄积，而且不会产生疲劳；如果增加到4~5次，效果也相应提高。美国的科学家们也证实，一旦停止锻炼，肌肉的退化速度之快是惊人的。一个人3天不运动，其肌肉最大力量会丧失五分之一。如果锻炼2~3天后肌肉不能再次"取得"合乎需要的物理效果，锻炼就会前功尽弃。

综上所述，可以认为，每周健身次数以3~5次较合适，基本上以隔日运动为宜；运动间隔时间一般不宜超过3天。如果每周运动在2次以下，则运动累积效果不明显。如果采用小的运动负荷或从事不残留疲劳的运动，则每日运动是可取的。

五、运动处方的运用

在健身健美过程中，每个健身者身体健康状态、运动水平、训练目的和训练阶段的不同，对其运动周次数、强度、时间、负荷、重复组数等的要求也就不尽相同。不同阶段的具体要求如下。

（一）健康阶段

健康阶段的训练包括心肺功能训练和骨骼肌的训练等。

（1）心肺功能训练。通常情况下，每周只有达2~3次的训练，才会产生效果，若要保持状态每周则需1次，时间不超过12周。从强度方面须达40%~85%的最大重复次数，或最大心率的60%~90%或5~9次重复次数。时间方面须达12~20分钟。负荷方面要求连续不断或循环不断地训练。每次训练课，某动作的重复组数可达4~6组，然后进入身体的适应阶段。

（2）骨骼肌的训练。要使骨骼肌的训练达到更好的效果，每周至少要训练2~3天；其强度要达10~12次的最大重复次数；每组的组间休息时间一般需30~90秒；每个动作做 1～2 组，每个身体部分做 1～2 个动作；其训练负荷可利用杠铃、哑铃等器械和身体自身重量；每个练习的重复周数为 4～6 周。第三周开始每组 10 次，做 2 组，直至完成此阶段，先训练大肌肉群，后训练小肌肉群。

（二）身体适应阶段

身体适应阶段的心肺功能训练和骨骼肌的训练是不同的。

（1）心肺功能训练。周次数须达 3～5 次；强度须达 60%～80% 的最大重复次数，或最大心率的 60%～90% 或 6～9 次重复次数；时间需 20～45 分钟；对负荷来说持续性训练、循环训练、速度游戏或间歇训练可单独或综合使用；每个动作可重复 12～20 组。在周期性训练中采用积极性休息方式。

（2）骨骼肌的训练。周次数须达 3～4 次；每组强度须达 8～12 次最大重复次数；每组间隔时间需 30～60 秒；负荷可采用杠铃、哑铃等器械和身体自身重量等；每个动作可重复 12～20 组，如开始时使用 2 组，每组 8 次，渐增至 2 组 ×12 次，然后增重，再由 2 组 ×8 次开始重复进行。

（三）人体能量代谢对处方训练的影响

由于能量代谢和训练的目的不同，处方中很多内容是有区别的。比如：

（1）瞬时能量代谢系统 ATP-CP（三磷酸腺苷—磷酸肌酸）。由于人体只能维持 3～5 秒的最大强度工作或 15～20 秒的次最大强度工作，故对心肺功能的训练每周至少 3 次；其强度须达最大心率的 85%～100% 或 8～10 次重复次数；每组循环时间为 12 分钟，总体训练时间为前一阶段的 1.5 倍；可采用间歇训练的方式，训练与休息之比为 1：3；休息采用静态或走路及身体轻量摆动等形式。

对骨骼肌的训练，包括爆发力与力量运动项目它们的周期性训练可参见以下范例，见表 4-6-5。

表 4-6-5　骨骼肌周期性训练安排范例

	非比赛季节	赛前季节	比赛季节
组　数	3～10	3～5	3～5	1～3
每组次数	8～12	4～6	2～3	1～3
每周天数	3～4	3～5	3～5	1～5
每日次数	1～3	1～3	1～2	1
不同阶段	肌肉增大	基本力量	爆发力量	状态高峰或保持水准

（2）短时间能量代谢系统。它能产生乳酸，此系统主要是运动后的第 1—3 分钟开始提供能量，故对心肺功能训练来说，要想取得更好的进步，每周须达 3～5 次，若保持状态则需每周 1～2 次（此时期最长为 12 周）；强度须达最大心率的 60%～90% 或 60%～85% 最大重复次数，或 6～9 次重复次数；每组循环时间为 12 分钟，总体训练持

续时间为以前阶段训练的 1.5 倍；可采用间歇训练法，训练与休息之比为 1∶2，休息时采用动态形式（如慢跑等以便将乳酸清除）；前期经过 12 周的健康或身体适应阶段后，在此阶段加大负荷训练约 6～8 周，然后再进行周期性训练。

对于骨骼肌的训练（周期性训练模式：健美训练与肌肉块增大）一般每周 6 天；强度以 8～12 次最大重复为次数，做 1～6 组，每组 12～15 次；休息时间为 30～60 秒，每个身体部位做 2～4 个动作，每个动作做 2～4 组；负荷可采用杠铃、哑铃等器械和身体自身重量等；通常以 10～12 周为一循环，然后进行积极性休息或改变身体部位的训练顺序，以减少休息时间。

（3）长时间能量代谢系统（有氧运动）。它主要为持续长时间次最大强度的工作提供能量。故对心肺功能的训练一般每周达 3～5 次才能取得进步，若保持状态则需每周 1～2 次（此时期最长为 12 周）；强度须达最大心率的 60%～90%，或 60%～85% 最大重复次数，或 6～9 次重复次数；训练时间为 20～60 分钟（在特定运动的需要下可将时间延长）；可采用持续训练或间歇训练（训练与休息比＝1∶1～1∶2，一周中辅加静态休息）。一般由健康或身体适应阶段至此长时间训练阶段约 2～20 周，随后以 1～2 周用作维持水平或积极性休息，完成后进入新的训练阶段或参加新的训练课程。

对骨骼肌的训练，可采用周期性训练项目（如耐力性运动项目：长距离跑、有氧操、球类等项目）；每周训练须达 2～3 天；每个动作采用 12～20 次最大重复次数的强度；休息时间为 20～45 秒，每个身体部位做 1～2 个动作，每个动作做 2～3 组；负荷可采用杠铃、哑铃等器械和身体自身重量等。当比赛季节接近时，应将训练量降低，并增加训练强度，减少休息时间。

（4）为体形美而进行的训练。很多人进行心肺功能训练或有氧运动，以求达到减肥瘦身或维持理想体重的目的。运动持续时间一般为 45～60 分钟。时间过长只会降低运动所带来的益处，并容易造成身体劳损或受伤。而且，运动以外的时间应严格控制热量的摄入，还要加强自我管理（主要包括生活制度、饮食调节、心态调控和个人嗜好等方面）。

六、运动处方健身范例

有一个好的健身计划，就等于有了一位好的老师。下面根据健身的要求与特点以及实践效果和生理规律，列举健身、健美、减肥的锻炼课程范例各一例，仅供参考。应注意的是，下面各例仅指一周健身课，并非指整个阶段的课程，绝不可效仿此表一年或多年不变，而必须定期更换锻炼课程表，这样才能保证健身锻炼获得全面成功。

（一）中老年健身课程（健身运动处方）范例

（1）健身时间：每天锻炼时间总计为 1～1.5 小时。

（2）健身任务：①增强体质，加强对疾病的抵抗力和对外界环境的适应能力；②维持良好的心肺功能，预防心血管系统疾病；③活跃新陈代谢，预防代谢疾病；④保持关节肌肉的灵活性，保持正常良好的身体姿势，预防"肌肉饥饿"症和骨关节疾患。

（3）健身强度：从小强度逐渐过渡到中等强度，锻炼时最高心率控制在每分钟110～130次。

健身项目及运动量和时间分配见图4-6-2和图4-6-3。

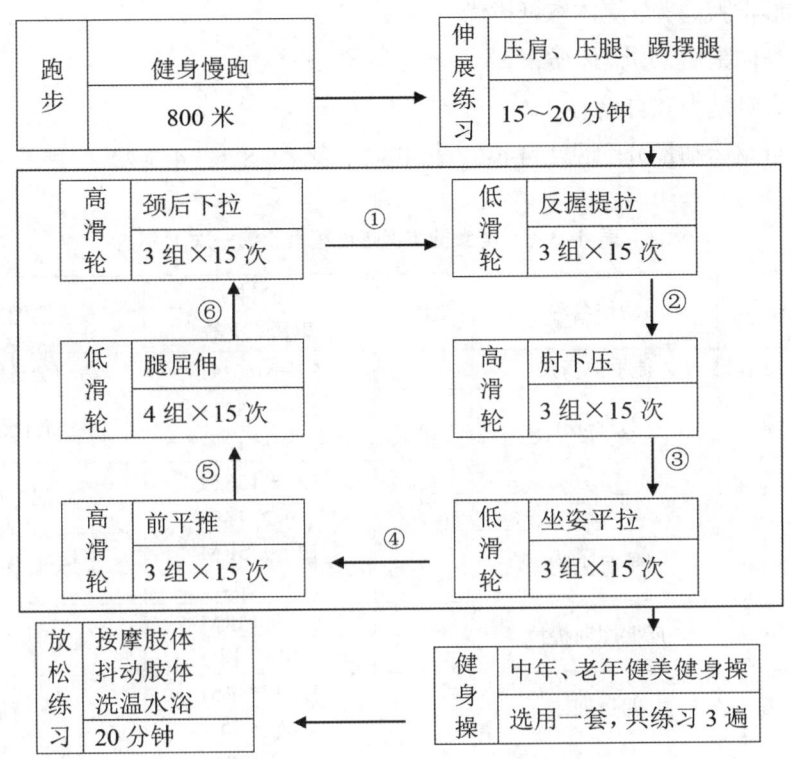

图4-6-2　中老年健身运动处方（甲）

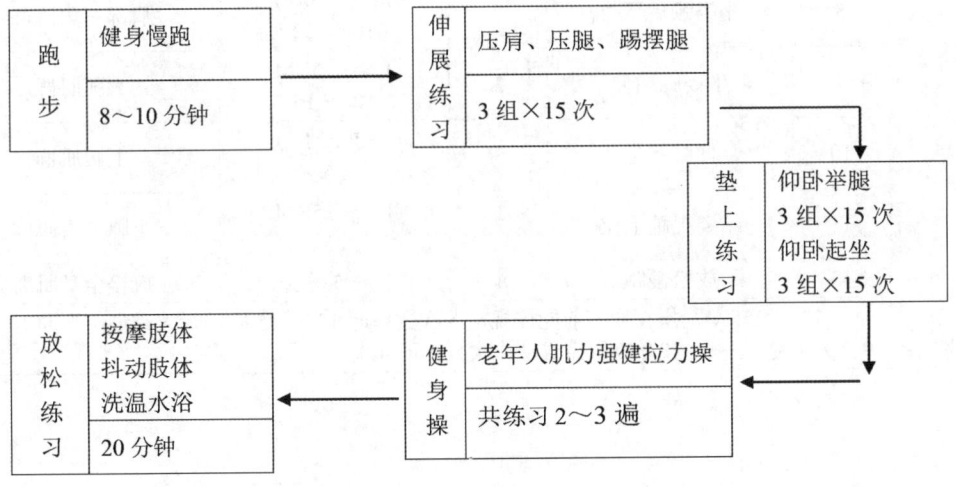

图4-6-3　中老年健身运动处方（乙）

（二）男女健美锻炼课程（健美运动处方）范例

（1）健身时间：每次锻炼课时间为 1～1.5 小时。

（2）健身次数：每周锻炼 4 次。

（3）健身任务：

①发展全身主要肌肉群，使肌肉丰满、强壮有力；

②使体形丰腴健美，使体态挺拔优美；

③提高身体素质，增强体质；

④增强自身魅力和自信心。

健身项目及运动量分配见表 4-6-6、表 4-6-7、表 4-6-8、表 4-6-9。

表 4-6-6　男女健美锻炼课程表（第一次）

星期	顺序	动作名称	组数	（分钟） 重量/次数	主要健美部位
星期一	1	徒手热身操	1	5～10 分钟	活动全身肌肉关节
	2	躬身提拉	3	12～15RM 8～12	背阔肌群
	3	前平拉	3	12～15RM 8～12	肩部三角肌群
	4	平卧夹胸	3	12～15RM 10～12	胸大肌群（乳房）
	5	反握屈肘提拉	3	12～15RM 10～12	上臂肱二头肌群
	6	躬身展体	2	12～15RM 12～15	腰背肌群
	7	颈后伸肘提拉	2	12～15RM 8～12	上臂肱三头肌群
	8	坐姿颈后下拉	2	12～15RM 10～12	肩部三角肌群
	9	坐姿腿屈伸	3	12～15RM 10～15	大腿肌群
	10	仰卧起坐	3	20RM 25	上腹肌群
	11	站姿提踵上拉	2	12～15RM 25	小腿三头肌群
	12	放松慢跑	1	3～5 分钟	放松全身肌肉
备注	"12～15RM"指在疲劳前能按规定的次数举起 12～15 次的最大重量（下同）。重量单位为千克。"8～12"表示完成动作次数（下同）。					

表 4-6-7　男女健美锻炼课程表（第二次）

星期	顺序	动作名称	组数	重量/次数	主要健美部位
星期二	1	原地跳绳	2	150～200 次	活动全身肌肉关节
	2	站姿颈屈伸	3	15RM 10～15	颈部肌肉群
	3	侧平拉	3	12RM 8～12	肩部三角肌群
	4	躬身提拉	3	15RM 10～12	背阔肌群
	5	斜卧夹胸	3	12RM 12～15	胸大肌群（乳房）
	6	站姿屈肘提拉	3	12RM 12～15	上臂肱二头肌群和肱肌群
	7	仰卧伸肘推拉	3	12RM 8～12	上臂肱三头肌群
	8	坐姿垫腕提拉	4	15RM 15～20	前臂肌群
	9	坐姿屈臂拉展体	4	12～15RM 10～15	腰背肌群
	10	站姿负重半蹲起	4	15RM 15～20	大腿肌群
	11	仰卧直腿上举	4	20RM 15～20	下腹肌群
	12	放松慢跑	1	3～5 分钟	放松全身肌肉

表 4-6-8　男女健美锻炼课程表（第三次）

星期	顺序	动作名称	组数、重量、次数	主要健美部位
星期四	1	跳绳、徒手操	100 次，5～8 分钟	活动全身肌肉关节
	2	躬身提拉	15RM、12RM、8RM 10～15　8～10　8	背阔肌群
	3	躬身侧平拉	3×15RM 8～12	肩部三角肌群
	4	平卧夹胸	15RM、12RM、8RM 10～12　8～10　8	胸大肌群（乳房）
	5	站姿夹胸	3×12～15RM 10～12	胸大肌群（乳房）
	6	仰卧臂屈伸	3×12RM 12～15	上臂肱三头肌群
	7	站姿伸肘下拉压	2×12RM、8RM 10～12　8～10	上臂肱三头肌群
	8	坐姿伸膝提拉	15RM、12RM、8RM 10～12　10～12　8～10	大腿股四头肌群

续表

星期	顺序	动作名称	组数、重量、次数	主要健美部位
星期四	9	坐姿垫腕提拉	4×15RM 15～20	前臂肌群
	10	站姿提踵上拉	20RM、15RM、12RM 15～20　20　15	小腿三头肌群
	11	仰卧起坐	4×15RM 15～20	上腹肌群
	12	放松慢跑	5～8分钟	放松全身肌肉群

表 4-6-9　男女健美锻炼课程表（第四次）

星期	顺序	动作名称	组数、重量、次数	主要健美部位
星期五	1	跳绳、徒手操	100次，5～8分钟	活动全身肌肉关节
	2	站姿颈屈伸拉	3×15RM 10～15	颈部肌群
	3	坐姿颈后推举	3×12RM 8～12	肱三头肌和 三角肌群
	4	平卧夹胸	15RM、12RM、10RM 10～12　8～10　8	胸大肌群（乳房）
	5	站姿双臂夹胸	3×12～15RM 8～12	胸大肌群（乳房）
	6	站姿反握提拉	2×12RM、8RM 12～15　8～10	上臂肱二头肌群
	7	站姿提肘上拉	2×15RM、12RM 10～10　8～10	肩、臂肌群
	8	站姿直臂上拉展体	15RM、12RM、8RM 10～15　10～12　8～10	腰背、臀部肌群
	9	站姿正握弯举	3×12RM 15～20	前臂肌群
	10	仰卧蹬伸	15RM、12RM、8RM 10～12　8～10　8	臀、腿肌群
	11	仰卧举腿	3×20RM 10～15	下腹肌群
	12	自我按摩	5～8分钟	放松全身肌肉

（三）男女减肥健身课程（减肥运动处方）范例

（1）健身时间：1～1.5小时。

（2）健身次数：每周锻炼6次（课程表甲和课程表乙有选择性地使用。）

（3）健身任务：

①发展全身主要肌肉群，减少体内多余脂肪，提高心血管系统的机能；

②提高身体素质，增强体质；

③去脂减肥降体重,增强自身魅力和自信心。

健身项目及运动量分配见表4-6-10、表4-6-11。

表4-6-10 男女减肥锻炼课程表(甲)

顺序	项目	内容安排
1	健身操	徒手或器械健身操,任选一套,共做2遍
2	循环练习 (共循环3次)	仰卧直腿下拉压 20~25次 → ① 原地跳绳 200~250次 → ② 仰卧举腿 20~25次 → ③ 俯卧直腿下拉压 15~20次 → ④ 仰卧双腿屈伸拉 20~25次 → ⑤ 原地跳绳 200~250次 → ⑥ 仰卧蹬伸拉 15~20次 → ⑦ 站姿直臂绕环 50次 → ⑧
3	柔韧练习	站姿前踢腿 2组×50次 站姿后踢腿 2组×50次 站姿侧摆腿 3组×50次
4	放松练习	按摩、抖动肢体 15~20分钟 蒸气浴与桑拿浴

表4-6-11 男女减肥锻炼课程表(乙)

锻炼时间	动作顺序	动作名称	运动量 重量%	组数	次数	循环数	主要健美部位
星期一、三、五	1	颈后下拉	50	3	15	3	肩背部
	2	站姿屈臂提拉	35	3	12	3	上臂前部
	3	站姿大腿内收	40	3	20	3	大腿内侧部
	4	站姿大腿外展	40	3	20	3	大腿外侧部
	5	坐姿直臂夹胸	50	3	15	3	胸部、肩部
	6	坐姿伸膝	60	3	20	3	大腿前部
	7	悬垂举腿提拉	20	3	25	3	腰腹臀腿部
	8	仰卧起坐	20	4	25	3	上腹部
星期二、四、六	1	站姿肘下压	30	3	15	3	上臂后部
	2	坐姿平拉	60	3	15	3	腰背部
	3	站姿提肘拉	25	3	20	3	肩臂部
	4	深蹲屈臂拉起	60	3	20	3	大腿和臀部
	5	站姿前平拉	25	3	15	3	肩臂部

续表

锻炼时间	动作顺序	动作名称	运动量 重量%	运动量 组数	运动量 次数	运动量 循环数	主要健美部位
星期二、四、六	6	仰卧屈膝提拉	40	3	20	3	大腿后部
星期二、四、六	7	垫肘反握提拉	35	3	15	3	上臂前部
星期二、四、六	8	站姿提踵提拉	50	3	25	3	小腿后部
备注		"重量%"是指锻炼时负荷重量为本人体重的百分比。每个动作间只允许休息15秒钟,用于调换器械或调整重量。					

七、运用运动处方的注意事项

运动处方为健身的科学化开辟了广阔的前景,但在我国并不十分普及,推行和运用运动处方,是我国社会体育工作者的重要责任。运用运动处方时应注意如下几个方面。

一是认真做好处方健身前的身体检查、体力测定和预备性锻炼。要通过身体检查和体力测定,把握健身者的身体状况和对运动负荷的承受能力,同时也要保证健身锻炼的安全性。处方锻炼前的预备性锻炼也是十分必要的,切不可心急求快,造成事倍功半的后果。

二是科学确定处方的负荷量度。一方面要注意运用运动生理学、运动医学的有关知识,确定出适合健身者需要而可行的健身方案;另一方面要对健身者的工作、生活和体力活动情况加以综合判断,保证负荷量度的科学合理性。

三是要指出处方健身的某些特定要求,并督促健身者遵照执行。一是指出禁忌的运动项目和某些容易发生危险的动作;二是指出在处方健身中对负荷进行自我观察监督的指标和当指标异常时停止运动的标准;三是关于健身生理卫生的有关常识指导。

四是要督促健身者定期进行身体状况复查和体力测定。一般来说,每健身3～4个月后,要进行一次健康检查和体力测定,以评价身体健康水平,保证健身的安全性,同时可及时评价身体锻炼的效果,提供健身反馈信息,为制订新的运动处方提供依据。

此外,运动处方常以表格的形式提供给锻炼者。其格式并不一定强求一致,但在内容上需要包括以下几方面:第一,健身者的基础情况;第二,健身目的(任务)和要求;第三,运动处方的基本指标和适宜的运动项目;第四,处方健身注意事项。

第七节 健身恢复手段

人类对运动性疲劳产生的机制及其恢复技法的研究已经进行了123年,并取得了可喜的研究成果。最具代表性的理论有:①衰竭学说——认为疲劳产生的原因是能量物质的耗竭。②堵塞学说——认为疲劳的产生是由于某些代谢产物在肌组织中的堆积。③内环境稳定失调学说——认为疲劳是由于体内 pH 值下降,水盐代谢紊乱和血浆渗透压改变等因素引起的。④保护性抑制学说——认为运动性疲劳是由于大脑皮质产生了保护抑制。⑤突变学说——认为疲劳是运动能力衰退、肌肉疲劳控制链断裂突变等因素引起的。此外,还有自由基学说、神经—激素学说等。

1982 年,第五届国际运动生物化学会议给疲劳下的定义是:"肌体生理过程不能继续机能在特定水平上进行和／或不能维持预定的运动强度。"

运动性疲劳是运动本身引起的肌体工作能力暂时降低,经过适当时间休息和调整可以恢复的生理现象,是一个极其复杂的身体变化综合反应过程。

疲劳一般分为心理疲劳和身体疲劳。心理疲劳是由于心理活动造成的一种疲劳状态,其主观症状有:注意力不集中,记忆力障碍,理解、推理困难,脑力活动迟钝、不准确。行为改变表现为:动作迟缓,不灵敏,动作的协调能力下降,失眠、烦躁与不安等。

身体疲劳是由身体活动或肌肉活动引起的,主要表现为运动能力的下降。身体疲劳分为全身的、局部的、中枢的、外周的等类型。身体疲劳常因活动的种类不同而产生不同的症状。

在体育健身或竞赛中,身体疲劳和心理疲劳是密切联系的,故运动性疲劳是身心的疲劳。

疲劳的表现形式多种多样,引起疲劳或损伤的原因和部位也不尽相同,必须采用多种科学手段和技法才能加速肌体功能的恢复。下面介绍几种常用的恢复技法,以供健身锻炼者参考。

一、活动性恢复手段

(一)变换活动部位和调整运动强度

用转换活动的方式,如通过不同的肢体或部位轮流锻炼来消除疲劳,也称积极性休息。研究证明,与安静休息相比较,活动性休息可使乳酸的消除速度增加一倍。此外,用调整运动强度的方法也可收到一定的恢复效果。

(二)整理活动

整理活动是指在正式练习后所做的一些加速肌体功能恢复的较轻松的身体练习。通过整理活动,可减少肌肉的延迟性酸疼,有助于消除疲劳;使肌肉血流量增加,加速乳酸利用;预防激烈活动骤然停止可能引起的肌体功能失调。例如,跑到终点后站立不动,血液大量集中在下肢扩张的血管内,使静脉回心血量减少,因而心脏血液输出量下降,血压降低,造成暂时性贫血,产生不适感,甚至出现"重力性休克"。此外,整理活动有利于再从事其他的练习。

二、营养恢复手段

运动能力恢复的关键在于恢复肌体的能量储备,包括肌肉及肝脏的糖原储备,关键酶的活性(维生素 B 复合体及微量元素等)以及体液、元素(如铁)平衡,细胞膜的完整性等。无疑,补充营养是恢复体力的物质基础。

(一)能源物质的合理调配

如果把运动中需补充的热量按照蛋白质、脂肪、糖三者的比例划分为按需要均衡进补的方式,大多数项目运动员的膳食中,三种能量的补充比例为 1.2∶0.8∶4.5;耐力性运动项目因其训练负荷的特点,要求膳食中糖的含量较高,故三种能量的搭配比例为 1.2∶1∶7.5;而运动负荷量比较小的项目,三种能量的搭配比例为 1∶0.6∶3.5。三种营养物质摄取总量应以能满足肌体代谢需要为依据。

(二)营养物质的补充方法

(1)糖。糖是体内重要的能源物质,如果体内缺糖就会产生中枢疲劳,肌肉力量迅速减弱,运动速度减慢,甚至眼睛发黑、眩晕,产生强烈的饥饿感等。因此运动中糖的适量补充,无疑是提高运动能力的一个促进因素。长时间运动(1 小时以上),尤其是激烈比赛时,应注意运动前、后和运动中补充糖。研究表明,运动前补糖宜安排在赛前数日内和赛前的 1.5~2.0 小时,健美运动前即刻(半小时)补充适量的糖,可提高训练质量。运动中补糖可安排在每隔 15~30 分钟或每隔 30~60 分钟,这样可延缓疲劳发生。运动后的补糖时间愈早愈好,因为运动后是糖原恢复的最佳时间,也是肌肉吸收其他营养素的关键时期,故最好不超过运动后的 6 小时。关于糖的补充量,一般认为,应限制于每小时 50 克或每千克体重 1 克。

一般健身锻炼者是否需要补糖应视情况而定;减肥锻炼者一般不宜另外补糖,如运动前补糖,将减弱脂肪的分解。此外,运动员除运动前、中、后根据实际需要补糖外,其他时间也不必补充和食用加工过的糖。

(2)蛋白质。研究表明,运动员蛋白质的需要量高于一般人。日本及东欧一些国家提出运动员补充蛋白质为每千克体重 2 克或 2 克以上,而西欧一些报告每千克体重提出每千克体重补充 1.4 克即可满足运动员的需要。我国普通人每千克体重约补充 0.8 克,减肥运动约补充 1.2 克或以上,增肌运动每千克体重约补充 1.6 克或以上。国内根据估测氮平衡的实验结果,提出运动员蛋白质的供给量应为总热能的 12%~15%,约为每千克体重补充 1.2~2.0 克,健美运动员在特殊阶段每日蛋白质的补充量甚至达到每千克体重 3 克以上。

(3)脂肪。健身健美运动没有必要专门补充脂肪,膳食中适宜的脂肪量为总热量的 20%~25% 即可。游泳及冬季运动项目(如滑雪、滑冰等)中运动员因肌体散热量较大,食物中脂肪可比其他项目高些,但也不宜超过总热量的 35%。

（4）维生素。维生素参与肌体的各种代谢，缺乏或不足时即可对运动能力产生不利的影响，表现为做功量降低、疲劳加重、肌肉无力等。补充缺乏的维生素可以提高运动能力，同时提倡多吃含维生素丰富的食物。

（5）矿物质。参加健身健美运动使身体负荷加大，大量的排汗使身体对钾、钠、钙、磷、镁、铁的需要量增加，特别是对钾和钠的需要量明显增加，因而必须从食物中补充。

目前专门为运动员研制的各种强力营养食品和运动饮料对运动员恢复体力和提高运动能力也有助益。

三、中医药和睡眠恢复

应用中医药调理的目的在于提高肌体抗病能力，增强免疫力，改善代谢调节，提高训练效果。通过中药补剂提高免疫能力，对加速疲劳消除有良好作用。另外，通过外源性的抗氧化剂的补充可以减少大强度运动时氧自由基对肌体的损害，常用的抗氧化剂中草药有人参、当归、生地、酸枣仁、阿魏酸、五味子等。

睡眠对功能的恢复是非常重要的，通过睡眠使精神和体力得到恢复。

药剂的配制应由专门的运动保健医师负责进行，睡眠（包括午睡）的时间应视运动项目或个人需要而定。

四、物理恢复

在大运动负荷训练之后，常采用按摩、理疗、吸氧、针灸、气功等医学物理手段加速肌体恢复。这样往往能获得意想不到的效果。这里介绍几个伤痛的自我按摩和消除疲劳的方法，供大家试用。

（一）踝关节扭伤的自我按摩法

踝关节扭伤多因路面不平、行走不慎造成踝关节内翻、外侧韧带受损所致。一般表现为局部肿胀、疼痛、皮下淤血、不能行走。在损伤部位48小时后或处于恢复期时，采用按摩疗法可尽快恢复踝关节的正常功能。

动作要领：手掌搓热、推摩踝部30次。点按腿上阳陵泉、昆仑、三阴交、足三里、绝骨穴。活动踝关节，由小范围至大范围30次。温热水泡足踝。1小时后重复按揉一次。

（二）腓肠肌痉挛的自我按摩法

腓肠肌痉挛是因下肢过度劳累、受外伤、遭受寒冷刺激而引起，或因孕妇、老年人缺钙而引起的小腿腓肠肌突发抽搐疼痛的症状。

动作要领：端坐，以掌在腓肠肌疼痛处上端轻按1分钟。以中指或拇指按压承筋穴、承山穴，由轻到重1分钟。再用掌根按揉2分钟。以两手掌置小腿肌群两侧，用力击打共30次。两手握小腿后肌群对称用力反复搓揉30遍。将手放小腿肚后从上向下平推30次。早晚各1次。

（三）腰肌劳损的自我按摩法

腰肌劳损是一种慢性损伤性腰痛。多因经常弯腰负重，或习惯性姿势不良引起腰部软组织急性损伤后迁移造成。

动作要领：仰卧，以掌揉按腹部3分钟，点按神阙、关元各1分钟。侧卧，以拇指尖在腰痛点按揉3分钟。坐位，两手摩擦发热后放在肾俞穴，反复熨贴30次。揉按腰眼50次。以两拳轮流捶击腰骶处50次。再以两手掌根按揉臀部环跳穴2分钟。中指或食指弹拨腘窝委中穴数次。以上按摩每日睡前和晨起各做一次。

（四）压迫耳穴消除疲劳法

此法不仅能调节情绪，增加食欲，同时还可以使肌肉疲劳得到解除，并可降低高血压，使血压处于正常值。

穴位选择：皮质下、肾、脾三个基本穴位。

方法：可选直径2毫米左右的菜籽或中药种子，如草决明，用胶布将籽粒贴在选定的耳穴位，自己用手按压穴位，使其发热即可。每日早、中、晚各一次，根据需要可选择其中穴位。

（五）减轻疲劳法

如果你的情绪过于激动，可设法做10次呼吸，并注意吸气要短，呼气要长，1次吸入，3～4次呼出。

如果双腿麻木，可以把腿使劲伸直，然后坐正，松动腿部。

如果是由于长期干重活而两手酸痛，可以将两手掌相合，来回快速搓动10～12秒钟，使掌心产生强热感，最后摇动双手8～10次。

如果是由于紧张而两眼发胀、发酸，可以把双眼闭上5秒钟，然后睁开，目视鼻梁，如此3～5次。

如果头部发胀、疲劳，此时宜坐直，头部用力后仰，拉动颈肌，使头在这种状态下停留8～10秒钟，然后把头低垂在胸前静坐10～15秒钟，如此重复几次。

（六）调整平衡消除疲劳法

迅速消除疲劳的方法，是调整生活节奏，搞好以下平衡。

坐位劳动者应在工作或休息之余充分活动下半身，以调节上下平衡；右手频繁劳动，应不时活动左手，以调节左右平衡；口、鼻、眼、耳均面向前方，劳动也多为向前活动，因此下班后或休息时间，应该退着走一段路，以调节前后平衡；劳动过程肌肉多处于紧张状态，特别是有强迫体位的劳动后，要时时注意松弛肌肉，以调节屈与伸展之间的不平衡；劳动易引起交感神经紧张，可通过室外呼吸（每次连续20～30次），调节交感神经和副交感神经平衡；疲劳产生于觉醒阶段，每天应有足够的睡眠与觉醒之间的平衡。如果是体力疲劳，应以精神活动（如绘画、写字、听音乐、看电视）等调整，以达到精神和体力之间的平衡；要保持消耗与供给之间的平衡，就要尽量合理地补充营养，并充分利用不同食物之间营养成分的互补作用，而且不要偏食，偏食极易使人产生疲劳。

第八节　常用健身方法

体育健身方法是指在身体锻炼过程中，为达到预期健身效果而采取的健身手段和方式。自古以来，人们在寻觅健身运动锻炼技术手段的同时，亦从来没有放松过对健身方法的探索，两者密不可分。如古代的导引术和太极拳，既是传统的健身手段，又是特殊的健身锻炼方法。在现代，既有与锻炼手段日益分野的专门性健身方法，如有氧运动健身方法、无氧运动健身方法、发达肌肉健身方法，也有与其手段融合在一起的健身方法，如间歇锻炼法、组合（循环）锻炼法、变换锻炼法、重复锻炼法等，可谓纷繁复杂，不一而足。

健身方法的合理选择，直接关系到锻炼内容的实施和健身目标的实现，因而选用健身运动锻炼方法时，要因人而异。其一，可根据健身的目的和任务来选：以改善和提高肌体内脏器官功能、去脂减肥、降低血压等为主要目的者，可选用有氧运动健身方法来锻炼；以形体健美为目的者，可选用发达肌肉健身方法来锻炼；以养生保健、延年益寿为目的者，可选用传统养生方法来锻炼。其二，可根据锻炼者自身的特点来选：年轻、体壮，且性格活泼、喜欢交友和竞技者，可选用游戏、球类比赛等健身方法锻炼，并将有氧与无氧健身方法等混合运用；而体弱、年龄偏高者，可选用气功、太极拳（剑）等单纯重复性的传统健身方法锻炼。其三，根据锻炼者所处的环境条件来选：即选用健身方法时必须考虑现实环境和物质条件。其四，要根据健身锻炼项目的特点和要求选择相应方法。总之，健身有法，但无定法，灵活用法，贵在得法。

一、重复练习法

重复练习法是在相对固定的条件下，按照一定要求反复做同一练习的方法。这种方法主要适合于负荷较小或用时较短的项目；动作技术比较复杂，难于掌握的项目或者运动负荷较大，难以一次完成的练习。在练习过程中每组或每次练习都安排一定的休息时间，且每次（每组）练习的距离、时间、强度、间歇时间和练习的总次数要合理和固定。

采用该方法时应注意：合理确定重复的要素，包括重复的总次数、每次练习的距离或时间、每次练习的强度及间歇时间等；保证每次练习的质量；注意克服单调、枯燥及厌烦情绪。

二、变换练习法

变换练习法是在改变练习内容、强度和环境的条件下进行练习的方法。如可以改变练习项目，变换练习要素，改变运动负荷、练习环境和条件等。变换练习法能够提高中枢神经系统的灵活性，发展身体的调节能力和适应能力。同时，对于调整健身计划、活跃锻炼氛围、提高健身积极性也有一定的意义。

采用变换练习法要以长远计划和实际需要为前提，让肌体有一个适应的过程。同时也应该积累和收集反馈信息，不断调整锻炼计划和方式，并注意对练习结果及时总结，为制订新计划提供依据。变换练习法应是短期和非经常性的，在达到变换的要求之后，应尽快转入常规练习，如果变换时间过长或者过于平凡，则不利于原练习方案的实施。在采用变化练习法时，要把注意力集中到所要解决的任务上，不要因为练习内容、条件或环境的改变，产生新异刺激，将兴奋点集中到锻炼的形式和环境上，因而忽略了变换练习的目的。

三、间歇练习法

间歇练习法是在两次练习之间规定一个严格的休息时间，在健身者肌体尚未完全恢复的情况下，就进行下一次练习的方法。间歇练习法由于健身者两次练习之间休息时间短，肌体尚未完全恢复，故对提高肌体运动负荷有重要的作用。它对青少年健身者最为适宜。

间歇练习法中间歇时间的长短可根据健身者个人身体机能状况而定。水平低者，间歇时间可长；反之，则间歇时间应短。以健身为目的者一般以心率恢复至每分钟120次左右为宜。在间歇过程中应进行积极性的休息和放松，如慢跑、按摩和深呼吸等，以加快血液回流，保证氧气供应。特别注意的是，间歇练习法对健身者身体的机能有较高的要求，要注意根据自身实际情况，加强对负荷的监测。

运用体育健身方法要考虑多种因素，如健身目的、健身者自身的特点和健身者所处的环境条件等，这些都直接影响到健身者锻炼过程的实施和健身效果的达成。

四、持续练习法

为了保持有价值的负荷量而不间断地进行活动的方法叫持续练习法。其作用在于把负荷量维持在一定水平上，使健身者的身体能充分地受到锻炼。从谋求良好的锻炼效果出发，不能仅讲究重复和间歇，也要讲究连续。重复、间歇、连续三者都应在锻炼过程中得到统一，并发挥其各自的作用。持续练习时间的长短，同样要根据负荷价值有效范围而确定，可使肌体各个部位长时间地获得充分的血液和氧的供应，因而能有效地增强有氧代谢能力。实践中，需要持续练习的主要是那些较容易并已为锻炼者所熟悉的运动，可以是跑步、游泳，也可以是迪斯科舞等。

五、循环练习法

把具有不同锻炼效果的项目依次排列成若干个"站"，然后按一定顺序做往复练习的方法称为循环练习法。运用这种方法可以获得综合锻炼、全面发展的良好效果。运用本练习法时，关键是要按照全面性原则去搭配项目。就青少年而言，锻炼时既要发达四肢，也要发达躯干；既要运动胸背部，又要运动腰腹部；既要追求体形的健美，也须注重身体机能、素质的全面发展。为此，就必须科学地搭配项目。根据已有的经验，一般选择6～12个已为锻炼者掌握的简单易行项目。应注意上肢动作与下肢动作、剧烈的跑跳练习与静力憋气动作之间的合理交替。

循环锻炼的各个项目都要用比较轻度的负荷进行练习，通常为本人最大负荷量的1/3～1/2的强度即可。随着肌体适应程度的提高，则要及时增加循环的次数和各个项目的练习强度。

六、竞赛与表演法

竞赛与表演法是指练习者面对观众，在互相比较、彼此竞争的情况下进行练习的方法。与其他练习方法相比，竞赛与表演对练习者提出了更高的要求。健身者不仅要熟练地掌握技术、技巧，而且要与同伴配合或整齐协调地完成动作或随机应变地运用技术、战术。因此，应用这种练习方式对于表现练习成果，检查评价练习水平，激发锻炼热情，培养团结、合作、顽强、果断的品质和自信心等方面都具有特殊价值。

应用竞赛与表演法进行健身，应注意解决好以下几个问题。

（1）控制运动负荷和情绪，防止伤害事故。由于比赛中竞争激烈，场面紧张，竞赛者要善于控制自己的情绪，掌控比赛节奏，维持身体适宜的运动负荷水平。体弱者和老人更要注意安全。比赛中，如感到身体不适，应及时调整、休息，甚至终止比赛和表演。

（2）比赛和表演中可灵活改变规则。健身的主要目的不是为了创造优异的运动成绩，根据需要，可以对比赛规则进行简化和调整，包括对场地、器材、比赛时间和强度等都可进行修改，以保证完成健身目标。

（3）相互学习，总结经验。比赛和表演为健身者提供了较好的学习和交流平台，应借此机会，认真观察，相互学习，取长补短，不断提高健身的积极性和健身锻炼的效果。

各种方法都有其特定的作用。在实际锻炼时，应注意相互补充、灵活运用。

思考题

1. 简述健身手段如何分类。
2. 试述有氧健身手段和无氧健身手段的作用、主要内容及健身要求。
3. 简述休闲健身手段的特点及健身要求。
4. 简述民族传统体育健身手段特点和功效。
5. 如何利用自然力手段开展健身锻炼？
6. 试述如何运用运动处方手段实现不同的健身目标。
7. 简述健身恢复手段的类别和运用方法。
8. 举例说明常用健身方法的运用要求。

第五章 健身效果测评指导

> **本章导语**
>
> 健身效果的测评是根据测定所获得的数据或指标，运用有关的标准或理论对健身效果和过程进行判断的过程。科学健身的组织实施离不开对健身效果的测评，通过健身效果测评，可以了解健身锻炼效果，修订健身锻炼计划，不断提高健身锻炼实效。因此，理解和掌握健身效果测评的相关理论和方法并运用于健身实践，对健身锻炼的科学调控具有重要意义。

第一节 健身效果测评的种类和原则

健身效果是指通过系统的健身锻炼对身心所产生的影响和结果，体现在身体形态和机能的改善、体能水平提高、运动技术和机能的掌握、对环境和疾病的适应和抵抗能力的增强、健康水平的提高等方面。对健身效果的评价，就是对健身锻炼者的身体形态、结构、机能、素质和健康状况等一系列各种属性或其特征的一种定性和定量化的检查与评价。通过健身效果评价，可以了解健身锻炼效果，修订健身锻炼计划，不断提高健身锻炼实效。

一、健身效果测评的意义

科学的健身锻炼，有赖于对其效果的测量与评价。体育健身的终极目标，是使身体发生由弱趋强、由病转康的变化，从而达到愉悦身心、健美形体、益寿延年之效。健身锻炼是由每个锻炼单元（若干个锻炼日）逐渐积累而成的，只有在各个锻炼单元中取得良好的锻炼效果，锻炼的累积效果才有保证。健身效果的评价既是一个锻炼过程的结束，又是下一个锻炼过程的开始，它有助于克服健身的盲目性，对获得最佳身体锻炼效果、克服伤病等不良反应等均具有重要的意义。具体说来，其意义表现在：

一是鉴定与考核作用。通过健身效果评价，不仅可以鉴别健身锻炼过程是否科学合理，分析判断健身锻炼过程中的身体状态，而且对健身者运动水平、能力和体育综合素质也是全面的考核和鉴定。

二是反馈和调节作用。健身锻炼过程受多种因素的影响，其效果也是多维度的。健身过程中或结束后进行评价，有利于分析健身锻炼时身体受到刺激的程度和锻炼效果，为锻炼过程的负荷控制积累资料。同时，通过健身评价获取的各种反馈信息可以为健身者调控健身过程，为科学地确定锻炼的内容、方法和负荷量度，并为阶段身体锻炼结束后评价健身效果提供基础，为达成健身目标提供依据。

三是激励健身动机作用。健身效果评价中的良性结果，能够使健身者获得满足感和成就感，有助于调动锻炼者的积极性和兴趣，其不良结果又可为改进锻炼手段、方法敲响警钟。因此，它为促使健身运动的科学化，提高锻炼效益提供了保证。

四是目标导向作用。健身效果评价能够使健身锻炼者对健身活动的效果进行价值判断，发现健身过程中存在的问题和不足，检验健身方法、内容和负荷是否适宜，分析出现问题的原因，引导健身者始终朝着评价目标的方向努力，不断调整自己的健身行为和方式。

二、健身效果测评的种类

健身效果的测评有多种多样的方法，可根据不同的需要加以选用。

（一）自我评价与他人评价

自我测评多采用主观感觉、观察进行定性检查和评价，也可采用较为简易的定量测评方法。这是健身锻炼最常用的方法，其特点是方法简便、及时，便于操作，但主观成分较大。他人测评是根据特定要求进行的，它需要一定的设备和仪器，客观性较好，比较规范，但要有一定的组织工作。

（二）主观测评和客观测评

主观测评即评价人根据观察、感觉和个人经验等来评价健身锻炼效果，既可由锻炼者个人进行，也可由他人进行。该法不需要仪器设备，简便易行，缺点是客观性较差。客观测评是借助于测试仪器设备，用规范的方法获得精确的数据，用一定的标准去评价锻炼效果。

（三）定性评价与定量评价

定性评价是凭借直觉经验对观察结果进行直接的分析比较。定性评价一般用语言或文字描述，没有具体可量化数据。定量评价主要是通过仪器设备获取数据，通过数学计算获取定量结果，并运用评价标准，结合具体的健身目标来进行评价。

（四）相对评价和绝对评价

相对评价是将对健身个体测量获取的数据与基准进行相互比对，从而判断个体在群体中的相对位置来进行的评价。这种评价方法比较客观，不太容易受评价者主观标准差异的影响，但不能准确反映个体的真实水平。绝对评价是在评价对象的群体之外，预先制定评价基准，把评价对象与之比较，确定评价对象达到目标基准绝对位置的评价方法。这种评价方法易于使被评价者了解自己的发展状况，主动学习。

（五）单一指标测评与多指标综合测评

单一指标测评，是只选择一个指标对身体锻炼的某一方面效果进行测评。如健美锻炼中对某个部位采用围度测评法，长跑锻炼中采用时间测评法，减肥锻炼中采用体重测评法等。这种测评方式较为简便，针对性强，能较灵敏地反映身体锻炼后某一方面机能和能力以及形态的改善情况。要使单一指标测评更为有效，重要的是选择合理有效的测评指标和进行科学的测定。多指标综合测评是从锻炼者体质和身体锻炼的特定需要出发，精选若干个测定指标，组成一个测定体系，对锻炼对象进行测定，再利用一定的权重关系对锻炼者身体锻炼情况做出综合评判，如我国的"国家体育锻炼标准""中国成人体质测定标准"等。多指标综合测评的具体方法很多，有定性评价，但以定量评价为主。定量测评，可以采用单项评分累加法、平均法、标准化加权法、相关法、指数法等。选用各类指标时要尽可能全面反映身体锻炼不同方面的效果，避免同类指标的重复。

（六）个体测评与群体测评

对个体的测评是以某个人作为测定评价对象，运用有关手段、方法进行测定评价。对群体的测评是在对个体进行测评的基础上，对某一特定群体的身体状况和健身效果进行测评，如对某个学校学生或社区健身锻炼者进行的整体评价。有了对不同群体的身体状况和健身锻炼的测评结果，就可以进行不同群体之间的比较分析，而个体也可以用群体指标作为参照系，评价自身的身体状况，并对体育健身过程加以综合分析。

（七）健身结果测评与健身过程测评

对健身结果的测评侧重于对锻炼结果（即某一锻炼单元结束后的成果）的测评，是由果推因的评价。这种评价结果往往对提高锻炼者的积极性有直接的推动作用，但运用的周期较长。对健身过程的测评则是对锻炼过程状态的检查，是一种由因推果的方法。如根据运动处方的要求组织的测评，可使锻炼者达到所规定的运动强度、运动时间和频度。它侧重于对行为本身的评价，方法简单，标准明确，能直接推动人们参加健身锻炼。

（八）静态测评与动态测评

静态测评是在锻炼者处于静息或相对安静时所进行的测评，如测评锻炼者的基础脉搏、血压、锻炼前的脉搏等。动态测评则是对锻炼过程进行的测评与控制，如根据遥测心率计测定和控制锻炼者的心率变化。静态测评主要是了解锻炼者的长期适应情况，以评价身体锻炼的效果，而动态测评则有助于了解身体在运动时的反应以及身体运动指标等。

（九）瞬时测评与延时测评

瞬时测评主要在健身健美锻炼过程中进行，常用于对身体锻炼负荷量度的控制，如测定运动中的各种生理生化指标，身体练习的刺激大小和身体对负荷的适应情况。延时测评主要是测评身体锻炼的积累效果，通过分析人体处于常态时的身体状况评价其效果。

三、健身效果评价的原则

（一）科学化原则

所谓科学化就是指对健身效果的评价必须具有科学性，即对健身效果的评价必须具有科学依据。健身效果评价的科学化原则主要体现在健身效果评价方法选择的有效性、客观性和可靠性上。首先所选用的评价方法和指标必须具有可靠性，所得出的结论也必须具有可靠性。这是健身效果检测与评定的基石和根本保障。为了确保评价结果的可靠性，对受试者的机能状态、训练内容、训练条件和数据采集等的关键环节须给予高度重视。其次要特别注意提高测评的精确度，有关测量最重要的问题是有效性，有效性的首要条件是一致性，而一致性包括了测量本身的可信度和测量者的客观性。因此，要注意测量环境、设备、受试者的正常变化和测试人员等各个不同环节，充分做好组织、准备和测评工作。能够对预期健身效果构成影响的要素很多，因此，不同评价方法的有效度和不同的健身项目所达到的健身效果也不完全相同。

（二）标准具体化原则

作为评价标准必须是具体的、详细的，若评价标准比较抽象、模糊、不具体，那么评价的结果就容易出现差错。另外，评价标准的不具体、不明确也会对评价过程和评价结论造成一定的影响，评价标准的抽象、不具体就会影响健身效果评价的可靠性。因此，要想使评价的指标可靠而且有效，在制定评价指标时就必须遵循标准具体化原则，这样所制定的评价指标才能可靠有效。

（三）可操作性原则

在进行健身效果评价时要充分考虑指标资料的可获取性、公正性和有效性。一是效果评价方法所呈现的内容要尽量做到简洁明了、逻辑清晰，这样，执行效果评价的人才能更好地掌握效果评价的方法，并且能够大幅度降低施行时的错误率。这样，通过效果评价所得到的受试者的现实状况就更可靠，更加具有有效性。二是要设立可量化的客观评价指标，最大限度地保证整个评价指标体系的可操作性。健身效果评价指标的可操作性可以使受试者通过评价了解自己的健身效果，以便及时调试健身计划或运动处方，从而使受试者健身的方式更符合自身情况，及早达到所预设的健身效果。

（四）实用性原则

效果评价作为一种测试结果和目标实现程度的手段，必须具有实用性。作为效果评价的一种，健身效果评价同样必须遵循实用性原则，即进行效果评价时，所选用的指标必须具有实用价值。这样不仅有利于资料数据的收集，而且便于人们理解、掌握和使用效果评价方法。即使健身效果评价的方法和指标有很多种，但在应用于实践的时候必须因地制宜，根据健身者的实际情况选择合适的评价方法，不能为了追求新颖而使用价值很小或很难操作的评价方法进行健身效果评定。

（五）一致性原则

在评价健身效果时，不同时期测定指标的方法要前后一致，包括测定时间、测定部位和运动负荷等。因为只有测定方法统一，才能用于前后客观比较，得出的结果才有意义。简单来说，评价方法的一致性主要表现在两个方面：（1）在不同时期测量同一个指标时，前后所使用的评价方法和所处环境的一致性；（2）对健身效果进行评价时，使用不同的评价方法所得到的结论基本是一致的。

第二节　健身效果的定性评价方法

一、视觉观察评价

（一）身体健康评价

车尔尼雪夫斯基说："生命是美丽的，对人来说，美丽不可能与人体的健康分开。"人是美的，因为人体符合美的规律，而其中最本质的规律就是健康。有人把"健"与"美"比喻为"形"和"影"，丢掉了形便消失了影，没有健康，便没有人体的美。健康是内在的本质，以健康作为外形美的基础，人体美才能得到充分的发展。

为此，特将世界卫生组织公布的十条标准附后（衡量健康的十大准则）：

（1）有足够充沛的精力，能从容不迫地应付日常生活和工作的压力而不感到过分的紧张与疲劳。

（2）处事乐观，态度积极，乐于承担责任，事无巨细不挑剔。

（3）善于休息，睡眠良好。

（4）应变能力强，能适应外界环境的各种变化。

（5）能够抵抗一般性感冒和传染病。

（6）体重得当，身材匀称，站立时头、肩、臂、臀等位置协调。

（7）眼睛明亮，反应敏锐、眼睑不发炎。

（8）牙龈颜色正常（牙齿清洁），无出血现象。

（9）头发有光泽，无头屑。

（10）肌肉、皮肤富有弹性，走路感觉轻松。

（二）心理健康评价

（1）对现实具有效率的知觉。

（2）具有自发而不流俗的思想。

（3）能悦纳本身，悦纳他人，接受自然。

（4）在其环境中能保持独立，能欣赏宁静。

（5）接受基本的哲学和道德的理论。

（6）对于平常的事物，如朝露夕阳，甚至对每天的例行工作能经常保持兴趣；能分辨工作的过程与结果，对两者都能欣赏。

（7）能和少数人建立浓厚的友情，并有乐于助人的热心。

（8）具有真正的民主态度、创造性的观念和幽默感。

（9）能承受欢乐与忧伤的考验。

（三）体态健美评价

（1）骨骼发育正常，身体各部位比例适当和匀称。

（2）五官端正，自然分布于面部。女性应眼大眸明，牙洁整齐，鼻子挺直，脖颈修长；男性应面孔轮廓清晰分明，五官和谐。

（3）双肩对称，男性应结实，挺拔，宽厚；女性应丰满圆润，体型微呈下削，无耸肩或垂肩之感。

（4）男性胸廓宽阔厚实，胸肌隆鼓，背视腰部以上躯干呈"V"字形（胸宽腰窄），给人以健壮和魁伟感；女性乳房丰满有弹性而不下坠，侧视有女性特有的曲线美感。两者都无含胸驼背之态。

（5）男子上肢粗壮，双腿矫健；女子下肢修长，线条柔和。小腿肌肉结实稍隆起。足弓高，两腿并拢时正视和侧视均无屈曲感。

（6）背视脊柱呈垂直状态，侧视有正常的生理曲线，肩胛骨无翼状隆起和上翘之感。

（7）女子臀部圆满，不下塌。男子臀部鼓实，稍上翘。

（8）腰细而有力，微呈圆柱形，腹部扁平，无明显脂肪堆积，具有合适的腰围。男子在放松状态时也有腹肌垒块隐现。

（9）男性肌肉匀称发达，四肢肌肉收缩时，其肌肉轮廓清晰；女性体态丰满而不显肥胖臃肿。

（10）整体看无粗笨、虚胖、瘦弱、歪斜、畸形、比例失调等形态异常现象。

（四）姿态健美评价

（1）站立。正确健美的站立姿势应该是：头、颈、躯干和脚的纵轴在一条垂线上，挺胸、收腹、立颈、收颏、沉肩、紧臀、两腿上拔、两臂自然下垂，形成一种优美挺拔的形态。这样，人体固有的脊柱形态的曲线也就表现出来了。

（2）行走。正确健美的行走姿势应该是：躯体移动正直、平稳，又不僵硬呆板；两臂自然下垂，摆动协调；两膝盖正对前方，脚尖略微外撇，落地时先脚跟着地，再逐渐过渡到落前脚掌，两腿交替前移的弯曲程度不要太大，步伐稳健而均匀。

（3）跑。正确健美的跑步姿势应该是：手臂微微弯曲，上体稍有前倾，稍有转动，膝、踝关节应该有弹性，重心轻微上下波动，下肢自然放松，注意调节呼吸。跑起来既显得热情奔放，又轻松自如。

（4）坐。正确健美的坐姿应该是：入座要轻，手托椅把扶手并支撑屈膝，上体前倾，缓缓入座，臀部坐于座椅前三分之一或二分之一处。上体保持挺胸、直腰、收腹、腰髋收合,腿脚稍分,手稍撑于大腿。两腿不要摆得太宽、太大,更不要跷起"二郎腿"或倚东靠西。

(五)影视评价

健身健美者在采用各种健身锻炼方法的前后,分别拍摄自己全身体形照片数张进行对比。拍照时,要求男子赤膊、穿短裤;要求女子穿比基尼泳装,这样就便于看清全身肌肉、脂肪的分布和体形情况。同时,照片要有正面、侧面和背面的。以后每隔3个月或半年再拍摄数张全身体形照片,然后定期将前后拍摄的照片进行对照。通过对照,可以直观形象地评价出全身肌肉、脂肪的分布情况及体形的变化情况。

(六)照镜评价

健身健美者在采用各种健身锻炼方法的过程中,要配上一面能照到全身的大镜子。通过照镜子认识自己的体形体态,随时观察自己体形的丰腴健美情况。

二、主观经验评价

(一)健身负荷的主观评价

1. 主观感觉

如果运动负荷安排适宜,则锻炼者的主观感觉应该是精神饱满、体力充沛、倍感舒服、渴望运动。每次锻炼后稍有疲劳和肌肉酸痛感也是正常的,通过休息能较快地消除。如果运动后感到精神不振、锻炼兴趣降低乃至厌烦,且有无力、困倦、头晕、容易激动等不良症象,以及出现局部关节肌肉酸疼疲软、麻木、胸部憋闷、气短、腹胀、恶心、呕吐等,都说明锻炼负荷过大或内容安排不合理。这时应停止锻炼,迅速查明原因,请医生治疗。如有必要,可暂停运动一段时间,直到症状消失。

2. 排汗量

人体皮肤会不断地排出汗液。据测定,一般情况下,人体一昼夜共排出约700毫升的汗液,散发约400千卡的热量。运动时由于新陈代谢加快,产热增加,汗的分泌就成为人体主要的散热形式。人体在轻微运动时,出汗较少或基本不显汗。这种负荷对人体锻炼的价值不大。当运动负荷适宜时,人体可有微汗或中等程度的出汗。如果负荷过大,肌体过于疲劳,则锻炼者会满头大汗,浑身湿透,颊部出现盐迹,甚至夜间盗汗。观察在运动中的排汗量,是一种监测运动中负荷是否适宜的有效方法。

用排汗量监测负荷时需注意:第一,出汗是随运动负荷增加所出现的一种伴随现象,是锻炼身体所必要的,因怕出汗会弄脏衣服而不愿增加负荷的顾虑是不可取的。第二,运动中出汗较多对于减肥锻炼是必要的。但是,因急于求成而增加锻炼时间造成大量出汗,会使肌体一时失水过多,对肌体的代谢不利。第三,出汗量受年龄、性别和锻炼水平的影响,并有明显的个人特点,要根据个人承担负荷的能力来确定排汗量的程度。第四,排汗量的多少直接受气温气压的影响,也与饮水的多少有关。夏天气温高,饮水较多,汗液分泌较多。冬天天气寒冷，汗液分泌较少或不显汗。这时，只要肌体的其他指标适宜，运动负荷仍可能是适宜的。

3. 食欲

人体在从事健身锻炼的过程中，其能量消耗是很大的。一般来说，如果运动后生理反应正常，健康状况良好，人的食欲是很旺盛的，食量也会增加。相反，如果运动负荷安排过大，生理反应异常，健康状况不佳时，就会出现食欲不振。若不及时调整，就会影响身体健康。因此，食欲是一种重要的运动负荷监测指标。

4. 睡眠状况

睡眠是反映人体健康状况和身体运动负荷大小的重要指标。睡眠状态不佳本身就是疾病的表征。人体从事适宜的体育运动后，大脑皮层和全身各器官系统会产生一定的疲劳，睡眠是大脑皮层保护性反应和消除疲劳的必然过程。如果身体锻炼负荷适宜，一般应睡眠良好，睡得深沉，较少做梦，觉醒后感到精力充沛，处于良好的工作和应激状态。如果身体锻炼的负荷过大或不太适应，或者受病变的影响，则可能出现失眠、多梦或嗜睡等不良现象，觉醒后仍感到精力不支。

对于中老年锻炼者来说，要经常检查平时的睡眠情况，如果不适，需要及时控制和调整运动量。如果疲劳长时间得不到恢复，经常失眠多梦，如此恶性循环，容易产生疾病，有害身体。

5. 工作效率和生活能力

如果健身锻炼负荷适宜，锻炼效果明显，则会对工作效率和生活能力起促进作用，在工作和生活中就会精力旺盛，思想集中，思维敏捷，记忆清晰，求知欲旺盛，适应能力强，有信心，生活能力强。如果运动负荷安排不当，疲劳加深，工作和生活中就会心浮气躁，记忆力衰退，注意力不集中，主动性不强，生活能力降低。中老年人可据此对锻炼负荷加以调整。

6. RPE 法

RPE（Rat of Perceived Exertion）法，是依靠锻炼者的主观感觉，掌握运动中的身体负担，以确定运动中应有的强度。这种方法依靠运动实践者在运动过程中的主观感觉去判断运动强度。根据生活经验，人们对于个人的运动强度和疲劳程度往往可以做出大致的判断，特别是年龄稍大的锻炼者更是如此。在运用时，当还不习惯这种方法时，有时难以掌握相应的强度，但经过反复练习就可以在很小的误差范围内确定练习强度（表 5-2-1）。由表可见，在 RPE 栏内，6～20 的 15 个点上每一单数各有不同的运动感觉特征，这 9 个运动感觉特征都具有相应的分值，如果各点乘 10 倍以后，常与该点的心率大体一致。有的学者还计算出相应的运动强度。由于二者之间有较好的相关性，因此近年来得到广泛的应用。运动者的运动感觉得分在 12～15 分之间，说明运动强度是合理的。中老年人也应以达到 11～13 分为宜。

表 5-2-1　主观运动强度（RPE）测定表

RPE	主观运动感觉	相对强度（%）	相应心率
6	安静	0.0	
7	非常轻松	7.1	70
8		14.3	
9	很轻松	21.4	90
10		28.6	
11	轻松	35.7	110
12		42.9	
13	稍费力	50.0	130
14		57.2	
15	费力	64.3	150
16		71.5	
17	很费力	78.6	170
18		85.8	
19	非常费力	90.0	200
20		100.0	

（二）运动行为的整体评价

运动行为的整体评价，也称外部检查，主要用以评价运动动作的外部表现。我们知道，掌握规范正确的运动方法，对于养成锻炼习惯，体会运动快乐，达到和提高健身效果都是十分必要的。不同的身体运动项目，对运动动作的要求是各不相同的。比如，跑步动作对动作幅度、速度并无较高的要求，但动作的协调、节奏、下肢着地方法则是极为重要的；打太极拳要求形神一致，身随心动；球类运动练习和比赛则要求运动员充分调整心理状态，如此等等。然而，在观察健身健美运动的外部动作时，也有一些共性的方面，必须引起注意。

第一，动作的准确性。身体锻炼的动作尽管不像竞技比赛那样准确规范，但其准确性仍然是不可缺少的。只有准确的动作才能有针对性地使相应部位得到活动。对动作准确性可从以下两方面衡量：

其一，从动作的目的性衡量其准确性，如投篮是否命中，保龄球击中目标的个数等；

其二，从动作形式看是否符合动作的技术要求，如健美、健身操等动作是否准确地按技术规范去做。

第二，动作的协调性。协调即运动练习相关方面的和谐。协调的动作给人以美观、轻捷的感觉。健身健美动作的协调包括身体各部分的协调、各个动作要素之间的协调、身体动作与内部器官活动的协调等。许多健身项目中身体动作与内脏器官活动的协调是十分重要的，如气功、太极拳等。只有协调的动作才具有经济性（即省力）特点。

第三,动作的实用性。动作练习尽可能与职业特点相一致,与身体疾病的康复相吻合,与生活、劳动的动作互补。

第四,动作的安全性。在选择和运用健身活动项目时均要注意其安全性,特别要注意运动的弹性和缓冲性。动作的弹性和缓冲性可以减缓器材或地面的作用力,防止人员受伤。同时,动作的弹性可加强动作的美感,使运动更加轻盈优美,如健身操中的弹簧步。

三、自我感觉评价

第一,日常穿戴的感觉。健身者身上的一些穿戴之物,如皮带、裤子、裙子、内衣、内裤及手表带等都可为健身者提供有关健身锻炼效果的依据。在采取健身锻炼措施后,如果原来穿戴的衣物尺寸明显变得宽大起来,即说明健身者的体形更趋苗条或消瘦了;如果穿的衣裤或皮带、手表带更趋绷紧了,即说明健身者的体形更趋丰腴健美。

第二,健身锻炼后的感觉。就是指健身者在参加锻炼后,尤其是参加健身器械锻炼后,自己应感觉到所练部位的肌肉群有酸、胀、饱满、发热和外形明显扩张的反应。这种反应和感觉越强烈,就说明器械锻炼负荷对身体局部肌肉群的刺激越深,而身体局部的肌肉群通过锻炼后达到"饱和度"状态,就表明器械健身锻炼取得了佳效。对"饱和度"目前还没有更为科学的定量方法来测定,故只有通过自我感觉的方法去体会。

第三节 健身效果的定量测评方法

一、形态和身体成分测评

(一)体重

体重是身体发育状况的基本衡量指标。测量体重时,被测量者需穿背心和短裤,平稳地站在体重计上。测量误差不得超过 0.5 千克,因肌肉的比重较脂肪大,故肌肉丰腴的健美者可能会超过正常体重标准。但有些脂肪过多的人,也往往会超过正常体重标准,所以要参考脂肪厚度。

(二)身高

身高是骨骼发育情况的主要衡量指标。测量身高时被测者不得穿鞋,足跟、骶部和两肩胛骨中间部位与身长计的立柱紧贴;两臂自然下垂,眼睛平视。测量误差不得超过 0.5 厘米。人的身高一般在清晨较高、傍晚较低,这是因为经过一天的活动和身体重力的作用,足弓变浅;脊柱椎体间隙变小,椎间盘变薄;脊柱也会弯曲一些。而经过一夜的休息,清晨时身高又复原了。所以身高测量应在相同时间、相同条件下,用统一方法进行测量,以减少误差。

(三)坐高

使用身高坐高计,检查坐板是否水平,高度(成人 40 厘米,儿童 25 厘米)、前后宽度是否合适。受测者坐在身高坐高计的坐板上，骶骨、两胛间及头部位置、姿势与测身高同。将水平压板轻轻下压。记录以厘米为单位，精确到0.5厘米。

（四）皮皱厚度

测量时，被测者直立，两臂自然下垂，测量者将其肩胛骨下角5厘米处皮肤和皮下脂肪与脊柱成45°角捏起，用卡尺在距手指约1厘米处量得的数值即为脂肪厚度。一般正常人的脂肪厚度为0.5～0.8厘米，超过这个数值说明脂肪过多；反之，说明脂肪过少。对同样体重的人通过检测脂肪厚度，可确定体形是肌肉型、肥胖型或消瘦型。采取健身健美锻炼措施后，若测得脂肪厚度逐渐趋于或低于正常水平，则说明健身锻炼的效果良好。一般测定的部位有：上臂部——肩峰与尺骨鹰嘴突连线中点处；肩胛下部——肩胛骨下方脐水平线与腋中线交界处；腹部——脐旁1厘米处；髋部——髂脊上脐水平线与腋中线交界处；大腿部——腹股沟中点与髌骨上缘中点连线的中点。

（五）颈围

颈的围度可反映颈部肌肉的发育情况。测量时，被测者身体直立、眼睛平视、两臂自然下垂，口微开以减少颈部肌肉的紧张，测量者将皮尺水平置于颈后第七颈椎上缘，前面置于喉结下方，即颈部最细的部位，这样所测量的围度即为颈围。

（六）肩围

肩的围度可反映肩部骨骼和肌肉的发育情况。测量时，被测者直立，两臂自然下垂；测量者将皮尺放在其两腋前线顶点，水平围肩一周所测量的围度即为肩围。

（七）胸围

胸的围度，反映着胸廓的大小和胸部肌肉与乳房的发育情况，是身体发育状况的重要衡量指标。测量时，被测者身体直立、两臂自然下垂。皮尺前面放在乳头上缘（女子放在乳房上），皮尺后面置于肩胛骨下角处。先测量其安静时的胸围度，再测其深吸气时的胸围度，最后测其深呼气时的胸围度。深吸气时与深呼气时的胸围之差称为呼吸差，可反映呼吸器官的功能。一般成人呼吸差为6～8厘米，经常参加锻炼者的呼吸差则可达10厘米以上。测量未成年女性时，测量者应将皮尺水平放在肩胛骨下角，前方放在乳峰上，测出胸廓一周的围度。同时，在测量胸围时应注意提醒被测者不要耸肩，呼气时不要弯腰。

（八）臂围

臂的围度可反映上肢肌肉的发育情况。

上臂围的测量：应先测量上臂肌肉紧张时的围度，再测量肌肉放松时的围度。被测者单臂侧平举，掌心向上，用力握拳屈肘；测量者将皮尺放在其肱二头肌最突出部位测量；然后上臂放松，自然下垂，在同一部位测量肌肉放松时的上臂围。二者之差称为臂围差。上臂肌肉越发达，收缩与放松时的围度差就越大。若将测量出的左右两上臂围值相比较，就可看出其左右两臂肌肉的发育是否均匀。

前臂围的测量：被测者两臂自然下垂，测量者应将皮尺放在其前臂最粗部位测量出围度。把测量出的左右两前臂臂围值相比较，也可看出其左右两臂肌肉的发育是否均匀。

（九）腰围

腰的围度可反映出腰腹部肌肉的发育情况。测量时，被测量者应直立，两臂自然下垂，呼吸保持平稳，不要收腹；测量者将皮尺水平放在髂嵴以上3～4指处，也就是腰的最细部位。这样测出的围度即为腰围。

（十）臀围

臀的围度可反映出髋部骨骼和肌肉的发育情况。测量时，被测者应两腿并拢直立，两臂自然下垂，测量者将皮尺水平放在髋部左右大转子骨的尖端最宽大部位，围臀一周所测得的围度即为臀围。

（十一）腿围

腿的围度可反映下肢肌肉的发育情况。

大腿围的测量：被测者两腿分开与肩同宽，两腿平均负担体重。测量者将皮尺放在其后面臀下横纹处大腿最粗部位，水平测量大腿一周的围度即为大腿围。将测出的左右两大腿围度值相比较，可看出其左右大腿肌肉的发育是否均匀。

小腿围的测量：被测者两腿分开与肩同宽，两腿平均负担体重。测量者将皮尺放在其小腿最粗的部位。测量一周的围度即为小腿围。将测量出的左右两小腿围度值相比较，可看出其左右两腿肌肉的发育是否均匀。

（十二）人体形体指数

某些身体形态学指标还可派生出一些复合指标，更能有效地评价身体生长发育情况，如：

（1）身高体重指数。可表示每厘米身高的体重值。其计算公式为：

体重（千克）÷身高（厘米）×100%

但该指标受身高的影响较大，身体越高，评价的准确性相对也较低。

（2）身高胸围指数。表示胸围与身高的百分比，计算公式为：

胸围（厘米）÷身高（厘米）×100%

（3）身高、体重、胸围指数。计算公式为：

［体重（千克）＋胸围（厘米）］÷身高（厘米）×100%

该指数包含了身体的长、围、宽和密度，能较好地反映出体格情况。

（4）身高坐高指数。计算公式为：

坐高（厘米）÷身高（厘米）×100%

指数越大，说明躯干越长。

在"中国成年人体质测定标准"中，采用"身高标准体重"指标。该指标是在标定身高这一指标的前提下，通过测定体重的变异情况，分析人体体型的优劣，并在调查数据的基础上制定了 5 级评分表。

（十三）标准体重

男子标准体重（千克）＝ 50 ＋［身高（厘米）－ 150］×0.75 ＋（年龄－ 21）÷5；女子标准体重（千克）＝ 50 ＋［身高（厘米）－ 150］×0.32 ＋（年龄－ 21）÷5

（十四）身高与体重关系指数

指数＝身高（厘米）－［100 ＋体重（千克）］

评定标准为：男子标准指数为 5～8，女子标准指数为 3～5。若指数大于 15 时，则身体过于细长，肌肉无力；若指数小于 1 时，则身体过于肥胖。

（十五）体格指数

它是体重与身高之比和胸围与身高之比的总和，充分反映了人体纵轴、横轴和组织密度，与心肺和呼吸机能息息相关，是一个很好的评价体质、体格状况的指数。计算公式如下：

$$指数 = \frac{体重（千克）＋胸围（厘米）}{身高（厘米）} \times 100$$

评定标准为：男子指数在 85 以上为体格发育良好，指数在 84～84.9 之间为体格发育一般，指数在 84 以下为体格发育较差；女子指数在 82.5 以上为体格发育良好，指数在 81.5～82.4 之间为体格发育一般，指数在 81.5 以下为体格发育较差。

（十六）标准体型

（1）女子。胸围长约等于臀围长；腰围长比胸围长或臀围长约小 25 厘米；大腿围比腰围长约小 25 厘米；小腿围比大腿围长约小 15 厘米；上臂围长约两倍于手腕围长。

（2）男子。胸围长约等于臀围长；腰围长比胸围长或臀围长约小 13～18 厘米；大腿围比腰围长约小 20～25 厘米；踝围长比小腿围长约小 15～18 厘米；上臂围长约两倍于手腕围长。

（十七）健美体型

（1）女子。胸围长＝身高（厘米）×0.515；胸底围长＝身高（厘米）×0.432；腰围长＝身高（厘米）×0.340；腹围长＝身高（厘米）×0.457；臀围长＝身高（厘米）×0.542。

（2）男子。身长（厘米）：胸围长（厘米）＝（1.60～1.65）：1；胸围长（厘米）：上臂围长（厘米）＝（2.80～3.00）：1；胸围长（厘米）：大腿围长（厘米）＝（1.80～2.00）：1；胸围长（厘米）：腰围长（厘米）＝（1.50～1.55）：1；颈围长（厘米）＝上臂围长（厘米）＝小腿围长（厘米）。

（十八）全身肌肉群发达程度测评

A ＝［（两上臂围＋两大腿围＋两小腿围＋胸围）÷2］÷［（两腕围＋两膝围＋两踝围）÷2］，经计算 A 值越大，说明全身各部位肌肉越发达，体态越丰腴健美。

（十九）全身肌肉群均衡发展测评

通过对两上臂围差、两大腿围差和两小腿围差的计算，得出的差值越小越好。因为围度差值越小，就说明身体的各部位比例越趋于协调、匀称，肌肉的发展也越趋于均衡、饱满、健美。

（二十）营养指数

人体的营养状况，常通过测定腹部和肩胛下皮下脂肪厚度的方法来评定。脂肪和身高、体重存在一定的相互关系，因此，人们往往用由体重、身高等形态发育指标派生出的营养指标来间接地反映人体的充实度、营养状况和体型特点。计算公式如下：

$$\frac{2\times\sqrt{2\times \text{体重（千克）}}}{\text{身高（厘米）}}\times 100$$

评定标准为：指数在 100 以上为营养状况优，指数在 95～99 之间为营养状况良，指数在 90～94 之间为营养状况差。

二、生理机能评价

（一）脉搏

脉搏是指动脉的搏动。脉搏频率，简称心率。测心率是评价心血管功能的一项重要指标。测量时，被测者坐着或平躺着，测量者以食指、中指和无名指的指端按住被测者腕部的桡动脉，以 10 秒钟为单位，连续测三个 10 秒钟，当其中两个 10 秒钟脉搏搏动次数相同，并与另一个 10 秒钟的搏动次数相差不超过一次时，以 10 秒钟搏动次数乘以 6 的所得数，认定为安静时每分钟的脉搏次数。

在正常情况下，成年人安静时每分钟脉搏为 70 次左右。长期参加健身运动锻炼的健身者，安静时心跳缓慢，强而有力，脉搏次数也少，大致每分钟在 50 次左右，这是心脏机能加强和提高的表现。

（二）血压

血压是指流动着的血液对血管壁的侧压。我们平时所讲的血压是指动脉血压。动脉血压分为收缩压（高压）和舒张压（低压）两种。测量前要先静坐 10 分钟，一般正常高压为 100～130 毫米汞柱，低压为 60～90 毫米汞柱。

（三）肺活量

人体尽全力吸气后，再尽全力呼出的气体总量，称为肺活量。肺活量可以用肺活量计测试。测量前先做 1～2 次深呼吸，然后尽量吸气再尽量呼气。在呼气时不能做任何附加动作，要一次呼出。测三次，取其中值最大的一次。成年人的肺活量一般为 3500 毫升。如经常坚持参加健身运动中的有氧锻炼项目，肺活量可达 5000～6000 毫升。

（四）屏息试验（闭气试验）

它是一种测定和评价肌体耐受低氧能力的简易方法，屏息时间越长，说明呼吸系统耐受能力越强。可分三种情况：

（1）平静屏息。受试者静坐休息后自然呼吸，听到屏息口令后立即开始屏息，直至不能坚持为止。记录屏息时间。

（2）深吸气后屏息。受试者听到屏息口令后，先做1次深吸气，然后屏息。记录屏息时间。

（3）深呼气后屏息。受试者听到屏息口令后，先做一次深呼气，然后屏息。记录屏息时间。

三种情况的屏息，以深吸气后屏息的时间最长。但是，实验证明，如果过分深吸气，反而易使屏息过早中断。一般人吸气后屏息时间，男子为 58.8 ± 3.33 秒，女子为 42.4 ± 3.26 秒。屏息时间的长短与肺活量的大小有关，故能反映呼吸系统的机能状况。

（五）一次运动负荷实验

可采用两种方法：

（1）30秒钟20次蹲起。受试者静坐片刻后，测定安静时的脉搏和血压，然后起立，在30秒钟内匀速蹲起20次。要深蹲，足跟不离地，两臂前平举。起时恢复站立姿势。蹲起结束后，立即测10秒钟脉搏，其后50秒内测血压。如此测脉搏和血压连续3分钟。

负荷结束后脉搏上升不多，血压中等升高，3分钟内基本能恢复者机能良好。负荷脉搏明显上升（增加率超过70%），血压上升不明显或明显，3分钟内均未恢复者，为机能较差。

（2）15秒原地快速跑。先测安静时的脉搏和血压，然后锻炼者以100米赛跑的强度进行原地跑15秒钟。跑完立即测10秒钟的脉搏，随后50秒钟内测完血压，如此连续测4分钟。根据受试者心率、收缩压和舒张压在该时间内的变化曲线相应地做出评价。

（六）台阶试验

受试者以一定的频率上下一定高度的平台，持续一定的时间，根据其登台结束后恢复期的脉搏变化评定其心脏功能。最早的台阶试验是由美国哈佛大学研究设计的，称为哈佛式台阶实验。以后又有不少的改良和发展。

（1）哈佛式台阶试验。哈佛式台阶实验采用的台阶高度，男子的为50.8厘米，女子的为42.6厘米。受试者以每分钟30次的频率登台阶（一上一下为一次），持续5分钟。要求严格按照动作规范和既定节奏频率完成试验。上时，双脚应站在台中央；下时，全脚掌着地。身体和膝应充分伸直，不要跳跃和故意用力蹬踩。如果中途连续20秒钟不能跟上节奏，即停止，并记下持续时间（秒）。负荷结束后，受试者坐在附近的椅子上，测恢复期第二、三、四分钟的每分钟前30秒的脉搏。然后按下列公式计算出评定指数。指数越大，表示身体机能越好。

$$台阶指数 = \frac{登台持续时间（秒）}{2 \times 3 \text{次脉搏频率之和}} \times 100\%$$

（2）改良式台阶试验。为使台阶实验能够更广泛地适用于不同年龄、性别的人群，长期以来人们对哈佛式台阶实验的平台高度、登台频率和持续时间等进行过不少改良。在《中国成年人体质测定标准》中，所有年龄组均设有台阶实验这一测定项目，但在调查研究的基础上作了若干改良。它规定男子的台高为 30 厘米，女子的台高为 25 厘米。以每分钟 30 次的频率上下台阶，持续 3 分钟。

负荷结束后，受试者立刻坐在椅子上，测量运动后第二、三、四分钟的每分钟前 30 秒的脉搏数，然后仍用以上公式计算出台阶指数。如果运动中坚持不下去或上下慢了 3 次，受试者要立即停止运动，并以秒为单位记下此刻的运动时间，同样测定 3 次脉搏数，按上式计算出台阶指数。

通过台阶试验计算出受试者的台阶指数后，再按《国民体质测定标准》提供的 5 级评分表，即可评价受测者心脏功能的优劣。

（七）PWC170 试验

PWC170 是指运动中心率达到每分钟 170 次时的稳定状态下单位时间内身体所做的功（千克·米/分）。PWC170 试验是根据锻炼者所做功率（千克·米/分）的大小来评定其身体机能。

PWC170 的直接测定较复杂，一般用间接测定法。间接测定法的原理是，运动过程中心率和功率在一定范围内（相当于心率为 120～180 次/分之间）呈直线相关。根据这种关系，让受试者完成两次不同功率的负荷，要求第一次负荷使心率超过 110 次/分，第二次负荷使心率尽可能接 170 次/分。通过已知负荷及两次负荷后的心率，就可推算出心率为 170 次/分时身体所做的功率了。

PWC170 试验可采用两种负荷方式：一种是利用自行车功率计。进行两次功率不同的蹬自行车运动，每次 5 分钟，其间休息 3 分钟。测出每次蹬车运动最后 1 分钟的心率。另一种是利用台阶负荷。根据不同对象，选择两个高度的台阶，先用低的，后用高的，各进行 5 分钟的登台阶运动。登台阶频率为每分钟 20～30 次。两次之间休息 3 分钟。登台阶结束后立即测 10 秒钟心率。然后按相应公式计算出两次登台阶运动的功率。

把通过以上两种负荷方式测出的前后两次负荷功率和心率数据，代入相应的公式计算，即可推算出心率为 170 次/分时身体做功的能力。PWC170 的值越高，表示身体机能能力越强。

（八）最大吸氧量

最大吸氧量是反映人体心肺功能的重要指标，也是身体有氧工作能力的重要指标。要分析锻炼者的心肺功能水平，也有必要测定这一指标。最大吸氧量的测定有两种方法：直接测定法和间接测定法。一般锻炼宜采用间接测定法，即通过台阶试验和 PWC170 试验加以间接推算。关于测定、计算和评价方法，以上各种机能检查和测定方法，都必须在专门人员的指导和参与下进行，并需要专门的测试器材和条件。

（九）心脏功能评价

1. 40岁以下青年人心脏功能的计算方法

测评前先测被测试者安静时脉搏数的稳定值，接着被测试者在30秒钟内做20次原地下蹲起立动作（要求下蹲起立必须深蹲，臀部靠近脚跟，两手不得摆动），以脉搏上升的百分比，作为评价心脏功能的指标。计算公式如下：

$$上升值（\%）=\frac{蹲起后脉搏次数-安静时脉搏次数}{安静时脉搏次数}$$

评定标准为：上升值达到25%以下为优；上升值达到26%～50%为良；上升值达到75%为及格；上升值达到75%以上为差。

2. 40岁以上中年人心脏功能的计算方法

测评前先测被测试者安静时脉搏数的稳定值，接着其在60秒钟时间内上四层楼，立即测其脉搏次数。

评定标准为：心率在100次/分以下为好；心率在101～120次/分之间为较好；心率在121～140次/分之间为一般；心率在141次/分以上为差。

3. 60岁以上老年人心脏功能的计算方法

被测试者先静卧10分钟，测量其仰卧1分钟的脉搏次数，然后被测试者慢慢起立，再测量其起立后的脉搏次数。计算公式如下：

$$差数=起立后脉搏数-仰卧时脉搏数$$

评定标准为：差数在10以内为好；差数在11～16之间为较好；差数在17～20之间为一般；差数在21以上为差。

三、运动负荷测评

运动负荷是指健身者在一次健身锻炼中所做的"功"的总量。健身锻炼中，适宜的运动负荷能有效增强体质。运动负荷过大或过小，对身体健康都会产生不良影响。

（一）合理运动负荷心率

通过实验发现，能强身健体的合理运动负荷是使健身者最大运动心率处于85%～65%之间，也称为靶心率或叫作目标心率（是指能获得锻炼效果并确保安全的心率）。计算方法为：

最大运动心率＝（220－年龄）次/分；

合理运动负荷心率的上限＝最大运动心率×85%；

合理运动负荷心率的下限＝最大运动心率×65%。

比如，一个年龄为40岁的人，他的最大运动心率为220－40＝180（次/分）。那么，合理运动负荷心率上限应为180×85% = 153（次/分）；下限应为180×65% = 117（次/分）。这就是说，他锻炼时的心率在153～117次/分之间，表明运动负荷是合理的。高于或低于此范围，就要适当减小或增大运动负荷，把运动心率调整到这个范围。

（二）能量消耗

人体需要消耗能量来维持生命活动。每个人每天基础代谢所消耗的热量与个体的性别、年龄、身体形态都有关联，是可以通过计算来掌握的。个体每天的基础代谢消耗为：

男子：（66.5 + 13.8W + 5.01h − 6.8a）×4.187焦耳；

女子：（66.5 + 9.8W + 1.8h − 4.7a）×4.187焦耳。

[注：W为体重（千克），h为身高（厘米），a为年龄]

四、体能与运动能力测评

体能是身体素质和运动能力的通称。体能的测定与评价属于人体运动学测定，它是在健身者完成某些规范化的运动项目之后，通过借助测定工具获得专门数据，依据某些标准来评价锻炼者身体能力的发展状况和水平。通过对锻炼者的体能测定，可准确地了解锻炼者自身体能的发展情况和锻炼效果，相应地采取有效措施，克服薄弱环节，保持身体能力的协调发展。

（一）力量的测定和评价

常用的力量测定手段有测握力、背力、俯卧撑和仰卧起坐等。

1. 握力

握力测定可用以评价上肢和手指屈肌力量。测定时使用弹簧式或电子式握力计。受测者两脚自然分开约一脚距离，身体直立，手心向内持握力计，握力计指针朝外。先将指针调整至零位，然后转动握距调节钮，使食指第二关节屈指成直角，用最大力量紧握上下两个把柄。用力手测两次，取最大值。将测定结果与《中国成年人体质测定标准》对照，确定得分。

2. 背力

背力测定可用以评价背肌力量。使用背力计。受试者站在背力计底盘上，两脚尖分开约15厘米，膝关节伸直不动，上体前倾约30°。两手正握背力计的把柄，伸直背上体抬起，由缓慢用力至全力拉。测两次，取最好成绩。

3. 俯卧撑

用以锻炼和评价上肢肌与肩带肌力量。使用普通平坦场地，要求受试者手掌与脚尖在同一平面上。受试者双手按地，手指向前，两手距离与肩同宽，两腿向后伸直，身体挺直，然后屈臂使身体平直下降，至肩与肘成平面，此时两肘和头的投影线成正三角形，躯干、臀部和下肢要挺直，然后再撑起。两臂伸直为一次。

4. 仰卧起坐

用以锻炼和评价腹肌力量。将体操垫（或代用物）铺放平坦，受测者仰卧于垫上，两腿伸直，两手置于体侧或相交紧贴脑后，下肢不动，然后上体前屈坐起为 1 次。如此反复进行。

5. 一分钟仰卧起坐

用以锻炼和评价腹肌力量。受测者仰卧于垫上，两腿稍分开，屈膝成 90°，两手交叉置于脑后，一人压住受测者两踝关节，起坐时以两肘触及或超过两膝为完成一次，仰卧时，两肩胛必须触垫。检测员发出"开始"口令的同时开表计时，记录 1 分钟内完成的次数。

6. 立定跳远

用以锻炼和评价下肢力量和全身爆发力。使用跳远沙坑。起跳地面要平展，不得有坑窝。受试者两脚自然分开，脚尖不得踏线，两脚同时蹬地起跳，起跳时不得垫步，两手臂顺势前移。丈量起跳线前沿至最近着地点的垂直距离。跳 3 次，记录最好一次的成绩。

7. 纵跳

采用纵跳计。受测者站在纵跳计底板上，系好绳带，使绳带与地面垂直，并刚好绷直，纵跳计的指针仍在零位。屈腿后利用蹬腿和摆臂尽量向上双脚起跳，指针所指示的长度为纵跳高度。测两次，取最好成绩。以厘米为单位记录，精确到小数点后一位。

（二）速度的测定与评价

1. 反应时

用以评价中枢神经系统的反应能力和神经肌肉的协调能力。使用反应尺，受测者坐在桌旁，受测臂放松平放在桌子上，手指伸出桌边约 10 厘米，拇指与食指上缘呈同一水平，做好准备。检测人员抓住反应尺的上端，置反应尺的下端于受测者拇指与食指之间（不要碰到手指），反应尺的零点线与拇指上缘呈同一水平。受测者两眼凝视反应尺的下端，听到"预备"口令后，反应尺下落时急速将反应尺捏住，记录拇指上缘处反应尺的刻度。测 5 次，去掉最高值和最低值各 1 次，计算中间 3 次的平均数。记录以秒为单位，精确到小数点后 2 位。

2. 短距离跑

用以锻炼和评价身体位移速度。常采用 50 米跑。受试者听到"预备"的口令后取站立式起跑姿势，听到"跑"的口令或鸣枪声后，迅速沿跑道线跑出，记录下通过终点线的时间。记录以秒为单位，精确到小数点后 1 位。

3. 往返跑

用以评价身体位移的灵敏性和协调性。"中国成年人体质测定标准"采用"10 米×4"往返跑。设 10 米长的直线跑道若干条，在跑道的两端线（S1 和 S2）外 30 厘米处各画一条线。每个受测者需木块（5 厘米×5 厘米×10 厘米）4 块，其中一块放在 S1

线外的横线上，两块放在 S2 线外的横线上。受测者手持一木块以站立式预备起跑，听到开始的口令后从 S1 线外起跑，跑到 S1 线前时，将手中木块放在 S2 线外的横线上，然后拿起横线上的木块，迅速跑回 S1 线前交换木块，再跑回 S2 线前交换另一木块，最后持木块冲出 S1 线，记录跑完全程的时间。记录以秒为单位，精确到小数点后 1 位。

（三）耐力的测定与评价

1. 定时跑（12 分钟跑）

采用时间较长的定时跑，可以有效地锻炼和测定锻炼者的耐力水平。最常用的有美国学者库珀的 12 分钟跑。12 分钟跑可在室内或室外的跑道上进行。受试者需先做好准备活动，特别要使下肢关节活动充分。测试开始后，受试者要在规定的 12 分钟时间内，尽最大力量跑到终点。记录所能达到的最大距离（米）。注意跑时尽全力，最好用匀速跑完全程。如跑中感到呼吸困难，可稍放慢速度，使呼吸恢复正常。再根据相应的评分表评价身体耐力状况。

2. 定距离跑

此法与 12 分钟跑相类似，但测试更加灵活方便。最典型的定距离跑是库珀的 2400 米跑。在我国的学生体质测验中，常采用 1500 米（男子）和 800 米（女子）跑。测验可在室内或室外的跑道上进行。受试者做好准备活动后，要尽最大力量快跑，力争在尽可能短的时间内跑完预定的距离。根据时间评价受试者的耐力水平。

（四）柔韧性的测定与评价

1. 站立体前屈

设一平面方凳。在凳子侧面安装一把刻度尺，台面处刻度为"0"，往上 25 厘米，往下 40 厘米。受试者双脚靠拢站立于方凳上，两腿伸直，上体前屈，两手臂尽量下伸，两手指尖（要齐）伸向标尺，努力使指尖触到最下端的刻度。如指尖达不到"0"点，则其成绩前加负号。记录其最好成绩，精确到小数点后 1 位。注意动作不要过猛，头要置于两臂中间，两手要并直。

2. 坐位体前屈

使用坐位体前屈测量计。受测者坐在平坦垫物上，两腿伸直，脚跟并拢，脚尖分开约 10～15 厘米，踩在测量计平板上，然后两手并拢，两臂和手伸直，渐渐使上体前屈，用两手指尖轻轻推动标尺上的游标前滑，直到不能继续前伸。测两次，取最好成绩，以厘米为单位记录，精确到小数点后 1 位。

此外，还可采用转体、劈叉等方法，来测定锻炼者躯干和髋关节的柔韧性。

五、动作能力测评

人体的动作控制能力离不开对肢体各环节灵活性与平衡性的控制，它也是健康体适能重要的指标之一。动作能力包含了对肢体关节的灵活性和肌肉收缩能力的控制，在人体的过程中体现出各种屈、伸、外展、内收、外旋、内旋等额状面、横截面以及矢状面的动作方式。其过程中涉及的多关节、多系统的协调动作,既包含了肌肉系统又包含了神经系统等的多重协同作用。因此,躯体各部位的控制能力对于人体完成运动动作的质量是至关重要的。

基本功能性动作筛查法,即 Functional Movement Screen（FMS）,是对动作质量进行评估筛查的一套实用工具。按照运动灵活性分为三个层级,包括基础动作、动作表现与运动技能,基础训练又可区分为三种元素:体态、活动度与稳定度。

（一）测评内容

FMS 的七个动作分别为深蹲、上踏步、直线弓步蹲、肩部灵活性、直腿主动上抬、躯干稳定俯卧撑、旋转稳定,是对身体灵活性、柔韧性、稳定性等身体能力的检测。

1. 深蹲　　　2. 上踏步　　　3. 直线弓箭步　　　4. 肩部灵活性

5. 直腿主动上抬　　　6. 躯干稳定俯卧撑　　　7. 扭转/旋转稳定性

图 5-3-1　FMS 七个动作对人体灵活性与平衡性的客观评级

（二）测评方法

1. 深蹲

目的:评定髋、膝、踝关节的双侧对称功能活动能力;通过上举杠铃杆过头顶,测试胸椎和双肩的双侧对称功能活动能力。

方法:①首先运动员以双足间距稍宽于肩宽站立,同时双手以相同间距握杆（肘与杆成 90°夹角）。②然后双臂伸直向上举杆过顶,慢慢下蹲至深蹲位前尽力保持双足后跟着地。③保持面向前抬头挺胸,杆保持在头顶以上。

测试有三次机会,如果还是不能完成这个动作,在运动员的双足跟下各垫 5 厘米厚的板子再完成以上动作。

2. 上踏步

目的:评定髋、膝、踝关节的稳定性和两侧部位的灵活性。

方法:①运动员双足并拢,足趾处于栏架下方。②调整栏架与运动员胫骨结节同高,双手握杆置于颈后肩上保持水平。③运动员缓慢抬起一腿跨过栏杆，并以足跟触地，同时支撑腿保持直立，重心放在支撑腿上，保持稳定。④缓慢恢复到起始姿势，运动员有三次机会完成测试。⑤抬另一侧腿重复以上动作，记录最低得分。

3. 直线弓箭步

目的：评定髋部的稳定性与活动能力、股四头肌的柔韧性以及膝踝关节的稳定性。

方法：①测量运动员胫骨的长度。②运动员以右足踩在一块测试板的近端，在身体后方以右手在头后，左手在身后下方握住一根长杆，保持杆紧贴头后、胸椎和骶骨。③从右足尖向前量取与胫骨相同的长度并标记，然后左足向前迈出一步，足跟落在标记上，随后下蹲至后膝在前足跟后触板。始终保持双足在向前的直线上。④双侧上下肢交换，再次完成测试，取两次测试的低分记录。

4. 肩部灵活性

目的：综合测试评定肩内关节内旋、后伸及内收能力。

方法：①运动员站立位，一只手由下向上以手背贴后背部，沿脊柱尽力上摸握住木尺。②另一手由上向下单手以手掌贴后背部，握木尺从上向下尽力滑动。③记录两拳间尺子距离（测试者协助握好尺子，垂直地面）。④上下交换双手位子，重复以上测试，取低分为测试得分。

5. 直腿主动上抬

目的：评定腘绳肌与比目鱼肌的柔韧性、骨盆保持稳定性和一侧腿的主动伸展能力。

方法：①运动员双手置于身体两侧仰卧，掌心向上，头平躺在地上，一侧膝盖下放至木板。②被测腿上抬，踝背屈，膝关节伸直。③保持异侧腿与木板接触，且身体平躺在地面，随后以木杆放在踝关节中央，并自然下垂，与地面垂直。④换另一侧腿完成测试，记录最低分。

6. 躯干稳定俯卧撑

目的：在上肢对称性活动中，测试躯干水平面内的稳定性，同时直接测试肩胛骨的稳定性。

方法：①运动员俯卧，双足着地，双前臂稍宽于肩撑地。②双手大拇指与头顶保持在一条直线上，同时双膝关节尽力伸直，女性运动员双上臂可少下移，使双手拇指与下颌保持在一条直线上。③腰椎保持自然伸直姿势。④运动员向上撑起使身体整体抬起，完成动作全过程中腰部不可晃动，保持腰椎自然伸直姿势。⑤男性运动员如果不能从起始姿势完成此动作，可以上臂下移使双手拇指与下颌保持在一条直线上，再完成一次动作；女性运动员如果不能从起始姿势完成此动作，可以双上臂下移使双手拇指与颈部保持在一条直线上再完成一次撑起动作。

7. 旋转稳定

目的：在上下肢联合运动中测试躯干的多向稳定性。

方法：运动员肩与躯干上部垂直，髋和膝屈曲90°，大腿与躯干下部垂直，足背屈。腰椎保持自然伸直姿势。将一块测试板放在手与膝之间，使双手与双膝都可以触板。肩后伸同时伸同侧髋与膝关节，运动员抬起手和腿并离地约15厘米。抬起的肘、手和膝必须与测试板的边线保持在同一平面内。躯干保持在与测试板平行的水平面内。全过程保持腰椎自然伸直。运动员肘与膝在平面内屈曲靠拢。运动员可以尝试3次来完成测试动作。如果得分在3分以下，以同时上抬对侧肢体的方式（成对角线）完成测试动作。

深蹲、上踏步、直线弓箭步作为身体的整体动作，要求各部位紧密协作，某一个或几个身体部分出现了问题会产生补偿动作，而影响到整体动作质量。动作的要求标准很高，对双脚姿势也有相应的要求，要想按照标准很好地完成这三个动作，在三个基本姿势下，身体各个部分的灵活性和稳定性都要很好，且协作能力要很强。肩部灵活性、直腿主动上抬这两个动作主要是对身体最应该灵活的两个关节区域进行灵活性（mobility）测试，这里的灵活性不是指肩关节或者髋关节的灵活性，而是整个关节及周围组织协作所展示出的灵活性。

六、体质与健康综合评价

体质综合测定与评价，是从有关理论出发，选取受测者身体形态、机能、素质和运动能力的若干指标，按规范要求进行测定，然后根据相应的数学模型，对其体质状况加以综合定量评价。体质测定与评价体系中最为关键的有三条：一是所选择的体质指标必须合理有效；二是各项指标的权重必须合适；三是通过对大量样本的测试，建立起相应年龄、性别的体质评价的数学模型。只有以上三个方面符合要求，科学合理，体质测定与评价的结果才真实可信。

体质的测定与评价最早出现在19世纪末期的美国，最初在学校中实施。1880—1900年间，特·萨特金制定的体力测验法在美国已被大量使用。20世纪上半叶，美国频繁地修改体力测验标准。1975年，美国健康体育文娱协会所修改的体力测验标准，在测验内容上，包括引体向上（女生用屈臂悬垂）、屈腿仰卧起坐、"30尺×4"往返跑、立定跳远和50码跑等5项身体素质测验，并在年龄分组、评分标准上做了较大的调整。

日本多年来系统积累青少年身体形态、机能和素质的材料，作为发展社会体育和衡量学校体育工作成绩的依据。1977年，日本筑波大学公布该国80年来的国民体质调研材料，可以看出日本民族的体质状况呈逐渐增强的趋势。在苏联和东欧国家，也有相应的体质锻炼和测验标准。

世界各国的体质测定标准，尽管在内容和形式、对象和适用范围上存在较大差异，但在指标的选取上，大都注意反映体质概念的内涵，采用身体形态、机能、素质等几方面多种因素指标加以综合。各指标的选取，既注意反映体质的一般特征，又注意把身体素质和运动能力作为重点。在调查研究的基础上，运用大样本建立数学模型，制定了科学的评分系统。对体质测定和评价的时间、地点、对象、实施机构、数据处理、保障措施等具体工作环节，大都作了标准化的规定。所有这些，有力地保证着体质测定和评价体系的科学、可行、可靠，收到了积极的社会效果。

（一）《国民体质测定标准》

国民的体质综合测定，有助于了解国民的整体体质和健康状况，可为国家经济建设和全民健身运动提供科学的依据。为了加强国民的体质测定工作，促进国民积极参加体育健身活动，提高劳动者素质，原国家体委于1996年7月2日正式发布了《中国成年人体质测定标准施行办法（试行）》，使国民体质测定工作逐步在全国城乡开展起来。在此基础上，从2001年起，国家体育总局又组织有关专家，进行幼儿、儿童和老年人群的体质测定标准的研制。2002年，国家体育总局有关部门利用我国国民体质状况数据，制定完成了《国民体质测定标准》。2003年7月4日，由国家体育总局、教育部、国家民委等10个部门共同会签颁布的《国民体质测定标准》正式施行（表5-3-1、表5-3-2、表5-3-3），标志着我国的国民体质测定制度得到了初步完善和广泛实施。

表 5-3-1　幼儿体质测定标准的评价指标

类别	测度指标
形态	身高　体重
素质	10米折返跑 立定跳远 网球掷远 双脚连续跳 坐位体前屈 走平衡木

表 5-3-2　成年人体质测定标准的评价指标

类别	测试指示	
	20～39岁	40～59岁
形态	身高　体重	身高　体重
机能	肺活量　台阶试验	肺活量　台阶试验
素质	握力 俯卧撑（男） 1分钟仰卧起坐（女） 纵跳 坐位体前屈 选择反应时 闭眼单脚站立	握力 坐位体前屈 选择反应时 闭眼单脚站立

表 5-3-3　成年人体质测定标准的评价指标

类别	测试指标
形态	身高　体重
机能	肺活量
素质	握力 坐位体前屈 选择反应时 闭眼单脚站立

《国民体质测定标准》根据我国国民的年龄与性别特点，将 3～69 周岁的国民，按年龄分为幼儿、青少年、成年人和老年人 4 个部分，其中青少年标准为《学生体质健康标准》。

《国民体质测定标准》对体质的评定分为单项指标评分和综合评定两方面，均采用百分位数法，综合评定采用各单项指标得分等权相加的方式。测试项目包括身高、体重、肺活量、选择反应时、纵跳、俯卧撑、握力、坐位体前屈、台阶试验等项目。

《国民体质测定标准》中的各个单项测定采用 5 分制评分法，同一年龄阶段评分标准相同。根据受测者全部项目测定的总分进行评定，标准分为一级（优秀）、二级（良好）、三级（合格）。只有所测项目获得一定的分数，才能达到相应的标准。《标准》还对各项目制定了详细的测定规则和要求。从近年来"标准"实施的情况看，它作为贯彻《全民健身计划纲要》重要的一翼，对于有效地评价和提升我国民众的体质和健康水平，提高体育健身活动的科学性正在起着重要的作用。但从实施工作的全局而言，贯彻《国民体质测定标准》的软件和硬件尚需进一步改善。

（二）《学生体质健康标准》

对学生体质健康的评价，是体质综合测评的重要组成部分，历来是体育测评学者所关注的重点，它对促进青少年体育健身锻炼，提高青少年体质健康水平具有十分重要的意义。1949 年后直到 1990 年以前，我国学生的体质评价，主要是通过贯彻从苏联移植来的《劳卫制》（后改称《国家体育锻炼标准》〔以下简称《标准》〕）进行的，其内容侧重于对学生的身体素质和运动能力的评价，对身体形态机能未给予应有的注意。2002 年 7 月，教育部、国家体育总局在原有基础上并结合全国大规模学生体质健康调研的结果，共同印发了《学生体质健康标准（试行方案）》，从 2004 年开始在全国广泛实施。《学生体质健康标准》是《标准》的组成部分，是《国家体育锻炼标准》在学校的具体实施。该标准的贯彻，对于促进学生体质健康发展、激励学生积极进行身体锻炼起着重大的作用。

从总体上说，《标准》作为锻炼标准在性质上略显不足，但却是一个较为完整规范的测评标准。它从身体形态、身体机能、身体素质等多方面综合评定学生的体质和健康状况，对学生体质健康的评价采用百分制。

《标准》根据学生的生长发育规律，将测试对象划分为以下组别：小学一、二年级为一组，小学三、四年级为一组，小学五、六年级为一组；初中及以上年级每年级为一组，大学为一组。其测试项目为：小学一、二年级测试项目为身高、体重、坐位体前屈三项。小学三、四年级测试项目为身高、体重、50米跑、立定跳远四项。小学五、六年级测试项目为六项，其中身高、体重、肺活量为必测项目。选测项目为三项：从台阶试验、"50米×8"往返跑中选测一项；从50米跑、立定跳远中选测一项；男生从坐位体前屈、握力中选测一项；女生从坐位体前屈、握力、仰卧起坐中选测一项。初中及以上各年级（含大学）测试项目为六项，其中身高、体重、肺活量为必测项目，选测项目为三项：从50米跑、立定跳远中选测一项；男生从台阶实验、1000米跑中选测一项；女生从台阶试验、800米跑中选测一项；男生从坐位体前屈、握力中选测一项，女生从坐位体前屈、仰卧起坐和握力中选测一项（表5-3-4）。

表5-3-4　学生体质健康标准（试行方案）的评价指标和得分

年级	评价指标	得分
小学一、二年级	身高标准体重	60
	坐位体前屈	40
小学三、四年级	身高标准体重	40
	50米跑	30
	立定跳远	30
小学五、六年级	身高标准体重	15
	台阶试验、"50米×8"往返跑	20
	肺活量体重指数	15
	50米跑、立定跳远	30
	坐位体前屈、仰卧起坐（女）、握力体重指数	20
初中高中大学	身高标准体重	15
	台阶试验、1000米跑（男）、800米跑（女）	20
	肺活量体重指数	15
	50米跑、立定跳远	30
	坐位体前屈、仰卧起坐（女）、握力体重指数	20

《标准》中的选测项目由各地（市）级教育行政部门在测试前随机确定。考虑到城乡的不同情况，关于《标准》中的台阶试验项目，农村学校可选测相应项目，城市学校则统一进行台阶试验的测试。

《标准》的各项评分标准是根据历次学生体质调研材料，经过综合分析整理后确定的。各个测试项目的得分之和为《标准》的最后得分。根据最后得分评定等级：86分以上为优秀，76~85分为良好，60~75分为及格，59分及以下为不及格。要求每学年评定一次成绩,并记入《学生体质健康标准登记卡片》,小学按照组别两年评定一次,其他年级每学年评定一次。毕业年级学生的等级评定,按毕业当年的成绩和其他学年平均成绩(各占50%)之和评定。从近几年的实施情况来看,《标准》较好地反映了学生的体质与健康的综合水平,具有良好的社会效益。

> **思考题**
>
> 1. 简述健身效果测评的种类和原则。
> 2. 试述不同健身效果定性评价方法的特点和评价要求。
> 3. 说出每一种健身效果定量评价方法的测评要求,并能运用测量方法进行实际测量。

第六章 科学健身营养指导

本章导语

> 营养和健身关系十分密切,它们都是维持和促进人体健康的重要因素。营养是构成肌体组织的物质基础,健身是增强人体机能的有效手段。营养和健身的科学配合,可以有效促进身体发育,改善健康状况和提高体质水平。要取得健身的良好效果,必须有科学的营养作为保障。

第一节 健康营养与营养素

营养是肌体摄取和利用食物中的养料以维持生命活动的综合过程。营养素是指维持生存和人体正常生长发育的物质,包括碳水化合物(糖)、脂肪、蛋白质、无机盐、维生素、水及膳食纤维。每种成分在食物中都起着重要的作用,人们的健康取决于每种成分的合理摄入量及各种成分之间的合理搭配。

毅力加科学锻炼加合理的营养,是健身锻炼的成功之路。如果把健身锻炼比作一条船,毅力是它的双桨,那么饮食营养则是载舟之水。换句话说,健身者只有摄取科学的饮食营养,才能获取健身锻炼的最佳效果。一个人所摄取的食物类型对其总体的健康状况起着极其重要的作用。饮食营养+运动锻炼=健身健美。饮食营养是运动锻炼的基础,运动锻炼又是通向健身健美的必由之路。

一、营养目标与健康营养

(一)营养目标

1993年6月,国务院颁布了《九十年代中国食物结构改革与发展纲要》(以下简称《纲要》)。《纲要》强调了我国20世纪90年代食品工作的重点,并指出:为保障人民日益增长的食物需求,要大力发展食品生产,还要大力改善和调整食品结构,尽快建立起适合我国国情、科学合理的人民膳食结构。要按照"营养、卫生、科学、合理"的饮食原则,继承中华民族饮食习惯中的优良传统,吸收国外先进经验,改革我国食物结构和人民的消费习惯。要求20世纪末人均每日营养素供给量达到世界平均水平。城乡居民人均每日的主要营养素供给水平要分别达到:热量2520千卡和2630千卡,蛋白质74克和71克,脂肪81克和68克。

2016年，中国营养学会在《中国居民膳食指南（2016）》中又提出了新的营养目标参数。这里推荐WHO的饮食结构（饮食计划），它是一种平衡饮食结构：碳水化合物（糖类）提供总热卡的55%～65%，脂类（饱和脂肪少于10%）提供20%～25%，不超过30%，其他11%～15%由蛋白质提供。

总的来说应注意做到以下几点。

一是增加糖类（碳水化合物）的摄取（应由原来占食物总量的46%～58%提高到55%～65%），而同时要不断减少单糖的摄入量。

二是减少总脂肪量（42%～30%）和饱和脂肪（16%～10%）的摄入量，摄入量应向下限看齐。

三是限制每天食物中胆固醇的摄入量，不超过300毫克/每天。

四是降低盐的摄入量，减少50%～85%，直到每天仅仅摄入3～5克，重体力活动者除外。

（二）健康营养

合理营养是健康的物质基础，而平衡膳食又是合理营养的根本途径。根据《中国居民膳食指南（2016）》的条目并参照膳食宝塔的内容说明来安排日常饮食和身体活动是通往健康的光明之路。

那么，什么是健康的饮食营养呢？按照"中国居民平衡膳食宝塔"的要求，对成人而言，就是每天1杯牛奶（每天饮相当于鲜奶300克的奶制品和相当于干豆30～50克的大豆制品），两匙油（25～30克），300克左右的水果（200～400克，最好3～5种水果），四份高蛋白（鱼、禽、蛋、肉等动物性食物总共125～225克，例如鱼虾类50～100克，畜、禽肉类50～75克，蛋类25～50克），500克蔬菜（300～500克），6克盐（2006年，世界卫生组织将盐的上限改为5克），7两左右的粮食（即250～400克，其中最好包括50～100克粗粮），8杯左右的水（在温和气候条件下生活的轻体力活动者每日至少饮水1200毫升以上，即最少应达6杯水），九成饱，十千步（每天进行累计相当于步行6000～10000步的活动量，如果身体条件允许，最好进行30分钟中等强度的运动）。但病人、青少年和儿童、减肥者、60岁以上的老人和孕妇等，普通饮食满足不了，或肠胃功能障碍吸收困难，或负担加重，就需调整膳食结构和食物量，必要时补充维生素和矿物质甚至全营养素。（膳食宝塔中所标示的各类食物的建议量下限为能量水平7550千焦〔1800千卡〕的建议量，上限为能量水平10900千焦〔2600千卡〕的建议量）。

二、营养素

(一)碳水化合物(糖)

1. 碳水化合物的组成、来源和分类

碳水化合物是由碳、氢、氧元素所组成的。碳水化合物的食物来源主要是小麦及淀粉类。碳水化合物按其分子结构的不同,可分为单糖,包括葡萄糖、果糖及半乳糖(容易导致肥胖和脂肪积聚);双糖(二糖),包括麦芽糖、蔗糖(食糖)及乳糖;多糖,它由三个以上单糖分子组成,有淀粉、原糖、食用纤维素及葡萄糖分子链等。所有种类的碳水化合物经消化后均会被转化成单糖,然后被吸收。

2. 碳水化合物的功能和供能特点

碳水化合物的摄入对人体的作用主要是稳定血糖水平,以增进调节食欲和体力的功能,促进脂肪代谢与糖原贮存。而且增加碳水化合物贮存量可避免蛋白质的过量分解和增加脂肪的代谢。一般低糖原贮存量会导致缺水、代谢及体力下降、脂肪的代谢消耗减少、低血糖症及饥饿感等。

(1)碳水化合物对人体的主要功能是:①制造三磷酸腺甘(ATP)的主要来源,可被人体直接使用;②有氧运动及无氧运动的主要能量来源;③中枢神经系统活动的能源;④丰满肌肉;⑤调节脂肪代谢;⑥节约蛋白质。

(2)碳水化合物的供能特点是:①产生能量快;②比蛋白质、脂肪耗氧低;③缺氧时,通过无氧酵解供能;④代谢产物CO_2、H_2O;⑤提高肌酸利用率。

3. 糖原贮存形式及膳食分配

糖原贮备主要适用于耐力性运动项目,它并非为爆发性或速度性项目而设,如耐力性项目的训练者(马拉松训练者等)。碳水化合物在人体中作为糖原形式进行贮存,主要分为三种形式。

(1)肝糖。它以糖原形式贮存于肝脏(75～100克),需要时用以调节血糖浓度。

(2)血糖。它主要释放葡萄糖以供身体组织使用,血糖水平受胰岛素控制,而肌肉亦受此控制其糖原的贮存量(约5克)。

(3)肌糖。它以糖原形式贮存于肌肉内(360～400克),亦用于新陈代谢,超过肌体需要的过多的碳水化合物会转为脂肪,并储存于脂肪组织中。

碳水化合物是食物中最主要的也是最基本的供能物质,每克碳水化合物大约含热量4千卡。在人们过去的一般饮食结构中,碳水化合物占总供能的46%,甚至更少,2002年我国城乡居民谷类食物比1982年和1992年分别下降21%和10%,肥胖者和糖尿病发病最高的大城市居民谷类食物摄入量最少,提供能量只占总能量的41%。然而我国健康人群的营养目标是要达到碳水化合物供能占总供能量的55%～65%,碳水化合物中包括那些可用于供能的可消化食物类型(如淀粉和糖)以及膳食纤维等不能消化的食物类型。

如果酱、软饮料、牛奶中有糖，而杂粮、面包、蔬菜中有淀粉。建议需要量：成年人每天为 4～6 克/千克（体重），力量项目运动员每天为 5～8 克/千克（体重），耐力项目运动员每天为 9～11 克/千克（体重），减肥者每天向下限量 4 克/千克（体重）靠近。

在补糖的过程中，要充分利用训练后补糖的最佳时间，除了运动前、中、后，应尽量减少在其他时间食用加工过的糖，而选用富含膳食纤维的食物如全麦食物，最后一次碳水化合物的摄入时间不要离晚上睡觉时间太近。

通常，碳水化合物在膳食中的分配主要是，普通人膳食中的热量摄入，一般占总热量摄入的 55%～60%，其中有 10% 的单糖类及 50% 的复合糖类，而训练者的热量摄入占总热量摄入的 65%～70%。一般每天最少摄入量应为 100～150 克，以防组织蛋白质的过量分解。为保证肌体的正常工作，建议普通人每天需摄入 500～600 克碳水化合物。减肥者对碳水化合物的摄入量应占总热量的 45%～55%，以利于减肥。

4. 低碳水化合物饮食对身体和运动的影响

人体能量的 55%～65% 靠碳水化合物供能。低碳水化合物饮食在各种不同的情况下，会对身体产生各种不同的影响。比如：肝糖耗尽时，会引起低血糖症，并且由于肌肉糖原耗尽，患者会出现体弱及疲倦现象，同时蛋白质也将被分解，以转化为糖类提供能量。当血糖过低后采用单糖分量高的膳食，会导致血糖过高症。一般正常血糖水平应是每 100 毫升血液中含 80～100 毫克，当低于 45 毫克时就属血糖过低症。假若运用低强度运动，就能增加脂肪消耗，避免糖原过量使用；但运动强度过高时，肌肉糖原会减少，而血糖则成为主要能量来源（75%～90%）。以植物性食物为主的膳食还可以避免欧美等发达国家高能量、高脂肪和低碳水化合物膳食模式的缺陷，对预防心脑血管疾病、糖尿病和癌症有益。研究证实，在主食摄入量一定的前提下，每天食用 85 克全谷食品（小米、高粱、玉米、荞麦、燕麦、薏米、红小豆、绿豆、芸豆等），能有效地减少若干慢性疾病发生的风险，还可以帮助控制体重。

运动员糖摄入不足的后果主要有：

（1）运动后糖原的耗竭不能很快恢复。

（2）运动中不能保持血糖水平，疲劳提早发生，运动能力下降。

（3）摄糖不足会造成肌肉蛋白分解，围度减小，体重减少。

（4）摄入过少时，会导致脂肪代谢减慢。

（5）缺乏会导致水分丢失，新陈代谢减慢，增加食欲。

5. 注意事项

为了达到减少加工精制糖类而增加复合碳水化合物和纤维这一理想饮食目标，建议在饮食中作以下调整：

（1）减少像软饮料、蛋糕、小甜饼和类似的其他含糖食物的摄入量。

（2）增加全谷面包、粗粮、水果、蔬菜的摄入量。

（3）增加了复合碳水化合物热量的摄入，相应地脂肪的摄入量就减少了。

（4）比赛前的数天，进行高碳水化合物膳食摄入及减低训练强度，此方法可增加糖原贮备量。

（5）训练后，首先须补充水分（用以调节体温及正常生理功能），然后补充碳水化合物。

（二）脂肪

1. 脂肪的组成和种类

脂肪是由碳、氢和氧三种元素组成。其中游离脂肪为脂肪的最简单形式，最常见的包括棕榈脂、油酸酯及硬脂，有的还含有氮和磷。它是由一分子甘油和三分子脂肪酸脱水缩合而成的脂（也称甘油三酯，占95%）。在人体和动植物组织成分中，含有油脂（即脂肪）和类脂两大类化合物，总称为脂类。类脂主要包括磷脂、糖脂、固醇类等（占5%）。脂肪按其分子结构的不同，可分为饱和脂肪和不饱和脂肪两大类。饱和脂肪多来自动物，在室温条件下呈固态，动物油脂如猪油、牛油、鱼肝油和奶油等。不饱和脂肪多来自植物，在室温条件下呈液态，植物的油脂如豆油、花生油、菜油和芝麻油等，它们是由脂肪酸与醇类所生成的脂，可分为单不饱和脂肪酸和多不饱和脂肪酸。另外，脂肪还有其他一些特点。

（1）脂肪酸。属多不饱和脂肪。来自鱼油中，可减低血中胆固醇及甘油三酯的水平，有效降低患冠心病的机会。

（2）胆固醇。肝脏将游离脂肪酸合成为胆固醇，以供身体应用。而肝脏亦使用胆固醇制造胆盐以帮助消化脂肪。其主要来源为动物及蛋、猪油成分的食品。

（3）脂蛋白。与胆固醇有极大关系，主要有蛋白质、胆固醇、磷脂及甘油三酯。具体可分为：①高密度脂蛋白（HDL）。高分量蛋白质，中量胆固醇及磷脂，少量甘油三酯。从动脉壁去除低密度脂蛋白，将其运输到肝脏。这种脂蛋白被称为"好胆固醇"。②低密度脂蛋白（LDL）。高分量胆固醇及磷脂，少量甘油三酯及蛋白质。此脂蛋白会附于动脉上，引致动脉粥样硬化。这种脂蛋白被称为"坏胆固醇"。③极低密度脂蛋白（VLDL）。高分量甘油三酯，少量蛋白质。这种脂蛋白为低密度脂蛋白的先驱。④磷脂。细胞膜的构造成分。⑤亚油酸。是唯一的必需脂肪酸，多为不饱和脂肪酸，也是脂溶性维生素的载体。

2. 脂肪的主要功能

脂肪在体内的贮存形式包括以甘油三酯的形式贮存在皮下及器官组织周围的脂肪细胞内，以游离脂肪酸贮存于血浆内，以甘油三酯的形式贮藏于肌肉内等。其主要功能包括：

（1）维持体温。

（2）保护脏器等重要器官和组织。

（3）能量贮存，提供必需脂肪酸。

（4）生产激素的原料。

（5）参与细胞的构建，构成血浆脂蛋白。

（6）影响脂溶性维生素的吸收。

（7）维持生物膜结构和功能，胆固醇可转变成类固醇激素、维生素、胆汁酸等。

3. 脂肪的需要量

脂肪是能量的另一种重要来源，每克脂肪所含的热量要多出碳水化合物的两倍。世界卫生组织推荐的脂肪能量为20%～30%，为了保持较低脂肪，食物脂肪不超过总热量的20%～25%较适宜，每天约40～50克（包括植物油）脂肪即能满足必需脂肪酸（亚油酸、亚麻酸、花生四烯酸）的需求并保证脂溶性维生素的吸收，饱和脂肪酸（SFA）、单不饱和脂肪酸（MUFA）和多不饱和脂肪酸（PUFA）之间的比例约为 S：M：P＝1：1：1。

健美锻炼者饱和脂肪可占5%，不超过10%，单不饱和脂肪酸占8%，多不饱和脂肪酸占7%。

同时另一种类型的脂类——胆固醇的摄入量也设定每天不超过300毫克。为了达到这些目的，请注意保证做到以下几点。

（1）多吃瘦肉、鱼类、禽类、干豆、豌豆，以此作为蛋白质的来源。

（2）食用去脂牛奶、低脂牛奶和奶制品。

（3）限制鸡蛋（尤其蛋黄）和动物内脏器官类肉的摄取量。

（4）限制油脂，特别是那些富含饱和脂肪的种类，如黄油、猪油、奶油及一些含棕榈油和花生油的食物。

（5）烤、烧、煮而不应油炸，去除肉中的脂肪组织。

（6）少饮酒，因为大部分酒精将转化为脂肪。

4. 脂肪摄入过多或不足对身体和运动的影响

脂肪摄入过多的危害是：

（1）造成肥胖、高脂血症及相关疾病，影响心血管的健康。

（2）代谢产物蓄积，耐力下降，引起疲劳。

（3）蛋白质、铁和其他营养素的吸收下降等。

脂肪摄入过低的危害是易导致必需脂肪酸和维生素E缺乏，并影响脂溶性维生素的吸收以及肌肉细胞膜的修复。值得注意的是，在碳水化合物、蛋白质和脂肪这三类产能营养中，脂肪比碳水化合物更容易造成能量过剩。1克碳水化合物或蛋白质在体内可产生约17千焦（4千卡）的能量，而1克脂肪则能产38千焦（9千卡）的能量，也就是说同等重量的脂肪是碳水化合物提供能量的2.2倍。另外相对于碳水化合物和蛋白质，富含脂肪的食物口感好，刺激人的食欲，使人容易摄入更多的能量。动物实验表明，低脂膳食摄入很难造出肥胖的体形。对从不限制进食的人群研究也发现，当提供高脂肪食物时，受试者需要摄入较多的能量才能满足他们的食欲；而提供高碳水化合物低脂肪食物时，则摄入较少能量就能使食欲满足。因此进食富含碳水化合物的食物，如米面制品，不容易造成能量过剩使人发胖。造成肥胖的真正原因是能量过剩，而脂肪摄入过多又是能量过剩的主要因素之一。

（三）蛋白质

1. 蛋白质的组成和种类

蛋白质是人体最重要的生命物质，由碳、氢、氧、氮四种主要元素组成。氨基酸是组成蛋白质的基本单位。组成蛋白质的元素按一定的结构组成氨基酸，氨基酸再以肽键相连组成蛋白质。通常，人体需要20种氨基酸，以组合成不同种类的蛋白质，供身体正常的生长和使用。蛋白质主要来源于食物中的肉类、奶类、豆类等。氨基酸的种类划分主要以是否能在人体内合成为前提的。比如必需氨基酸（8种），它不能在人体内合成，所以必须从膳食中摄取，而非必需氨基酸（12种），它可以在人体内合成。食物中含有各种氨基酸的种类数量是不同的。比如完全蛋白质（来自动物）食物，它含必需氨基酸的种类齐全，数量充足，可以维持人体健康及促进发育；而不完全蛋白质（来自植物）食物，它缺少一种或多种必需氨基酸。

2. 蛋白质的功能

蛋白质是构成人体的主要成分，人体的16%～19%由蛋白质组成。在人体细胞中，蛋白质约占1/3，蛋白质具有促进新陈代谢、修补旧组织、供应部分能量和调节生理功能等作用。比如：胰岛素、血红蛋白、线粒体内的氧化激素（活性物质）、体液的酸碱平衡、凝血机制、保护肌体的抗体和氨基酸及血脂蛋白的载体等。另外，色氨酸及酪氨酸可转化成人体大脑中重要神经传递物质。进行高强度运动时，肌肉中的亮氨酸会被分解以供给能量。进行健身健美训练时，蛋白质的主要功能是可以使肌肉发达，力量增长，还可保证体内各内分泌物的平衡。

当足够的氨基酸满足肌体需要后，剩余的是不能贮存起来的。而多余的氨基酸则会通过脱氨基的作用，将含丰富氮元素的氨基释放出来，然后通过尿液及汗水排出体外。尿素氮过多会加重肝及肾的负担，引致脱水现象，同时还会使患痛风的人感到关节疼痛的程度增加。

肌糖原贮备充足时，蛋白质供能仅占总热量的5%，肌糖原耗竭时，蛋白质作为能量来源可高至总热量的15%左右，减肥者在减体重过程中蛋白质可占总热量的20%～25%。因为脱氧核糖核酸（DNA）有促进蛋白质合成的功能，而所合成蛋白质的种类则视人体所参与的运动项目而定。如有氧运动会增加粒线体及氧化激素，而无氧运动则会增加收缩肌的蛋白。

3. 蛋白质供应不足的后果

（1）减脂速度缓慢。

（2）皮肤粗糙无光泽，易疲劳。

（3）肌体抵抗力减低，脆弱易病。

（4）健美爱好者肌肉增长缓慢。

4. 建议摄入量

每克蛋白质提供与糖相等的热量——4千卡，但蛋白质却不是主要的供能物质。

（1）建议摄入量。普通成年人每天每千克体重摄入量约 0.8～1.2 克，青少年 2.0 克/千克，增肌者达 1.6 克/千克～2.0 克/千克，减肥者 1.2 克/千克（有的减肥者有时达 2.0 克/千克），健身健美运动员进入比赛体格状况时，每天摄入 2.5 克/千克左右，最高达 3 克/千克左右。故此，成年人每天摄入量一般在 1.0～3.0 克/千克，此标准同时也适用于健身健美训练者和从事耐力或爆发力的训练者。

一般地，成年人每天每千克体重摄入量约为 0.8 克蛋白质，因此一个 70 千克的人每天只需要 56 克的蛋白质，快速生长的婴儿每天每千克体重需要 2.2 克蛋白质。健康膳食应包括鱼肉、禽类肉和低脂制品，而不是更多的红肉和常规的奶制品。

（2）注意事项。计算体重时，应将体脂一并考虑（新陈代谢直接与肌肉量有关）。

（3）所占比例。成人摄入肌体的蛋白质一般应占总热能的 11%～15%，增肌人群为 15%～20%，减脂人群可达 20%～25%。

5. 摄取蛋白质的禁忌点

科学研究显示，鱼类蛋白质含量平均为 18% 左右，其蛋白质的氨基酸与人体需要接近，利用率高，脂肪含量平均约 5%，还含有丰富的维生素和矿物质，故是人体优质的蛋白质来源。其他水产品如乌贼鱼等，蛋白质含量多为 15% 左右。禽类蛋白质含量约为 16%～20%。蛋类（全蛋）的蛋白质含量平均为 12% 左右。畜类蛋白质含量一般为 10%～20%。上述食物氨基酸的组成均与人体需要接近，营养价值极高，但也不是"多多益善"，如果过食会对身体造成伤害，应注意营养膳食的平衡。

（1）高蛋白质的食物往往是高脂肪的。人体在摄入大量蛋白质的同时会带进大量的脂肪。个别健身健美者只关注摄取蛋白质，而忽略了其他能量物质对身体的影响。以猪肉为例，肥瘦肉的脂肪含量在三分之一以上，纯瘦肉的脂肪含量也在 6% 以上，这样就会导致身体肥胖。过多的蛋白质同样会造成热能过剩，增加体重（主要是体脂）。

（2）高蛋白质的食物往往也是高胆固醇食物，见表 6-1-1。

（3）高蛋白质的食物使肌体丢失更多的钙。

（4）过多的代谢产物（废物）增加了肾脏的负担。蛋白质代谢生成的氨，需经过肝脏转化和肾脏排泄，过量食用蛋白质会造成肌体酸性代谢产物过多而导致肌体酸化，故过多地摄入蛋白质会加重肝脏和肾脏的负担。

（5）高蛋白质食物会造成脱水和活动能力下降。人体的最佳内环境（主要是组织液和血浆）是中性偏碱性的，过量蛋白质会造成体液酸化和脱水，使疲劳提早出现，降低人的活动能力。

（6）高蛋白质食物有可能会诱发中老年人患心脑血管疾病的危险。

表 6-1-1　每 100 克食物中胆固醇含量（毫克）

食物名称	胆固醇含量	食物名称	胆固醇含量
鹌鹑蛋	3640	鳝鱼	264
鸡蛋黄	1163	海参	0
乌贼鱼	275	豆制品	0
鱿鱼	215.6	蛋白	0

提示：每 100 克食物中含胆固醇 200 毫克以上者，医学上称为高胆固醇食物（每人每日胆固醇摄入量以不超过 300 毫克为宜），而海参、蛋白和豆制品中胆固醇含量为零。可见，豆制品、蛋白、海参及牛奶等很适宜中老年人食用。

特别提醒那些正处在 40～55 岁的人。这个年龄阶段易发生多种疾病，如高血压、冠心病、动脉硬化、高血糖、高血脂等。因此，40 岁以上的人以不吃或少吃鹌鹑蛋、鸡蛋黄和无鳞鱼为好。尤其是老年肥胖人群，更应当慎食。如果经常食用胆固醇含量较高的食品，胆固醇便会渐渐沉积在动脉血管内壁上，久而久之，即形成动脉硬化症。

（四）维生素

1. 维生素的种类、功能及来源

维生素是维持人体生命和正常机能不可缺少的一种营养素。大多数的维生素在体内不能合成。维生素在人体内的主要作用是作为酶的辅助因子。人体一共需要 13 种维生素，它们也是食物中含量特别少的特殊的营养物质，但对肌体的正常功能却必不可少。根据其溶于水和脂的能力，将其分为水溶性和脂溶性两类维生素。脂溶性维生素包括维生素 A、D、E 和 K，由于它们的溶解性能，它们可储存于人体内，并非每天都需要从外界摄取。脂溶性维生素对人体的一个潜在的危险是，如果你长期摄入过多的脂溶性维生素，会造成维生素中毒症——一种可致神经紊乱、胃肠疾病和肝脏损伤的高维生素症。

水溶性维生素包括维生素 B 族和维生素 C，由于任何多余的水溶性维生素都可以通过尿液排出体外，所以很少造成维生素中毒症。但是摄入过多的水溶性维生素对人体也有毒害作用，因此也应避免。由于这些维生素的排泄，人体每天都必须摄入一定量的水溶性维生素，以便补充。各种维生素的功能及食物来源见表 6-1-2。

表 6-1-2　维生素的功能与来源

维生素	功　　能	来　　源
B_1	作为一种辅酶的组成，辅助能量的供应	全谷、坚果、瘦猪肉
B_2	作为一种辅酶的组成，与能量代谢有关	牛奶、酸奶、奶酪、肉类、内脏、蛋类、谷类、蔬菜、水果
B_3	促进细胞内的能量产生	瘦肉、鱼类、禽类、谷物

续表

维生素	功能	来源
B_6	氨基酸代谢，辅助细胞的生成	瘦肉、蔬菜、全谷、豆类、肝脏
B_5	辅助糖、脂肪、蛋白质的代谢	全谷、杂粮、面包、黑色或绿色蔬菜
B_9	作为核糖和蛋白质合成的辅酶	绿色蔬菜、豆类、全麦食物
B_{12}	与核酸的合成，红细胞的形成有关	只存在于动物性食物中，而不存在于植物性食物中
H	脂肪酸和糖原合成的辅酶	蛋黄、黑色和绿色蔬菜
C	骨、牙齿、毛细血管间的营养	柑橘等水果、青辣椒、西红柿
A	与视力有关；形成和保持皮肤及黏膜；抗氧化剂，可延缓衰老	胡萝卜、甜薯、人造奶油、黄油、肝脏、蛋黄、有色蔬菜
D	辅助骨和牙齿的生长和形成；促进钙的吸收	蛋黄、海鱼、肝脏、精炼牛乳、鱼肝油
E	保护不饱和脂肪酸；保护细胞膜使其免受损伤	植物油、全谷、谷类、面包、绿叶蔬菜、豆类、蛋黄
K	对凝血起重要作用	绿叶蔬菜、豌豆、马铃薯

维生素与健康关系非常密切。如番茄红素、Vc、Ve、β-胡萝卜素等可防止自由基对肌体的伤害，B_1、B_2、B_3 等 B 族维生素在能量代谢中必不可少。番茄红素是近年来国际最新流行的一种营养素，有研究资料显示，它的抗氧化能力比 Ve 强 100 倍，番茄红素的功能主要是：增强免疫力，抗衰老，保护心血管，降低癌症的发生。

提示：一个人完全可以通过摄取平衡饮食而满足每天对维生素的需求，因此额外补充维生素是毫无必要的。从另一方面说，健身者应注意平衡饮食，从长远的观点出发，满足肌体对营养物质的需要，而不是靠额外的补充。请记住，平衡饮食不仅能提供足量的维生素，同时也能满足人们对蛋白质和无机盐的需求。

2. 需要补充维生素的人群

前面说过，脂溶性维生素可储存于体内，并不需要每日补充（病人及缺乏者除外）；而任何多余的水溶性维生素都可以通过尿液排出体外，故每天都必须摄入一定量的维生素进行补充，特别是处于亚健康状态的人或患有某些疾病的人。下列人群应该寻求补充多种维生素：①严格的素食者；②长期患病而使食欲下降或营养素吸收障碍的人；③使用影响食欲或消化功能药物的人；④体育健康锻炼者，或进行严格训练的运动员；⑤孕妇和哺乳期妇女；⑥长期食用低能量膳食的人；⑦老年人。

（1）维生素不足与缺乏常见症状：①常感疲劳、常易感冒、咳嗽、抵抗力下降，而无工作过度劳累，环境急剧改变或其他器质性疾病等客观原因；②消瘦、贫血；③牙龈出血、牙龈发炎，口腔黏膜发炎及溃疡；④口角炎、口角裂、唇炎、杨梅样舌、舌水肿、地图舌；⑤皮肤粗糙、毛囊角化、皮炎、脂溢性皮炎、皮肤淤点、淤斑；⑥眼睑炎、眼角膜干燥、角膜软化，暗适应能力下降，夜盲；⑦多发性神经炎、中枢神经系统功能失调、下肢肿胀、脚气病；⑧儿童生长发育迟缓或不良、易出汗、毛发稀少、出现帽圈状脱发；⑨鸡胸、患珠胸、O型腿、X型腿、软骨病；⑩中老年人腰背、关节疼痛，容易骨折，骨矿物质量下降。

（2）需要补充维生素A的人群：①视力下降和夜盲症患者；②上皮组织萎缩，皮肤老化、干燥、脱屑、毛囊角化及黏膜组织发生异常现象者；③疲劳，皮肤灼热、发炎，眼球疼痛，眼分泌物增加及角膜炎患者。

但过量服用，可引起中毒现象，如出现脱发、胃痛、呕吐、腹泻、疲劳、头痛、肝脏肿大、视力模糊等。

（3）需要补充维生素B的情形：①精神不振、有疲劳感、记忆力差、头痛、心跳异常、食欲不振、浑身及腰膝酸软无力者需补充维生素B_1；②精力不济、易疲劳、头晕、嘴唇干裂、脱皮、口腔溃疡、舌头发红或紫红，皮肤发痛、发育迟缓者需补充维生素B_2；③脱发、贫血、口臭、皮肤损伤、易发炎、虚弱、走路不稳、协调性差者需补充维生素B_6；④贫血、皮肤粗糙、面色发黄、苍白、抵抗力差者需补充叶酸。但不可过量，因为过量摄取叶酸，可能影响医生对恶性贫血的诊断。

（4）最应补充维生素C的人群：①从事剧烈运动和高强度劳动的人；②抽烟的人，多吃含维生素C的食物，有助于提高细胞的免疫力，消除体内的尼古丁；③容易疲倦的人，维生素C是一种抗氧化物质；④脸上有色素斑的人，补充维生素C可抑制色素斑的生成并促进其消退；⑤长期服药的人，如安眠药、抗癌药、四环素、阿司匹林、降压药、钙制品等都会使人体维生素C减少，从而引起不良反应；⑥白内障患者，维生素C的摄入量不足是导致白内障的因素之一，应多补充维生素C；⑦坏血病患者，饮食中缺乏维生素C，从而影响结缔组织的形成，是毛细血管壁脆性增加所致；⑧在污染环境工作的人，补充维生素C则可减少有毒气体对肌体的危害。

此外，B族维生素中任何一种服用过量，都会导致其他B族维生素的损失，故一定要掌握好补充的量。

（五）矿物质（无机盐）

1. 矿物质的种类、作用及来源

矿物质是构成人体组织的各种元素，如骨骼、牙齿及肌肉。它也是人体中酶及激素的成分（调节新陈代谢）。无机盐离子和电解质在人体中主要的生理调节作用是肌肉收缩、神经脉冲传导、血液中酸碱平衡、血凝固、心率正常等。它主要来源于植物、动物及水。缺乏时会出现贫血、血压高、癌症、蛀牙及骨质疏松症等疾病。通常身体吸收的比率，即日推荐量为真正需要量的10倍（被吸收的只占10%）。此外，矿物质有相互干扰（一种矿物质过多时会影响其他矿物质的吸收）的特性，如锌与铜、钙与镁等，故应特别注意。

矿物质和维生素一样重要，肌体只需要少量就可维持正常机能。无机盐又可分为两类：大量元素和微量元素。大量元素（每天需100毫克以上）如钾、钠、钙、镁、磷；微量元素（每天需100毫克以下），如铁、碘、铜、锌、锰、铬、钒等。大量元素包括对骨骼起重要作用的钙、对神经肌肉起重要作用的钾和钠以及对人体内许多酶起重要作用的镁

等；微量无机盐包括血液中氧运输所必需的血红蛋白中的铁，调节正常代谢率所必需的腺垂体中的碘，许多与酶正常功能有关的锌、硒、铜等。人可通过摄入全面平衡的饮食获取他们每天所必需的这些矿物质元素。但是妇女常常会缺乏铁和钙，所以有必要考虑给妇女适当补充这些矿物质元素。无机盐的主要作用如下。

（1）维持细胞内外液的容量和渗透压（维持肌体内环境稳定）。

（2）维持体液的酸碱平衡。

（3）维持神经肌肉的兴奋性（如血钙低就会抽筋）。

（4）影响体温调节。

（5）构成体质（尤其钙等）。

2. 矿物质缺乏和大量消耗对运动的影响

（1）疲劳提早发生。

（2）运动能力下降。

（3）影响运动后疲劳恢复。

（4）降低减脂效果。

3. 哪些人需要补钙

钙是人体内含量最丰富的矿物质，约99%的钙存在于牙齿和骨骼里，主要是以与磷相结合的形式存在，其余1%则存在于体液和软组织中，大多呈离子状态，与骨骼维持着动态交换与平衡。有证据表明，钙还有助于预防结肠癌。

11～24岁的男女每天的钙的膳食摄入推荐量为1200毫克，在此年龄阶段补充充足的钙对以后年龄段防止骨质疏松至关重要。据调查，60岁以上的妇女有四分之一的人患有骨质疏松。而易发生骨质疏松的妇女每天钙的摄入量应该为1000～1500毫克。24岁以上的成年人每天钙的膳食摄入推荐量为800毫克，这个推荐量是为保持强壮骨骼和防止骨折所必要的。

（1）钙的功能。①钙对于骨骼及牙齿的形成，正常心跳的维持，神经活动的传导，血液酸碱的平衡等起重要作用；②钙能帮助肌肉收缩、血液凝结，并维护细胞膜；③钙可以在与磷、维生素D的共同作用下防治小儿佝偻症；④钙可以预防和治疗更年期骨质疏松症；⑤细胞内游离钙浓度的平衡有助于维持血压稳定；⑥钙还有助于预防结肠癌。

（2）缺钙的原因。缺钙的原因除了遗传因素外，主要是后天造成的。在日常生活中，钙的摄入量远远满足不了人体所需的标准量，这是缺钙的主要原因。据调查，1992年上海地区居民平均每天钙的摄入量只及所需标准量的58.33%。人体钙的来源，主要是通过膳食。然而，人体对钙的吸收要求又非常苛刻，钙盐只有在酸性环境中呈离子状态，溶解于水的钙，才能被人体吸收，而钙的吸收又依赖于肌体对钙的需要、食物的种类和钙的摄入量而定，并且受到很多因素干扰。

当今随着饮食的欧美化和加工食品、速食品、肉食品的摄入量增加，钙的摄入不足将会越来越严重。奶与奶制品、豆与豆制品等含钙确实丰富，可是由于受到饮食习惯和食品供应等限制，很难通过膳食满足人体对钙的需求。此外，随着社会的老龄化，缺钙导致对人体健康的危害将会越来越突出。

（3）缺钙的症状：虚汗、盗汗、出牙慢、换牙晚，牙齿不坚固；关节酸痛、腰酸背痛、小腿抽筋；骨质疏松；长不高，长得慢；易疲劳。

（4）缺钙的危害：①由于钙有助于神经刺激的传导，缺乏钙，会导致神经无法松弛下来，因而疲劳无法缓解，并且引起失眠；②缺钙会引起程度不同的骨质疏松症；③缺钙可引起的疾病有高血压、冠心病、尿路结石、结（直）肠癌、手足抽搐症等。

（5）哪些人要警惕骨质疏松：①长期饮酒者；②缺硼、缺镁者；③自身免疫状况较差者；④长期缺乏锻炼者；⑤缺乏雌激素者；⑥月经不正常者。

4. 预防骨质疏松及补钙的方法

（1）食物弥补：低脂牛奶及奶制品、豆类及豆制品、海藻类（海带）、虾类、鱼类、绿色蔬菜（如萝卜、花椰菜和绿芥末）、花生、柑橘、山楂、橄榄、杏仁、番茄、蛋类、瓜子类等，以及含维生素C丰富的食物，以促进钙的吸收。通过饮食调节，增加含钙的食品摄入量，这是最重要的。

（2）加强体育活动。经常进行户外体育活动是预防控制骨质疏松症的一项不可忽视的措施。

（3）控制影响骨质形成的药品和食品的摄入：①吸烟可促使骨质丢失，饮酒会减少钙的摄入，增多尿钙的排泄，因此不吸烟、少饮酒是很重要的；②含铝的制酸药，如可的松、苯妥英纳、肝素和咖啡因等药品，均会影响骨质的形成，应加以控制使用；③积极治疗引起骨质疏松症的内分泌疾病，如库欣综合征、肢端肥大症、甲状腺功能亢进症、糖尿病等。

（4）选用含钙的保健品。选用原则如下：①钙含量高；②吸收利用率好；③安全无污染，刺激性小；④口感好，服用方便；⑤含量价格比经济。

（5）药物治疗：各种药物钙剂。

5. 哪些人需要补铁

铁是人体必需的重要微量元素，是维持生命的重要物质，是血液中含量最高的矿物质。

（1）铁的功能：①铁是合成血红蛋白的重要物质，在组织呼吸和生物氧化中起着重要作用，可以防治缺铁性贫血症，促进发育，增强抗病力，改善儿童的精神状态；②由于铁在血液中的重要作用，铁可以增强人体活力，防止疲劳，使皮肤恢复良好的血色。

（2）缺铁的原因：①食物中铁的摄入不足；②妇女因月经过多导致缺铁；③疾病影响，如溃疡病等导致失血；④胃肠功能紊乱以及胃肠疾病影响铁的吸收。

（3）缺铁的症状：注意力不集中，精神萎靡；贫血，面色发黄，苍白；心跳加快，胸闷；厌食，偏食；腰膝酸软，手脚冰凉。

（4）缺铁的危害：①人体缺铁时不能合成足够的血红蛋白，就会发生缺铁性贫血；

②缺铁导致细胞免疫功能受损,同时还会影响中性粒细胞杀菌能力;③缺铁会引起儿童智力下降;④缺铁可影响人的肌肉运动能力,导致人的肌力减弱,耐力差,表现为易疲倦和软弱无力等。

(5)预防缺铁及补铁的方法。

①食物弥补:动物肝、莲子、黑木耳、海藻、菠菜、黄花菜、鸡鸭肉、猪肉、牛肉、羊肉、香蕉、橄榄、蘑菇、油菜、芝麻、酵母、枣、大豆制品、芹菜、海蜇、鱼、蛋、番茄、虾皮、香瓜、谷类、胡萝卜、牛奶、葱,以及含维生素C丰富的食物,以增加铁的吸收。

缺铁的治疗首选饮食疗法,要选择既富含铁又容易吸收的食物,其中动物性食物不论含铁量和吸收率一般都要优于植物性食物,炒菜最好用铁锅,可以增加铁的来源。

②病因治疗:治疗胃肠疾病,改善肠胃功能,保证铁的吸收,及时治疗妇女月经过多以及其他失血量多的疾病,减少铁的损失。

③铁剂治疗:应尽量采用口服铁剂,以硫酸亚铁、富马酸亚铁、葡萄糖酸亚铁为佳,剂量应按元素铁剂量,每日每千克体重4.5~6.0毫克元素铁为最佳剂量,其中硫酸亚铁含元素铁约20%,富马酸亚铁约33%,葡萄糖酸亚铁约11.5%,饭后服用为宜。

6.维生素与矿物质的一般常识

(1)维生素和矿物质的重要性。维生素是维持人体生命活动不可缺少的一类有机物质。而矿物质是构成肌体组织和维持正常生理功能所必需的无机物质。

(2)维生素易失效和流失。水洗、加热都会使维生素流失或失去效力。

(3)维生素与矿物质能清除体内氧自由基。氧自由基是引发癌症和衰老的主要诱因之一,抗氧化维生素A、C、E和微量元素硒能帮助清除体内氧自由基。

(4)维生素和矿物质能帮助改善体质,增强抵抗力。

(5)维生素和矿物质需从外界摄取。

(6)生活中仅靠日常饮食常常无法摄取足够的维生素和矿物质。

(7)体内维生素与矿物质由于外界因素会过度消耗。紧张的生活节奏、加班、熬夜、烟酒过度、饮食没有规律,都会造成体内维生素和矿物质过度消耗,进而引起疲劳、体质差、抵抗力弱等一系列后果。

(8)补充矿物质并非品种和数量越多越好。科学实验证实:某些矿物质(如汞)极少剂量就会对人体产生毒性作用。而另一些微量元素如锂、钒等究竟进入人体有何作用至今尚未有科学定论,专家建议,对人体作用不明的微量元素要谨慎服用,谨防毒副作用。

(六)水

1.水的来源及功能

(1)水的来源。水被称为生命之源。它约占健康成年人体重的60%~70%。人体内的水含量因年龄、性别不同而有所差异。以19~50岁年龄段的人为例,男性体内的水平均占体重的59%,女性体内的水占体重的50%;过胖人士体内的水占体重的40%;

训练者体内的水可达体重的70%。其中，水在骨骼内占四分之一。在肌肉和脑内占四分之三。在缺水的情况下，人体约可维持7天生命。而人体对水的日需要量为2千克左右。一般体内的水分会从下列各方面散失，即排汗、呼吸及大小便（饮用含酒精及咖啡碱的饮品会增加排尿量）。然而，人体中的水分主要是从各式饮品及食物（水果占10%～90%、主食占36%）获得。人体内水分的贮存，有55%在细胞内，45%在细胞外。水与蛋白质、碳水化合物及电解质在体内紧紧融合在一起。运动时，350克代谢后的葡萄糖会释放出1升水，以供肌体运动的需要。人体内水分降低时，血浓度会随之上升，水则会从细胞渗出而进入血液，引致脑垂体释放出抗利尿激素，驱使肾脏保留水分。相反，体内水分过多时，多余的水分则会被排出，正常人体每日水的出入平衡如表6-1-3。

表6-1-3　正常人体每日水的出入平衡

来源	摄入量（毫升）	排出途径	排入量（毫升）
饮水或饮料	1200	肾脏（尿）	1500
食物	1000	皮肤（蒸发）	500
内生水	300	肺	350
		大肠（粪便）	150
合计	2500	—	2500

提示：值得注意的是，处于高温环境下的劳动者或运动的人，其饮水量是完全不同的，有时甚至存在着惊人的差别。根据个人的体力（运动）负荷和热应激状态水平的不同，他们每日的水需要量可从2升到16升不等。即便不考虑任何影响因素，成人每消耗4.184千焦能量，就需1毫升水，考虑到活动、出汗及溶质负荷的变化，一般成人的水需要量可增至1.5毫升/4.184千焦。饮水应少量多次，切莫感到口渴时再喝水。如果活动量大，出汗多，应考虑同时需要补充淡盐水及矿物质。

（2）水的主要功能：①细胞原生质的构造物质；②保护身体组织（脑部及脊柱）；③维持体液平衡；④成为氧气和各种养分及激素的载体，运送各种物质往返于细胞；⑤调节体温。

2. 水与运动的关系

（1）体液丢失大于体重的2%时，运动能力下降10%～15%。

（2）体液丢失达到体重的4%时，运动能力下降20%～30%。

（3）体液丢失达到体重的5%时，难以集中精力，头痛，烦躁，困乏。

（4）体液丢失达到体重的7%时，热天锻炼可能发生晕厥。

此外，体内碳水化合物的储存也需要水，如肝脏和肌肉储存1千克的碳水化合物需2.7千克的水。如果一个人坚持摄入低糖饮食，一两天后体内的碳水化合物的储量会急剧下降，同时储存在碳水化合物中的水也随之丧失。这就解释了为什么人们常常在低糖饮食后会经历一个体重迅速下降的过程（但不是脂肪的减少）。请记住，要减少0.45千克的体脂需要消耗3500千卡的热量，但很少有人能一天内达到这一目标。这种能使体重迅速降低的饮食方案只是使体内的水分减少了，但这种减少终究会被补充。同时请不要忘记只有热量的消耗才能对体重的减轻有意义。就上面所提到的理想饮食模式而言，碳水化合物在减体重的过程中应是最后的一个减少的成分。

3. 运动中如何补水

很多人口渴时才饮水，这是一种错误的做法，其实，此时缺水量已达体重的2%～3%。不少人在运动中单纯补水，也是可以的，但最好的补水方法是补水与补糖和电解质相结合（减肥者可不补糖）。补水方法如下：

（1）运动前2小时可补水250～500毫升。

（2）运动前即刻补水150～250毫升。

（3）运动中强度大时每隔15～20分钟补水120～240毫升。

（七）膳食纤维

膳食纤维又叫粗纤维，是一类不能被人体消化吸收的多糖，它一般在小肠内不被消化吸收，在大肠内发酵。它可分为两类：一类是可溶性膳食纤维，如果胶、树胶；另一类是不可溶性膳食纤维，如纤维素和半纤维素等。

1. 膳食纤维的功能

（1）润肠通便。由于没有酶可分解它，不提供能量，因此"怎样进来，就怎样出去"，故被誉为肠道的"清洁工"和排毒能手。

（2）减肥作用。纤维遇水会膨胀，从而增加饱胀的感觉，降低食欲，加之没有热量，故可减脂控体重。此外，消化、吸收富含纤维的食物会消耗更多的热量。

（3）预防心脑血管疾病。在食物四周形成一层保护膜，延缓、降低胆固醇、甘油三酯和单糖等营养物质的吸收。

（4）预防糖尿病。膳食纤维可减少胰岛素的变化幅度等。

2. 食物来源

谷类、薯类、豆类、蔬菜、水果及植物性食物等。

3. 推荐摄入量

建议普通成年人每天摄入30克左右。

第二节　健身营养膳食指导

一、健身运动饮食原则与膳食指南

（一）健身运动饮食原则

人体所需要的一切营养素与热能都来自食物。因此，饮食营养是构建身体的基础，同时也是能量的源泉。假如我们将人体比喻为一座建筑物，那么构建这个"建筑物"的建筑材料就是食物中的碳水化合物、蛋白质、脂类、维生素、无机盐与水等营养素成分。

健身锻炼是人体的一个良性刺激，而合理的膳食营养则是人体对于运动刺激做出的积极反应。在促进人体健康，提高人体对环境适应能力的过程中，科学的锻炼与合理的膳食营养是唇齿相依、相辅相成的。如何搭配膳食才能在保证健康的基础上，提高健身健美锻炼的效率以及获得良好的锻炼结果，应该注意以下原则。

（1）要将过去以生存为目的的餐食动机，转变到讲究营养，确保工作、学习和健身健美锻炼的餐食目的上来。

（2）要保证营养素摄取平衡，力求做到能量均衡和酸碱平衡等。

（3）要优选物美价廉、热量较低、营养含量较高的食物作为健身健美食品。

（4）要以少量的食物摄取更多的营养，从较多的营养中获得健美的优势。

（5）要坚持以粗、素、淡、果和蔬菜为主的杂食方式。不要过分迷信和追求珍馐、药物等补品，也不可过度限制脂肪。

（6）要大忌偏食，避免暴饮贪食或盲目节食，消除影响健康的隐患。

（7）要改变有害于健身健美锻炼的餐食习惯，一日多餐，并补充足够的水。少吃经过腌、熏、晒、烤的肉和经过加工处理的香肠等肉类食品，少吃热量高的食物。

（8）要纠正不科学的烹饪方法，把营养损失减少到最小程度。科学使用营养补剂。

（9）要尽量做到膳不过咸、嗜不过甜、酒不过量、烟不沾嘴、食不忌讳、吃不求精、烩不求细、少食多餐、食不过饱、物不单一、定时不缺。

（10）要切忌快食、蹲食、走食、卧食、吞食、暴食、笑食、愁食、泡食、烫食和挑食。

（二）中国居民的膳食指南

《中国居民膳食指南》是根据营养学原则、结合国情制定的，以教育人民群众采用平衡膳食、摄取合理营养促进健康的指导性意见。其具体内容包括如下。

（1）食物多样，谷类为主、粗细搭配。

（2）多吃蔬菜、水果和薯类。

（3）每天吃奶类、豆类或其制品。

（4）常吃适量鱼、禽、蛋和瘦肉（少吃肥肉和荤油）。

（5）减少烹调油用量，吃清淡少盐的膳食。

（6）食不过量（和体力活动要平衡），天天运动，保持健康体重。

（7）三餐分配要合理，零食要适当。

（8）每天足量饮水，合理选择饮料。

（9）饮酒应适量。

（10）吃清洁新鲜卫生、不变质的食物。

二、健康食品的选择与食物的搭配

自然界，人类可以吃的食物种类大约有万种。我国通常将食物分为谷类、豆类及其制品、蔬菜和水果、水产和肉类、蛋类与奶类及奶制品六大类。USDA（美国农业部）将食物分为粮谷类、蔬菜、水果、肉类、奶类及其制品与单纯能量类六大类。

人们决定吃什么、什么时候去吃以及是否以极端的方式去吃，通常基于某些个人因素或社会动机，而不完全是基于营养对身体健康的重要性。幸运的是，很多不同的食物选择是有助于身体健康的，但是营养知识将帮助你做出更合理的选择。

（一）健康食品的选用

1. 谷类、薯类及杂豆

谷类包括小麦面粉、大米、玉米、高粱等及其制品，薯类包括红薯、马铃薯等，杂豆包括大豆以外的其他干豆类，如红小豆、绿豆、芸豆等。这类食物主要供给淀粉，其次供给蛋白质、无机盐和维生素，同时也是膳食纤维的主要来源。这类食物的摄取量应以健身锻炼者身体消耗热能的需要为度。一般人每天的谷物摄入量约为 250～400 克，其中最好包括 50～100 克粗粮，因为每 100 克玉米糁和全麦粉所含的膳食纤维比精面粉分别多 10 克和 6 克。

2. 肉、鱼、禽、蛋、大豆及坚果类

这类食物主要供给优质蛋白质和脂肪，也供给一部分无机盐和维生素。它们之间最大的区别是所含脂肪的质和量不同。一般说来，植物脂肪含不饱和脂肪酸较高，动物脂肪含饱和脂肪酸较高（鱼的含脂量较少）。这类食物能够提供优质蛋白质，并以脂肪形式补充必要的能量，故为健身锻炼者每日膳食中不可缺少的食物，其用量以 125～225 克为宜，其中动物性食品与大豆类或豆制品最好各占 50%。如果按照中国居民平衡膳食宝塔建议的食物量来具体分配，建议一般人每天摄入肉类（猪、牛、羊、禽肉）50～75 克，水产（包括鱼类、甲壳类和软体类动物性食物）50～100 克，蛋 25～50 克，大豆类（黄豆、黑豆、青豆等及其制品）30～50 克，坚果类（花生、瓜子、核桃、杏仁、榛子等）5～10 克。

3. 蔬菜、水果类

这类食物主要供给维生素、无机盐和膳食纤维。

它们是维生素 C 的主要来源，也是提供无机盐和膳食纤维的主要食品。它们能增加膳食的体积，促进肠蠕动，以有利于消化、吸收和排泄。它们能降低胆固醇的吸收，促进胆固醇的分解代谢与排泄（对治疗高胆固醇血症，预防动脉硬化非常有益）。蔬菜类食物应以叶菜类蔬菜为主，锻炼者每日摄入量以 500 克左右为宜（一般人 300～500 克即可满足日常需要）。新鲜水果 200～400 克，锻炼者根据需要可多吃一些。

4. 乳类及乳制品

这类食物主要供给优质蛋白、脂肪、脂溶性维生素、维生素 B_2 和钙。建议一般人日食量为液态奶 300 克、酸奶 360 克、奶粉 45 克。有条件者或锻炼者可多吃一些。

5. 烹调油及食盐

烹调油包括各种动、植物油，这类食物主要供给热能，不饱和脂肪酸和部分脂溶性维生素。虽然动物脂肪完全可以由第二类食物替代，但植物油却必不可少，因为它是不饱和脂肪酸的主要来源，又是烹调的必备辅料。建议一般人每天摄入 25～30 克。此外，健康成年人一天食盐以不超过 6 克为宜。一般 20 毫升酱油中就含 3 克食盐，10 克黄酱中含 1.5 克食盐，如果菜肴中需要用酱油和黄酱，应按比例减少食盐用量。

6. 健身运动营养建议与膳食安排

人们选择食物的原因是多方面的，但是不管出于什么原因，食物的选择将影响健康。长时间的平衡食物的选择将会对健康起到重要作用。出于这个原因，将营养学知识与自己的食物选择密切地结合起来是一个明智的做法。表 6-2-1、表 6-2-2、表 6-2-3、表 6-2-4 所提供的数据可视为健身健美锻炼参与者的营养建议与膳食安排参照。

表 6-2-1　营养素功能、供给量及来源表

营养素	功能	需要量（每千克体重）		食物来源
		正常值	健美运动员需要量	
碳水化合物	供给热量，构成体质，营养物质交换中心	4.9～6 克	7.5～8 克	谷类、豆类、面包、点心、巧克力、面食
脂肪	供给热量、维生素吸收，是线粒体、酶的组成成分，能量载体	1.3～1.5 克	2.4～2.6 克	黄油、猪油、猪肝、鱼油、香肠、向日葵油
蛋白质	肌肉以及酶的组成成分，调节生理功能，参与肌肉收缩	1.2～1.3 克	3.0～3.2 克	鸡、肉、鱼、蛋、豆类、奶制品、谷类、麦芽
维生素 B_1	参与碳水化合物交换	2～3 毫克	8～10 毫克	肝、土豆、猪肉、黑面包、粗粮、豆类
维生素 B_2	参与氧化物交换	2～3 毫克	6～8 毫克	鸡蛋、肉、牛奶、肝、蔬菜
维生素 B_6	参与蛋白质交换	2～3 毫克	6～12 毫克	麦芽、肝、香蕉、花生、蛋、肉
维生素 C	参与蛋白质氧化、结缔组织交换，预防传染病	50～100 毫克	150～200 毫克	新鲜水果、酸枣、土豆、蔬菜
维生素 E	糖代谢、抗氧化剂、维持骨骼肌功能	10～30 毫克	30～50 毫克	肝、蛋、粗粮、黄油、豆油
钙	兴奋神经、肌肉系统，参与肌肉收缩，物质交换	1～1.2 克	2～3 克	牛奶、奶制品、虾米皮、豆类、萝卜
磷	形成 ATP、骨物质交换	1.4～1.6 克	3～6 克	在所有食物中
钾	兴奋神经肌肉系统、碳水化合物交换、组成酶与激素	2～3 克	4～6 克	蔬菜、水果

续表

营养素	功能	需要量（每千克体重）		食物来源
		正常值	健美运动员需要量	
钠	兴奋神经肌肉系统、组成酶与激素	3～10克	20～25克	食盐
铁	氧化物质交换、氧气运输	20～25毫克	40～50毫克	肝、蛋、菠菜、芝麻、黑木耳、内脏、花生、瓜子、大豆、猪血
锌	激活剂，与生长发育、肌体免疫有关，组成酶的必需成分	15毫克	20毫克	海产品、鲜肉
镁	肌肉收缩必需元素、ADP→ATP 的催化剂	5～8毫克	7～15毫克	干果、海产品、豆类、水果

表 6-2-2 常见食物营养成分和热量表

食物名称	100 克食物的含量			100 克食物的热量（千卡）
	蛋白质（克）	糖（克）	脂肪（克）	
大米	8.3	74.2	2.5	362
标准面粉	9.9	74.6	1.8	363
豆腐干	19.0	5.9	7.4	171
蔬菜	0.6～3.0	2.0～4.0	0.1～0.6	12～34
苹果	0.4	13.0	0.5	60
鸭梨	0.1	9.0	0.1	38
瘦猪肉	16.7	1.0	28.8	340
瘦牛肉	20.3	1.7	6.2	148
鸡	21.5	0.7	2.5	114
鸡蛋	14.7	1.6	11.6	175
牛奶	3.3	5.0	4.0	71
带鱼	18.1	—	7.4	143
蛋糕	7.9	65.0	4.7	343
巧克力	5.5	65.9	27.4	548
食油	—		100	930
备注	表里面没有的食物可参照同类食物计算			

表 6-2-3 常见食物的热量表（A）

食物名称	单位	热量（千卡）	食物名称	单位	热量（千卡）
稀饭	碗	140	干饭	碗	270
荷包蛋	个	120	豆腐（生）	块	70
肉松	2 平汤勺	70	油炒青菜	小碟	45
水煮青菜	小碟	不计热量	豆浆（甜）	碗	110

续表

食物名称	单位	热量（千卡）	食物名称	单位	热量（千卡）
烧饼油条	2根	300	水煎包	2个	250
蛋饼	份	250	红烧肉	2汤匙	160
炸鸡腿（大）	支	320	红烧豆腐	2汤匙	80
煎鱼	手掌大	180	炒蛋	个	90
猪排	块	250	排骨饭	碗	500
阳春面	碗	250	蛋炒饭	盘	500
牛肉汉堡（大）	个	540	水饺	10个	350
速食面	碗	350	白面条	碗	140
炒肉丝	2汤匙	80	糖醋排骨	8小块	30
红烧鱼	手掌大	180	牛排	8两	580
酱瓜肉	2汤匙	160	猪脚	块（拳头大）	250
香肠	根	170	鸡肘	个	90
蒸蛋	个	70	煮小排骨	8小块	14

表6-2-4　常见食物的热量表（B）

食物名称	单位	热量（千卡）	食物名称	单位	热量（千卡）
鲜奶	盒	170	果汁奶	盒	200
巧克力牛奶	盒	200	脱脂牛奶	杯（240毫升）	80
菠萝面包	个	480	奶酥面包	个	450
奶酪面包	个	430	清蛋糕	片	150
布丁	杯	140	土司	片	70
火腿蛋三明治	份	420	薯条	小包	220
炸肉丸	个	500	肉包	个	220
馒头	个	270	可口奶滋	5片	190
苏打饼干	3片	70	肉棕	个	350
花生米	15粒	45	瓜子	汤匙	45
爆米花	杯	70	啤酒（易拉罐）	罐	90
藩石榴	2个（大）	200	柑橘	个	40
木瓜	个	160	杨桃	个	40
草莓	个	5	哈密瓜	个	120
苹果	个（中）	80	葡萄	粒	5
荔枝	粒	8	香瓜	个	60
龙眼	粒	3	枇杷	粒	6
葡萄柚	个	80	香蕉	根	80

（二）健康食物的搭配

食物配膳的科学性很强。配膳合理，能提高食物的营养价值，若配膳不当，食物不仅丧失营养价值，还会引发疾病。对于健身锻炼者来说，配比合理的食物即是健康食品。

第一，荤素原料搭配。荤素原料搭配烹调，是中国烹调一大特点。它具备色、香、味、型，而且荤菜含有谷胱甘肽的硫氢基，能保护蔬菜里的某些营养素少受或免遭损失，有利于人体充分吸收，并能减少胆固醇的沉积。蔬菜中维生素A、D、E、K均属脂溶性维生素，含这类维生素的蔬菜，只有搭配含丰富脂肪的食物才能提高维生素的利用率与吸收率。例如胡萝卜要与肉搭配，这样胡萝卜里的维生素A通过溶于肉或卤汁被人体充分吸收和利用，极大地发挥其营养功能。

第二，混杂式原料搭配。无论是主食还是副食，将粗与细或动物性与植物性食物等混合搭配烹制能够保证营养全面、均衡，热量适宜而提高食物的生理与健身价值。

第三，补偿性原料搭配。根据人体所缺的某种营养，选择具有补偿价值的食物进行搭配。例如，有些女性身上长痤疮、发落变黄，可长期食用富含锌的酵母发的面和对毛发的生长和变黑有明显作用的葵花籽油煎烙成的黑芝麻饼，以使痤疮消迹，黑发生辉。锌是人体内多种酶的重要组成部分和激合剂，对促进新陈代谢和维持上皮黏膜组织的正常功能具有重要作用。

第四，同性酶原料搭配。人类的食物可分为酸性食物和碱性食物。判断食物的酸碱性，并非根据人们的味觉，也不是根据食物溶于水中的化学性，而是根据食物进入人体后所生成的最终代谢物的酸碱性而定。酸性食物通常含有丰富的蛋白质、脂肪和糖类，含成酸元素较多，在体内代谢后形成酸性物质，可降低体液内的pH值。蔬菜、水果等含有K、Na、Ca、Mg等元素，在体内代谢后生成碱性物质，能阻止血液向酸性方面变化。所以，酸味的水果一般都为碱性食物而不是酸性食物，鸡、鱼、肉、蛋、糖等味虽不酸但却是酸性食物。在配餐中，不要把需要碱性酶消化的食物和需要酸性酶消化的食物搭配在一起，否则会引起酸碱中和作用，导致人体消化道受阻，使食物丧失营养价值。例如"淀粉拖黄鱼"这道菜即是降低营养价值的配膳方法，因为淀粉质食物须由碱性酶消化，而黄鱼含蛋白质较多，需要酸性酶消化，故淀粉不要"拖"黄鱼为好。

第五，"相克"食物禁忌搭配。所谓食物相克即是讲两种食物之间的各种营养或化学成分相互制约的关系，它们之间的配膳不当，会影响人体对食物营养的吸收，严重的还会造成食物中毒症状。例如，蛋黄、大豆和动物肝脏含有较多的铁元素，当它们与含纤维素较多的萝卜、甘薯、芹菜和含草酸多的苋菜、蕹菜配膳或同吃，就会阻碍人体对铁质的吸收。在我国的日常膳食中，大约有120对相克的食物，如配膳不合理或数量比例搭配不当，均会引起人体对某种食物营养素吸收的拮抗现象，甚至出现中毒反应。

三、健身膳食营养计划制订

为了满足肌体的营养需求，促进健康，预防疾病，人们应该参照中国居民平衡膳食宝塔和中国居民膳食指南，并根据个人的实际情况制订膳食营养计划，做到平衡饮食。

健身人群膳食营养计划的制订应该是对中国居民平衡膳食宝塔科学合理地运用。

（一）根据年龄、性别、体力强度、生理状态确定每天的能量需求

膳食宝塔中建议的每人每日各类食物适宜摄入量范围适用于一般健康成人，在实际应用时要根据个人年龄、性别、身高、体重、劳动强度、季节等情况作适当调整。年轻人、身体活动强度大的人需要的能量高，应适当多吃些主食；年老、活动少的人需要的能量少，可少吃些主食。能量是决定食物摄入量的首要因素，一般来说，当一个人的食欲得到满足时，对能量的需要也就会得到满足。但由于人们膳食中脂肪摄入量的增加和日常身体活动减少，许多人目前的能量摄入量超过了自身的实际需要。对于健康成人，体重是判定能量平衡的最好指标，每个人应根据自身的体重及变化适当调整食物的摄入量，主要应调整的是含能量较多的食物。

中国成年人平均能量摄入水平（表6-2-5）可以作为消费者选择能量摄入水平的参考。在实际应用时每个人要根据自己的生理状态、生活特点、身体活动程度及体重情况进行调整。

能量是人体维持基本生命活动并进行各种体力活动所必需的，每个健身者因为其年龄、性别、体力活动强度、生理状态的不同，能量需求也不同。如果人体摄入的能量不足，肌体会动用自身的能量储备甚至消耗自身的组织以满足生命活动能量的需要，相反，能量摄入过剩则在体内会不断储存。因此，能量平衡是膳食计划的首要问题。科学的膳食，不但要有足够的热量供应，以保证肌体的需要，而且能量摄入又不能过量，防止体内能量蓄积造成肥胖。

表 6-2-5　中国成年人*的平均能量摄入水平（修正值）

年龄组	城市千焦（千卡）		农村千焦（千卡）	
	男	女	男	女
18～59岁	9200（2200）	7550（1800）	10900（2600）	9200（2200）
60岁以上	8350（2000）	6700（1600）	10050（2400）	8350（2000）

*年龄18～79岁，BMI:18.5～24.9千克/米^2，无高血压、糖尿病、血脂异常

根据中国营养学会的推荐，从事极轻劳动的成年人的能量需求为每天37～40千卡/千克（体重）；从事轻体力劳动的成年人则每天需要41～43千卡/千克（体重）；较重的体力劳动者，此值要增加到50千卡/千克以上。对于有特殊健身目的的人群，有资料推荐增肌人群的能量需求每天为44～52千卡/千克（体重），减肥人群可以控制在约每天30千卡/千克（体重）。

以一个70千克的健美爱好者为例，增肌阶段每天每千克体重约需要50千卡的热量，则一天大约需要摄入3500千卡的热量。

（二）根据自己的能量水平确定食物需要

膳食宝塔建议的每人每日各类食物适宜摄入量范围适用于一般健康成年人，按照7个能量水平分别建议了10类食物的摄入量，应用时要根据自身的能量需要进行选择（表6-2-6）。建议量均为食物可食部分的生重。健美锻炼者的各类食物需要量高于一般健康成年人。

表6-2-6 按照7个不同能量水平建议的食物摄入量（克/天）

能量水平	6700千焦 1600千卡	7550千焦 1800千卡	8350千焦 2000千卡	9200千焦 2200千卡	10050千焦 2400千卡	10500千焦 2600千卡	11700千焦 2800千卡
谷类	225	250	300	300	350	400	450
大豆类	30	30	40	40	40	50	50
蔬菜	300	300	350	400	450	500	500
水果	200	200	300	300	400	400	500
肉类	50	50	50	75	75	75	75
乳类	300	300	300	300	300	300	300
蛋类	25	25	25	50	50	50	50
水产品	50	50	75	75	75	100	100
烹调油	20	25	25	25	30	30	30
食盐	6	6	6	6	6	6	6

膳食宝塔建议的各类食物摄入量是一个平均值。每日膳食中应尽量包含膳食宝塔中的各类食物，但无须每日都严格按照膳食宝塔建议的各类食物的量吃。例如烧鱼比较麻烦，就不一定每天都吃50～100克鱼，可以改成每周吃2～3次鱼、每次150～200克鱼。实际上平日喜欢吃鱼的多吃些鱼，愿吃鸡的多吃些鸡都无妨，重要的是一定要遵循膳食宝塔各层中各类食物的大体比例。在一段时间内，比如一周，各类食物摄入量平均值应当符合膳食宝塔的建议量。

（三）根据糖、蛋白质、脂肪三大营养素的供能比例确定能量分配

糖、蛋白质、脂肪是提供人体所需能量的三大产热营养素，不同人群所需的三大营养素的供能比例是不同的。按照WHO推荐的适宜的膳食能量结构，一般人群糖、蛋白质、脂肪的供能比例为55%～65%、11%～15%、20%～25%。健身健美人群糖、蛋白质、脂肪的供能比例为60%～65%、15%～20%、20%。而且早、中、晚三餐的能量分配也要合理，三餐能量摄入大致要遵循3：4：3的比例，如果每天进餐5～6次，可根据时间将加餐分别归入早、中、晚餐计算。

例如，如果某位健美爱好者的能量来源分别以60%、20%、20%计算的话，则应有2100千卡热量来自糖、700千卡来自蛋白质、700千卡来自脂肪：

3500千卡×60% = 2100千卡

3500 千卡 ×20% = 700 千卡

3500 千卡 ×20% = 700 千卡

（四）根据供热营养素的产热系数确定三大营养素的量

每克糖、蛋白质、脂肪在体内氧化产生的能量值称为产热系数，食物中每克糖能提供 4 千卡的热量，每克蛋白质也提供 4 千卡热量，而每克脂肪提供 9 千卡热量。所以上例中的能量分别需要 525 克碳水化合物、175 克蛋白质和 77 克脂肪：

2100 千卡 ÷4 千卡 / 克 = 525 克

700 千卡 ÷4 千卡 / 克 = 175 克

700 千卡 ÷9 千卡 / 克 = 77 克

（五）根据食物成分表确定提供三大营养素的食物种类

将上述的营养素分配到不同的食物中，保证食物的多样化，同时要摄入足够的蔬菜和水果，以保证维生素、矿物质和膳食纤维的摄入量（表 6-2-7）。

表 6-2-7　70 千克体重的健身健美爱好者的增肌膳食配餐范例

餐次	食物	摄入量
早餐	鸡蛋	1 个
	鸡蛋清	3 个
	油菜	150 克
	瘦牛肉	100 克
	面条	150 克
	花生油	8 克
早加餐	鲜牛奶	225 毫升
	面包	150 克
	苹果	1 个
午餐	瘦猪肉	150 克
	蒸米饭	250 克
	芹菜	200 克
	白萝卜	200 克
	洋葱	60 克
	花生油	15 克
运动前 2 小时	鸡蛋清	3 个
	香蕉	2 根
	馒头	100 克
运动后 30 分钟	蛋白粉	30 克
	肌酸	5 克
	10% 低聚糖饮料	500 毫升
	谷氨酰胺	4 克

续表

餐次	食物	摄入量
晚餐	鱼	150克
	青菜	200克
	馒头	150克
	西红柿	1个
	黄瓜	1根
	花生油	10克

（六）注意同类食物的互换，调配丰富多彩的膳食

人们吃多种多样的食物不仅是为了获得均衡的营养，也是为了使饮食更加丰富多彩，以满足口味享受。假如人们每天都吃同样的50克肉、40克豆，难免久食生厌，那么合理营养也就无从谈起了。膳食宝塔包含的每一类食物中都有许多品种，虽然每种食物都与另一种不完全相同，但同一类中各种食物所含营养成分往往大体上近似，在膳食中可以互相替换。

灵活应用膳食宝塔可以把营养与美味结合起来，按照同类互换、多种多样的原则调配一日三餐。同类互换就是以粮换粮、以豆换豆、以肉换肉。例如大米可与面粉或杂粮互换，馒头可与相应量的面条、烙饼、面包等互换；大豆可与相应量的豆制品互换；瘦猪肉可与等量的鸡、鸭、牛、羊、兔肉互换；鱼可与虾、蟹等水产品互换；牛奶可与羊奶、酸奶、奶粉或奶酪等互换。

多种多样就是选用品种、形态、颜色、口感多样的食物和多种烹调方法。例如每日吃40克豆类及豆制品，掌握了同类互换多种多样的原则就可以变换出多种吃法：可以全量互换，即全换成相应量的豆浆或豆干，今天喝豆浆、明天吃豆干；也可以分量互换，如三分之一换成豆浆、三分之一换成腐竹、三分之一换成豆腐，早餐喝豆浆，中餐吃凉拌腐竹，晚餐再喝碗酸辣豆腐汤。

（七）要因地制宜，充分利用当地资源

我国幅员辽阔，各地的饮食习惯及物产不尽相同，只有因地制宜，充分利用当地资源才能有效地应用膳食宝塔。例如牧区奶类资源丰富，可适当提高奶类摄入量；渔区可适当提高鱼及其他水产品摄入量；农村山区则可利用山羊奶以及花生、瓜子、核桃、榛子等资源。在某些情况下，由于地域、经济或物产所限无法采用同类互换时，也可以暂用豆类代替乳类、肉类；或用蛋类代替鱼、肉；不得已时也可用花生、瓜子、榛子、核桃等坚果代替肉、鱼、奶等动物性食物。

（八）要养成习惯，长期坚持

膳食对健康的影响是长期的。应用平衡膳食宝塔需要自幼养成习惯，并坚持不懈。

四、不同运动形式的营养补充（表6-2-8）

表6-2-8 不同运动形式的营养补充

运 动 形 式	营 养 物 质
力量练习	肉类、牛奶等蛋白质为主
大强度、短时间运动	水果、蔬菜等碱性食物
小强度、长时间运动	淀粉类食物为主
一般运动	淀粉、豆类、水果为基本营养

摘自国家体育总局群体司组编.社会体育指导员技术等级培训教材[M].北京：高等教育出版社 2003．

五、运动营养补剂

目前在运动界有一些特殊营养品对于壮大肌肉、缩减脂肪、提高健身健美锻炼的效率及运动成绩等有一定的作用。我们除了注重基础膳食营养以外，还可以通过补充营养品来达到通过健身健美锻炼增加肌肉体积及减脂塑身的目的。

（一）营养补充剂

满足身体基础代谢和锻炼代谢的能量，以及构成体质的基本材料的需求，是实现健身健美锻炼目的的重要条件。为此，在日常膳食的基础上，还可依据个体不同的生理特点和健身锻炼目标，进行特殊的营养安排和食谱组合。通过特殊的营养手段，即使用营养膳食补充品来干预疲劳、帮助恢复、提高运动能力的方法近年来倍受重视。营养补充剂，或称膳食补充剂（Dietary Supplement）是1994年12月美国从"健康补充品"（Health Food）改称而来的，在日本被称为"功能性食品"（Functional Food）。这类补充品是随着营养学（尤其是运动营养学）的发展而产生的。

在20世纪60—70年代以前，营养学的研究主要从发现和治疗营养缺乏病，制定每日营养素供给量标准或推荐每日膳食允许量（RDA）出发，以保证人体每日从膳食中取得足够的营养素来预防营养缺乏病，维持身体健康。近年来，营养学的研究已发展到如何运用营养素来促进健康、提高运动能力、防治疾病的阶段。研究发现，仅仅依赖天然食物难以达到健康目标，而在食物中添加某些特殊营养素，如微量元素锌、硒、碘、铁；维生素A、C、E、B_2、B_5；特殊氨基酸牛磺酸、精氨酸、谷氨酰胺等；脂肪酸中的多不饱和脂肪酸十八碳三烯酸（亚麻酸）、二十碳五烯酸（EPA）、二十二碳六烯酸（DHA）等及其他活性物质如活菌（双歧杆菌、乳酸菌）、中草药、多糖等则有助于提高营养效能。这些添加剂可分为维生素、矿物质、草药、植物性物质、氨基酸及其他可补充到膳食中的膳食物质或浓缩物、代谢产物、组成物、提取物或上述物质的混合物（不包括烟草）等。

目前，运动营养膳食补充品数量很多，根据其功能可将其分为基本营养膳食补充品、专项膳食补充品、营养膳食干预补充品等几种类型。

然而，对于普通的健身人群而言，在已获得平衡膳食的情况下，一般不需要再额外补充营养品，因为过多的营养对健身健康反而有害无利。比如食用过多的蛋白质会增加胆、肾的负担；过量地补充维生素 A，会引起中毒并使头发自然美受到破坏等。强调营养，意味着就该平衡、合理地摄取人体所需要的各种营养素。

（二）运动营养补剂

营养补剂是浓缩的高纯度营养素，能够快速、高效地为肌体提供营养。在营养已成为重要内容的现代健美训练体系中，运动营养补剂的作用已获空前重视。目前，常用的健美运动营养补剂大致有以下几类。

1. 蛋白质类

蛋白质是生命的物质基础，是生命活动的主要承担者，是构成生命体的主要成分。健身健美运动员常用的蛋白质产品主要有乳清蛋白和大豆蛋白。

（1）乳清蛋白。乳清蛋白是从牛奶中提取的，富含各种氨基酸和易于吸收的蛋白质，其生物价为 104，是所有蛋白质中最高的，乳清蛋白脂肪含量很少，富含支链氨基酸、谷氨酰胺，同时还含有乳铁传递蛋白。乳清蛋白对运动能力的作用主要表现为：①提高肌体免疫功能；②延缓中枢神经系统疲劳的发生；③促进肌体蛋白质的合成；④提高肌体的抗氧化能力。

乳清蛋白是健身健美运动员经常补充的重要蛋白质营养品。在大负荷健美运动训练期间，为了促进健身健美运动员体内蛋白质的恢复和身体机能水平的提高，乳清蛋白的摄入量可以提高到总蛋白摄入量的 50% 以上；而在一般训练期，补充量维持在每天 20 克左右，就能够充分发挥其作用。

最近的研究结果表明，乳清蛋白是健身健美运动员在控制体重期间最佳的蛋白质补充剂。在此期间健身健美运动员被要求严格限制饮食，避免大量摄入蛋白质而附带摄入过多的脂肪和能量以引起体重的增加。因此，乳清蛋白的补充不但可以为控制体重的运动员提供优质的蛋白质以促进肌体蛋白质的合成，降低身体脂肪含量，而且对维持健身健美运动员的运动能力具有积极意义。

（2）大豆蛋白。目前流行的另一类蛋白粉是大豆蛋白。经过浓缩加工的大豆蛋白粉的蛋白质含量较高，甚至可达 80% 以上。研究表明，大豆蛋白的补充对降低血浆甘油三酯和低密度脂蛋白水平、缓解肌体钙的丢失及防治骨质疏松具有积极意义。

2. 氨基酸

（1）L-精氨酸。研究表明，L-精氨酸具有促进人体生长激素的分泌和调节下丘脑—垂体—性腺轴的机能，从而有利于健身健美运动员身体机能的提高和训练后各种能源物质的恢复。但是由于 L-精氨酸对胃肠道具有一定的刺激作用，故一般不提倡大剂量服用，目前推荐剂量为每天 10 克。

（2）鸟氨酸。鸟氨酸具有与精氨酸类似的生物学功能，以前的研究通常将精氨酸与鸟氨酸同服来发挥其生物学功效。但近年来的研究和实践表明，鸟氨酸与 a-酮戊二酸同服同样具有促进胰岛素和生长激素分泌、提高免疫系统功能的功效，而且能降低对胃肠道的刺激，而单独服用则不具备这种功效。目前在市面上出售的鸟氨酸与 a-酮戊二酸的合剂名为 OKG，是将鸟氨酸与 a-酮戊二酸按 2∶1 混合配制而成。长期服用 OKG，每天 10～15 克，可以促进内源性胰岛素、生长激素的分泌，抑制体内蛋白的降解，对于提高健美运动员肌肉质量和促进体内能源物质恢复具有积极意义，而且没有明显的副作用。因此，OKG 是替代精氨酸促进健美运动员身体机能恢复、提高肌肉质量的良好营养补充品。

（3）支链氨基酸。支链氨基酸包括亮氨酸、异亮氨酸和缬氨酸，它们同为必需氨基酸，其中最重要的是亮氨酸。支链氨基酸是健美运动员经常服用的营养补剂，其作用主要表现为：①可以改善中枢神经系统的兴奋性，对长时间的健美运动训练具有积极作用；②可以促进肌肉力量的增长；③对提高肌体的免疫能力具有一定的作用。

但是，大量服用支链氨基酸对身体具有一定的副作用，其主要表现为：引起血氨大幅度上升，对肌体产生不利影响；为中和大量的氨，造成丙酮酸的消耗增加，从而影响有氧氧化能力；抑制糖原异生；刺激胃肠道，导致肌体对水吸收能力下降。因此，在补充支链氨基酸时，一定要注意剂量。研究认为，支链氨基酸在健美运动前的 30 分钟以低剂量补充的效果较好，长时间运动采用 0.5 克/小时的剂量补充。低剂量支链氨基酸不但口感好，能够预防血浆支链氨基酸水平的降低，而且可以防止血氨的大幅度升高，并且不会刺激胃肠道。

（4）谷氨酰胺。谷氨酰胺是人体肌肉、血液和氨基酸池中含量最丰富的氨基酸，是蛋白质、核酸、谷胱甘肽，以及其他重要生物大分子合成的必需营养素。谷氨酰胺的补充对健美运动能力的作用主要表现为：①谷氨酸是主要的中枢兴奋性递质，具有促进记忆的作用，有利于运动技能的形成；②补充谷氨酰胺可以维持和提高肌体的免疫水平，有利于提高健美运动员抗感染能力，减少患疾病的概率；③补充谷氨酰胺可以促进肌体抗氧化能力的提高；④谷氨酰胺的补充有利于肌体胰岛素的分泌。

谷氨酰胺是运动员维持身体机能水平、促进恢复、提高肌体免疫机能的重要营养补充剂。但是，大量补充谷氨酰胺也有一定的副作用，主要表现为氨的升高对运动能力产生的消极影响。为克服谷氨酰胺的副作用，建议每天在健美训练或比赛后服用谷氨酰胺 5～10 克。

（5）牛磺酸。牛磺酸是正常人体肌肉中含量十分丰富的氨基酸，是一种促进肌肉快速增长的健美运动营养补剂，其发挥生理作用的方式类似于胰岛素。研究显示，一日三餐分别补充 500 毫克牛磺酸，血液中 3-甲基组氨酸的浓度下降了 20%，而 3-甲基组胺酸是肌肉蛋白分解过程中的代谢产物，它反映肌肉蛋白质的分解速率。因此，3-甲基组氨酸的浓度下降说明肌肉蛋白蛋分解作用已受到牛磺酸的抑制。在许多复合型运动营养补剂中，牛磺酸都扮演着重要角色。在健美训练后1小时内、正餐前30～45分钟，晚上睡前食用OKG、牛磺酸和含钙、镁、钾等多种矿物质和营养素的糖饮或果汁，可使肌肉变得更大、更强壮。

（6）磷脂酰丝氨酸。磷脂酰丝氨酸由天然大豆榨油剩余物提取。研究发现，它能够影响皮质醇的分泌释放。皮质醇是一种与睾酮作用拮抗的起分解作用的激素，一般在大强度健美训练后，极度疲劳或过度训练时明显升高。此时人体内分解代谢大于合成代谢作用，肌蛋白分解加速，体重下降，如能有效抑制健美运动员强化训练期间皮质醇的增长，就能为提高健美训练效益创造良好的激素环境。目前，已有一些关于磷脂酰丝氨酸增长肌肉和力量，以及提高人体训练应激水平的研究报道。在一项双盲对照实验中，一组受试者每天服800毫克磷脂酰丝氨酸，另一组服用同等剂量的安慰剂，10天后两组进行同样的大强度训练，然后测两组受试者血液的皮质醇浓度。结果发现，对照组的皮质醇水平比训练前显著升高，而服磷脂酰丝氨酸组的受试者皮质醇浓度被控制在较低的水平。研究人员推测磷脂酰丝氨酸的作用可能是参与了下丘脑—垂体—性腺轴应激的反应过程。最近有报道，磷脂酰丝氨酸还能促进人体内源性睾酮分泌。所以，磷脂酰丝氨酸是一种颇具潜力的营养强力物质。

3. 肌酸

从20世纪90年代起健美运动员开始大量使用肌酸，国内外学者对肌酸进行了大量的研究，发现补充肌酸可以提高肌肉内的磷酸肌酸含量，使健美运动后磷酸肌酸的再合成速度加快，同时使ATP的利用率提高，从而提高肌肉的最大收缩力。目前肌酸制剂已由原来的单纯肌酸发展为含有糖、磷酸盐、牛磺酸等能够促进肌酸吸收与利用的复合肌酸制剂。

（1）补充肌酸的强力作用。肌肉收缩时，需要ATP提供能量，而磷酸肌酸是高能磷酸基团储存库和线粒体内外的能量传递者，能满足最迅速合成ATP的要求。补充外源性肌酸，有利于体内磷酸肌酸储量增多。

（2）肌酸的服用方法：①短时间冲击量。每天服用20克左右的肌酸，连续服用5～9天，可以使骨骼肌中肌酸贮量增加15%～30%，磷酸肌酸贮量增加10%～40%。②长时间小剂量。每天服用2～5克，连续服用一个月以上。采用这种方法可以在一定程度上提高肌体的肌酸贮量，但更主要的是维持肌肉中肌酸的浓度。③复合法。这是冲击量与长时间小剂量相结合的一种方法。健美运动员每天服用20～25克的肌酸，连续服用5～9天，然后第10天服用2～5克，持续数十天以上，可以使肌体肌酸贮量明显提高。

大量的研究结果表明，肌酸如果与含糖饮料同时服用，效果较单独服用肌酸更佳，可使肌肉中肌酸含量进一步增加。在健美运动实践中，肌酸的服用效果与体内的肌酸水平有关,对于那些原来肌体内肌酸水平较高的健美运动员,采用长时间小剂量补充对维持较高的肌酸含量十分有利。对于肌体内肌酸水平较低的健美运动员采用复合法,可以明显提高肌体的肌酸贮量,并且保持的时间长。因此,实践中应对健美运动员血浆的肌酸水平进行测试以后再选择补充肌酸的方法,这样更为科学合理。

(3)口服肌酸的副作用。肌酸不属于国际奥委会颁布的违禁药物,因此已被广泛使用。但是,从目前使用的情况来看,口服肌酸也存在一些副作用:①抑制内源性肌酸的合成。②增加体重。需要控制体重或降体重的健美运动员应慎重使用肌酸。③肌肉酸胀感。采用肌酸补充措施后,人体会出现肌肉酸胀的感觉。有研究认为,采用理疗、按摩、泡热水浴,以及在训练前做好充分的准备活动等措施,可以缓解这种不利现象。国外有学者证实增加饮水量可消除肌肉酸胀感。

4. 丙酮酸

丙酮酸是糖在细胞质中无氧代谢的中间产物,也是进入线粒体进行有氧代谢的起始物。丙酮酸可以通过生成乙酰辅酶 A 和经过三羧酸循环将糖、脂肪和蛋白质的代谢联系起来,并实现糖、脂肪、蛋白质的相互转化。因此,丙酮酸在三大能源物质的代谢中起着极为重要的中心枢纽作用。

目前丙酮酸被广泛作为健美运动营养品使用。丙酮酸对肌体的主要作用表现为以下方面:

(1)丙酮酸和二羟丙酮的服用可以改变肌体的代谢速率,促进脂肪酸的氧化速率,有利于改善肌体的成分,对降低体脂十分有利。

(2)长期服用丙酮酸有利于代谢能力的提高。

(3)服用丙酮酸对改善心血管机能具有一定的作用。

健美运动员控制体重时可以通过服用丙酮酸促进脂肪酸的代谢、降低体脂、改善肌体的成分、缓解瘦体重的下降。丙酮酸的适宜服用量为 25 克 / 天,二羟丙酮为 75 克 / 天,结合高糖膳食效果更好。

5.L- 肉碱

L- 肉碱是目前健美运动界常用的一种运动营养品。肉碱是转运脂肪酸的载体,是脂肪酸氧化供能必需的前提。对于健美运动员来说,L- 肉碱在体内的作用主要体现在以下几个方面。

(1)L- 肉碱是活化的长链脂肪酸穿过线粒体内膜的载体,可以促进长链脂肪酸进入线粒体基质内被高活性的 β- 氧化酶系所氧化,有利于减少体脂,控制体重。

(2)加速丙酮酸的氧化作用,减少乳酸的堆积。

(3)促进支链氨基酸的氧化利用,维持运动时的能量平衡。

(4)促进乳酸和氨的消除,有利于疲劳的消除等。

L- 肉碱富含于动物性食物中。由于在健美运动训练过程中肉碱的消耗量增加,食物是否能够提供充足的 L-肉碱,目前尚无定论。因此,补充一定量的 L-肉碱具有重要意义。每日分两次服用 L-肉碱 2～6 克,便可显著提高血浆和肌肉内肉碱的浓度。由于肉碱是肌肉的天然成分,小剂量的补充未发现任何副作用,但大剂量补充会引起腹泻等症状。补充肉碱应注意其构型,K-肉碱有毒,会影响 L-肉碱的合成和利用,导致 L-肉碱的缺乏。

6. 抗氧化剂

大量研究证实,运动训练会使自由基生成激增,使肌体发生脂质过氧化反应导致细胞和生物膜系统的损害。脂质过氧化反应程度增加是导致运动性疲劳的发生和发展,造成健美运动员身体机能水平下降的重要原因。因此,通过抗氧化剂的服用可以有效地降低由于大强度健美运动训练所导致的自由基的增加,使肌体的脂质过氧化程度下降,维持健美运动员的身体机能水平,预防运动性贫血的发生和发展。

目前,健美运动界普遍应用的抗氧化剂有维生素 E、维生素 C、谷胱甘肽、β-胡萝卜素、辅酶 Q、番茄红素(Lycopene)、螺旋藻系列产品、牛磺酸、N-乙酰半胱氨酸等。其中效果最好的抗氧化剂是维生素 C、维生素 E 和番茄红素。这些抗氧化剂在蔬菜和水果中含量丰富。但是,由于我国烹调蔬菜大都经过高温油的爆炒,许多维生素在高温作用下失活,使得有活性的抗氧化剂真正被吸收进入人体的较少,因此应额外补充抗氧化剂,维生素 C 和 β-胡萝卜素应以生吃的蔬菜和水果作为主要补充方式,同时还应以片剂形式作为辅助方式。番茄红素是国际上新发现的一种抗氧化效果最好的抗氧化剂,它同 α-胡萝卜素、β-胡萝卜素及 γ-胡萝卜素一样,属类胡萝卜素的一种。番茄红素存在于许多蔬菜和水果中,番茄中的含量最多。目前的研究结果认为,每天服用一定量的番茄汁,或服用番茄红素胶囊(番茄红素每天的摄入量在 10～20 毫克)即可达到良好的抗氧化效果。

7. 碱性盐

碱性盐有柠檬酸钾、碳酸氢钠和柠檬酸钠等。在健美训练前让运动员摄取碱性盐,可起到缓冲剧烈运动时产生的大量乳酸,并使血液和肌肉中的 pH 值升高的作用,有助于维持身体内环境的稳定,并促进运动后使肌肉收缩的有关酶的功能和细胞膜的电位恢复正常。

碱性盐类的补充剂量,少则每日 1.5 克,多则可达 20 克。另外,服用方法也不一样。有人在赛前 1～2 天饭后服用,比赛当天的 5 小时内停服。也有人认为,在赛前补充碱性盐对强度大、时间在 30 秒至 2 分钟的健美竞赛性表演的效果较好。

8. 磷酸盐

磷是人体必需的一种营养物质。体内磷以磷酸盐的形式存在。磷与体内 ATP-CP 供能系统有关,它与有机化合物腺嘌呤和肌酸结合生成 ATP 和 CP 中的高能键。磷酸钾和磷酸钠可作为体内缓冲剂,维持正常的 pH 值。磷酸还可通过几种途径协助有氧供能系统。磷酸是一些 B 族维生素发挥正常功能的必需物质。磷酸也是红血球的部分成分,可帮助血红蛋白释放氧进入肌细胞。由于磷有多种功能,从理论上讲补充磷酸盐有助于提高运动能力。

实验表明,在赛前受试者服用磷酸盐确能提高运动能力。有人发现,受试者赛前连续三天服用 4 克磷酸钠,可增加 2,3- 二磷酸甘油酸的水平,最大摄氧量提升 6% ~ 12%,并且在参加亚极限强度水平运动如竞赛性健美表演等项目时,能减少乳酸产生。

9. 蒺藜皂甙

大强度的健美运动训练会造成下丘脑—垂体—性腺轴机能水平的下降,从而导致肌体内源性睾酮分泌减少。睾酮是肌体中促合成作用最有效的激素,睾酮水平的高低对健美运动员肌肉块的塑造和身体机能的恢复及反复承受负荷的能力具有十分重要的意义。近年来研究发现,从刺蒺藜中提取的主要活性成分——蒺藜皂甙(植物固醇类物质)能够刺激人体垂体促黄体生成素的分泌,进而促进人体内睾酮的分泌,提高血睾酮的水平,并对增加肌肉体积、围度和饱满度的大小,肌肉力量和促进骨骼肌的代谢具有重要的作用。研究还发现,蒺藜皂甙还具有改善免疫功能、增加血红细胞、提高心肌收缩力、抗氧化的作用等。目前的实验和临床研究表明,蒺藜皂甙对肌体无任何不良副作用,健美运动员服用量一般为 300 ~ 700 毫克 / 天。因此,蒺藜皂甙是目前改善健美运动员下丘脑 - 垂体 - 性腺轴机能的较为理想且安全有效的天然运动营养品。

运动营养补剂必须审慎而合理地使用,专业的建议包括:使用前,应该明确自己所需,从而有的放矢地选择适合品类,进行针对性的补充。必须懂得辨别商品标签上的功效说明,以免使用假冒伪劣或误用含有违禁成分的运动补充品。应当教导健美运动员,特别是青少年健美运动员要通过多年的刻苦训练和良好营养逐渐提高健美运动成绩,运动营养补剂不会"迅速解决"运动成绩问题。健美运动员每天需要 2.0 ~ 2.5 克 / 千克(体重)的蛋白质,这些蛋白质可来自正常食物,大多数健美运动员的肌肉生长不需要蛋白补剂。健美运动员每天需要摄入 8 ~ 10 克 / 千克(体重)的碳水化合物,大多数应来自谷类、水果和蔬菜,如果你不能从正常食物中摄取足够的碳水化合物,可以添加含碳水化合物的饮料或固体补剂。健美运动员每天需要 0.45 ~ 0.9 克 / 千克(体重)的脂肪,大多数应来自不饱和脂肪(如橄榄油、花生油和亚麻油),一定不要依赖运动营养补剂。不要掉入运动营养膳食补剂的陷阱,把大量的钱花费在形形色色的"肌肉组建"补充剂上,没有什么能取代充满活力的阻力训练和全面合理的营养。与科学训练和合理营养的作用相比,运动补剂对非优秀健美运动员的作用通常微不足道。此外,有些运动补剂可能引起严重的副作用。如果考虑用运动补剂,应向专家咨询,不要听信运动营养补剂和保健补充品营销员的介绍,杂志上的广告,网上的消息,或在健身房训练、工作的人的一家之言。平时进行高强度训练的健美运动员考虑使用运动营养补剂时,一定要向知识丰富的运动生理学家、精通运动营养膳食补剂的运动医学专家,以及优秀的运动营养学家或健美运动膳食专家进行咨询。

10. CLA

CLA 即为共轭亚油酸，可在很多种天然食物中得到，尤其是牛肉、猪肉、鸡蛋、火鸡和一些乳制品中。正因如此，CLA 不是药，而是食品补剂。CLA 摄入可使体脂明显下降而去脂体重增加，促进肌肉合成。CLA 的有效剂量为每天 2～6 克，与餐同服。

11. HMB

HMB 是 β-羟基-β-甲基丁酸盐的简称。HMB 是人体代谢的正常产物，HMB 也可在植物和动物中找到，特别是紫苜蓿、玉米、柚子和鲶鱼中，HMB 在肌肉组织的生长过程中左右蛋白质代谢的平衡，同时具有抗分解效应，能减少肌肉蛋白分解，增加肌肉体积，增长力量，而且可以促进耐力增长。HMB 补充既可以使去脂体重增加，又可以使脂肪减少。HMB 已成为肌体生长过程中必需的一种物质，它也是一种安全的营养补充剂。HMB 的推荐服用量为 3 克/天，每次 1 克，分 3 次服用，同时补充肌酸、磷酸盐效果更佳。

六、保健营养补品与天然"食物补品"

（一）保健营养补品

近年来，"送礼送健康"已成为一种社会时尚。富裕起来的人们除给亲朋挚友送高档保健品之外，已不再满足于一日三餐的膳食营养，开始流行补充氨基酸口服液、蛋白质粉、复合维生素、松花粉、深海鱼油、排毒养颜胶囊、人生燕窝等高档保健营养补剂（品）。下面针对时下流行的营养保健补品作简单的介绍。

1. 蛋白质粉

（1）蛋白质粉的功能：蛋白质粉是如今比较时兴的保健（营养）补品。对于一般人群而言，它的主要作用在于改善蛋白质营养不良，恢复与改善人体免疫功能。

（2）蛋白质粉适宜人群：蛋白质粉适用于免疫力低下的亚健康人群，以及儿童、青少年、孕产妇、老年人、糖尿病患者和体力耗费巨大的人群（如运动员、增肌和减肥者、重体力劳动者）。

（3）蛋白质粉不宜人群：①慢性肾脏病患者肾脏结构受到损伤，肾脏排泄人体代谢产物的功能下降。因此这类病患者不宜摄入过多的蛋白质，特别是植物蛋白质。过多的植物蛋白质会增加肾脏的负担，加速慢性肾脏病患者的肾脏损失，加快慢性肾脏病的进展。②3 岁以下儿童不宜吃。

（4）蛋白质粉服用方法：①服用时，应注意按推荐摄入量服用；②不宜空腹服用；③不宜和酸性饮料一起服用；④有基础疾病的患者应征求医生意见后服用。

2. 复合维生素

（1）复合维生素适宜人群：孕妇，挑食偏食的青少年和儿童，工作疲劳、压力大的亚健康人群是复合维生素的主要适用人群。如果平时食用的蔬菜和水果的量不够，可以适当补充维生素；而经常出差、旅游等饮食不平衡者，则可以按需补充复合维生素。

（2）复合维生素服用方法：参考医生意见和推荐摄入量服用。服用维生素并非"多多益善"，因为过量服用维生素也会产生依赖性甚至毒性。

"天然食品永远是摄入营养素的首选途径。"再昂贵、成分再复杂的膳食补充剂都比不上天然食物中所含的营养。依靠人工合成的各类维生素、矿物质，无论技术多高明，其作用始终难与天然食物媲美。

3. 降脂产品

（1）降脂产品的种类：主要有深海鱼油、银杏叶茶、卵磷脂等。

（2）降脂产品的主要功能：质量合格的深海鱼油、银杏叶茶、卵磷脂等产品确实有防止血液凝固，预防脑溢血、脑血栓和老年痴呆等疾病发生的功能。

（3）降脂产品的适宜人群：40岁以上、体态偏胖、血压偏高或有高脂血症、糖尿病病史的人可以适当选用。

DHA含量高的深海鱼油还适合婴幼儿服用，可以促进婴幼儿视神经和脑细胞的发育。

（4）服用降脂产品的注意事项：①由于鱼油易氧化，购买时要注意保质期，在服用期间需低温保存；②有降脂功效的保健品一般需要长期服用，且也只能起到一些预防作用，因此不能单纯依赖这些产品达到治病的目的。

（二）天然食物中的"保健品"

优质的深海鱼油、维生素E、维生素C、卵磷脂及钙等对营养缺乏人群的保健作用非常巨大，然而，它们也是从天然动植物或某些元素中提炼出来的，我们完全可以从天然食物中寻找到这些"保健"佳品。下面仅就深海鱼油、维生素E、维生素C、卵磷脂及钙等保健品的替代食物作简要介绍。

1. 深海鱼油

（1）主要作用：调节血脂、降低甘油三酯、稀释血液等。

（2）替代食物：黄花鱼、三文鱼等海鱼。但由于部分海鱼受到重金属污染，故每周最多吃两次，而且尽量选择体积小的海鱼。

2. 维生素E

（1）主要作用：维生素E在人体细胞内能消除对肌体有损害作用的自由基而延缓细胞的衰老过程，有阻抑脂褐素形成的作用。维生素E中的抗氧化物可以清除氧化的自由基，保护一氧化氮。

（2）替代食物：坚果、种子、豆类、谷类，尤其是赤小豆、黑芝麻、核桃、植物油。

3. 维生素C

（1）主要作用：可以防治坏血病、感冒等疾病，有消除疲劳的功效。

（2）替代食物：绿色叶菜、绿色花菜、番茄等蔬菜，柑橘、柠檬、山楂、猕猴桃、枣等水果。

4. 卵磷脂

（1）主要作用：能够促使人体内多余的胆固醇代谢而排出体外，还具有降脂作用。

（2）替代食物：豆类、蛋黄，由于蛋黄中同时含有胆固醇，建议胆固醇超标的人最好吃豆类。

5. 钙

（1）主要作用：构建骨骼必不可少的元素，在血液的凝结、肌肉的收缩以及神经反应等生命活动中起主要作用。

（2）替代食物：牛奶或连壳的小鱼和小虾等。

七、营养早餐及食物选择

（一）为什么要吃营养早餐

早餐距离前一天晚餐的时间一般长达12小时，每当人们一觉醒来，体内储存的糖原已被消耗殆尽，急需补充能量与营养，以免血糖过低。血糖浓度低于正常值会出现饥饿感，大脑的兴奋性随之降低，反应迟钝，注意力不能集中，影响工作或学习效率。而科学合理的早餐则是最佳的能量与营养来源。早餐吃得太少或者不吃，或者选择了不当的食物，都会影响人一天之中的思维、行为和情绪，早餐还可以决定人一整天的精神状态并影响身体的健美。研究表明，儿童不吃早餐导致的能量和营养素摄入的不足很难从午餐和晚餐中得到充分的补充，久而久之可能引起胃痛和十二指肠溃疡及结石病等。因此，合理地搭配早餐，对人体的健康极其重要。

（二）早餐的最佳时间

对于较早就必须开始工作或学习者，早晨起床活动20～30分钟后，在人的食欲最旺盛时吃早餐是最合适的；一般情况下，早餐安排在6:30—8:30进行比较适宜，习惯于早自习或早锻炼的同学，其早餐时间亦不宜迟于8:30。

（三）早餐的能量标准

成年人早餐的能量应为2930千焦（700千卡）左右。不同年龄、不同劳动强度、不同健身目的的个体所需能量有所不同（注：1千卡＝4.18 155千焦）。

（四）早餐能量及三大营养素的比例

1. 早餐能量比例

以一日三餐为例，早餐提供的能量应占全天能量的25%～30%（午、晚餐可各占30%～40%）。也可将一日三餐的能量分配为30%：40%：30%；而减肥者科学的三餐能量分配应为28%：39%：33%。

2. 早餐中三大营养素的比例

研究证明，蛋白质、脂肪、碳水化合物的供能比例接近1：0.7：5的早餐，能更好地发挥餐后快速地升血糖的作用；同时又利用了蛋白质和脂肪两者互补的特性来维持进餐

2小时后血糖水平稳定的功能，以满足大脑对血糖供给的要求，对保证上午的工作或学习效率有重要意义。

（五）早餐的一般食物

（1）谷类100克左右，可以选择馒头、面包、麦片、面条、豆包、粥等。

（2）适量的含优质蛋白质的食物，如牛奶、鸡蛋或大豆制品。

（3）100克新鲜蔬菜和100克新鲜水果。

不同年龄、不同劳动强度、不同健身目的的个体所需的实物量可以有所不同。

（六）营养早餐的评价标准（供能比例及种类）

评价早餐的质量通常有两种方法：一种是根据早餐所提供的能量和营养素量来评价。我国居民膳食指南建议，来自早餐的能量应当是全天能量摄入的25%。早餐的食量应当是全天食物量的1/4～1/3，但对各种营养素没有建议量。根据美国膳食指南的要求，早餐中蛋白质、维生素及矿物质等营养素应达到每日膳食供给量的25%。另一种方法是根据早餐的食物种类的多少来评价。把食物分为5类，即谷类、豆类、肉类、奶类和蔬菜水果类。如果一顿早餐中有上述5类中的4类则为早餐充足；如果食用了3类则为早餐较好；如只选择了其中两类或两类以下则为早餐质量较差。调查表明，我国中小学生早餐组成的主要模式是"谷类+蔬菜水果"和"谷类"，而食用豆类、奶类的比例较低，仅为6.7%和4.7%。乡村中小学生早餐食用谷类和蔬菜水果类食物的比例明显高于城市学生，食用肉类、奶类的比例低于城市学生。城乡中小学生每天早餐食用了4类及4类以上的食物者仅为0.9%；食用1～2类食物的比例高达87%，说明我国多数中小学生的早餐质量较差。故应保证学生营养早餐的质和量。

（七）塑身减肥者早餐食物的选择

（1）早餐是学生大脑的"开关"，其能量主要来源于碳水化合物，因此早餐一定要进食一些淀粉类食物，最好选择没有精加工的粗杂粮并掺一些坚果、干果。这样的食品释放能量比较迟缓，可以延长能量的补充时间，如馒头、花卷、包子、馄饨、豆沙包、坚果、面包、玉米粥等。

（2）维持人体充沛精力和灵敏反应力的蛋白质也不能少，因为含蛋白质的早餐能在数小时内持续地释放能量，使学生更"经饿"。可以选择鸡蛋、酱牛肉、鸡翅、素鸡豆制品等食物。

（3）好的早餐一定要有些蔬菜和水果，如凉拌小菜、鲜蔬菜、水果等。这不仅仅是为了补充水溶性维生素和纤维素，还因水果和蔬菜含钙、钾、镁等矿物质，属碱性食物，可以中和肉、蛋等食品在体内氧化后生成的酸根，以达到酸碱平衡。

（4）试图减脂的女学生应选择含脂肪少的谷类早餐食品。有人研究发现，涂有黄油、果酱和奶酪的小面包，另加一个鸡蛋的早餐所含的脂肪量比全脂牛奶、水果和谷类食物的早餐脂肪量高约7倍。近年来，以谷类为主的早餐尤其受到女性青睐，因为一顿好的早餐应包括谷类食品（如粗面粉面包、八宝粥、黑米面包、窝窝头、茴香菜包等）、水果和奶制品（最好喝含脂肪少的牛奶）这三样东西。谁吃这样的早餐，谁就能够同时获得丰富的碳水化合物、少量的脂肪、丰富的维生素和矿物质。

（5）注意摄取维生素、叶酸和铁，特别是维生素 B 和铁。如今，大多数女性都没有从早餐中摄取足够的铁和叶酸。如有可能，可从午餐和晚餐中补充。肉、内脏、小米、茴香可满足人每日所需的 10~18 毫克铁的需求量。维生素 B 则可从瘦肉、鱼、肝、全麦面包、土豆、花生等食物中摄取。

（6）早餐不宜吃太多油炸食物如油条、油饼、炸糕等。虽然食用后人体饱腹感会比较明显，但因摄入脂肪和胆固醇过多，消化时间太长，易使血液过久地积于消化系统，脑部血流量减少，可能会使人整个上午都无法集中精神。

（八）科学的营养早餐形式

早餐搭配的基本形式：1 个鸡蛋（或 25~30 克肉）＋ 1 杯牛奶（加一点麦片更好）＋ 100 克主食 ＋ 1 碟小菜（凉拌新鲜蔬菜）。

除此之外，还可以根据自己的身体需要和经济承受能力，尤其是体重和体形，制订出适合自己的健康早餐、营养早餐、素食早餐和绿色早餐等方案。

第三节 不同年龄人群健身营养指导

一、婴幼儿营养方案

（一）1~3 岁幼儿

1~3 岁的幼儿正处在快速生长发育的时期，对各种营养素的需求相对较高。同时幼儿肌体各项生理功能也在逐步发育完善，但是对外界不良刺激的防御能力仍然较差，因此幼儿的膳食安排，不能完全与成人相同，需要特别关照。

（1）继续给予母乳喂养或其他乳制品，逐步过渡到食物多样。当幼儿满 2 岁时，可逐渐停止母乳喂养，但是每日应继续提供幼儿配方奶粉或其他的乳制品。同时，应根据幼儿的牙齿发育情况，适时增加细、软、碎、烂的膳食，种类不断丰富，数量不断增加，逐渐向食物多样化过渡。

（2）选择营养丰富、易消化的食物。幼儿食物的选择应依据营养全面丰富、易消化的原则，应充分考虑满足能量需要。增加优质蛋白质的摄入，以保证幼儿生长发育的需要；增加铁质的供应，以避免铁缺乏和缺铁性贫血。鱼类脂肪有利于儿童的神经系统发育，可适当多选用鱼虾类食物，尤其是海鱼类。

（3）采用适宜的烹调方式，单独加工制作膳食。幼儿膳食应专门单独加工、烹制，并选用适合的烹调方式和加工方法。应将食物切碎煮烂，易于幼儿咀嚼、吞咽和消化，特别注意要完全去除皮、骨、刺、核等；大豆、花生等硬果类食物，应先磨碎，制成泥糊浆等状态进食；烹调方式上，宜采用蒸、煮、炖、煨等烹调方式，不宜采用油炸、烤、烙等方式。口味以清淡为好，不应过咸，更不宜食辛辣刺激性食物，尽可能少用或不用含味精或鸡精、色素、糖精的调味品。要注重花样品种的交替更换，以保持幼儿对进食的兴趣。

（4）在良好环境下有规律地进餐，重视饮食习惯的培养。幼儿饮食要一日5～6餐，即一天吃三次主餐，上下午两主餐之间各安排以奶类、水果和其他稀软面食为内容的加餐，晚饭后也可加餐或吃零食，但睡前应忌食甜食，以预防龋齿。要重视幼儿饮食习惯的培养，饮食安排上逐渐做到定时、适量，有规律地进餐，不随意改变幼儿的进餐时间和进餐量；鼓励和安排较大的幼儿与全家人一同进餐，以利于幼儿日后能更好地接受家庭膳食；培养孩子集中精力进食，暂停其他活动；家长应以身作则，用良好的饮食习惯影响幼儿，使幼儿避免出现偏食、挑食的不良习惯。要创造良好的进餐环境，进餐场所要安静愉悦，餐桌椅、餐具可适当儿童化，鼓励、引导和教育儿童使用匙、筷等自主进餐。

（5）鼓励幼儿多做户外活动，合理安排幼儿零食，避免幼儿过瘦或肥胖。由于奶类和普通食物中维生素D含量十分有限，幼儿单纯依靠普通膳食难以满足维生素D的需要量。适宜的日光照射可促进儿童皮肤中维生素D的形成，对儿童钙质吸收和骨骼发育具有重要意义。每日安排幼儿1～2小时的户外活动，既可接受日光照射，促进皮肤中维生素D的形成和钙质吸收，又可以通过户外活动实现对幼儿体能、智能的锻炼和维持其能量平衡。正确选择零食品种，合理安排零食时机，既可增加儿童对饮食的兴趣，有利于能量补充，又可避免影响儿童的主餐食欲和进食量。零食品种应以水果、乳制品等营养丰富的食物为主，给予零食的数量和时机以不影响幼儿主餐食欲为宜。应控制纯能量类零食的食用量，如糖果、甜饮料等含糖高的食物。鼓励儿童参加适度的活动和游戏，有利于维持儿童能量平衡，使儿童保持合理体重增长，避免儿童瘦弱或肥胖。

（6）每天足量饮水，少喝含糖高的饮料。水是人体必需的营养素，是人体结构、代谢和功能的必要条件。幼儿新陈代谢快于成人，对能量和各种营养素的需要量相对更多，对水的需要量也更高。1～3岁幼儿每日每千克体重约需水125毫升，全日总需水量约为1250～2000毫升。幼儿需要的水除了来自营养素在体内代谢生成的水和膳食食物所含的水分（特别是奶类、汤汁类食物含水较多）外，大约有一半的水需要通过直接饮水来满足，约600～1000毫升。幼儿的最好饮料是白开水。目前市场上许多含糖饮料和碳酸饮料含有葡萄糖、碳酸、磷酸等物质，过多地饮用这些饮料，不仅会影响孩子的食欲、使儿童容易患龋齿，而且会造成过多的能量摄入，从而导致儿童肥胖等问题，不利于儿童的生长发育，应该严格控制这些饮料的摄入。

（7）确保饮食卫生，餐具严格消毒。

（二）学龄前儿童膳食建议

与婴幼儿时期相比，学龄前儿童在此时期生长速度减慢，各器官持续发育并逐渐成熟。供给其生长发育所需的营养素、帮助其建立良好的饮食习惯、为其一生形成健康膳食模式奠定坚实的基础,是学龄前儿童膳食的关键。

一是食物多样,谷类为主。

二是多吃新鲜蔬菜和水果。

三是经常吃适量的鱼、禽、蛋、瘦肉。

保证学龄前儿童获得充足的铁。铁缺乏引起缺铁性贫血是儿童时期最常见的疾病。学龄前儿童铁缺乏有如下几方面的原因:①儿童生长发育快,需要的铁较多,每千克体重约需要1毫克的铁;②儿童与成人不同,内源性可利用的铁较少,更多依赖于食物铁的补充;③学龄前儿童的膳食中奶类食物仍占较大比重,富含铁的食物较少,也是易发生铁缺乏和缺铁性贫血的原因。

满足学龄前儿童对锌和碘的需要。2002年中国居民营养与健康状况调查结果表明,我国部分儿童存在边缘性锌缺乏的问题。学龄前儿童锌的每日推荐摄入量为12毫克。锌最好的食物来源是贝类食物,如牡蛎、扇贝等,利用率也较高;其次是动物的内脏(尤其是肝)、蘑菇、坚果类和豆类;肉类(以红肉为多)和蛋类中也含有一定量的锌。

四是每天饮奶,常吃大豆及其制品。学龄前儿童每日平均骨骼钙储留量为100~150毫克,学龄前儿童钙的每日适宜摄入量为800毫克。奶及奶制品钙含量丰富,吸收率高,是儿童最理想的钙来源。每日饮用300~600毫升牛奶,可保证学龄前儿童钙摄入量达到适宜水平。豆类及其制品尤其是大豆、黑豆含钙也较丰富,芝麻、小虾皮、小鱼、海带等也含有一定的钙。

五是膳食清淡少盐,正确选择零食,少喝含糖高的饮料。

六是不挑食、不偏食,培养良好的饮食习惯。

七是吃清洁卫生、未变质的食物。

二、儿童和青少年健身营养方案

(一)儿童和青少年的营养特点

生长发育是儿童和青少年生理上显著的特点,与成年人不同,儿童和青少年的营养,除了满足身体基础需要、日常活动和体育锻炼的需要外,还满足生长发育的需要。合理、充足的营养可保证儿童和青少年正常的生长发育。儿童和青少年营养特点主要有以下几点。

一是热能和营养素需求高于成人,与成年人比,儿童和青少年需要的各种营养素必须保证生长发育的特殊需要,因此各种营养素和热能的需要均高于成年人。

二是不同年龄的营养素需求差异较大,儿童和青少年在不同的时期生长发育速度不同,尤其在青春期生长速度最快。因此,营养素的供给要考虑年龄的差别。

三是存在个体差异,儿童和青少年个体间的发育和代谢状况有所不同,营养需要也不同,要因人而异地考虑营养素的供给,不可一视同仁。

四是调节能力差,由于快速的生长发育和生理功能不健全,儿童和青少年对营养物质的吸收、准备、排泄和体内调节等能力，都比成年人差。饮食及营养上稍有疏忽，就有可能引起一些营养问题，甚至营养缺乏病。

（二）儿童和青少年健身膳食要求

1. 进食时间要与运动时间相适应

食物一般在进餐后3～4小时从胃内排空。因此，在进餐后2个多小时开始运动比较适宜。运动开始过早，胃中还存有许多食物，在运动中容易引起腹痛、恶心或呕吐等情况；运动开始过晚，运动中会出现血糖降低，影响运动的持久性。由于在运动时体内的血液重新分配，胃肠道的血液相对减少，因此，在运动结束后不要立即进食。应在1小时后进食，至少在运动减少后30分钟。

2. 食物分配要合理

参加锻炼的学生一日三餐食物分配要合理，不科学的早餐饮食行为以及早餐营养不均衡是严重影响中国城镇青少年和儿童健康成长的重要原因之一。良好的早餐习惯、营养丰富的早餐可为青少年和儿童提供体格和智力发育所需的能量和各种营养素，不吃早餐或早餐质量不佳不仅影响青少年和儿童的营养状况及健康，还会影响他们的学习成绩。早餐是一天能量和营养素的重要来源。一个合理、平衡的早餐应该既含蛋白质、脂肪，又含有糖类，三者比例恰当，才有利于肌体的吸收利用。部分学生过分强调高蛋白食物的摄入，而忽视富含糖类的粮谷类，造成早餐能量摄入偏低，蛋白质用于能量消耗，浪费了蛋白质。午餐和晚餐应包含中国居民平衡膳食宝塔中的食物（谷类、蔬菜水果、畜禽肉类、奶及奶制品等）。午餐是补充上午学习和体力活动所损失热量、储备下午各种活动的能量，在一天中最为重要，不但要吃饱，更要吃好。晚餐不宜吃得太饱，不宜多吃脂肪和蛋白质丰富的食物以及有刺激性的食物，以免影响睡眠。七八成饱即可，饮食宜清淡，不要酗酒。早餐应占全日总能量的30%，午餐40%，晚餐30%。

3. 食物选择应科学

参加体育锻炼的学生食物的选择要选择易消化易吸收且营养丰富的食物；食物要多样化，注意谷类食物和豆类食物的搭配，发挥蛋白质的互补作用；同时适当增加动物性食物如肉、蛋、奶的摄入，多食用豆制品；新鲜蔬菜、水果的摄入可以补充肌体运动时无机盐和维生素的丢失。注意酸碱性食物的搭配，烹调时尽量保留食物的营养成分，并要注意食物的色、香、味，增进运动员的食欲。

（三）提高肌力的营养方案

1. 维持均衡饮食，纠正不良饮食习惯

均衡的饮食，是指每天合理摄入五大类食物的七大类营养素，三餐进食规律、比例合理。五类食物是指谷类、蔬果、奶豆类、肉类以及油脂，它们可以为我们提供每日所需的七大营养素：糖、蛋白质、脂肪、维生素、矿物质、水分和膳食纤维。而健康的早餐、中餐和晚餐摄入热量的比例约为3∶4∶3，即养成每天吃早餐的好习惯，同时控制晚餐摄入量,因为晚餐后是一天中代谢率最低的时段,吃多了容易长脂肪。另外,如果减脂运动强度较大,应适当补充适量的运动饮料。减少高脂肪、高热量零食和快餐食品的摄入,主要有汉堡、薯条、薯片、饼干、白面包、热狗、火腿肠、比萨等。

2. 补充足够的糖

糖的主要功能是提供能量。增加肌力的训练时能量主要由糖原提供,所以要保证足量的糖的摄入。因此要注意摄取含糖丰富的食物,如米饭、面粉。

3. 补充优质低脂肪蛋白质

摄入足够的蛋白质可以提高新陈代谢率,这样会使青少年减肥者每天多消耗150～200千卡热量,从而很容易达到减脂塑身的目的。蛋白质的主要成分是氨基酸,与脂肪和糖相比,氨基酸很难在人体内消化分解,因此,人体需要消耗更多的能量来消化吸收。青少年每天要确保每日所需热量的12%～15%是来自蛋白质就足够了。也就是说,如果你摄入2000千卡的食物,其中有240～300千卡的热量应该是来自富含蛋白质的食品,如鱼、鸡肉、低脂乳酪、酸奶酪、乳清蛋白及豆制品等。

4. 注意维生素和微量元素的补充

运动导致维生素消耗量和需要量增多。同时运动产生大量有害的代谢产物和自由基,需要抗氧化维生素如番茄红素、维生素 C 等来及时清除。

维生素和微量元素的补充主要是通过合理的膳食来实现的,要做到膳食种类的多样化,避免挑食。因为不同食物中维生素和微量元素的种类和含量是不同的,例如水果里面维生素 C 的含量很丰富,而维生素 B_1 则主要来源于谷类食物。

(四)增强心肺功能营养方案

在运动方案的实施过程中,若能配合科学的膳食营养,增强心肺功能的效果会更佳。一种合理平衡的健康的膳食计划,是获得良好心肺功能的重要保证。吃得健康,不但有助于增强心肺功能和肌体代谢能力,而且能够帮助维持适宜的体重和良好的身材。

合理的营养与合理的膳食结构有关,平衡的膳食才能保证各种营养素的摄入满足需要。为改善青少年的营养状况,促进心肺功能的改善,首先要加强青少年学生营养知识宣传教育,让他们了解合理饮食对运动训练的好处。然后,膳食中很重要的一步是应增加糖的摄入,可以通过增加主食的摄入来实现。适当减少脂肪含量高的畜肉类食品,部分可用去皮鸡肉、鱼等低脂肉类代替,增加蔬菜、豆制品的摄入,膳食应改变烹调中多油炸的烹饪方法,选用蒸、炖、水煮等方法,以控制脂肪的摄入。另外,对于青少年而言,无机盐是生长发育不可缺少的营养物质。青少年的食谱中要含有足够的铁、钙等无机盐。因为铁是人体制造血细胞的主要原料,缺铁会引起贫血,从而影响有氧代谢能力。一般人每天补铁量为12毫克,经常参加锻炼者可增加到15毫克。动物肝脏、瘦肉、豆类和绿叶蔬菜中含铁量比较丰富。钙是骨生长的主要原料,牛奶、奶制品和豆制品是钙的最好来源,每斤牛奶含钙量600毫克,可以满足青少年每日需要的一半。

(五)减肥营养方案

在青少年肥胖的处理原则上与成人有所不同,儿童和青少年正处在肌体生长发育的高峰期,如何在保证足够的营养供应和减轻体重两方面选择一个最佳的平衡点,确实是一件不太容易做到的事。一般来说,为了避免影响孩童的生长发育,饮食疗法应本着宜宽不宜紧的原则,一些比较激进的饮食治疗方法,如禁食疗法、半禁食疗法都不宜采用。

1. 减脂期间饮食总原则

(1)在控制总热量摄入的基础上,保证减肥期间的营养均衡。

(2)饮食治疗所提供的能量应能保证孩童完成日常生活、学习和体育锻炼的需要。

(3)教育孩童养成不吃零食的习惯,尤其要免去高脂肪高热量的零食如巧克力(脂肪含量在40%以上,高于肥猪肉的脂肪含量)、花生(脂肪含量在44%,1两花生相当于2两猪肘子肉)等。

(4)切忌高油脂的食物,如油炸食品。

(5)有专家指出,控制孩子体重直线上升最有效、最方便的方法是限制他们看电视和打游戏的时间。在美国一项对192名小学4年级学生所做的调查中发现,每天只看1小时电视(包括玩游戏机)的学童,9个月后体重比那些没有对看电视时间做出限制的学童体重要轻一些。

(6)采用饮食和运动疗法联合治疗的方法来帮助严重肥胖的孩童减肥比单纯使用饮食疗法的效果好。

(7)选择各种各样低热量、高营养素含量的食物,如脱脂奶类、蛋类、鱼类、豆腐等。

(8)选择"好"糖:应该选择含高纤维素的食品,如各类粗粮、杂粮、全麦谷物、水果、蔬菜、含有低聚糖的运动饮料等,它们都属于"好"的糖,可以防止胰岛素水平剧烈波动,减少脂肪在肌体内的合成。

2. 注意补充有利于减脂的营养素

(1)蛋白质:蛋白质研究表明,摄取足量的蛋白质能够提高肌体的新陈代谢水平,会使人体每日多燃烧150~200千卡的热量。并且蛋白质主要由氨基酸组成,肌体消化蛋白质要比消化脂肪及糖需要燃烧更多的热量。当然,这并不意味着减肥期间,青少年可以大量享受肉类食物如火腿肠、炸鸡翅、炸鸡腿、汉堡包等,需要提醒"小胖墩"们,选择低脂肪的蛋白质来源如鱼类、去皮鸡肉、豆制品、牛肉等,并且烹饪方法尽量选择清蒸、清炖、凉拌等,减少油炸食品的摄入。乳清蛋白是一种低脂肪、低胆固醇的优质蛋白质补充剂,可以有效减少青少年饮食中脂肪的摄入量,提高肌体代谢速度,还可以有效防止减肥时将有利于保持体形的"肌肉"也一同减下来。

(2)膳食纤维:膳食纤维具有较强的吸水功能和膨胀功能,能使人产生饱腹感并抑制进食,对肥胖人群有较好的调节减肥功能,能帮助青少年减轻饥饿感,有效控制食量,大大减少热量的摄入。所以青少年在减肥期间应该选择富含膳食纤维的食物如白菜、韭菜、生菜、苹果、橙子、柚子、全麦面包、粗粮杂粮等。

（3）乳钙：近几年田纳西大学的迈克尔·泽摩尔博士提出，饮食中的钙参与决定能量是以脂肪的形式储存还是燃烧释放，他认为饮食中高水平的钙能显著地抑制脂肪的生成，改变分解脂肪的速度。当减肥者进食高钙饮食时，尽管他们摄入的热量与原来相同，脂肪也会显著减少。所以对青少年减肥者来说，乳清蛋白、大豆蛋白、低脂牛奶、奶酪、酸奶、豆制品等含有丰富钙质和较低热量的食品都是减肥佳品。

（六）增进健康的营养方案

对于青少年学生来说，首先要有充足的热量摄入以满足生长发育和活动消耗的需要。其次，要保证足够的蛋白质摄入，控制脂肪的摄入。第三要注意矿物质和维生素的补充，在饮食中增加蔬菜、水果的摄入，并可补充一些维生素制剂。除多食用奶及奶制品以增加钙的供给外，食用钙制剂或强化钙的食品也是可行的。影响有氧耐力水平的一个重要因素是血液中血红蛋白。儿童和青少年，尤其是其中的女生缺铁性贫血的发生率较高。因此应在饮食中多吃瘦肉、鸡蛋、猪肝、绿叶菜等铁和蛋白质含量高的食物，并可进行一些含铁制剂的补充。在学生的膳食营养中，我国政府特别强调三项工作，即营养早餐、营养午餐和学生奶。

三、中年人健身营养方案

我国一般将36～60岁的年龄阶段称为中年期，而世界卫生组织1991年的人生时期划分标准显示45～59岁是中年人。中年是人生旅途的一个重要里程碑，它一方面表现出精力充沛，极富魄力和创造力的特点；另一方面从最大呼吸量、肺活量、肾脏血流、肾小球清除率、基础代谢、传导速度、心脏指数、细胞含水量八大生理指标看，人的身体机能开始走向衰退，许多疾病或病理变化也相继出现。中年人不论在精力还是经验等方面都处于人生最活跃、最充实的阶段，承受的压力也最大，所以这一阶段更要重视健康的生活方式，从健身和营养两方面着手打造健康的身体。

（一）能量需求

中年人身体结构成分逐渐改变，肌肉组织减少而脂肪组织比例逐渐增高，因此他们的基础代谢率有所下降，尤其是50～60岁之间的中年人。一方面，大部分人因工作压力大，运动时间少，生活条件优越，运动速度和频率减慢等原因，能量消耗减少。而另一方面，不少中年人由于社会活动丰富，体育锻炼增多，他们的能量消耗和需要也随之增加。以50岁轻体力活动的中年人为例，我国居民膳食能量推荐摄入量为：男性2300千卡/天，女性1900千卡/天。而60岁轻体力活动人的推荐摄入量为：男性1900千卡/天，女性1800千卡/天。年龄、性别导致的差异不小，中、大强度的健身锻炼者应视情况增加。

（二）糖的需求

中年人的膳食营养构成中，糖在总热量中占55%～60%是比较适宜的。中国人以谷物为主食，一般不会出现糖缺乏的营养问题。但是如果中年人的运动增加，就需要适当增加糖类食物的摄取，特别是在运动前和运动中，要及时地补糖。如果中年人存在糖耐量异常和糖尿病等异常情况，就需要控制糖类的摄入。另外，一部分中年人对乳糖不耐受，可以使用酸牛奶代替牛奶。

（三）蛋白质的需求

中年人由于瘦体重（去脂体重）逐渐减少，消化吸收能力有不同程度的减弱，肝肾功能呈减退迹象，性激素水平下降，钙质流失等原因，直接或间接地需要增加膳食中蛋白质的质和量。虽然中年人的个体差异很明显，其基础疾病和退行性改变的程度不同，但一般推荐中老年人的蛋白质摄入量比正常成人增加10%。如果没有严重的肝肾疾患，中老年人每天蛋白质的推荐摄入量为每千克体重1.27克。长期过量的高蛋白饮食，反而会加重功能已减退的肝、肾等器官的负担，影响身体健康。

（四）脂肪需求

中年人对脂肪的吸收能力正常，可以对食物中的脂肪顺利摄取。中年人高脂血症、冠心病和肥胖的发生率都高于年轻人，因此脂肪的摄入量是要严格控制的，但脂肪摄入过低也会影响脂溶性维生素的摄取，所以中年人的脂肪摄入量维持在每天总热量的25%～30%较为适宜，如果体形较胖，脂肪的摄入总热量控制在25%以内，同时还要注意维持饱和脂肪酸的供能比要小于10%，胆固醇的摄入量不要超过300毫克。

（五）维生素的需求

一是维生素D。近20年的研究结果发现，维生素D的许多关键功能都与衰老有关。维生素D缺乏会加重中老年人骨钙的丢失，增加老年人病理性骨折的发生率。建议适当增加中年人维生素D的摄入量，我国居民中年人维生素D的推荐摄入量是400个单位（10微克）/天，比正常成年人增加了一倍。

二是维生素C。随着年龄的增加，血白细胞内维生素C的含量有减少的趋势，可能与中年人维生素C摄入不足、消化吸收功能下降及饮食习惯变化有关。但是没有证据显示中年人需要更多的维生素C。我国中年人维生素C的推荐摄入量为100毫克/天，与正常成年人一致。

三是维生素B_1。中年人的代谢利用率比青年人低，加上日常饮酒等原因，使维生素B_1相对不足，因此中年人维生素B_1的摄入量不应减少，50岁以上的中年人维生素B_1的推荐摄入量为男性1.3毫克/天。

四是维生素B_6。资料显示中年人血浆中维生素B_6有下降的趋势，补充以后可以得到明显好转。体育锻炼增加也会使肌体对维生素B_6的需要量增加。目前对于中年人维生素B_6的研究数据有限，一般认为中年人维生素B_6的摄入量要比正常成年人多，我国推荐的标准为1.5毫克/天。

五是维生素B_{12}。中年人维生素B_{12}的摄入标准与成年人基本相同，但10%～30%

中年人对维生素 B_{12} 的吸收率下降,慢性胃炎也会影响内因子的产生,因此特别需要通过含维生素 B_{12} 的运动营养食品来使维生素 B_{12} 的摄入达到推荐标准(2.4微克/天)。

(六)矿物质的需求

中年人胃肠道钙吸收下降,尤其是中年女性绝经后,钙吸收率会下降20%~25%,骨骼中的钙大量丢失,尿钙量增加,加上中年人户外活动减少和维生素D缺乏等原因,中年人对钙的需求量增加。在食物中钙和维生素D充足的前提下,每天补充钙500毫克加维生素D400个单位,可以明显降低中老年人骨折的发生率。运动配合补钙可以明显改善中老年人骨质疏松的情况。我国50岁以上居民钙的推荐摄入量都在1000毫克/天,最高不得超过2000毫克/天。

(七)水的需求

人体需水量受年龄、身体活动、环境温度等因素影响,成人每日最少饮水不应少于1200毫升,因为成人每消耗4.184千焦能量,需要1毫升水。中年人坚持每天饮用适量水分,对其生理需求有特别重要的意义。及时补充水分不仅可以保持血流通畅,改善内脏各器官的血液循环,帮助胃肠及肝、肾的代谢,促进体内废物排出,还能提高肌体防病抗病能力,减少某些疾病的发生,从而有效地延缓衰老进程。一般来说,一个体重60千克的中年人每天需要补充水1800毫升,加上身体内部产生的代谢水300毫升,总量可达2000毫升以上。夏季出汗较多,可适当增加饮水量。饮水方法要少量多次,不要等到口渴的时候才喝水。

四、老年人健身营养方案

我国一般将60岁以上定为老年期,而根据世界卫生组织1991年的人生时期划分标准:60~74岁为年轻的老年人;75~89岁为中老年人;90岁以上是长寿老人。老年人离退休后生活节奏减慢,体力活动减少,运动强度减小,同时老年人的消化吸收功能显著减退,使得老年人从膳食中摄入营养素受到影响,很容易造成营养素的缺乏。

(一)健身营养原则

老年人的摄食总原则是:食物多样、营养平衡、数量适度、清淡可口、卫生安全。对于老年人一日的食物摄入量,我国2007年的《中国居民膳食指南》建议,老年人每天最好能吃100克以上的粗粮或全谷类食物,因为85克或以上全谷食物可以帮助控制体重,减少慢性病风险。另外,每天吃鱼虾类及瘦肉100克,豆类及其制品50克,新鲜绿色蔬菜300克左右,新鲜水果250克左右,牛奶250克,烹调用油30克,食盐5克,食糖少于20克,少饮或不饮酒,摄取足够的水分。

在老年人的摄食方式上,专家们主张十大原则:

一是蛋白质保证:食用营养丰富、容易消化的优质蛋白,如鸡肉、鱼肉、兔肉、羊肉、牛肉、瘦猪肉以及豆类制品等,以补偿组织蛋白的消耗。

二是食物多样化:各种食物都要吃一点,如有可能,每天的主副食应保持10种左右。海带、紫菜中钾、碘、铁的含量较多,对防治高血压、动脉硬化有益。经常选用贻贝、淡菜、海带、蘑菇、花生、核桃、芝麻等则可增加必需微量元素锌、硒、铜等的摄入量,也有助于防治高血压和动脉硬化。

三是蔬菜多而新鲜:新鲜绿叶菜及红、黄色瓜果类(如胡萝卜、南瓜、杏子等),含维生素A、维生素C和纤维素较丰富,应多选用。对保护心血管和防癌防便秘有重要作用。

四是水果多样化:各种水果含有丰富的水溶性维生素和微量元素,利于维持体液的酸碱度平衡,防止便秘。

五是牛奶要保证:每天要保证250克牛奶,它是蛋白质、钙的最佳来源。不能耐受乳糖的老人,可以改用酸奶。

六是少食多餐:每餐进食的数量要少,过分饱食会使消化系统过重,有害健康。每餐应以八九分饱为宜,尤其是晚餐。一天可有三餐主餐,两次加餐。即每天进餐4~5次。如从膳食中摄取营养素不足,特别是维生素和矿物质,可适当使用营养素补充剂。

七是菜肴清淡:老年人因食欲低下而可能口味重,但是过多摄入盐会给心脏、肾脏增加负担,易引起血压增高。老年人一般每天吃盐在5克以下。

八是宜软不宜硬:老年人牙齿常有松动和脱落,咀嚼肌变弱,消化液和消化酶分泌量减少,胃肠消化功能降低。因此,饭菜要做得软一些,烂一些。在适合老年人咀嚼功能前提下,要兼顾食物的色、香、味、形。要注意烹调的方法,蒸、煮、炖、炒为主,避免油腻、腌制、煎、炸、烤的食物。宜选用的食物有:柔软的米面及其制品,如面包、馒头、麦片、花卷、稠粥、面条、馄饨;细软的蔬菜、水果、豆制品、鸡蛋、牛奶等;适量的鱼虾、瘦肉、禽类。

九是宜热不宜冷:老年人对寒冷的抵抗力差,如吃冷食可引起胃壁血管收缩、供血减少,并反射性引起其他内脏血液循环量减少,不利健康。因此,老年人的饮食应稍热一些。

十是宜慢不宜快:细嚼慢咽,可以减轻胃肠负担,促进消化。另外,吃得慢些也容易产生饱腹感,防止进食过多,影响身体健康。

(二)健身特点与营养需求

1. 运动锻炼前的营养准备

运动前,摄食不可过量,食物要易于消化,不宜吃较干较硬的食物,应将饭菜煮软。应多喝些营养粥或素汤,增加体内水和糖的贮备,防止运动中脱水,促进运动中热量的散发,防止运动性低血糖的发生。运动前可以饮用100~120毫升矿质水或果质饮料。

2. 运动锻炼中的物质代谢特点及营养

老年人的运动锻炼形式多为有氧活动,运动强度不大,一般为中小强度。以糖和脂肪分解代谢供能。运动中,可根据需要补充一些饮料,每间隔15~20分钟喝含糖饮料

100～120毫升，以补充水和糖，防止脱水。

3.运动锻炼后的物质代谢特点及营养

运动后及时补水，有利于运动中代谢废物的排出。注意摄取优质蛋白，保证老年人身体恢复和肌肉力量的保持。

运动后的膳食，提倡杂食，多吃蔬菜和水果，除要供给维生素和无机盐外，纤维素和果胶能促进肠蠕动，防止便秘。

宜清淡，甜味和咸味均不可太重，食物不可油腻，尤其要控制动物性脂肪的摄入，同时注意多摄入海带、紫菜等海生植物，鱼、贝、虾等海产品。

（三）运动营养食品选用

中老年人生理功能开始衰退，消化吸收功能不断降低，身体内分解代谢增强，营养物质丢失严重，这些因素导致中老年人对营养物质的需求量增加，并且对营养物质的消化吸收率要求提高。日常饮食在一定程度上已无法满足中老年人对于营养素质和量的要求，因此，额外补充高品质、高吸收率、具有特殊功能的运动营养食品对于改善中老年人的营养状况显得尤为重要。如蛋白粉、番茄红素、维生素和矿物质补充剂、补钙制剂、补铁制剂、膳食纤维等。

科学合理的营养方案不仅满足了中老年人健康生活的需要，而且也是保证运动效果的重要因素。中老年人的营养代谢和对营养素的需求都不同于青壮年人，有一定的特殊性。中老年人的营养补充方案一定要考虑到中老年人的生理和心理特点，做到有的放矢，避免盲目性。

第四节 不同季节健身营养指导

一年四季，春温、夏热、秋凉、冬寒，自然界的季节变更、气候变化，无时无刻不在影响着人体生物节律。确保健康，需要顺应四时变化，注意饮食养生。《黄帝内经》上说，"春夏养阳"，阳生阴长，"秋冬养阴"，阴平阳秘。所以，我们要因时制宜，顺应规律，饮食调养，四时养生，即在不同季节里选择适宜的食物，以达到养身防病的目的。

一、春季健身养身营养方案

春天养阳，重在补肝。五行学中，肝属木，与春相应，主升发，喜畅达疏泄而恶抑郁。所以，养肝首要一条是调理情态，不良的情绪易导致肝气郁滞不畅。春日阳气升发，风和日丽，应早起早睡，坚持户外锻炼。

此外，还要注意饮食养生。据《千金方》载，春季饮食宜"省酸增甘，以养脾气"。春天是肝旺之时，多食酸性食物会使肝火偏亢，损伤脾胃。应多吃一些性味甘平，富含蛋白质、糖的食品以及豆制品、新鲜果蔬等，有利于祛寒散邪，扶助阳气。

现代医学研究表明，保肝的有效途径之一就是适当补硒，硒是人体谷胱甘肽过氧化物酶的活性成分,对细胞膜有一定的保护作用,对一些化学致癌物质也有抵抗作用。富含硒元素的食物有小麦、玉米、南瓜、红薯、大白菜、紫菜、海鱼等,多食用此类食物有助于护肝养肝。

一般春季易"春困",其中一个重要原因就是缺乏 B 族维生素。所以,应注意补充富含维生素 B_1、B_2 和 B_9 的食物,如动物肝脏、胡萝卜、玉米、小米、菜花、小白菜、柿子、辣椒等,有助于健脾阳,消除"春困"现象。

营养学家认为,以下几种人适宜于在春天进补:中老年人中有早衰现象者;春天气候变化大,受凉后易反复感冒者;在春天有哮喘发作史,而现在未发作者,均可利用春天这个季节,根据个人体质及病情,选择适当的食补方法,以防病治病。

老年人或有上述情况者,可采用平补饮食。具有这种作用的食物有:荞麦、薏仁等谷类,赤豆等豆类,金橘、苹果等水果,以及芝麻、核桃等。这些食物均可长期食用。如有阴虚、阳虚、气虚、血虚者,也可选用。

老年人如有阴虚内热者,可选用清补的方法。这类食物有:梨、莲藕、荠菜、百合、甲鱼、螺蛳等。此类食物食性偏凉,食后有清热消火作用,有助于改善不良体质。病中或病后恢复期的老年人的进补,一般应以清凉、素净、味鲜可口,容易消化的食物为主。可选用大米粥、薏米粥、赤豆粥、莲子粥、青菜泥、肉松等。切忌食用太甜、油炸、油腻、生冷及不易消化的食品,以免损伤胃肠功能。

二、夏季健身养身营养方案

夏季养生,健脾为要。夏季饮食以清淡、苦寒、富有营养、易消化的食物为佳,避免食用油腻难以消化的食物,勿过饱过饥,重视健脾养胃,促进消化吸收功能。

夏天气温高,出汗多,饮水多,胃酸被冲淡,消化液分泌相对减少,消化功能减弱致使食欲不振,再加上天热,人们容易贪吃生冷食物造成胃肠功能紊乱,或因食物不洁导致胃肠不适,甚至食物中毒。因此,夏季饮食宜减少甘肥厚味,应清淡而又能促进食欲,这样才能达到养生保健的目的。

要适当多吃一些苦味的食物。如苦瓜、苦菜、芹菜、绿茶、咖啡等。夏季酷暑炎热,高温湿重,吃苦味食物,能清泄暑热,以燥祛湿,可以健脾,增进食欲。味酸的食物能收涩,夏季汗多易伤阴,食酸能敛汗,能止泻祛湿。如西红柿具有生津止渴、健胃消食、凉血平肝、清热解毒、降低血压之功效。

夏季食欲减退,脾胃功能较为迟钝,此时食用清淡之品,有助于开胃增食,健脾助运。如果过食肥甘厚腻之物,则致呆胃伤脾,影响营养物质的消化吸收,有损健康。因此,夏季饮食宜选择绿豆、白扁豆、西瓜、荔枝、莲子、荞麦、大枣、猪肚、猪肉、牛肉、牛肚、鸡肉、鸽肉、鹌鹑肉、鲫鱼、乌龟、甲鱼、蜂乳、蜂蜜、鸭肉、牛乳、鹅肉、豆浆、甘蔗、梨等。

夏季不能暴饮暴食,尤其晚餐更不应饱食。谚语说:"少吃一口,活到九十九。"《黄帝内经·素问》指出："饮食有节""无使过之"。老人、小孩消化力本来就不强，夏季就更差，吃得过饱，消化不了，容易使脾胃受损，导致胃病。如果吃八成饱，食欲就会继续增强。

夏季暑热，肠胃功能受其影响而减弱，因此在饮食方面要调配好，促使脾胃功能的增强。细粮与粗粮要搭配着吃，一个星期应吃三次粗粮；稀饭与干饭要适当安排，夏季以二稀一干为宜，早上吃面食、豆浆，中餐吃干饭，晚饭吃粥；荤食与蔬菜搭配合理，夏季应以青菜、瓜类、豆类等蔬菜为主，辅以荤食。在高温条件下，人体组织蛋白分解增加，尿和汗中的氮排出增多，从而引起负氮平衡。因此，蛋白质的摄入量应在平时的基础上增加10%～15%，并注意补充赖氨酸。蛋白质补充以猪瘦肉、牛肉、鸭肉、蛋、奶、豆类及鱼虾类为佳。老人饮食应以鱼类为主，辅以蛋、奶、豆类、猪瘦肉、牛肉、鸭肉。

夏季要按时进餐，不能想吃就吃，不想吃就不吃，这样会打乱脾胃功能的正常运转，致使脾胃生理功能紊乱而发生胃病。

夏季要少吃生冷食物，少喝冷饮，特别是冰饮。老人脾胃消化吸收能力已逐渐衰退，小儿消化机能尚未充盈，在夏季又要受到暑热湿邪的侵入，影响了脾胃消化功能。如多吃生冷食物、饮冷饮，会损害脾胃，因为生冷食物是寒性食物，寒与湿互结，就会使脾胃虚弱，导致泄泻、腹痛之症，可多食用西瓜、番茄、水果、绿豆汤等消暑解渴的佳品。

三、秋季健身养身营养方案

秋日滋补，养肺为先。秋天是一年四季中万物"养收"的季节，由热转寒，阴长阳消。养生饮食的原则应以"甘平为主"，其中饮食保健应以益肺、润燥、健脾、补肝为主，尤以养肺为先。

秋季养肺宜平补，肺喜润而恶燥，燥邪伤肺。秋日一般气候干燥，空气湿度小，人们常常感到口干舌燥，除多喝水外，应适当多吃些豆芽、菠菜、胡萝卜、菜花、芹菜等具有甘平清肝功能的食物，以及蜂蜜、核桃、乳品、百合、银耳、白萝卜、藕等养阴润肺的食物，还要吃些秋梨、山楂、柚子、葡萄、香蕉、甘蔗等防秋燥的水果。同时，也要控制自己的情绪，避免郁闷的伤感，防忧伤肺。平时脾肺虚弱之人，宜进食人参、黄芪、山药、大枣、黄精、莲子、甘草等药食以补脾益肺。

口干舌燥，咽喉疼痛者，可用雪梨、川贝母、百合煎水服用，能清肺润喉，生津利咽；肺虚燥热，气短咳嗽者，可食用蜂蜜蒸百合，月季雪梨银耳羹，能润燥补肺，滋阴止咳，可治燥热咳嗽，肺虚咳嗽、气短咳嗽等症；皮肤干涩，口角皲裂者，可用沙参、麦冬、地生黄、藕粉加冰糖煮羹服用，具有养阴生津，益胃清热之功效，可治皮肤皲裂脱屑，另可多吃菠菜，因为菠菜含有丰富的核黄素，有防止口角溃疡、唇炎、舌炎、皮炎的作用；肺气壅闭，大便秘结者，可多食用红薯、白木耳、黑木耳、芝麻、蜂蜜、冰糖、梨、香蕉等食品，有滋阴润燥，通便宣肺的作用。此外，晨起饮淡盐水、晚饮蜂蜜水，既能补充水分，又是防便秘的好方法，还可养生抗衰。

秋季饮食宜"少辛增酸"，主食"多粥少干"。根据中医养生原则，补脾益肺宜食粥。常食粥可"利膈养胃，生津液"，一般可食用"黄精粥""甘蔗粥""玉竹粥""沙参粥""生地粥"等。为防秋燥，维持体内的水代谢平衡，应多吃新鲜蔬菜、水果，以补充体内的维生素和矿物质，中和体内多余的酸性代谢物，起到清火解毒的作用。多吃豆类等植物性蛋白食物，少吃油腻厚味，尽可能少食用葱、姜、蒜、韭菜和辣椒等辛味之物，以防加重便秘和秋燥，引起肺气太盛，不利于养肺。同时增加一些酸味的水果、蔬菜，包括苹果、山楂、柠檬、柚子、石榴、葡萄、橄榄等。常食这些酸味的食物可增强肺功能，达到减少肺气而保肝的效果。

四、冬季健身养身营养方案

冬季食养，益肾滋阴。冬季是进补强身的大好季节，民谚说得好："冬季进补，开春打虎；冬季不补，春季受苦。"冬季饮食应讲究科学调配。冬季的饮食原则为：一是要有丰富、足够的营养，热量要充足；二是食物应该是温热性的，有助于保护人体的阳气；三是冬季饮食调养应遵循"秋冬养阴"即"养肾防寒"之根本。

属于温热性质的肉食有牛肉、鸡肉、羊肉等，蔬菜有黄豆、蚕豆、胡萝卜、葱、蒜、椒、韭菜、芥菜、油菜、香菜、胡椒等，水果有荔枝、橘子、柚子等，其他温热食品还有红糖、糯米、羊乳、松子、栗子、大枣、杏脯等。冬天宜食的饮膳菜肴有双鞭壮阳汤、枸杞牛鞭汤、十全大补汤、乌鸡白凤汤、当归生姜羊肉汤、参杞羊头、芝麻兔、核桃仁炒韭菜等。

冬季进补最好先引补。先选用芡实炖牛肉，或芡实、红枣、花生仁加红糖炖服，以调理脾胃功能，然后再进补，可增加滋补效果。羊肉是高蛋白、低胆固醇食物，其味甘，热量较高，冬季常食能益气补虚、开胃健力、利肺助气、祛痰止喘、利肾强阳，尤其适宜肺结核、贫血、产后气血两虚及虚寒症患者食用。狗肉性温味甘，能安五脏、暖腰膝、壮肾阳、益脾胃，产热量高，对腰痛、脚冷、体虚者有良好的保暖防寒作用，食后如有口燥口干渴，可服米汤来解，有阴虚内热、多痰、多火的人不宜多食。牛肉性味甘平，有补胃脾、益气血、补肾壮阳、强筋骨之功效，对脾胃虚弱、便溏泄泻者尤为适宜，体弱畏寒者冬令食之效果佳。兔肉性味甘凉，能补中益气、凉血解毒，属高蛋白、低脂肪食物，且胆固醇含量低于所有肉类，适宜心脏病、高血压等病人食用，也是中老年人冬季的理想食品。虾米、虾皮性温味甘，有补肾壮阳之功效，适宜于冬季肾阳虚弱所致的畏寒体乏者食用。

板栗、栗子含糖量高，还含有不少脂肪酶，御寒作用好。取栗子15枚，剥壳和米煮粥食用，适于肾寒肾虚、腰膝无力者，可补充肌体所需热量，增强御寒能力。韭菜含有大量维生素A、B族维生素、维生素C和钙、磷、铁等营养物质，甘而补中，切碎与粥同煮食，可助阳暖下，补中通经。凡有寒气虚、腰膝酸冷者食用效果较佳。此外，大蒜、生姜、胡萝卜、胡桃、大枣等食物，还有一些刺激性食物如辣椒、咖啡等，亦有较好的抗风御寒的作用。

第五节 不同运动项目健身营养指导

一、跑步运动项目健身营养

（一）跑步运动代谢特点及能量来源

1. 短距离跑

短距离跑是人体运动器官和内脏器官在大量缺氧条件下完成的大强度工作，称为"极限"强度的周期性运动。短跑包括60米、100米、200米、400米项目。短跑的特点是时间短，强度大，肌肉的活动达到最大强度。短距离跑以无氧供能为主要的供能形式，肌肉中可供运动的能源物质主要有三磷酸腺苷、磷酸肌酸和肌糖原。

2. 中距离跑

中距离跑是指800～3000米的田径运动，包括男子800米、1500米、3000米和女子800米、1500米等。中跑运动既要具备短跑运动员的爆发速度，又要具备较长时间的耐乳酸能力。

中距离跑的运动时间相对较长，肌体在血液调整后，对能量的需求可由有氧代谢得到满足。与此同时，肌体的血乳酸浓度保持在较高的水平上，说明在整体上依靠有氧代谢供能（以糖有氧代谢功能为主）时，部分骨骼肌内由糖酵解合成ATP。即中距离跑主要由糖有氧代谢和无氧代谢混合供能，能源供应要求三个能源系统都要有较高水平。

3. 长距离跑

长距离跑是指5000～10000米的田径运动，包括男子5000米、10000米和女子3000米、5000米、10000米。长距离跑主要要求运动员的耐力，因此它主要由有氧供能系统供能。

长距离跑属于长时间低强度的运动，主要以糖、脂肪的有氧代谢为主。但在运动开始时，骨骼肌内血流量不能及时增大，心输出量和血管床的开放需要迟缓几分钟，因而在运动开始后一段短暂的时间内，CP是ATP无氧代谢的主要来源。在运动开始几秒钟后，不需氧的糖酵解被启动，起着填补氧亏空的作用，直到有氧代谢能力被充分调动起来后（数分钟），糖酵解供能逐渐减少至安静水平。

（二）跑步运动营养特点及方案

1. 短距离跑

膳食中要有丰富的蛋白质，以提高肌肉质量。另外，在膳食中增加磷和糖类的含量，为脑组织提供营养，改善神经控制和增强神经传递，以便动员更多的运动单位参加收缩，还要在膳食中增加矿物质如铁、钙、钠等，增加维生素C、B和E的含量，以增加肌肉收缩质量。也可以适量补充磷酸肌酸。饮食中肌酸的主要来源是牛肉和鱼，2.2磅瘦牛肉含肌酸5克，特别是生牛肉的肌酸含量更丰富。蔬菜中含有的肌酸量低于食用肉，这些储存的肌酸，在烹饪过程中会部分丧失。由于肌酸主要存在于红肉类和鱼类食品中，素食者无外源性来源，全由自身合成。因此，素食者可能会出现肌酸缺乏现象。

同时还应当适量增加体内的碱储备。增加碱储备，应多吃些蔬菜、水果等碱性食物，一般要求蔬菜、水果供应的热量达到日热量的15%左右。经常进行短距离跑的运动者在能进食能量适宜的平衡膳食时，基本上不必额外补充维生素和矿物质。

2. 中长距离跑

要求膳食中含有较全面的营养成分，增加肌体能源物质的储备，在丰富的维生素和矿物质成分中，突出加强铁、钙、磷、钠、维生素C、B和E等成分的营养，有利于提高有氧耐力。在进行中长跑锻炼时，运动时间较长，糖类物质消耗较大，容易引起疲劳。因此在饮食中应供给充足的糖，以增加体内的糖贮备。增加体内的糖贮备应以淀粉类食物为主。同时供给适宜的蛋白质和铁，以保证血红蛋白维持在较高水平。但不宜补充过量蛋白质，否则会增加肝、肾的负担，影响健康。也可适当增加脂肪的摄入量，但不宜过多，一般供给量应占总热量的20%左右。此外还要提供充足的维生素B和维生素C，以促进疲劳的消除和体力的恢复。高温环境条件下进行中长跑锻炼要预防脱水，运动前饮水30～500毫升，保证体内水分贮备。

二、操类运动项目健身营养

目前，操类项目种类繁多，但大多数属于体操。体操是通过徒手、持轻器械和在器械上完成的不同类型与难度的单个动作或成套动作，并具有一定艺术要求的体育项目。体操内容十分丰富，根据体操练习的特征和对人体产生的主要作用，体操的内容包括：队列队形练习、技巧运动、徒手体操、器械体操、艺术体操、健美操、团体操等。

（一）操类运动项目代谢特点及能量来源

一套竞技体操，开始是靠磷酸原系统供能，但由于它所供能量有限，运动时单独依靠它释放能量只能维持很短时间，不能满足成套动作的能量需要，还必须同时利用糖酵解供能来合成ATP，糖酵解供能是竞技体操运动合成ATP的重要无氧供能系统，它能提供一套竞技体操得以顺利完成而需要的主要能量。随着运动时间的延长，有氧代谢供能比例逐渐增加。即竞技体操能量代谢特点是以无氧代谢供能为主，以有氧代谢供能为辅。

而大众健身操一般是小强度、长时间的运动，运动中主要靠有氧系统供能。艺术体操属于灵巧性运动项目，其热量消耗不大。

（二）操类运动项目健身营养方案

一些群众体育活动中开展的体操、艺术体操以及其他类型的操类要求有较强的力量与速度素质和良好的协调性，对神经系统有较高的要求，要补充高蛋白质、高热量、低脂肪的饮食，维生素和矿物质突出铁、钙、磷的含量及维生素 B_1、C 的含量。同时不要过分控制饮食，以免造成营养不良。

在进行长时间健美操锻炼时，肌体总的能量消耗很大，要求有较好的耐力。因此在饮食中应供给充足的糖，以增加体内的糖贮备，同时增加体内的糖贮备应以淀粉类食物为主。应补充蛋白质保证肌肉的力量，适当进食肉类、乳制品及豆制品等以消除疲劳、恢复体能。同时补充适量的维生素 B_1，提高肌体有氧代谢能力。维生素 B_1 的主要来源是豆类、花生、核桃、芝麻、小米等。为提高肌体的柔韧性和协调性，要摄入大量的蔬菜水果来保证维生素和矿物质的含量。以减脂、瘦身为目的的健美操练习者，应减少脂肪的摄入，每人每日不超过 25 克，在摄入脂肪时也应尽量食用不饱和脂肪酸含量高的植物油。其主要来源是花生、杏仁、葵花子、芝麻等。在运动前、中、后也可以考虑补充水或运动功能性饮料，防止脱水，维持体内水钠平衡。同时不要过分控制饮食，以免造成营养不良。

总之，进行操类健身运动项目时，膳食中应提供足够的能量，补充运动中的能量消耗，以消除疲劳、恢复体能，为满足紧张神经活动过程的需要，食物应供应充足的蛋白质、维生素和矿物质并突出铁、钙、磷的含量及维生素 B_1、C 的含量。

三、球类运动项目健身营养

我国球类活动开展得比较普遍，可以作为健身运动的球类项目有篮球、排球、足球、羽毛球、乒乓球、网球等。这类项目不是周期性运动项目，且有一定对抗性，运动强度不易控制；需要一定场地、设备、器材，还需要掌握一定的技术。一般体力较好，有一定锻炼基础的人，可以选择这类项目。

球类运动能培养人的灵敏、速度、力量、爆发力、耐力等素质和迅速判断周围情况的能力。各项球类运动有许多基本动作，根据出现情况灵活运用。因此必须全面而巩固地建立这些运动技能，使它们达到高度自动化。通过球类运动锻炼，可使视觉、听觉、本体感觉、平衡感觉等得到提高。如视野扩大、眼球运动的协调性改善、关节运动的灵敏性提高等。

球类运动是一项无氧代谢与有氧代谢混合供能的运动，不同项目无氧供能和有氧供能所占的比重不同。一般来说，奔跑较多的篮球和足球能量消耗大，网球、排球次之。在这样大强度的肌肉运动中，人体的摄氧量是不能完全满足完成这些动作的需氧量的。

（一）球类运动项目代谢特点及能量来源

1. 篮球运动

篮球运动深受广大青少年的喜爱，是一项非周期性的、复杂多变的、速度快、强度大的运动，是攻守双方不断变换的一项运动。力量、速度、耐力、弹跳力是篮球运动的基础。根据篮球运动规则的要求，进攻、防守、运球、传球、突破、投篮等都需要动作速度。在这样大强度的肌肉运动中，人体的摄氧量是不能完全满足完成这些动作的需氧量的。根据 ATP-CP 系统的供能特点（释放能量时不需氧，供能速度 1.6 摩尔/分钟），ATP-CP 此时的供能系统可维持 8～15 秒，可使肌肉在强烈收缩时运动 50～100 米。而篮球运动的特有节奏决定了即使是在连续的攻防转换中，也有相当一部分时间要靠 ATP-CP 供能系统来供能，它需要的能量是非常大的，而人体内的 ATP 含量极少，必须边分解边合成才能保证人体 ATP 的含量，才能使肌肉活动持久。虽说 ATP-CP 系统中的 CP 可转换成 ATP，但是人体内的 CP 含量也只是 ATP 的 3 倍，要单靠其来支持完成一场篮球运动是不可能的。事实上，在篮球运动中，给人体提供能量须由三种供能途径联合完成。在篮球运动中，有强度很大的攻守转换，全场紧逼盯人，也有较慢的放松跑，较慢的攻守转换。有报道分析，篮球运动能量供应中无氧代谢占 90%，有氧代谢占 10%。在无氧代谢能量供应中又分磷酸原系统供能和糖酵解系统供能，篮球运动特别是竞赛，动用更多的是磷酸原供能系统。

2. 排球运动

排球运动是一项低到中等强度的运动，耐力素质是决定排球比赛胜负的关键因素之一。低到中等强度的运动，主要募集慢肌纤维，依靠肌糖原供能。但在完成大强度爆发性用力地扣球、拦网等动作中，主要募集快肌纤维，其中磷酸原系统供能占能量消耗的 95% 左右，而乳酸系统供能只占 5% 左右。因此，在用力地扣球、拦网时基本上依靠无氧供能。

总之，排球运动是一项低到中等强度和大强度爆发性用力两种类型相结合的运动，是以有氧能力为基调和以无氧能力为主体的一种特殊类型的运动。运动者除了要有良好的爆发力、弹跳力，还要有好的耐乳酸能力。

3. 足球运动

现代足球的特点是对抗激烈，运动量大、强度高，持续时间长，能量消耗大。足球运动是球类运动中消耗能量最大的一项运动。在足球运动中，肌体活动所需能量的 75% 左右是由有氧代谢供给的（走动和慢跑），有氧代谢供能是足球运动员最基本、最主要的供能系统。而无氧代谢供能（快冲跑）只占所需能量的 25% 左右。但是，并不能说无氧供能就不重要，足球比赛中的起动、急停、急转、射门等爆发式的动作都需要无氧供能。所以，无氧供能系统也是足球运动者重要的供能系统。因此，足球运动者的供能方式是以有氧代谢供能为主，无氧代谢的磷酸原和糖酵解供能贯穿于整个运动之中的混合供能方式。

4. 羽毛球运动

羽毛球的运动特点可概括为一"快"，二"全"。所谓"快"，即起动快，弹跳高，击球快，回位快。"全"就是要求运动者有全面的耐力素质和较强的有氧代谢能力。在羽毛球运动中，击球特别是扣球的一瞬间，救球时的最后一个跨步、比赛中忽然变换方向以及经常出现的加速跑,基本由磷酸原供能系统提供能量。而在运动中,为调整和恢复体力,采用打四角球、打落点球以及打吊球等方式结合时,糖酵解供能系统和有氧代谢供能系统就发挥了它们应有的作用。三种供能系统相互影响、相互作用、紧密相连,共同完成了羽毛球运动中人体所需能量的供给,即锻炼者在进行羽毛球运动时的主要能量代谢方式为有氧、无氧混合型。

5. 乒乓球运动

乒乓球是老少皆宜的运动,也是国人值得自豪的"国球"。从人体能量代谢途径分析,该运动属于有氧代谢运动。然而每次击球瞬间,因其速度快、爆发力强、步伐的移动不同于一般的周期性运动,是一项多次重复的高强度运动,则能量代谢途径又属于无氧代谢,且以 ATP-CP 供能为主。也就是说乒乓球运动是一项无氧代谢与有氧代谢混合供能的运动。

6. 网球运动

打网球可以使全身肌肉得到锻炼。众所周知,网球运动的持续时间是不固定的,长者多达 2 小时以上,从持续时间上看,其主要以有氧供能为基础;但在运动中快速地移动、迅猛扣球等又要求锻炼者具备较好的无氧代谢能力。一个网球爱好者无论在力量、速度、耐力、柔韧性和灵敏性方面,都必须具备良好的素质。可以说网球运动是有氧运动与无氧运动的混合体,是一项复杂的竞技项目。

(二)球类运动项目健身营养方案

球类项目对健身锻炼者的力量、速度、耐力、灵敏、柔韧等素质均有较高的要求,能量消耗量较高,膳食应根据运动量的大小,保证充足的能量供应。膳食的营养也应该是全面和平衡的,食物中要含丰富的蛋白质,糖以及维生素 B_1、C、E、A。球的体积越小,对运动者的眼力要求越高,相应地,食物中维生素 A 的含量应更高些。篮球、足球活动时间较长且在室外活动,矿物质、水分丢失较多,应及时补充,可在休息时间适当地补充一些运动饮料(150 毫升)。篮球运动锻炼者膳食中的热量应是糖类占 55%～65%,蛋白质占 12%～15%,脂肪占 25%～30%。若 1 名参加篮球锻炼者每天需 230～251 千焦/千克的热量,他每天每千克体重需要补充 8.5～10 克的糖类,1～1.2 克的蛋白质,少量的脂肪。矿物质是钾 3～4 克/天,钙 1000～1500 毫克/天,铁 20 毫克/天(大运动量锻炼为 25 毫克/天),锌 20 毫克/天(大运动量训练为 25 毫克/天)等。维生素是维生素 A 500 微克(大运动量训练为 1800 微克),维生素 B_1 5～13 毫克,维生素 B_2 2.5～22 毫克,维生素 C 140 毫克,维生素 E 30 毫克等。打网球时,要求运动者动作及反应极为迅速,所以需要补充含镁的食物。

四、游泳运动项目健身营养

游泳是最受群众欢迎的健身运动项目,尤其适合于体重较大,需要减肥的人。游泳时依靠水的浮力支撑体重，大大减轻了大体重者在陆地上锻炼对下肢造成的负担。水的导热性能比空气好，可增加能量的消耗，改善减肥效果。有不少人将游泳视为终身的体育锻炼项目。但是选择游泳作为健身项目时要确保已经掌握了游泳技术，并且没有高血压、心脏病等游泳的禁忌证。

（一）游泳运动代谢特点及能量来源

游泳运动属周期性运动，由于其在水中进行，水有浮力，入水后人体漂浮，缺少支撑的感觉，除部分躯干肌保持紧张外，很少有静力紧张的动作。游泳时的能量消耗较大，游泳时的能量消耗与以下因素有关。

一是水的温度。水温越低，散热越多，能量消耗也越大，如人在水中停留4分钟放散的热量，就相当于在陆上1小时所放散的热量。

二是游泳的姿势。用相同速率不同姿势时，爬泳消耗的能量大于蛙泳。

三是游泳的速度。能量的消耗与速度成正比，而水的阻力又与速度的平方成反比，因此游泳速度的增加也会加大能量的消耗。

四是游泳的时间。从所需要的时间来看，游完50米和100米只需约30秒至1分钟的时间。根据能量代谢理论，在这一时间内，运动主要是依靠CP的无氧分解和糖原的无氧酵解混合供能。200米以上游泳距离的任何项目均需要氧气的参与，游泳过程中主要依靠糖酵解供能系统和有氧供能系统混合供能，也就是说无氧酵解供能和有氧分解供能都十分重要。研究发现，游泳运动中50米距离的无氧代谢占95%，有氧代谢占5%，100米游泳距离的无氧代谢占80%，有氧代谢占20%，200米游泳距离的无氧代谢占60%，有氧代谢占40%，400米游泳距离的无氧代谢占40%，有氧代谢占60%，1500米游泳距离的无氧代谢占30%，有氧代谢占70%。从上述不同距离的无氧与有氧代谢比例关系上可以看出，游泳项目随着游泳距离的增加，有氧供能的比例逐渐增加，而无氧供能的比例则逐渐减少。由此可见，不同距离的游泳的能量供应都不是单一的，只是有氧与无氧代谢比例关系不同而已。可以说，游泳运动是由两种或两种以上能源系统混合供能，只是在比例上有一定的差别。

（二）游泳运动健身营养方案

游泳锻炼要求有一定的力量和耐力素质，且能量消耗较大。因此要求膳食热能较高，在膳食中要含有丰富的蛋白质、糖类和适量的脂肪，增加含糖类高的米、面，含蛋白质较高的鱼类、禽类、牛肉等，还需要一定的脂肪和维生素A，以保持体温和保护皮肤，还应摄入富含维生素B_2的奶蛋类和富含维生素C的蔬菜水果类和矿物质如碘、钙、铁、磷、氯化钠等。老年人在水温较低的水中冬泳时，出于抗寒冷的需要，可增加脂肪的摄入量，而维生素的摄入以维生素B_1、维生素E、维生素C为主，矿物质增加碘的含量，以适应低温环境甲状腺分泌增多的需要，增加铁含量多的食物，如瘦肉、鸡蛋、猪肝、绿叶蔬菜等，以增加血液中氧的含量，维持肌体耐力。

五、冰雪运动项目健身营养

冰雪运动是受北方地区群众喜爱的体育锻炼项目。主要包括速滑、花样滑冰、冰球、越野滑雪等。

（一）冰雪运动项目代谢特点及能量来源

速滑运动是周期性耐力项目，要求参加速滑锻炼者不但要有一定的无氧代谢能力，而且要求有较高的有氧代谢水平。速度快距离短的滑冰运动主要以无氧供能为主，随着速度的减慢和距离的延长，有氧供能所占比例逐渐增加。滑冰时有些旋转、跳跃、滑行的动作要求运动者有良好的弹跳力、柔韧性和平衡能力。花样滑冰有依赖无氧代谢供能系统供能的，也有无氧和有氧代谢系统混合供能的。冰球是以有氧供能为主、无氧供能为辅的一项运动。其对有氧代谢能力的要求略低于速滑。滑雪运动能量消耗大，尤其是在野外滑雪，需要运动者有良好的心肺功能、有氧代谢能力和耐力。越野滑雪项目线路地段的性质和滑动摩擦运动的特点决定了运动强度和速度。即上坡地段强度最高（除了冲刺）、速度最慢；下坡地段强度最低、速度最快。因此在比赛中随着地形的变化，人体交替出现有氧和无氧代谢过程，无氧代谢过程较集中在上坡地段。这种"交替"和"集中"现象，就是越野滑雪项目的能量代谢特征。

（二）冰雪运动项目健身营养方案

由于长时间在冰雪上运动，加之周围环境温度较低，肌体产热增加以维持体温，所以蛋白质和脂肪消耗增多。膳食上要求含有丰富的蛋白质和脂肪，以补充蛋白质和脂肪消耗，维持体温，同时增加糖类以提供能源，适当摄入动物肝脏、蛋类和奶类以及有色蔬菜和水果如胡萝卜、南瓜、芒果等。维生素摄入以维生素 B 族为主并增加维生素 A 的摄入，以保证眼睛适应冰雪场地的白色环境。

六、户外运动项目健身营养

（一）户外运动代谢特点及能量来源

户外运动，泛指划船、登山、钓鱼、滑水、滑冰、攀岩等许多户外体育锻炼形式。这些运动可以缓解现代人群的情绪压力，增强肌肉力量，改善关节的柔韧性和身体协调能力。随着肢体运动，全身营养物质和氧气的消耗量加大，新陈代谢加快，户外运动对心肺功能有十分独到的强化作用。

但是户外运动也是一项以有氧代谢为主、持续时间长、对身体消耗比较大的运动。尤其是在气候比较干燥，昼夜温差比较大时进行户外运动，更要注意身体的功能情况，进行合理的营养素补充。

（二）户外运动健身营养方案

1. 要供给足够的热量

户外运动是一项消耗能量比较大的运动，因此能量供给非常重要。爱好者在运动前，要根据户外运动时间，准备好一定量的食物。食物要包括糖类、蛋白质、脂肪这三大功能物质，并尽量保持营养均衡。

脂肪的摄入比糖类的摄入更加重要，这是户外运动与其他体育训练不同之处。户外温差变化很大，环境变化剧烈，这需要爱好者的热能供给更加充沛，由于脂肪每克能够供给9千卡热量，而糖类或蛋白质只能供给4千卡热量，所以相同重量时，脂肪含量高的食品能量密度更大。为了保证户外活动的营养供给，专家建议：每人每天保证1千克以上的食物，其中一半是脂肪含量较高的午餐肉、果仁、巧克力、黄油、鱼肉酱、火腿和香肠等，另一半是蛋白质和糖类丰富的面包、蛋糕、罐装八宝粥、鱼罐头、火腿肠、咸鸭蛋、豆制品和能量棒等食物。这些体积小、能量密度大的食品对户外运动是必需的。

2. 重视水的补充

户外运动时，人体会大量出汗，由于气候干燥，而且户外阳光较强，人总会觉得口渴，这时补水就尤为重要。人体口渴缺水时会引起运动能力下降，补水可以恢复户外运动者的运动能力。户外运动时，人体体温在不断上升，积极地补水能够帮助身体降温，也能维持体内环境的稳定性，促进代谢废物排出体外。户外运动时，大量的电解质和水溶性维生素也随汗液排出了体外。因此补水时，一定要选择含电解质、维生素的运动饮料协同补充，而不要单补白水。在干燥气候下，人体要保证3升以上的饮水。

3. 要及时补充矿物质

随着人出汗，体内钠、钾等矿物质会大量丢失，除了通过运动饮料补充一部分以外，还可以通过食品，如榨菜、雪菜2包和调味品汤料等适量补充，以保持身体的运动能力，防止疲劳过早发生。

4. 注意多种抗氧化剂的补充

户外运动是一项耗氧量比较大的活动，在一些日照辐射较强的海边，高海拔低气压的高原进行户外活动时，体内会产生大量的氧自由基。因此除了要补充消耗和流失的维生素C、B族维生素以外，还要补充一些抗氧自由基物质，如维生素E（10～20毫克/天）、番茄红素（10毫克/天）和维生素C（100～300毫克/天）等，以提高身体的免疫力，防止出现户外运动后免疫力低下，容易生病的现象。

七、动感单车运动健身营养

（一）动感单车运动代谢特点及能量来源

动感单车（SPINNING）是由美国私人教练兼极限运动员Johnny G于20世纪80年代首创，是一种结合了音乐、视觉效果等独特的充满活力的室内自行车训练课程，被誉为"车轮上的赢家"。骑动感单车能让人在快乐运动中有效地增强肌肉耐力、锻炼心肺功能。动感单车同样是一项非常好的有氧运动，它让人最大限度地流汗，增强新陈代谢功能，轻松地将身体里毒素排掉，减脂、减肥的目的自然就达到了。在过去的短短十几年时间里，SPINNING 动感单车课程风靡欧美等国并逐渐被引入其他国家，成为健身行业一项广受欢迎、不可或缺的健身热点项目。

动感单车具有运动持续时间较长、运动强度大、能量消耗大、以有氧代谢供能为主等特点，所以运动后的营养恢复是极为重要的。许多动感单车爱好者在运动前 1～3 小时避免进食，加上剧烈的运动抑制饥饿感使食欲下降，他们摄入能量不能补足能量消耗的需要，难以维持能量平衡，进而会影响疲劳的恢复。

（二）动感单车运动健身营养方案

第一，膳食上首先满足能量的消耗。至少应该达到每天 40 千卡/千克体重，否则运动能力会明显下降。日常膳食应该能够提供充足的能量。如果因为工作繁忙，三餐摄入的能量不能满足需要时，可在运动后安排一次加餐，但加餐的食物应该充分考虑营养平衡和营养密度。

第二，膳食中蛋白质供应应充足。每天约达到 1.2 克/千克体重，使其占总能量的 12%～14%。为促进肝内脂肪代谢，还应提供如牛奶、奶酪、牛羊肉等富含蛋氨酸的食物。

第三，糖类的充足摄入对于运动耐力极为重要。按照每千克体重计算，每天至少应该摄入 5～6 克糖类才能满足动感单车训练的需要，为提高锻炼效果和促进恢复，可以适当增加糖类的摄入。

第四，重视运动后的营养恢复。运动后恢复是健身者能够长时间持续进行动感单车运动并从中获益的重要保障。运动后合理补糖和补液是决定疲劳恢复的最重要的因素。

其一，运动后即可补充 50 克糖以满足肌体糖原合成的需要。从实际考虑，动感单车运动后食欲被抑制，可以采用含糖运动饮料和易消化的食物，如香蕉、果汁等。

其二，运动后补充富含糖、电解质、维生素的运动饮料以促进体液的平衡。

第六节　减肥塑身人群营养指导

饮食控制的主要原则是减少饮食热量的摄入，均衡、合理地配备三大营养素和增加高膳食纤维等。饮食控制的原理就在于节制饮食并限制膳食总热量，使肌体消耗的热能大于摄入热能，使热能处于一种负平衡状态，从而使体重减轻。

控制热能摄入，最简单的办法就是饥饿疗法，如禁食、节食、减食等。然而，每一种方法都有一个不可回避的问题，即饥饿。由此，许多减肥瘦身计划往往被迫中断，并带来不少副作用。故减肥瘦身应该是平衡膳食。

试图用长期禁食或控制饮食来"残酷"地限制卡路里摄取，是不科学的，也是危险的。长期的禁食或控制饮食者将丢失大量的水分、电解质、无机盐、糖以及蛋白质来换取有限脂肪的减少。如果不坚持运动，仅靠节食，哪怕是长期的较为温和地控制饮食也会造成营养不良和肌肉的分解。

一、减肥塑身者的饮食结构

应适当减少食物中碳水化合物的摄入，提高蛋白质的摄取量，限制脂肪摄取量，补充丰富的维生素、矿物质、微量元素和食物纤维。调整饮食结构为的是在限制总热能的范围内合理分配蛋白质、脂肪和碳水化合物类的热能，达到营养平衡，既减重又要保证肌体的正常需要。合理的热能比值为，蛋白质∶脂肪∶碳水化合物＝20%～25%∶15%～20%∶50%～60%。蛋白质以选用禽肉（如去皮鸡肉）、鱼肉（清蒸鱼）、虾、鸡蛋白及豆制品、奶制品（如乳清蛋白、牛奶等）为佳，限制猪肉、鸡蛋黄（日摄入量不超过2个）的摄入，慎重选用火腿肠、肉肠、酱鸡翅、红烧肉、烤鸭、水煮鱼等。此外，蛋白质的摄入会使肌体代谢率提高30%，远高于碳水化合物和脂肪，有利于减脂。适量减少碳水化合物的摄入，以便于运动时动用游离的脂肪酸，但不能少于总能量的45%～50%，一般可达55%～60%。在减少碳水化合物摄入的同时，应优先选用全麦面包、煮玉米、粗粮杂粮等，慎重选用牛角面包、肉松面包、热狗面包、油饼、油条、点心、蛋糕，忌吃蔗糖、蜜糖、饴糖和含糖量多的饮料及糕点等，可减少胰岛素的分泌，从而减少脂肪的合成和脂肪的储存。脂肪摄入量可控制在15%～20%，但不可超过25%。摄入适量的脂肪能够抑制胰岛素和胰高血糖素的分泌，促进肌体的脂肪利用，并产生饱腹感。此外，适当饮水也是减肥的关键。在饮食控制过程中，如果限制饮水量，减体重速度看似较快，但在所减体重中，脂肪仅占13%，水占84%。而不限制饮水时，虽然减体重速度会慢一些，但在所减体重中，脂肪将占25%，水占75%。一般每天应喝七八杯水（2000～2500毫升），体重越大饮水量应越多，体重每超过理想体重13.5千克，就要在此基础上每天增加饮水500毫升。减肥者在节食期间，可选择一些营养好、热量低的食物食用，例如同是肉类，水产品像鱼、海参、蟹、海蜇等水生动物肉的热量就低于其他肉类；同是禽类，飞禽肉就比家禽肉热量低；同是畜肉，瘦肉就比肥肉（如五花肉）热量低；同是奶制品，脱脂奶就比全脂奶热量低。减肥者对水果的选择也有讲究，应优先选用苹果、梨子、猕猴桃、西红柿、橙子、柚子等，适量食用香蕉、西瓜和葡萄等。

二、减肥塑身者的饮食方式

合理分配三餐，正常一日三餐饮食热能量分配应为3∶4∶3。减肥者科学的三餐热量分配大约为：早餐占全天总热量的28%，午餐占39%，晚餐占33%，也可根据实际需要作适当调整。人体胰腺分泌的各种消化酶夜间多于白天，即消化吸收功能夜间好于白天，如果晚餐丰富、过量，加之晚间消耗能量的活动少，会增加体内脂肪储存。故晚餐忌吃得过饱和过于丰富，而宜清淡。还可适当增加早餐热量摄入，减少晚餐热量摄入。另外，睡前不要加餐，纠正吃零食的习惯，进食避免过快，少饮酒与咖啡，适量饮茶，少食盐，每天不超过 5 克。改进烹饪方式，少煎、炒、烹炸、油焖、干烧，多拌、卤、煮、清蒸、滑溜，减少用油量等。

现在中国健身健美界还提倡一种饮食原则：能生吃的不要熟吃，能淡吃的不要咸吃，能素吃的不要油吃（肉要吃点）。

三、减肥塑身者的食量控制

控制食量不等于禁食，如果摄入糖类、脂肪过少，"脂库"中储存的脂肪转化为热量一时难以满足人体的正常活动需要，就会导致低血糖，出现头晕、心悸、乏力等症状。因此，控制饮食不能禁食也不能减得太快，要逐渐递减。食量控制应以有饥饿感又能保持正常活动的精力、体力为宜，一般是逐步降低到正常需要热量的 60%～70%。

在任何一种情况下，每减少身体中 0.454 千克的脂肪，须消耗 3500 千卡热能。如果一个人每天有 500 千卡能量的负平衡，那么每周可减少身体中 0.454 千克的脂肪。建议每周减体重的最大数量为 0.454～0.908 千克（约 0.5～1.0 千克），每天的能量负平衡不宜超过 1000 千卡。

对于肥胖的人，饮食调整的原则是控制总能量摄入基础上的平衡膳食。能量摄入一般建议每天减少 1256～2093 千焦（300～500 千卡），严格地控制油脂和精制糖，适量控制精白米面和肉类，保证蔬菜水果和牛奶的摄入。根据肥胖程度的不同，减少总摄入热量标准如下：

如果是轻度肥胖者，每天减少热量摄入 125～250 千卡，每月可减脂 0.5～1.0 千克；中度肥胖者每天减少热量摄入 500～1000 千卡，每月可减脂 0.5～1.0 千克。女性尽量勿使每天的膳食供能量低于 1000 千卡，男性勿低于 1200 千卡。

目前，国际上推荐的正常人热能需要量（指非减肥者也应注意控制饮食）：以 20～39 岁年龄段者的热能需要量作为基数，40～49 岁年龄段者减少供能 5%，50～59 岁年龄段者减少 10%，60～69 岁年龄段者减少 20%，70 岁以上年龄段者减少 30%。此法行之有效，可以延缓衰老过程。

四、节食控制法的注意事项

一是每天至少饮 2000 毫升水。

二是准确了解自己的需要，摄入足够量的蛋白质。

三是每天最好摄入 200～250 克碳水化合物（每顿约 1.5～2 两主食）和 10 克脂肪。

四是不饿也要按顿饮食，并且吃各种食物。

五是体重减少控制在 0.5～1 千克／周，直至达到目的。

六是避免吃泻剂、刺激剂、利尿剂，保证维生素和无机盐的摄入。

七是饮食与体育锻炼相结合,每周至少3次,每次最好40～60分钟。

八是长年锻炼,贵在坚持。

五、不同肥胖类型者的营养指导

(一)单纯性肥胖者的营养方案

其一,每天吃营养素平衡的低热能膳食。根据肥胖者每天的热能消耗计算出其每天的热能摄取量(每天热能摄取量小于每天的消耗量),一般每天的热能摄取量在1200～2000千卡,可根据每个个体的具体情况适当调整,但不能少于1000～1200千卡。

其二,蛋白质:脂肪:碳水化合物在膳食总热量的百分比分别为20%～25%:15%～20%:50%～60%。蛋白质以选用禽肉、鱼肉及大豆为佳,限制猪肉、鸡蛋(黄)的摄入,忌吃蔗糖、蜜糖、饴糖和含糖量多的饮料及糕点。

其三,养成良好的饮食习惯,做到少吃多餐,晚餐少吃,一日可进餐4～6次,但总热能须在限度以内,这样可减少餐后胰岛素的分泌和体脂合成,使胃的容积逐渐减小,减少饥饿感。应少吃或不吃零食,少喝含糖量高的饮料,戒除劝食、诱食、勉强进食、饮酒等不良习惯。

其四,减少膳食中的主食和脂肪摄入量,忌食黄油、花生米、巧克力,少吃或不吃油炸食品。

其五,增加水果和蔬菜的摄入量,确保充足的维生素供应。水果包括橙子、香蕉、苹果、西瓜等,蔬菜包括洋葱、大蒜、木耳、大豆、黄花菜、香菇、青椒、胡萝卜等。

其六,保证足量的奶制品、豆制品的摄入,确保充足的无机盐和微量元素的供应,同时以满足饱腹感。

其七,应增加食物纤维的摄取量,因为食物纤维使人具有饱腹感而不提供热量,同时还能减少热量的吸收。食物纤维含量高的食物有全麦制品、粗粮、蔬菜和水果等,因此在主食中应增加粗粮或粗加工的粮食比率。

其八,少吃刺激食欲的食物,如辣椒、味精等。饮食清淡,减少盐的摄入量,多饮水。

(二)伴有其他各种疾病肥胖者的营养方案

其一,肥胖伴有高脂血症的患者的膳食营养特点:①由于中老年人对胆固醇的降解能力下降,应严格限制胆固醇的摄入。一般轻度高脂血症患者每天摄入量应低于300毫克,中度及以上者每天摄入量低于200毫克。②限制动物性脂肪的摄入,增加植物油的比例,使不饱和脂肪酸与饱和脂肪酸的比值达到2:1左右(适当增加不饱和脂肪酸的比率)。

其二,肥胖伴有冠心病、动脉粥样硬化症的患者的膳食营养特点:①严格限制胆固醇和脂肪的摄入量,胆固醇摄入量每日低于250毫克,在蛋白质营养补充中增加大豆的比例;②适当增加对冠心病有益的矿物质,如吃含镁、铜、硒、锰、钙等较多的食物。

其三，肥胖伴有高血压、脑血栓症的患者的膳食营养特点：①限制钠盐的摄入量，轻者每天的钠盐摄入应低于4克，中度以上者应严格控制盐的摄入量，逐渐养成口味清淡的饮食习惯；②严格限制胆固醇和脂肪的摄入量，胆固醇摄入量每日低于250毫克，增加植物油的比例；③适当增加镁的摄入，多吃香菇、豆类、芥菜等食物；④适当增加锌、镉的比值，如坚果、豆类、茶叶、各种粗粮；⑤适当增加铬的摄入，铬在糖代谢中的作用是增强肌体对葡萄糖的利用，具有降低血糖的作用，而铬、镁、锌等富含于麸皮、胚芽、豆类及各类坚果中；⑥常吃有降血压作用的食物，如菠菜、芥菜、山楂、香蕉、莲藕、蜂蜜、醋等；⑦适当补充钾盐，使钾盐：钠盐比值在1.5：1。

其四，肥胖伴有骨质疏松症的患者的膳食营养特点：①增加每日钙的摄入量。每日的钙摄入量应在1200～1500毫克，补充钙的方法是摄入大量的奶制品、深绿色的蔬菜、大豆制品和各种硬果。蔬菜如芹菜、雪里蕻、苋菜、青扁豆、油菜、圆白菜、菠菜等，其中以芹菜叶含钙量最高，在吃芹菜时应将芹菜叶一齐进行烹调；硬果以炒熟的西瓜子和南瓜子含钙量最多，其次为杏仁（炒熟）、核桃仁、花生仁（炒熟），可以作为中老年人的日常零食补充，还可以补充一些动物骨粉等。②通过食物和经常接触阳光获得充足的维生素D，多吃未精加工的粗粮。③适当控制膳食中的蛋白质摄入量，过多摄入蛋白质会抑制钙的吸收和利用。

其五，肥胖伴有糖尿病的患者的膳食营养特点：①严格控制总热量的摄入，每天的总热量的摄入应根据活动量、病情的轻重，按标准体重来计算。②适当控制碳水化合物的摄入量，碳水化合物以占总热量55%左右为宜，对碳水化合物的摄取时间、总量、每次量以及组成均应保持适当的稳定。一般糖尿病患者可以增加餐数，减少每次量，碳水化合物的每天摄入量在200～300克左右。碳水化合物摄入不能过少，否则会引起体内脂肪代谢过度而造成酮症酸中毒。③蛋白质供应应占总热量的15%～20%，以摄入优质蛋白质为宜。这是因为糖尿病患者体内糖原储备低下，同时蛋白质消耗量大，但对于肾功能障碍者应适当减少蛋白质摄入量。④适当控制脂肪和胆固醇的摄入量，脂肪应占总热量的20%～25%，其中适当增加植物油（不饱和脂肪酸）的比率；胆固醇的摄入量应低于250毫克。⑤注意无机盐和微量元素的补充，因为糖尿病患者接受利尿剂与胰岛素治疗时，可能出现钠、钾、氯等元素的缺乏。铬可激活胰岛素，改善糖耐量，促进糖进入组织储备。⑥适当增加食物纤维和维生素的摄入，食物纤维具有降低血糖的作用，以大豆、豌豆、豆角类等和水果为食物纤维的主要来源，效果较好。而维生素是人体正常代谢的必需物质，尤其是维生素B_1、维生素B_2及维生素B_5在糖代谢中具有重要作用。因此，对于糖尿病患者还应注意维生素B_1、维生素B_2及维生素B_5的补充。

第七节　强身健体人群营养指导

一、一般健身锻炼者的饮食方案

不论是增加肌肉体积还是减缩多余脂肪，都必须通过科学的健身健美锻炼才能实现，但是如果不注意合理的营养就达不到预期的效果。科学合理的健身健美锻炼与营养有机的结合是取得良好效果的基础。

健身界有句行话，叫"一半靠练，一半靠吃"；健美界也有句行话，叫"三分练，七分吃"。这确是一条通俗的经验总结。当然，"练"是指科学地练，"吃"是指合理吃。那么如何吃才算合理呢？根据我们对健身健美训练者多年的跟踪调查和实践经验的总结，得出健身健美锻炼者的每日食谱配备公式，即：

每日食谱＝适度的蛋白质食品＋较低含量的脂肪食品＋高含量的碳水化合物食品

在健身健美训练的过程中，不少锻炼者对每日进餐次数和时间感兴趣，这种对健身健美饮食的新态度，无疑有利于建立符合自己健身健美训练目标的良好饮食习惯。那么参加健身健美训练的人每天吃几餐？什么时间吃更好？我们认为，应根据人体一天消耗能量的需要和消化规律来确定。同时也要使进餐与健身健美训练相适应，让食物所释放的能量和营养素及时地去满足"身体建设"的需求，从而发挥维护和提升身体健与美的更大功效。根据我国的国情和大众健美训练的特点以及实践经验，对健身健美锻炼者来说，采用"日食五餐法"较为合适。即每天吃五次，每次吃 6～7 成饱，每餐间隔 3 小时左右成为基本的建议模式，或五餐达到每日应摄取热量之和的进餐方式。采用"日食五餐法"是因为眼下市场上供应的食物质量已逐渐优质化，烹调技术趋于科学化，食物选择实现多样化，食物被消化吸收的进程相对缩短，打破了人体生物钟的规律。对于参加健身锻炼的一般人来说，控制热能平衡非常重要。理想的膳食结构比例是蛋白质应该占总量的 18%～25%，脂肪占总量的 20%～30%，碳水化合物占总量的 55%～60%。同时，一日五餐热量的摄入也必须保持适当比例。即早餐应占全天总量的 20%，午前餐占 10%，午餐占 30%，午后餐占 10%，晚餐占 30% 等。这样，就从根本上解决了健身健美锻炼者在老式三餐模式的每餐之间，容易产生饥饿感（在这个时间内的工作、学习效率滑向低谷）和"两饿"（锻炼前饿和锻炼后饿）与"偏食"（必需的营养成分不足而供能太多，或必要的营养成分过剩而供能缺乏）等问题。健身健美训练与进餐的相隔时间，一般是小到中等运动量，休息半小时后即可进餐；如果是大运动量，应至少休息一小时后再进餐。

二、健美运动员营养指导方案

第一，主要营养比例。

蛋白质：碳水化合物：脂肪＝30%～35%：55%～60%：10%～15%。

第二，进餐次数。

平均每天进餐6～7次。

第三，食物种类。

谷类食物以米饭、馒头为主；蔬菜以西红柿、小白菜、芹菜梗、油麦菜、黄瓜为主；此外，芦笋、冬瓜、莴苣、香菜、小红萝卜、菠菜、苦瓜、南瓜、白薯、红薯、山药、土豆、大蒜、海藻、绿豆芽、韭菜、辣椒、魔芋也可有选择地食用。水果以香蕉、西瓜和苹果为主；肉蛋类以牛肉、蛋清、无皮鸡胸、鱼为主。

第四，烹调特点。

肉类食物以水煮或清蒸为主，蔬菜以生吃为主，限制使用烹调用油和盐及含盐量高的佐料，如酱油等。

第五，赛前饮食期营养补品建议。

为了降低体脂，保持瘦体重，要尽可能保证食物中的维生素摄入量，降低糖、盐、油的摄入量。每天还应补充以下种类和数量的营养补充品：乳清蛋白分、早晨、上午及下午训练后、睡觉前各口服25克，也可服用正氮蛋白粉。谷氨酰胺粉：上午、下午训练后，睡前各口服1勺（13.5克）；维他保：训练量最大时每天口服2粒；左旋肉碱：每次口服6粒，训练前服用；电解质活力胶囊：每天口服2粒；胺肌3000：上午、下午训练前口服6粒；蒺藜皂甙：每日3次，每次2粒，两餐之间服用；蛋白棒：上午、下午训练后补充。

充分利用训练后补糖的最佳时间，除了运动前、中、后，尽量减少在其他时间食用加工过的糖，而选用富含膳食纤维的食物如全麦食物，最后一次碳水化合物的摄入不要在晚上睡前。

总之，健身健美训练者应根据自己的年龄、体重、训练状况及经济条件等精心安排营养食谱，切勿照搬别人的。要明白只有丰富的营养物质，科学合理的膳食结构与调摄，才能使健身健美训练者在较短的时间内达到健身健美的目的。

第八节 康复人群健身营养指导

一、高血压人群

高血压患者应适当控制饮食并减轻体重。建议体重指数（BMI，kg/m^2）应控制在24以下。研究资料显示，如在人群中平均体重下降5千克，高血压患者体重减少10%，则可使糖尿病、高脂血症和左心室肥厚得到改善。饮食上要注意减少钠盐，每天不超过

5~6克。减少膳食脂肪,有的流行病学研究资料显示,即使不减少膳食中的钠和不减重,如能将膳食脂肪控制在总热量的25%以下,多不饱和脂肪酸与饱和脂肪酸(P/S)的比值维持在1,连续40天就可使男性收缩压和舒张压下降12%,女性下降5%。补充适量蛋白质,使蛋白质占总热量15%左右,动物蛋白占总蛋白质的20%。注意补充钾和钙,如绿叶菜、鲜奶、豆制品等,多吃蔬菜和水果。

二、高脂血症人群

合理膳食是预防和治疗高脂血症的基础和有效措施。对于高脂血症人群来说,膳食治疗是最重要的。研究表明,膳食治疗能降低血清总胆固醇(TC)5%~10%,而TC每减少1%,冠心病的发病率就可下降2%。

(一)控制总热量

超重和肥胖除遗传因素以外,主要原因是热量摄入过多,过剩的热量转化为脂肪在体内蓄积。因此高脂血症多见于肥胖者。为了减少血脂的来源及减轻体重必须控制总热量的摄入,尤其是防止饮食中糖和脂肪的过量,维持正常体重。体重减轻可使血清甘油三酯降至正常。

(二)控制胆固醇和饱和脂肪酸的摄入

1. 控制胆固醇的摄入

高胆固醇来自于以下几类食物,我们在选择食物时要予以控制:①蛋类:蛋类的蛋黄,如鸡蛋黄、鸭蛋黄、咸蛋黄、皮蛋黄等;②肉类:肥肉、鸡皮、鸡翼、凤爪、香肠、腊肠、腊肉等;③动物内脏:脑、腰、肝、肠等;④海产类:墨鱼、鱿鱼、虾膏、蟹黄、鱼子、鱼头等;⑤油类:奶油、牛油、鸡油、猪油、椰油等。

2. 减少饱和脂肪酸的摄入

血浆中的甘油三酯水平与膳食中脂肪的摄入量有直接的关系,因此要限制脂肪摄入。在脂肪的摄入上,除控制膳食的脂肪"量"以外,脂肪的"质"也同样重要。人们日常食用的油脂有动物油和植物油两大类。一般说来,多数动物油中饱和脂肪酸的含量较高,而植物油中则是不饱和脂肪酸的含量居多。

(三)食物多样化及合理搭配

(1)保持热量均衡分配,饥饱不宜过度,不要偏食,切忌暴饮暴食,改变晚餐丰盛和吃夜宵的习惯。

(2)主食应以谷类为主,粗细搭配。粗粮中可适量增加玉米、莜面、燕麦等成分,保持碳水化合物供热量占总热量的55%以上。

(3)增加豆类食品,如豆腐、豆浆、绿豆、芸豆等。以干豆计算,平均每日应摄入30克以上,或豆腐干45克或豆腐75~150克。豆类食品除了能够提高蛋白质利用率以外,其中含有的大豆蛋白能显著降低血清总胆固醇、低密度脂蛋白和甘油三酯的水平。此外,豆制品中不含胆固醇，仅含有的植物固醇阻止肠道吸收食物中的胆固醇。豆制品中含有的卵磷脂能防止胆固醇沉积在血管壁上形成动脉硬化斑块。因此，常吃豆制品对降低血脂很有益处。

（4）在动物性食物的结构中，增加含脂肪较低而蛋白质较高的食物，如鱼、禽类、瘦肉等，减少摄入陆生动物脂肪，最终使动物性蛋白质的摄入量占每日蛋白质总摄入量的20%，每日总脂肪供热量不超过总热量的30%。膳食中胆固醇含量不宜超过300毫克/天。

（5）食用油保持以植物油为主，每人每日用量以25～30克为宜。

（6）膳食成分中应减少饱和脂肪酸，增加不饱和脂肪酸（以人造奶油代替黄油，以脱脂奶代替全脂奶），使饱和脂肪酸供热量不超过总热量的10%，单不饱和脂肪酸占总热量的10%～15%，多不饱和脂肪酸占总热量的7%～10%。

（7）提高多不饱和脂肪酸与饱和脂肪酸的比值。西方膳食推荐方案应达到的比值为0.5～0.7，我国传统膳食中因脂肪含量低，多不饱和脂肪酸与饱和脂肪酸的比值一般在1以上。

（8）多吃富含维生素、无机盐和纤维素的食物。保证每人每日摄入的新鲜水果及蔬菜达400克以上，并注意增加深色或绿色蔬菜比例。它们含维生素C、无机盐和纤维素较多，能够降低甘油三酯，促进胆固醇的排泄。

（9）减少精制米、面、糖果、甜糕点的摄入，以防摄入热量过多。

（10）适当减少食盐摄入量，每日食用食盐6克以下。

（11）少饮含糖多的饮料，多喝茶；咖啡可刺激胃液分泌并增进食欲，但也不宜多饮。

（12）要避免饮酒，酒能够抑制脂蛋白脂肪酶，促进内源性胆固醇和甘油三酯的合成，导致血脂升高。

三、糖尿病人群

糖尿病人的饮食控制原则主要有两条：第一是控制血糖，纠正代谢紊乱，防止出现各种并发症；其二是保证足够的营养物质，以维持肌体生理功能、提高体力和延长寿命。这两者看起来是互相矛盾的，然而任何一方都不可以偏废。所以糖尿病人的饮食控制的关键在于要找到二者的平衡点，这样才能二者兼顾。在实施的过程中要注意以下9个方面。

一是合理控制总热量。对于糖尿病人来说，体重的适度是很重要的。肥胖患者体内脂肪增多，对胰岛素敏感性降低，不利于血糖控制和其他代谢的平衡，应减轻体重。消瘦者对疾病抵抗力降低，影响健康，应增加体重。糖尿病人的总热量的摄入以能维持理想体重为宜。

二是碳水化合物适量摄入。糖尿病的饮食治疗并非是碳水化合物越低越好，而是要适当限制热能和脂肪，适当增加碳水化合物的比例。大量实验和临床观察表明，在控制热能的基础上提高碳水化合物摄入量，可增加周围组织对胰岛素的敏感度，增加糖耐量，降低胆固醇和甘油三酯，有利于降低心血管病的发生。肌体因缺少糖而利用脂肪代谢供给热量，更易发生酸中毒，如尿酮症等。饮食中的碳水化合物应占总热量的60%左右，使用胰岛素者可适当放宽。饮食控制后血糖的水平不理想者应适当减少。每日碳水化合物进食量可在250～300克（即5～6两），以谷类为主。

三是减少脂肪的摄入。多数糖尿病患者都比较注意主食的控制，但却忽略了脂肪摄入的过量。饮食中脂肪所供热能应减到总热能的25%，若按千克体重计算，不宜超过1克/千克（体重）。脂肪应以含多不饱和脂肪酸高的花生油、豆油为主，少食含饱和脂肪酸高的、容易导致低密度脂蛋白、胆固醇升高的动物油。胆固醇是人体正常代谢不可缺少的重要物质，也是促使动脉硬化的因素之一，摄入量每日应少于300毫克。为防止或延缓糖尿病患者血管并发症的发生、发展，减少食物中脂肪的摄入量非常重要。

四是优质蛋白质的供应要充足。糖尿病造成的代谢紊乱使体内蛋白质分解过速、丢失过多，容易出现负氮平衡。所以，膳食中应补充含足够蛋白质的食物，摄入量与正常人相当或稍高，蛋白质应占总热能的15%～20%。参与蛋白质生物合成的必需氨基酸主要来自动物食品，因此每天摄入的蛋白质中最好有三分之一来自肉类或蛋类。植物中豆类食品也富含必需氨基酸。对于伴有脂代谢异常的糖尿病人，有关专家认为蛋白质粉是最理想的蛋白质补充品，因为蛋白质粉只含少量的脂肪。

五是补充维生素。由于糖尿病饮食限制主食的摄入量，往往造成维生素B_1的不足，容易出现因缺乏维生素B_1而引起的神经系统疾患，如手脚麻木和多发性神经炎等。病情控制不好的患者，糖原异生旺盛，B族维生素消耗增多，故应补充B族维生素。

六是补充无机盐和微量元素。治疗饮食中钠盐不宜过多，高钠易诱发高血压和动脉硬化。当病情控制不好时，病人容易出现各种感染和酮症酸中毒，要注意适当补充无机盐。酸中毒时补充钠、钾、镁可以纠正电解质紊乱。中老年人II型糖尿病患者补充镁可改善葡萄糖耐量，而且，适当补充镁也是防止视网膜病变的有效措施。铬是人体的必需微量元素之一，是胰岛素生物活性剂，轻度缺乏时会使肌体对胰岛素敏感度降低，严重缺乏时临床可发现空腹血糖升高，尿糖阳性。锌能协调葡萄糖在细胞膜上的转运，每一个胰岛素分子中有两个锌原子，锌的供给不足可以使胰岛素分泌减少。

七是注意膳食纤维的补充。对于糖尿病人来说，特别要强调的是膳食纤维的降低餐后血糖和防治便秘的作用。

八是合理安排餐次，科学配膳。为了减轻胰岛细胞的负担，糖尿病人每日至少进食3次，有条件的可增加餐次或加餐。每餐最好主副食搭配，做到餐餐有碳水化合物、蛋白质、脂肪，既有利于减缓葡萄糖的吸收、促进胰岛素分泌，又符合营养膳食的要求。一日三餐，主食可按早、中、晚各占三分之一，或早餐占五分之一，午餐、晚餐各占五分之二的比例分配，并要求定时定量。

九是选用代糖甜味品。我国市场出售的甜味剂，包括有甜菊糖、甘草苷、蛋白多糖、木糖醇、麦芽糖醇等。这些甜味剂多是植物多糖或人工合成的多糖，在代谢的过程中不需要胰岛素，而且热能值低，甜度高，并可改善或调节食物口感，是糖尿病患者较为理想的甜味剂。

四、心脑血管病人群

心脑血管病人的膳食要坚持"三限制"和"三增加"的原则，即限制脂肪、食盐和总热量，增加膳食纤维、维生素和钾、钙。

（一）限制脂肪摄入

一些含动物脂肪高的食物，如肥肉、动物内脏等胆固醇的含量也高，容易引起血脂升高，从而进一步加速冠状动脉粥样斑块的发生与发展。已经患有冠心病的和那些易患冠心病的高危人群，如肥胖人群、中老年人群和有冠心病家族史的人群，应采取以下两个策略。

一是尽量避免使用动物油炒菜。在烹调中应以花生油、菜籽油、香油等作为主要的油料来源，而且要限量使用，原则上每天的用量不要超过30克。

二是控制红肉（即猪肉、牛肉和羊肉）的摄入量，每天应限制在80～100克以内，而且要多选用鱼、禽、蛋代替红肉，每周至少1次鱼肉、1次鸡肉、1～2次豆制品、1～2次海产品。

（二）限制食盐摄入

高盐饮食是冠心病等心血管疾病的重要危险因素之一。因此，世界卫生组织（WTO）提出每日食盐量不超过6克的摄盐标准。尽量减少烹调用盐，少吃盐腌食品和煎烤食品。有冠心病、高血压家族史的人，每日摄盐量以不超过6克为宜。

（三）限制膳食总热量

成年人，尤其是趋于超重及已超重的人群，特别要注意控制膳食热量的摄入。中国营养学会提出每人每日总热量摄入下限为7550千焦（1800千卡），上限为10900千焦（2600千卡）的建议量。超重、肥胖及有冠心病家族病史的人群应控制在8000千焦（1900千卡）左右。要做到这一点，除较重体力劳动者外，一般体力劳动者的主食摄入量应保持在每天400～450克，同时要避食油腻食物及甜食。

（四）增加膳食纤维

富含膳食纤维的食物包括豆类、新鲜蔬菜、水果、谷类等。膳食纤维具有多种好处，可以润肠通便，降低血脂和血糖，还有降低血清胆固醇以及抗癌防癌的作用。因此，专家建议每天摄入膳食纤维至少25～30克。具体地说，就是每天应摄入500克左右的新鲜蔬菜以及1～2个苹果、梨、橘子或香蕉等。

（五）增加维生素

多吃富含维生素 B_1、B_6，维生素 E 和维生素 C 的食物。维生素 B_1、B_6，维生素 E 和维生素 C 等可改善脂质代谢。维生素 E 和维生素 C 是抗氧化的维生素。维生素 C 能保护血管内皮细胞的完整性，防止发生血栓、脑出血；维生素 E 可防止有害的物质对脑血管的破坏，保持血管弹性，防止中风发生。适当增加这些维生素的供给有利于保护冠状动脉，减少冠心病的发生。各种新鲜蔬菜、水果、适量坚果食品和植物油均富含 B 族维生素和维生素 E、维生素 C，所以应该多吃。必要时可每天补充维生素 E 和维生素 C 制剂，以增强免疫功能，减少中风的发生。每天 500 毫克维生素 C 可降血压。

（六）适量补充钾和钙

肌体缺钾时血压易升高，而高血压又是冠心病的重要隐患因素。钾还具有维持人体细胞内渗透压与心肌收缩、舒张和能量代谢等功效，因此适当多吃一些含钾量高的食品如土豆、黄豆、黑豆、绿豆、香蕉等食品。镁对稳定血压，调解、维护脑细胞钙平衡，保护大脑，预防脑中风也有重要作用。含镁多的食物有玉米、西红柿、海鱼、海带、香蕉、各种坚果（杏仁、腰果、花生）、干豆中的黄豆、黑豆、黑麦、小米、大麦等。钙缺乏不仅易引起骨质疏松，还是冠心病和高血压的危险因素。因此，应常喝牛奶、吃豆制品、瘦肉、鱼虾、海带、紫菜等以补钙。

（七）适量补充蛋白质

长期吃素可造成人体蛋白质、脂肪摄入不足及脂溶性维生素 A、D、E、K 和微量元素的缺乏，导致营养失衡，使肌体的抵抗力明显降低，从而使人易患传染病、骨质疏松、骨折等。最重要的是，长期吃素的人体内还会缺乏维生素 B_{12}，这样就会造成动脉血管内壁增厚，血管硬化，而血管硬化又是冠心病发生的基础。所以说，适当食素能预防冠心病，但长期食素则又有可能成为引发冠心病的危险因素。由此可见，长期素食是应该避免的。

（八）选择合适的保健药品

有一些预防动脉病变的药物制剂和保健品也可以作为一种辅助手段选择性地使用。复方丹参片、血脂康、阿司匹林肠溶片、藻酸双脂钠片、绞股蓝甙片、络欣通、深海鱼油等，均有扩张心脑血管，疏通软化血管，降低血脂、血液黏度，清除血小板凝聚因子（PAF），清洁血液和动脉硬化斑块，有效预防冠心病、高血压、高血脂的作用。

五、骨质疏松症人群

骨质疏松症是骨矿物质和骨基质等比例地减少，矿物质主要由钙、磷和一些微量元素组成，骨基质主要由胶原蛋白组成。人的饮食中缺少钙、磷、蛋白质和微量元素即可导致骨质疏松，所以营养与骨质疏松关系密切。适量补钙就是预防骨质疏松症的最重要的环节。为了防治骨质疏松症，需要注意以下的营养补充。

（一）合理的膳食结构

我国居民的膳食基本上属于贫钙膳食。针对我国贫钙膳食的特点，应该依据我国膳食指南，在膳食中增加乳及乳制品等钙含量丰富的食品。饮食中的钙、磷、镁的摄入量及比例协调是极为关键的。其中钙是最重要的成分，它直接参与骨的形成，而磷和镁构成骨形成调节的重要成分。对钙、磷、镁的摄入，以膳食补给为佳。由于正常饮食中含极为丰富几乎不会缺乏，所以重要的是钙、镁的补充。应多吃钙、镁含量丰富的食品。首选牛奶，每100毫升牛奶中含钙120毫克，约三分之二可被人体吸收。同时牛奶中含有丰富的磷和镁。

（二）适时适量补钙

维持体内钙平衡所需要的钙，首先要从日常膳食的摄取中补充。如果人体从食物中摄取的钙不足以满足需要时，就要额外补充钙剂。目前我国钙的适宜摄入量的标准是18～50岁成年人每天800毫克；50岁以上的中老年人每天1000毫克。目前，在与年龄相关的骨质疏松症的临床治疗中，常选用某些抗骨质吸收的药物（如雌激素、降钙素、维生素D及其衍生物和双膦酸盐等）与钙剂联合治疗。事实证明，补钙能使抗骨质疏松药物的疗效最佳化。从不同部位骨骼的骨量变来看，雌激素加钙剂的效果相当于只用雌激素效果的25～52倍。因此，通过膳食或钙剂进行钙的补充是与年龄相关的骨质疏松症的首选治疗方法之一。

（三）选用大豆植物雌激素

以往的研究表明，大豆中含有植物雌激素，可以减轻更年期的一些症状，而且没有药用雌激素的副作用。日本科学家最近研究发现在绝经早期多吃豆制品，如豆腐、煮黄豆和豆奶的妇女，骨骼就明显强壮于少吃这类食物的妇女，同时，发生腰痛和关节痛的可能性较小。他们认为多吃大豆制品与更年期妇女的骨密度增加有很大关系。豆制品是中国人喜爱的食物之一，也是更年期妇女的天然保健食品，对预防骨质疏松症，既经济又有效。

（四）注重维生素D的营养

在补钙的同时，也可以补充适量的维生素D。除此以外，户外活动时接受日光中的紫外线照射，有利于人体皮肤合成维生素D，促进食物中钙质的吸收及钙质在骨骼中的沉积，从而达到预防骨质疏松的目的。

（五）减少糖和盐的摄入

减少糖和盐的摄入也有利于骨质疏松的预防。糖是酸性食物，酸性食物进入人体后要消耗大量的维生素B和钙元素。食盐过多影响钙质在人体骨骼中的沉积，因此，少吃糖和盐可减少骨质疏松症的发生。

第九节 女性人群健身营养指导

现代女性为了追求高品质的生活，在工作学习之余纷纷加入了健身运动的行列，瑜伽、舍宾、健身操、动感单车、健身健美及户外运动等都是都市女性热衷的运动方式。由于女性所特有的生理特点，她们在健身运动的营养方面除了与男性一样需要充足的水分补充、适宜的膳食营养以及个性化的饮食安排和外出运动时膳食营养的控制外，还有许多特殊的营养需求以及与女性健身美容有关的问题，最为突出的问题有：中老年女性骨质疏松、营养性贫血、为了保持身材而进行长期节食而导致维生素和其他营养素摄入不足所引起的美容相关的营养问题，以及月经期、妊娠期、哺乳期的健身锻炼和营养补充等特殊问题。可见健身和营养安排不好，不但影响健身运动的效果，而且对女性长远的健康都会造成严重影响。因此，对女性特殊营养的需要及特殊时期的健身方式的研究值得重视。

一、成年女子不同时期的健身营养方案

众所周知，相比同龄男性，20～50岁的女性更易受到贫血、骨质疏松、更年期综合征等疾病的困扰。研究证实，这往往都是缺乏某些特定营养所致。而通过合理的饮食调节和运动，是可以延缓甚至避免这些疾病发生的。下面以10年为界，为20～50岁的女性重点推荐一些营养处方。

（一）20～30岁的女子

一是成长期重点补铁补血。在我国，大约有64%的女性会有不同程度的贫血现象，成长期青年女性由于生理原因，更易出现缺铁性贫血。

二是打拼期重点补充蛋白质。20多岁正值事业打拼期，加班、熬夜、用脑过度犹如家常便饭，饮食也不规律，不可避免地出现蛋白质缺乏，容易导致记忆力下降，精神萎靡，反应迟钝。严重者会出现抵抗力降低，易感染疾病等。

三是孕育期重点补充叶酸。怀孕、生育，都会让女性营养缺乏，叶酸则可以缓解营养缺乏症。怀孕前后三个月正确补充叶酸可明显减少无脑儿、脊柱裂等神经管畸形的发生。多食叶酸还可补充体力，增强免疫力。豆制品、菠菜、坚果、柑橘以及全麦制品等食物中叶酸含量丰富。补充方法可详见下面的"孕期及哺乳期健身营养方案"。

（二）30～40岁的女子

一是成熟期重点补钙。研究证实，女性体内的钙质在28岁时达到巅峰。此后，骨钙以每年0.1%～0.5%的速度减少，所以补钙就成为头等大事，否则可能受到骨质疏松的威胁。补钙的最佳方式为：食补＋运动＋阳光。含钙高的食物，除了虾皮以外，似乎颜色都很黑，海带、紫菜、发菜、黑木耳、黑芝麻等，而牛奶和豆腐含钙量仅处于中等水平。另外，补钙要和补充维生素D相结合才能使钙更好地被吸收（维生素D可以通过晒太阳

获得），这样再加上适当的体育健身运动，便组成了最佳的补钙方案。

二是压力期重点补充膳食纤维。30~40岁的女性，各项生理机能已经开始走下坡路，工作生活的压力也使得她们不甚重负，因此经常会有疲劳、肥胖、便秘等苦恼。而膳食纤维则可以令女性免去后顾之忧，膳食纤维在通便、排毒、降血脂、防治肥胖方面的功效早已美名在外。含膳食纤维丰富的食物有黑米、草莓、梨、菜花、西兰花、韭菜、芹菜、胡萝卜、苦瓜、大豆、海藻、食用菌等。

三是保养期重点补充维生素。此时期的女性，还在抢着抓住青春期的尾巴。如果得不到足够的营养补充，再好的化妆品也无济于事。所以在饮食结构上，应适当补充维生素。维生素A能增强皮肤抵抗力；维生素C是抑制黑斑的有效制剂，堪称美白之王；维生素E可防止肌肤老化，增加皮肤弹性等。各种动物的肝脏、鱼肝油、奶类、蛋类以及各种新鲜蔬菜和水果，还有坚果等都是维生素的重要来源。

（三）40~50岁的女子

一是更年期重点补充雌激素。这个年龄段的女性面临着停经、更年期将至等人生转折点。雌激素的减少会带来一系列的不良反应如情绪激动、烦躁、面色潮红等，体力、精力和社会适应力都会有所降低。而大豆所含的异黄酮在结构、活性等方面都与雌激素相似。对女性来说，它具有多重益处：能延缓细胞衰老，保护脆弱的乳房，使皮肤保持弹性，减少骨质丢失，促成骨生成，降血脂，还能减轻女性更年期综合征的症状等。黄豆、绿豆、豆芽、大蒜、甜菜，都含有天然的荷尔蒙，对补充雌激素非常有利，此外还应补充一些综合维生素。

二是衰老期重点补充健脑食物。逐渐步入老年的女性因长期用脑过度，记忆力已大不如前。如果不及时补脑，还会有反应迟钝、神经紧张以及心悸无力等症状。研究表明，深色蔬菜如蓝莓紫、胡萝卜、紫葡萄等，其中含有的花青素具有很强的抗氧化能力，既能帮助肌体预防高血压，减缓肝功能衰竭，还能缓解眼部疲劳。而大量食用十字花科蔬菜和绿叶蔬菜的人，既可减缓记忆力下降，还可降低患冠心病的风险。十字花科蔬菜主要包括小白菜、菜心、大白菜、紫菜薹等；甘蓝类的花菜、芥蓝、青花菜、球茎甘蓝等；芥菜类的叶芥菜、茎芥菜（头菜）、根芥菜（大头菜）、榨菜等；以及部分水生蔬菜类等。

此外，核桃、红枣、松子、草莓、何首乌、百合、金针菇、鸡肉、鸭肉等，以及含B族维生素、维生素C和维生素E的食物都是很好的补脑食品。

二、孕期及哺乳期健身营养方案

合理的营养和科学的健身锻炼是孕期和哺乳期女子及下一代的健康的重要保障。孕妇和乳母均为需要加强营养的特殊人群，因为胎儿生长发育所需的各种营养素均来自母体，孕妇本身也需为分娩和分泌乳汁贮备一定的营养素；乳母则需分泌乳汁来供给幼儿的生长发育。从某种程度上，孕妇和乳母的营养状况决定着一个民族的身体素质和智力素质，因此，孕妇、乳母的营养状况对于优生优育直至孩子成年后的健康将产生至关重要的影响。

（一）孕期健身营养要求

孕期适当的健身锻炼可以促进肌体代谢，避免营养素摄入过剩造成肥胖。适量运动可增强血液循环，增强肌体对疾病的抵抗力。另一方面，健身锻炼可以增强食欲，促进营养物质的吸收，对均衡营养有利。要求如下：

一是适当增加鱼、禽、蛋、瘦肉、海产品的摄入量。鱼、禽、蛋、瘦肉是优质蛋白质的良好来源，其中鱼类除了提供优质蛋白质外，还可提供 n-3 多不饱和脂肪酸（如二十二碳六烯酸），这对孕 20 周后胎儿大脑和视网膜功能的发育极为重要。蛋类尤其是蛋黄，是卵磷脂、维生素 A 和维生素 B_2 的良好来源。建议在孕中、末期每日增加总计约 50～100 克的鱼、禽、蛋、瘦肉的摄入量，鱼类是动物性食物的首选，每周最好能摄入 2～3 次，每天还应摄入 1 个鸡蛋。除食用加碘盐外，每周至少进食一次海产品，以满足孕期碘的需要。

二是适当增加奶类的摄入。奶或奶制品富含蛋白质，对孕期蛋白质的补充具有重要意义，同时也是钙的良好来源。由于中国传统膳食不含或少有奶制品，每日膳食钙的摄入量仅 400 毫克左右，远低于建议的钙适宜摄入量。从孕中期开始，每日至少摄入 250 毫升的牛奶或相当量的奶制品并补充 300 毫克的钙，或喝 400～500 毫升的低脂牛奶，以满足钙的需要。

三是常吃含铁丰富的食物。伴随着从孕中期开始的血容量和血红蛋白的增加，孕妇成为缺铁性贫血的高危人群。此外，基于胎儿铁储备的需要，宜从孕中期开始增加铁的摄入量，建议常摄入含铁丰富的食物，如动物血、肝脏、瘦肉等，必要时可在医生指导下补充小剂量的铁剂。同时，注意多摄入富含维生素 C 的蔬菜、水果，或在补充铁剂时补充维生素 C，以促进铁的吸收和利用。

（二）哺乳期健身营养要求

产后的哺乳期女子适当运动有利于身体健康和体形的恢复。自然生产后 4 周内，剖腹产后 5 周内，不宜做大负荷运动，这一阶段主要运动的特点是运动强度小，运动量也不大，主要目的是促进身体的恢复，以各种形式的产后体操为主。自然生产 4 周后，剖腹产 5 周后可适当增加运动负荷，进行适当的室外活动，以轻缓、柔和的运动，以及一些家务活等为主。分娩 3 个月以后，产妇应加大运动负荷，增强体力，可以打乒乓球、游泳、慢跑等。哺乳期女子营养要求如下：

其一，能源物质：保证能源物质的摄入，如进行负荷较大的运动锻炼后，需要额外通过膳食补充能量。小负荷运动后，可适当增加蛋白质和糖类食物的摄入，总体遵循中国营养学会对产妇的营养建议，保持糖、脂、蛋白质的均衡。

其二，非能源物：哺乳期女子运动后，尤其是较大负荷的运动后不宜立即哺乳，因为较大负荷运动后,乳汁的口味会发生一定的变化,可能会影响到哺乳过程。运动后应增加水的摄入,一方面,促进代谢废物的排出。另一方面,也可以保持体内的水平衡,保证乳汁的分泌量。应适当摄入各种维生素和无机盐,特别是钙的摄入,乳汁分泌使乳母丢失较多的钙,运动可加强对骨的刺激,此时补钙有利于骨化过程。

思考题

1. 简述我国居民的营养目标及要求。
2. 简述运动中糖摄入不足的后果,脂肪摄入过多或过低的危害,运动中补水的方法及水与运动的关系。
3. 简述不同人群对碳水化合物、脂肪、蛋白质、维生素、水及膳食纤维的需要量各是多少。
4. 简述不同运动形式的营养、增加肌肉体积的营养、肥胖者的营养及补充方法。
5. 简述健身的饮食原则、健康食品的选择与食物的搭配的方法。
6. 简述不同健身人群的营养方案。
7. 简述不同锻炼目的、不同人群的热量与营养素的需求有何不同。
8. 简述健康膳食的安全措施。

第七章　不同环境和季节健身指导

本章导语

> 人们在健身活动中，时时刻刻和周围的物质世界发生着必然的联系，从家庭、社区到社会，从地理环境到气候变化，不同的时间和空间，及不同的体育场地和运动器材设施等，都或多或少地以不同的形式制约和影响着健身过程，对体育健身过程及其结果产生不同的影响。

第一节　不同环境健身指导

任何体育活动都是在特定的环境下进行的，运动健身离不开环境，没有环境便没有健身运动。健身环境是指影响健身活动的自然环境、社会环境以及其他相关要素的总和。它包括自然环境（如气候、地理环境等）、社会环境（如政治、经济等）和人工环境（如色彩、噪音等）。

健身环境不仅制约着健身手段，而且影响健身的过程和结果，如冬季健身项目的开展就受到季节和地域范围的限制，像气流和气温也会对许多室外运动项目产生极大的影响。不仅如此，作为人类一种特殊的实践活动，健身运动反过来也会给环境造成影响。

近20年来，健身环境日益引起人们的重视，健身环境的研究涉及许多学科领域，如生态学、地理学、气象学、人类学、运动医学、航空医学、时间生物学、体育社会学、体育心理学和运动训练学等，人们从上述学科的角度出发去认识健身过程及其规律，优化健身环境，提高运动健身的整体效益。

一、自然环境健身策略

健身运动总是在某一具体的地点进行的，该地点的地理位置、自然地貌和气象变化，对于人的健身锻炼都有着重要的影响。

（一）数理地理位置健身

数理地理环境是指某一地点在地球经纬网上的方位，纬度决定了健身地点的气候类型和重力环境，经度的影响主要表现为时差反应及人体的生物节律性（生物钟）。生物钟是生物在进化过程中与自然界的节律变化以及昼夜变化相适应的结果，是生物最基本的特性之一。人体的生理生化功能、心理功能、行为活动也表现为一定的生物节律。如人的体温，大致保持在37℃，一日之间，在4—6时，人体温度呈现最低水平，而在16—20时，测量值为最高；心率和血压也是白昼时增值，黑夜睡眠时最低，心率24小时的差值，可以达到每分钟20～30次。血压在早晨7—8时如为120/80mmHg，则在黄昏6—7时会达到140/100mmHg。同样，人的呼吸频率、消化功能、心理活动、智力工作、神经系统、新陈代谢等，也出现昼夜的节律性变化。人的生物节律具有相对的稳定性，但也不是一成不变，而且具有一定的可塑性。由于人体的生理活动具有节律性，所以人体的运动能力在一天中也呈现波动。许多研究表明，身体机能能力如握力、背力、关节活动度、耐力、反应时等指标及跳高、跳远、游泳等运动能力在12—21时达到最高水平，然后开始下降。因此，在一昼夜中，白天的工作能力比夜间高，且在已经习惯的特定时间里，工作效率最高。苏联学者弗·阿·多斯金与思·阿·拉夫莲季耶娃把人工作能力的昼夜变化，描绘成一条曲线（如图8-1-1），从中可以发现，每天7—10时和17—23时，机能水平较高，凌晨3—4时，机能达到一昼夜中的最低水平。

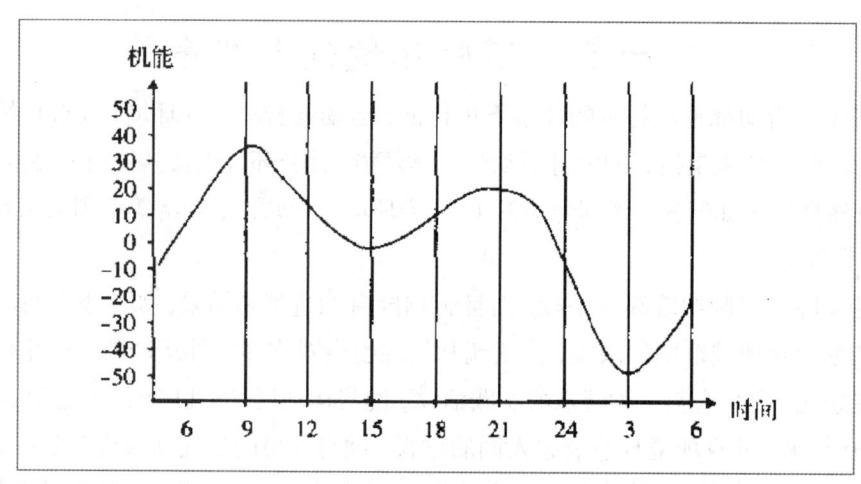

图 8-1-1　一昼夜身体机能的变化曲线

哈丁大学生理实验室的初步研究也证明，人体的最大肌肉力量也存在日周期节律（如图8-1-2），女性和男性的肌肉力量的日周期模式存在差异，男性早上测试结果最小，然后持续升高，而女性测试结果相反。

总之，人体运动能力和身体机能节律性规律与日常生活有着紧密的联系。研究认为：白天交感神经系统紧张性强，分解代谢占优势；夜间副交感神经系统紧张状态明显，合成代谢占优势。由于交感神经系统的作用，肝糖原迅速分解以满足日间活动的需要。早晨锻炼和耐力负荷，脂肪代谢程度高；下午锻炼和速度负荷，糖代谢供能相对多一些。这些提示我们制订健身计划时，应充分考虑不同负荷内容及健身时间对身体产生的影响，合理安排健身方案，提高健身效果。

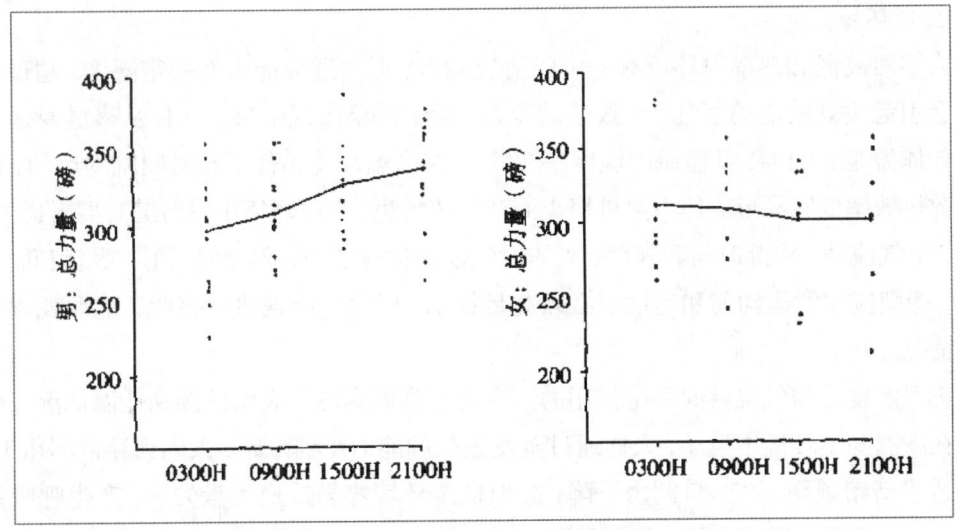

图 8-1-2　最大肌肉力量男、女日周期节律差异

（二）自然地理环境健身

健身所处的自然地理环境，是指健身地点周围的地形地貌和生态环境。在自然地理环境诸多因素中，影响人体机能和运动能力最大的因素是生态环境和海拔高度。生态环境包括空气质量、气候和水等，它们直接影响人体的机能能力。

1. 高原环境

高原环境是一种低气压、低氧含量及低气温和低湿度的特殊环境，一般人在海拔2000米以上时，由于缺氧可能会出现轻微的视觉症状，3000米以上就会表现出缺氧症状。高海拔环境不但有助于人体无氧运动能力的发挥，而且有助于提高有氧工作能力。人体对高海拔低气压环境的适应是通过下列机制实现的：肺通气量增加，呼吸中枢对化学刺激的敏感性增加，肺泡气与肺毛细血管间氧气交换加速，血红蛋白增加，血液中二氧化碳及碳酸盐呈比例降低。

随着海拔高度的增加大气氧分压下降，人体的呼吸负担加重，呼吸肌出现疲劳，同时结合在血红蛋白上的氧气量减少。研究表明，在海平面，血红蛋白氧结合率为96%～98%，而4000米高度则下降为71%～88%。同时，心脏运输氧气至工作肌群的能力下降，主要表现为最大心率出现显著下降。运动实践表明，当最大有氧耐力也随着海拔高度的增加而降低时，就意味着在长距离竞技运动比赛中，在高海拔地区的速度成绩不如平原地区。然而，受影响的不仅是最大有氧耐力，因为在高原上血中氧含量降低，欲供给同样的氧气量，心脏就得加快跳动。所以，在高原地区任何耗氧水平的情况下，心率均比平原地区要高。这就意味着在高原运动健身时，健康者必须减慢速度才能维持靶心率。因而，健身指导者应强调让参与者注意靶心率的重要性，靶心率为在各种各样的环境下调整运动健身强度提供了科学的参考。

2. 热环境

人体对高温和热辐射环境有一定的适应能力，但热适应能力有一定限度，超过这个限度会引起生理功能的紊乱，导致运动能力下降，甚至出现中暑。人体从事健身运动时的最佳体温是37.2℃，骨骼肌的温度是38℃。在高温环境条件下长时间剧烈运动，由于体表散热效率低容易形成体内热量聚集而产生热疾患。在热环境中进行健身要考虑温度、湿度、空气流动、锻炼时间和强度、人体对气候的适应能力、阳光的照射、服装和脱水等因素，特别应注意运动前和运动中必须充足饮水，以避免出现肌肉痉挛、能源耗竭和中风等情况。

空气湿度是与气温共同发生作用的。主要有高温高湿、高温低湿和低温低湿三中情况。在高温高湿环境中运动，人体通过蒸发散热的能力受到障碍，人感到异常闷热不适，极易造成情绪烦躁不安，自制力下降；高温低湿环境容易造成大量失水，产生呼吸道干燥不适，甚至造成黏膜破损；低温低湿由于忽视饮水，也容易造成失水过多。上述情况都会导致人体运动能力下降。因此，在热湿环境中健身锻炼应尽量选择在早上和傍晚较凉爽的时候进行，并安排有规律的饮水和休息时间。

通常运动负荷是锻炼中引发心率增加的主要因素。然而，在运动健身引起心率应答的诸因素中，环境担负着相当重要的角色。如果环境温度高于皮肤表面温度，人体就会从环境中吸收热量而非散发热量给环境，而且当相对湿度也高时，人体蒸发汗液的能量也会降低，使得散热更加困难。这两种因素都将导致体温升高、心率增加，正确的方法是降低运动强度，将健身调整到一天中较凉爽的时段，或者利用空调降温装置。除了上述因素外，运动健身时所穿的衣服类型以及个人体内的储水量也影响着心率变化。不能使汗液到达皮肤表面的衣服必会导致体温及心率的增高。从降低体温的角度来说，让汗水往下流进袜子是没有好处的。建议健身者穿得尽可能地少并且选择棉质或透气性好的面料。而由于误穿衣服带来的另一类问题是脱水加重或水平衡的破坏。正常的出汗对运动散热是重要的；高热、潮湿环境及不合适的衣服导致出汗增多而增加了脱水的可能性。所以，健身者应在锻炼前、锻炼中、锻炼后及时补充水分。强调这一点最好的办法是让每人每天称体重，任何快速的体重下降都是因为脱水，因而应在继续运动前纠正这一不良行为。健身指导员应强调大量出汗后要及时补充水。尽管盐分随汗液的挥发也有丢失，但数量较小，更何况大多数人都是超量摄取盐。有些健身者问及服用盐片剂的问题时，应建议他们仅在吃饭的时候稍加些盐于食物中而非服用盐片剂。在高温、潮湿环境下不宜于锻炼，以免发生中暑，有损于身体健康。但作为健身指导员，应该给健身者们提出合理的建议以减轻中暑的危险。因为许多人喜爱在高温、潮湿的环境下做运动或进行休闲活动，帮助人们学会适应这些环境也是很明智的。强调利用靶心率来衡量热环境及运动健身负荷的综合作用，靶心率这一指标不仅对运动锻炼负荷敏感，而且对于温度、湿度、衣服及身体的水合状态也相当敏感。希望在湿热环境下也愿单独做运动的人，在参与有人监督的健身锻炼计划的初期,可以对湿热环境产生适应。当身体适应后,就能在高温环境下更好的降低体温、心率以及减少中暑的可能性。

在湿热环境下,应采取如下的预防措施和方法。

(1)在有利于汗液挥发的环境下运动,并且不要增加太多的热负荷。

(2)利用靶心率监督运动锻炼,以减少中暑的可能性。

(3)逐渐地接触湿热环境,通过7～10天完成适应过程,通过出更多的汗来适应热环境。

(4)穿适合湿热环境中运动的衣服,鼓励穿纯棉衣物或透气性好的针织物以便于汗液挥发。

(5)告诉健身锻炼者不要服用盐片剂。

(6)让健身锻炼者掌握中暑的症状以及如何处理的程序:即中暑—停止运动—转移出热环境—喝水—用凉毛巾、扇子等使身体冷却下来。

3. 冷环境

冷环境一般指气温在0℃以下,经常在冷环境中进行健身锻炼可以加速对寒冷的适应。但气温过低也会影响人的运动能力,低气温会增加身体的产热,增加肌肉的黏滞性,降低肌肉的工作速度。在体育活动中由于外周血管的舒张还会降低身体对寒冷的绝缘能力,而且身体如果长时间暴露在寒冷的环境中,低温的刺激会使肌体发生冻伤。因此,在寒冷的环境中进行健身要考虑冬季对运动产生的各种限制因素,注意肌体的保暖,做好热身活动和肌体的御寒准备。健身指导应建议健身参与者在寒冷环境中采用如下措施和方法:

(1)不要在极冷或大风中锻炼,而改为户内运动锻炼或者休息调整。

(2)穿合适的多层保暖衣服以隔离冷空气。

(3)当热身活动后可脱去一些衣服以减少出汗量,但仍要穿着足够暖和的运动服。

(4)尽可能地保持锻炼场所适宜的温度、湿度,因为汗液从皮肤蒸发能迅速降低体温。

(5)一旦锻炼者出现低体温,及时让锻炼者离开寒冷环境,避免潮、风并脱去湿衣服,喝热饮料并睡在暖和的睡袋中。

所以,分析运动过程中气候、气象等因素的各项指标,对制订健身计划及准备相关健身装备,有很大帮助。

二、人工环境健身策略

运动健身中的人工环境,是指人类为进行运动而修建的场地、建筑以及对运动发生影响的其他一些人类活动的产物。它包括半人工环境和完全人工环境。人工环境影响健身的几个主要因素是:人工环境的地理位置和形式、建造人工环境的材质属性及人工环境的色彩和照明。

运动场馆的修建应考虑自然地理和气候因素，包括日照、风向和降雨等因素，场馆的建筑形式应考虑空气和气流对场馆气温和方向的影响。运动环境所使用的材料，对运动的影响也很大。如常用的地面材料有泥土、煤渣、木材、水泥和塑胶等，这些材料的硬度、弹性和摩擦系数对体育运动本身影响较大。其他常见的地面材料还有高级复合地面、人工草皮和人工冰面等。

（一）色彩

色彩不仅能影响某些运动项目的表现效果，而且能够直接影响人的心理和生理状态。不同的色彩刺激视觉，能够引起人的大脑活动的不同反应。研究认为：红色表示有活力、健康，使人兴奋、易怒；蓝色表示清新、宁静，使人安静或萎靡不振；黄色意味着温和、光明，使人开朗、欢快；橙色表示兴奋、活泼，易使人受到刺激；绿色意味着生命和青春，使人趋于平和、安静；黑色使人心情沉重、压抑。运动场多采用红、橙、黄等暖色，以帮助运动员提高兴奋程度。色彩环境的枯燥和不协调能引起视觉疲劳并导致心理疲劳加快，从而降低运动能力。相反，悦目和协调的色彩环境会延缓疲劳的发生，减轻疲劳程度。对人体最适宜和最不容易引起疲劳的颜色还是自然色，因此，运动环境的色彩应趋向于自然色，同时应充分利用色彩的特性，创造更有利于提高体育运动效果的色彩环境。

（二）照明

在照明方式上，自然光优于人工照明。在人工照明环境中，人的工作能力也比自然光照明环境中下降10%。另外，室内运动时，直射光源不仅容易产生疲劳，而且产生的视觉留存余像还会严重破坏技术动作。因此，运动场馆应尽可能使用自然照明和间接照明。

（三）环境污染

随着社会的发展，环境污染对生态环境造成破坏，也使体育健身活动受到影响。环境污染对体育健身的影响主要是大气污染和噪声污染。大气是人类生存的重要环境，大气质量对健身者影响极大，其中主要有粉尘、碳氢化合物、铅、硫化氢和光化学烟雾等。粉尘进入人体后沉积在肺泡组织，对呼吸功能有一定危害。运动过程中由于人们通常伴以口呼吸，会使更多的粉尘沉积在肺泡内。因此，健身中应注意保持场地的湿度，降低空气中的粉尘含量。经常进行户外健身的人群，应注意选择运动的时间和地点，避开大气污染严重的环境。

许多环境污染都会损害健康，如一氧化碳、臭氧、二硫化碳。因为一氧化碳结合血红蛋白能力比氧气强约200倍，所以它能降低血红蛋白的运氧能力，故一氧化碳直接影响血液中的氧气的运输。血液中正常的一氧化碳含量：不吸烟者为1%，吸烟者为10%，而生活于受污染的城市中的居民可能为5%。血液中一氧化碳浓度达3%时运动锻炼能力即受到影响，达4.3%时最大有氧能力下降。紫外线反应和内燃机排放都能产生臭氧。

臭氧和二硫化碳可以收缩支气管,增加呼吸阻力,易诱发哮喘,从而影响运动锻炼能力。人体在臭氧 0.75ppm 浓度的环境中 2 小时,就会使 VO2max 降低。因此,长期暴露于臭氧中会损害肺的功能,并且在高温、高热的环境下更加严重,应尽量避免在臭氧和其他污染物浓度较高的时段进行剧烈运动。

健身类指导员应随时注意气象部门发布的"污染指数",必要时,为对污染敏感的人进行调整运动量等预防和干预措施,同时注意健身环境的清洁问题。

噪声对于人体的危害是多方面的。它能引起神经机能失调,头晕、心率不齐和血管收缩;使胃肠功能紊乱,食欲不振、消化不良;长期反复接触噪声会使听力减退,诱发心脏病等 50 多种疾病。噪声环境使人心情烦躁,容易疲倦,反应迟钝,导致运动能力下降。因此,健身活动中应远离噪声源。

此外,雾天忌在室外锻炼。雾是飘浮在地球表面低空中的细小水珠,水珠中溶解了一些酸、碱、盐、胺、苯、酚等物质。在细小的水珠中,还同时沾带了一些尘埃、病原微生物等固态小微粒。雾中含有的某些病原体在人体中潜伏期可达 1~5 年,轻则使人感冒、头痛,重则使人患高血压、肺气肿、肺心病、脑溢血等重大疾病。人在晨雾中做剧烈活动,如长跑、练操时,身体某些敏感部位接触这些有害物质并大量吸入,可能引起气管炎、喉炎、眼结膜炎和过敏性疾病。吸入密度大的雾气,肺泡内的气体交换还会受到影响,可引起人体供氧不足。雾中晨跑也会感觉胸中憋闷,有压迫感,易疲乏。因此,在有雾的早晨,可以灵活改变锻炼方法,最好改为室内晨练,并且要加强对身体的自我监督检查。一旦感觉不适,应及时治疗,确保晨练安全有效。

三、社会环境健身策略

健身是一种文化活动,它不仅依赖于运动器材和装备,自然环境和人工环境等物质条件,而且与一定文化氛围的社会条件有着紧密的联系。体育的社会环境主要影响健身者的情绪和深层意识,主要表现为对健身的基本态度和价值认识,以及决定健身内容、形式的选择甚至健身能力的差异。人生活在这个世上,总会与社会形成方方面面的联系,一方面,积极健身有助于调节健身者的情绪;另一方面,个人情绪也会影响健身效果以及参与运动的积极性。因此,树立良好的人际关系,培养乐观向上的人生观也对健身有着非常重要的影响。从社会来讲,人是社会的人,其观念和行为总会受到家庭、社会观念和行为的影响。一般父母爱好运动,其子女通常也爱好运动,一个倡导健身运动的社会环境则有益于人们投入到健身运动中去。当一个参加运动的人得到家庭、社会的支持和鼓励时无疑有助于其坚持参加运动。俗话说"物以类聚,人以群分",如能和喜爱运动的同龄人一起参加健身运动,将有利于相互交流思想感情,更好地促进身心健康,且有助于健身运动的坚持。

（一）家庭健身

家庭是社会构成中最基本的细胞，每一个人不仅从家庭继承了身体，而且也接受了家人对健身的态度和价值标准，这深深影响着人的性格和人生观。许多研究表明，父母或兄弟姐妹的运动兴趣和孩子所从事的健身锻炼有着紧密的联系。家庭健身是人们实现终身体育的起点和归宿。人的一生从家庭走进学校，步入社会，最终又回到家庭，家庭健身应成为终身体育的重要形式。家庭健身以家庭亲情为纽带，能够增添生活情趣和满足家庭成员身心需要，有效促进家庭成员优秀品质形成。

1. 家庭健身的要求

（1）考虑家庭成员的身体健康状况；

（2）合理选择和安排健身内容；

（3）充分利用家庭环境和条件；

（4）考虑健身内容的专门要求；

（5）选择适合家庭的健身器械。

2. 家庭健身内容建议

（1）步行。美国运动协会的运动学者科顿说："刚开始的时候并不要求你离开沙发进行1个小时以上的快步走，对于初学者，在初级阶段一次应该持续大约5～10分钟，然后逐步过渡到每次持续时间不少于30分钟，每次增加的时间最好不要超过5分钟。"另一点需要注意的就是：如果你想提高快步走的速度或加大坡度，之前应该先适当延长步行的距离。快步走的要领是：速度大约在1.56～1.79米/秒，头抬起来正视前方，后背挺直，手臂自然摆动。

（2）深蹲。健身时必须包含力量训练，尽量选择能让更多肌肉群参与运动的健身方法，深蹲是一个可以发展股四头肌、大腿后部肌肉和臀肌等非常好的健身方法。规范的动作应该是：两腿分开与肩同宽，保持后背挺直，然后屈膝下蹲，上身与小腿平行。

（3）弓步。跟深蹲一样，弓步可以让大部分的下肢肌群参与运动，包括有臀肌、股四头肌和大腿后部肌肉。而且，弓步会比深蹲更有效地改善平衡能力。规范的动作是：一条腿向前迈出一大步（大约为脚长的4至5倍），保持脊柱自然挺直，迈出腿的膝关节弯曲约成90度，将体重集中于未迈出的那条腿上并放低膝关节至接近地板的位置。如果想加大难度，可以手持哑铃做弓步。而如果想更全面地锻炼下肢肌肉，可以尝试侧弓步或反向弓步等。

（4）俯卧撑。如果动作规范的话，俯卧撑可以锻炼胸部肌肉、肩部肌肉、肱三头肌、甚至是躯干的核心肌群（腹部和后背）。俯卧撑适合任何运动水平的健身人群，对于一个刚开始接触俯卧撑或体力不好的人来说，可以从手撑在厨房柜台做起，然后慢慢依次转移到桌子、椅子和跪着撑在地板上做俯卧撑，最后，你就可以用脚趾和手接触地板做规范的俯卧撑了。标准的俯卧撑动作是：面向地板，两只手撑开的距离要比肩稍宽，将脚趾或膝盖放在地板上,使你从肩膀到脚趾或膝盖的身体部分处于悬空位置,这会让臀后部的肌肉和腹肌参与运动,然后屈或伸肘关节来放低或撑起身体,整个过程中要保持躯干稳定。

(5)仰卧起坐。仰卧起坐(以及在它的基础上改进的动作)是消除腹部赘肉非常好的健身方法。标准的仰卧起坐应该是双腿屈膝成90度左右,后背和脚平放在地板上,双手微扣,指尖轻触头部,然后收缩腹部肌肉,依次使你的头部(下巴微微收缩)、颈部、肩膀和后背远离地板。

(6)健身操。健身操不受场地、时间限制,不受年龄和训练水平影响,老少皆宜,适合室内外健身锻炼。目前各种适合家庭选择的健身操音像制品和媒体节目均十分丰富,可根据家庭成员不同的年龄特点、运动能力和条件,编排或选择不同的健身操进行健身锻炼。

(7)弹力带。弹力带不仅物美价廉,不占空间,便于携带,同时颜色丰富,非常漂亮。弹力带由天然乳胶制成,是通过拉伸产生的弹力作为阻力的一种运动器具。弹力带的作用丰富,不仅可以有效改善肌力、身体活动能力和灵活性,还能有效提高运动质量,帮助治疗多种慢性疾病。

家庭健身的方法还有很多,大家可以多了解一下这方面的知识,然后根据自己的喜好和承受力来选择自己喜欢的运动方法,这样才能够到达良好的健身效果。

(二)办公室健身

办公室环境下,许多岗位都要求整天坐着上班。久坐对身体是有很大的危害的,短期看来,久坐会导致腰间酸痛、脖子僵硬,不利于人体的身体姿态;长期来看,久坐是各种疾病的温床,会导致下肢静脉曲张、痔疮、腰椎损伤等。别让繁忙的工作阻挡你健身的步伐。

1. 办公室健身注意事项

(1)明确健身目的。办公室健身的主要目的不是增强体质、增肌减脂、保持体形等,而是改善办公室工作环境对身体造成的不良状况,缓解压力、放松肌肉、恢复体力、保持旺盛精力。

(2)选择合适器械。适合办公室的健身器材种类很多,如何选择不仅要考虑是否影响办公环境,还要考虑携带和使用方便、性别特点以及自身健身需要。

(3)控制健身负荷。办公室健身负荷要适宜,不能影响正常工作,可安排在工作间歇时间或者工作结束之后

(4)选择合理内容。针对办公室环境和健身器材使用条件,选择合理的健身内容和手段。

2. 办公室健身内容建议

公室长时间坐着工作,很多人会感觉疲劳难受,在办公桌旁有多种简单的健身运动

可以尝试，稍微做几分钟就可能缓解压力、放松肌肉、恢复体力。

（1）办公室登山跑。方法是面对办公桌站立，双手打开稍比肩宽撑住办公桌边缘。身体前倾，双脚向后方走几步，缓慢下降臀部，使身体形成一个夹角。双脚保持平衡，提起右膝，使右膝靠近胸口。接着换边进行。在完成该练习时一定要将腹部收紧，完成3组，每组15~20次。

（2）坐姿收腿。坐在凳子（没有滑轮）的边缘，将双手放在身体两侧，双手握住凳子边缘。双脚伸直蹬出，勾脚尖，在保持背部挺直的情况下尽量使背部向后靠，双膝和胸腔同时向中间靠拢。然后还原至初始状态，重复动作。初学者可以尝试一条腿接触地板将另一条腿收向躯干，然后交替换边。确保完成这个动作时不要着急，将动作放慢。完成3组，每组10次。

（3）深蹲推举。双脚站距与髋同宽。将弹力带踩在脚下，双手握住弹力带两端。下蹲至深蹲姿势，在缓慢站起。接着，像做二头弯举一样将弹力带拉向肩膀，然后将弹力带举过头顶。最后缓慢放下双臂，从最初的动作开始重复。这个动作可以唤醒身体能量，它可以锻炼到三个肌群。完成3组，每组10次。

（4）侧向旋转。将弹力带系在门把上，关上门。双脚站距与髋同宽，身体与门成90度站立。双手握住弹力带，双手位置与肩同宽。朝门的反方向转动双脚，将弹力带拉向远离门的一侧。换边，重复动作。此动作可以锻炼腹内外斜肌。完成3组，每组每边做15次。

此外还可以做几个瑜伽动作，注意力会更集中，情绪也会缓和不少，也可以跳跳绳，让肌肉更有平衡感。

（三）社区健身

社区是指一定区域内，按照一定的社会制度和社会关系组织起来的，具有共同人口特征的地域生活共同体。人们总是生活在一定的社区之中，人们彼此会产生一种认同意识，并在生活方式或文化习俗上有某些共同特征。学校、工厂、街区、城市和乡村都是不同层次、规模和种类的社区。社区不但决定着运动场地等基本运动设施的状况，而且也通过闲暇生活方式和运动传统等影响着人们的运动方式和价值判断等。从许多运动之乡和有运动传统的学校、工厂、农村的体育情况中，可以看出社区生活对健身有正、反面两方面的影响。

第二节 不同季节健身指导

一、春季健身方案

一年之计在于春，春意盎然，理应将健康进行到底。然而，"草堂春睡足，窗外日迟迟。"的确，一年一度的春困搅得人无精打采，实在令人厌烦。怎样才能让自己逢春而不困呢？

人之所以犯春困，主要是因为冬天天气比较寒冷，人的新陈代谢比较慢，需要的氧气也很少。而春天天气突然转暖之后，人的新陈代谢随即变快，需氧量大增，供氧量就显得相对不足，导致人的身体感到困乏和不适。在天气变化大的时候和地区，这种现象会更加明显，但只要没有特别的症状，这就是一种正常现象。

要解春困首先要注意日常的生活起居。既然总是犯困，就说明睡眠存在不足，所以作息时间一定要有规律，早睡早起，保证充足的睡眠。

此外，适当调整饮食，在睡觉前千万不要喝浓茶或者咖啡，因为这样会导致大脑兴奋，从而影响睡眠；相反，在早餐后喝上一杯浓浓的咖啡，午休后喝上一杯浓茶，都有助于在工作期间保持兴奋。

要解春困关键还得勤锻炼。勤锻炼首先可以增强人的体质，让人更容易适应天气的变化，保持旺盛的精力。更重要的是，如果大家养成了锻炼的习惯，每天早上起来后，出去小跑一会儿，出一身汗，再洗个热水澡，就能感到一身轻松，并让神经系统兴奋起来，从而在上班时间保持轻松的心态和饱满的工作热情。

最后特别提醒大家，虽然解春困的根本在于勤锻炼，但大家一定要根据自己的身体特点来选择锻炼方式，不要一味追求锻炼的量，如果锻炼过猛的话，只会让人感到更加困乏。

春天正是享受森林浴的好时节。听听鸟语，闻闻花香，呼吸着森林中的新鲜空气，置身其中，令人心旷神怡，流连忘返，不但可以放松精神、消除疲劳，而且使全身的经络气血运行舒畅与和谐。森林中树木散发出来的芳香，具有杀菌作用。有研究表明，如果把新鲜的桦树或栎树的叶子切开，在那里注入结核菌或大肠菌，几分钟以后，这些病菌就会全部死亡。因此，当你在享受森林浴时，森林中含有多种药理作用的树木花草，会不停地散发各自含有药理作用的微粒流，这些比其他地方浓度高的微粒流完全可以通过口、鼻、皮肤进入人体而到达全身，培养人体的正气，可以起到防病抗邪的效果。春天人们除采用或沿袭原有的健身方式外，可多进行一些森林浴。

森林浴的具体做法有：

散步。当我们漫步在林海或浓荫之间时，各个关节会自动替自己"加油"，使各机能发挥它的功能，身体的四肢及五脏六腑等都会自动协调，有韵律地活动着，尤其可以促进细胞的新陈代谢作用。

做体操。在森林中行走、做体操，可以舒展筋骨和肌肉，减缓骨骼和肌肉的老化过程，能够使人长寿。

推拉运动。用手抓住树木的某个部位，全身随手臂的屈伸做来回推拉运动，可用于治疗腰痛，还能使头、肩、背部得到舒展，消除疲劳。

闭目养神。在森林中闭目养神，忘掉周围一切，在幽静的环境中，使大脑极度放松，可调节人的自律神经系统，对治疗神经衰弱、失眠等极为有效。

腹式呼吸。深吸一口气，在15～20秒内将气缓慢全部呼出；用鼻呼吸10～20秒；暂停呼吸五秒钟左右。将上述3个动作连续做10～15次，可以调和五脏六腑。

仰天长啸。当你因各种原因引起忧愁、苦恼、焦虑、悲哀、精神抑郁时，会呼吸短促，气郁闷胀，你可以在森林中放开喉咙，昂首挺胸，仰望天空，尽情地、有节奏地发出吼声或呼叫声，每间隔30秒至1分钟吼叫一声，连续10～20声为一次，每日一次，顿时就会精神振作、轻松愉快、心平气和、胃口大开。大吼大叫可以吸入大量的氧气，增加肺活量，改善呼吸功能，提高胸廓的舒张幅度，调节神经系统的兴奋性，增强胃肠蠕动，促进胃液分泌，可以达到健身治病的目的。

日光浴。由于森林中树叶的作用，阳光疏密适中，人体能适当地受到紫外线的照射，从而增强人的体质，是适合做日光浴的最佳地点。不会像在强烈阳光曝晒下那样，造成皮肤灼伤。

二、夏季健身方案

夏日炎炎，稍微动一动就会出汗，更不要提运动了。于是，不少人一到夏天就懒得动，甚至连体育锻炼也放弃了。其实，健身完全可以按照四季变化合理调节。夏季是人体新陈代谢最活跃的季节，只要注意劳逸结合，运动就能取得比较好的效果。同时，体质的增强，也能帮助我们安然度夏。

"冬练三九，夏练三伏"，意思是不管天气多冷或多热，都应坚持体育锻炼，这样才能使身体更好地获得"顺四时、适寒暑"的能力。其实，在炎热的夏季，不爱体育锻炼的人，越是怕热越觉得热，越不活动，肌体适应外界环境的能力就越差。在热环境下锻炼，能使皮下毛细血管扩张，体腺开放加速，散热能力得以提高，使肌体有更强地调节体温的能力，所以很多专家提倡"夏练三伏"。

现代医学研究认为，科学合理的运动能改善人体各个系统的功能，从而起到祛病延年、健康长寿的作用。夏季高温闷热，人体消耗能量特别大，各器官的衰老比其他季节更为明显。如果能够在夏季坚持锻炼，其抗衰健体效果将更加显著。

增强心血管系统功能。运动可使心脏的冠状动脉口径增粗，让心脏的供血更加充分，以适应夏季高能量消耗的需要。通过夏练，心脏的交感神经紧张性相对减轻，心率明显减慢，从而使心脏负担减轻，心肌耗氧量减少，可避免心血管疾病的发生，对健康十分有利。

促进呼吸系统功能。夏天往往气压较低，在这种状态下进行锻炼，呼吸必会加深。因此，夏练能提高呼吸器官功能，使气体交换充分，血液中氧含量增高，物质的氧化过程更加完善，从而保证身体各项新陈代谢的需要。

促进消化系统功能。夏天，人体的消化功能常处于低下状态，胃酸分泌减少，导致食欲不振，而且容易患胃肠道疾病。人的消化系统是在植物神经系统的调节控制下进行生理活动的。坚持夏练，可以使腹横肌活动幅度逐步增加，可以人为地改变交感神经和副交感神经系统的兴奋强度，从而增强消化系统的功能。同时，夏练能使唾液分泌量增加，增进人们的食欲，并保持大便通畅，有利于防止消化道疾病。

改善代谢和内分泌系统功能。目前，血脂（包括胆固醇、甘油酯和磷脂等）高的人愈来愈多，血脂高容易导致动脉硬化。通过运动锻炼，可以改善肌体的物质代谢，使总胆固醇、甘油三酯均有所降低，对防止动脉硬化有积极意义。同时，运动锻炼可以改善体内激素的水平，起到延缓生理老化、减轻病理损伤的作用。

总之，夏季坚持参加各种项目的体育锻炼，可以使人精神愉快，身体健康，适应大自然。

运动、健身贵在坚持，但夏日炎炎，顶着烈日运动不止的方法也是不科学的，为此有关专家提出以下八项"运动纪律"。

一是避免高温"作业"。夏季一般以低运动量、短时间的方式进行健身为好，将锻炼调整到一天中较凉爽的时段，或者利用空调降温。要尽量避免在阳光强烈的正午到下午2时参加户外运动，这时的紫外线特别强，会灼伤皮肤，甚至使视网膜、脑膜受到刺激。

二是选择吸汗服装。夏天运动一定要穿吸汗功能好的棉质衣服，运动服不能过紧，如果汗液排不出去，会对心脏造成很大的压力。并且不可以用自己的身体来烤干衣服，运动后马上脱下湿衣服。

三是提前补充水分。运动出汗会使人体内水分流失较快，因此运动前半小时应喝800毫升水。如果户外运动时间超过30分钟，一定要带瓶水，最好是含一定盐分的水。

四是合理摄入食物。运动前一个小时要吃些主食或水果之类的食物，以防止摄入热量过低，导致体力不佳。

五是运动后饮食适量。运动后饮水过多过猛，会给血液循环系统、消化系统，特别是心脏增加负担。建议采用少量多次的喝法，即每次饮水只喝几口。另外，运动后也不可吃过量冷饮，否则会使肌体因内冷外热而失去平衡，引发肠胃不适。

六是降温不可太急。运动后不要马上洗冷水澡或吹电扇、开空调。因为运动后全身各组织器官新陈代谢增快，扩张的毛细血管突然遇冷马上收缩，会打乱体内器官正常功能，容易患伤风感冒。

七是莫忘防暑措施。如果做户外运动，最好戴上运动墨镜、太阳帽，擦上防晒霜来防止紫外线的侵袭，并带上清凉油、藿香正气水（丸）来预防中暑。有条件的话，最好再带上一个心率监控器。

八是降低运动强度。夏季最好的运动是游泳，锻炼的同时还有降温作用。如果一定要做远途运动，就要注意体温的散发。在阳光下行走时，可以用水把太阳帽浸湿；在阳光照射不到的地方行走时，把帽子摘掉。注意勤休息，休息时可解开上衣领口并放下随身携带的背包。

三、秋季健身方案

秋季是由热转凉，再由凉转寒的季节。从立秋到霜降，秋季的气候变化经历了由热转凉，由凉转寒两个阶段。

秋季锻炼应注意的问题包括：

一是注意衣着，防止感冒。秋季和夏季不同，秋季清晨的气温已经开始有些低了，一般锻炼时出汗较多，稍不注意就有受凉、感冒的危险。所以，千万不能一起床就穿着单衣到户外活动，而要给身体一个适应的时间。尤其是老年人，在早晨醒来后不要马上起床，因为老年人椎间盘松弛，突然由卧位变为立位可能会发生扭伤腰背部的现象，有高血压、心血管病的老年人起床更要小心，可以在床上伸伸懒腰，舒展一下关节，稍休息一会儿再起床。

二是及时补水，防止秋燥。从潮湿闷热的夏季进入秋季，气候一下子干燥起来，温度也降低不少，人体内容易积累燥热，而且秋季空气中湿度减少，容易引起咽喉干燥、口舌少津、嘴唇干裂、鼻子出血、大便干燥等症状。再加上运动时丧失的水分会加重人体缺乏水分的反应，所以，运动后一定要多喝开水，多吃梨、苹果、乳类、芝麻、新鲜蔬菜等柔润食物，或是平时多喝冰糖梨水、冬瓜汤等来保持上呼吸道黏膜的正常分泌，防止咽喉肿痛。

三是循序渐进，切忌过猛。有的人觉得运动量大、身体才能练好，抵抗力才能增强，其实不然，运动跟吃饭、睡觉一样，都是适度才好。从中医理论讲，秋季是人体的精气处于收敛内养的阶段，所以运动也应顺应这一原则，运动量应由小到大，循序渐进。锻炼时如觉得自己的身体有些发热，微微出汗，锻炼后感到轻松舒适，这就是效果好的标准。相反，如果锻炼后十分疲劳，休息后仍然身体不适、头痛、头昏、胸闷、心悸、食量减少，那么，运动量可能过大了，下一次运动时一定要减少运动量。

四是运动保护，预防损伤。由于人的肌肉和韧带在秋季气温下降的环境中容易反射性地引起血管收缩，关节生理活动度减小，因而极易造成肌肉、肌腱、韧带及关节的运动损伤。因此，每次运动要注意方法，除了做好充分的准备活动外，运动的幅度、强度都要重视，不要勉强自己做一些较高难度的动作，以防损伤。

五是晨起锻炼，不能空腹。有的人习惯早上起床就先去锻炼，练完再吃早饭，这样对身体不太好。因为运动时身体会消耗大量的能量，经过一夜的消化和新陈代谢，前一天晚上吃的东西已经消化殆尽，身体中基本没有可供消耗的能量了，如果还在腹中空空、饥肠辘辘时锻炼，很容易发生低血糖，对老年人来说更为严重。所以，起床后、运动前应该适当喝些糖水或吃点水果垫一垫，这样让身体得到一些启动的能量，会更有利于健康。

六是酒足饭饱，不宜运动。现代人的生活习惯已经很少是"日出而作,日落而息"了，晚上睡得晚，早上上班又早，不少人没有时间早上锻炼，所以有人就把锻炼的时间定在了晚饭后。能够坚持锻炼是件好事，不过，饭后立即进行运动，哪怕是散步也是不利于健康的。这是因为饭后消化系统的血液循环大大增加，而身体其他部位的血液循环就会相对减少，如果马上开始运动，消化的过程受阻，胃肠容易生病。所以饭后30分钟后再进行运动为宜。

七是晨跑锻炼，不宜路边。秋季在林荫大道上慢跑，呼吸清新的空气，有利于人体健康。但是，在现代城市中，车水马龙的马路越来越多，不少人为了省事，就在马路边慢跑来锻炼，其实这是很不健康的。因为秋季气候干燥，灰土容易飞扬起来，使空气受到污染，在马路边跑步，肺活量增加，会吸入更多的灰尘和汽车排出的有害气体。无形中增加了对身体的损害。所以，晨跑和锻炼最好选择在公园等安静又干净的地方进行，而不宜在马路边慢跑。

八是锻炼的同时，保证睡眠。健身运动一定要在最佳的精神状态和生理状态的情况下，用饱满的情绪投入到健身运动中，才能取得身体锻炼的成果和精神情趣的愉悦。俗话说"春困秋乏"，进入秋季，气候宜人，日照时间变短，利用这一好时机尽可能保证睡眠充足不仅能恢复体力，保证健康，也是提高肌体免疫力的一个重要手段。所以，在秋季要遵照人体生物钟的运行规律，养成良好的睡眠习惯，这时，再加上有序、科学的锻炼，身体才能越来越好。

九是调整饮食，增强体力。到了秋季，天气转凉，人们都会食欲大振，使热量的摄入大大增加。再加上气候宜人，使人睡眠充足，为迎接寒冷冬季的到来，人体内还会积极地储存御寒的脂肪，因此，身体摄取的热量多于散发的热量。所以，在秋季既要多吃有营养的食物增强体力，也要注意体重增加，尤其是本身就肥胖的人。注意多吃一些低热量的食品，如赤小豆、萝卜、竹笋、薏米、海带、蘑菇等，不吃重油腻味的食物，免得加重肠胃负担，还会使体温、血糖上升，使人萎靡不振，产生疲惫感。

四、冬季健身运动方案

冷空气引起表皮血管收缩，阻止了暖和血液流至体表，限制了血液向体表传热。若这种反应持续时间延长，则导致发生皮肤冻伤。对于一些易感人体来说，冷空气能诱发心绞痛、哮喘、上呼吸道疾病等。当气温低于零下6℃时，最容易使人患冻疮。因此，健身锻炼者在运动时要穿上合适的衣服，同时要知道如何处理皮肤冻疮。一旦冻疮产生，受影响的部位应浸在温水中，不要按摩该部位。

在低温环境下，身体散热快于产热，体温下降。由于风和环境的潮湿等综合作用，大多数体温降低都发生在0℃以下，当身体浸于水中时，体表散热比在相同温度的空气中要快20倍。而健身锻炼的目的，就在于让健康的人能在寒冷的环境下坚持更长的时间并减少体温降低的可能性。建议健身参与者在寒冷环境中采用以下措施和方法：

一是锻炼不宜骤然进行。冬季锻炼前应先做些简单的四肢运动，以防韧带和肌肉扭伤。

二是雾天不宜进行锻炼。雾是由无数微小的水珠组成的，这些雾珠中含有大量尘埃、病原微生物等物质，锻炼时由于呼吸量增加，肺内可能会吸进一些有害物质。

三是锻炼时不宜用嘴呼吸。冬季锻炼应养成用鼻子呼吸的习惯，因为鼻子里有很多毛，它能滤清空气，使气管和肺部不受尘埃、病菌的侵害。另外，寒冬气温低，冷空气进入鼻孔后即可得到加温。

四是锻炼时不宜忽视保暖。穿合适的多层保暖衣服以隔离冷空气。开始锻炼时，不应立即脱掉外衣，等身体微热后再逐渐减衣，锻炼结束时，应擦净身上的汗液，立即穿上衣服，以防着凉感冒。

五是不宜空腹进行锻炼。近年来的研究表明，清晨人体血糖偏低，血液黏滞，加上气温低，血管收缩等因素，若空腹锻炼，人就可能因低血糖和心脏疾患而猝死，故中老年人早晨起床要舒缓，适当进餐、饮水后锻炼。

六是不宜早起外出锻炼。近年，科学证实，冬季的早晨空气并不新鲜，只有下午4时左右的空气才富含负氧离子，那种"闻鸡起舞"的观念应予以更新。

七是不要在极冷或大风中锻炼，而改为户内运动锻炼或者休息调整。

八是尽可能地保持锻炼场所适宜的温度、湿度，因为汗液从皮肤蒸发能迅速降低体温。

九是一旦锻炼者出现低体温，及时让锻炼者离开寒冷环境，避免潮、风并脱去湿衣服，喝热饮料并睡在暖和的睡袋中。

思考题

1. 试述如何利用自然环境开展健身锻炼。
2. 简述人工环境对健身有什么不利影响。
3. 简述家庭健身和办公室健身的不同特点。
4. 举例说明不同季节健身的特点和要求。

第八章　身体不同部位健身健美指导

> **本章导语**
>
> 　　当今社会无论男女都希望自己能够拥有一副完美的身材。随着对自身身材要求的提高，人们对于健身的需求也越来越多。选择针对身体各部位的健身健美方案，不仅能够发达肌肉、增长力量、增进健康、增强体质，而且可以改善体形体态、矫正畸形、调节心理、陶冶情操。

第一节　颈部肌群健身健美指导

　　早在古希腊时代，人们就认为：健美的人体应具有宽敞的胸部、灵活而强壮的脖子和块块隆起的肌肉。由此可见，颈部的强壮与否直接关系到一个人是否具有雄健、英武和健美的形象。颈部强健的胸锁乳头肌，能显示出男性的阳刚之气；女性颈部两侧对称修长、脖颈圆润而富有弹性、皮肤白皙细腻、袒露或缀以装饰，再配合后颈部飘荡的青丝与摆动的腰臀，会增添无限魅力。如果颈部脂肪堆积，则显得臃肿。颈部保持良好的姿态和曲线可以增添人的风度和气质美。

　　要想使颈部变得强健漂亮，就必须锻炼胸锁乳头肌、斜方肌、颈阔肌及夹肌、头长肌、颈长肌等与颈部健美有关的肌肉。

一、颈部肌群练习手段

（一）站姿颈屈伸

　　作用：主要发展和健美颈部斜方肌和胸锁乳突肌等肌群。

　　要领：以发展颈后肌群为例，两脚自然开立，两手在脑后，手指交叉托住头部，头稍向后仰。先两手用力将头向前下屈，至下颌贴近胸前。稍停后，在施以压力的情况下，抬头还原。如此重复。如锻炼颈前肌群，则两手交叉，双手手掌按在前额，双手和头颈用力方向与上述动作相反。下压时呼气，抬头时吸气。如图9-1-1所示。

　　提示：体姿要固定，动作要平稳，两手所给予的压力要适当。

（二）侧向颈屈伸

　　作用：主要发展和健美胸锁乳突肌及颈侧肌群。

要领：两脚自然开立，先以左手托住头部左侧，头向右侧倾斜。然后，借用左侧颈部的肌肉力量把右倒的头部还原。依此重复。左侧练完后练右侧，用力方向相反，动作要领相同。亦可采用坐姿练习。用力时吸气，还原时呼气。如图 9-1-2 所示。

提示：体姿要相对固定，手用力不要过猛，逐渐增加相应的作用力。

图 9-1-1　　　　　　　　　　　　　　图 9-1-2

（三）仰卧颈屈伸

作用：主要发展和健美胸锁乳突肌。

要领：仰卧长凳上，后脑颈部露出凳端，使颈部肌肉放松后仰下垂，然后抬头，至下颌紧贴前胸，稍停后放下还原。如此重复。亦可戴"练颈帽"负重练习。抬头时吸气，放下还原时呼气。如图 9-1-3 所示。

提示：下肢要固定，头颈部伸出凳端。放下还原时动作要缓慢。

（四）俯卧颈屈伸

作用：主要发展和健美颈部后群肌。

要领：俯卧长凳上，使头部露出凳端，以两手托住后脑（或者两手托住重物）。先使颈部放松下垂，再将头部抬起，稍停后，头下垂还原。亦可戴"练颈帽"负重练习。抬头时吸气，还原时呼气。如图 9-1-4 所示。

提示：头在用力抬起或放松下垂时，动作起伏要平稳、稍慢，用力均匀。

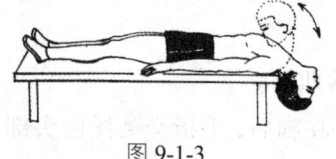

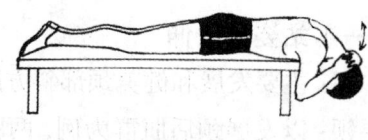

图 9-1-3　　　　　　　　　　　　　　图 9-1-4

（五）俯立颈屈伸

作用：主要发展和健美颈后肌群和胸锁乳突肌。

要领：把"练颈帽"戴在头上，在下垂绳上悬挂重物，两脚自然开立，上体前倾，两手手掌按于膝上，或扶住支撑物，挺胸紧腰收腹，然后使头向上抬起，稍停，再缓慢地放下还原。抬头时吸气，下垂时呼气。如图 9-1-5 所示。

提示：上体姿势固定不动，颈部屈伸动作速度要缓慢，着力点应集中在颈部。

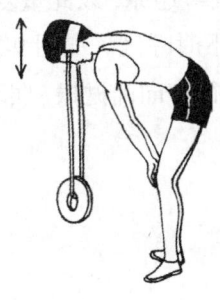

图 9-1-5

二、颈部肌群练习建议

（一）锻炼的初级阶段

一般只进行徒手颈绕环和左右转颈等练习，也可不安排专门的颈部练习，6个月后每次课选择 1～2 个动作，每个动作练习 2～4 组，每组 10～12 次左右。

（二）在没有专门器械的情况下

可以徒手（或毛巾）的自抗力练习为主；6个月至1年后，可加重量练习，如负重颈屈伸等，以使颈部肌群与全身肌群平衡发展。

第二节　肩部肌群健身健美指导

假如现代女性拥有一对丰满圆滑的双肩，现代男子拥有一副宽阔厚实的肩膀，则无疑是独具魅力的。而决定肩膀宽度和健美与否的条件有两个：一是锁骨和肩胛骨的长短与大小，二是锁骨末端附着的三角肌的丰满程度。肩窄的根本原因是锁骨和肩胛骨周围附着的肌肉群不发达而无力，使得锁骨和肩胛骨远端下垂。另一方面两个横面的肌肉发展不平衡，前紧后松继而形成扣肩凹胸。锁骨和肩胛骨的长短大小，除与先天的遗传因素，还与后天缺乏锻炼、不注意保持正确姿态有着重要关系。

男性要想展示肩的宽度和力度，体现"倒三角形"体型。女性要想体现肩的圆滑感，展现柔美的曲线，并弥补"塌肩""窄肩""瘦肩"和"锁骨窝太显"等先天的不足，唯一的办法就是加强肩部肌肉锻炼。

一、肩部肌群练习手段

（一）站姿提肘上拉

作用：主要发展和健美三角肌前束、后束和斜方肌，它与胸上部的肌群配合锻炼，可使上胸部挺拔饱满。

要领：两腿自然开立，正握杠铃，两手间距约同肩宽，持铃下垂于腿前。先慢慢贴身上提杠铃至最高点，稍停后，慢慢贴身还原，以此重复。可采用并握、窄握、中握、宽握等握法练习。提杠时用力吸气，放下时呼气。如图9-2-1所示。

提示：提拉杠铃时沿胸腹走，不得有向前抛振、摆动动作。杠铃杆抬至与锁骨平行时，肘关节应高于肩关节和腕关节。

图9-2-1　　　　　　　　　　图9-2-2

（二）站姿侧平举

作用：主要发展和健美三角肌中束和冈上肌、斜方肌，增加两肩的宽度。

要领：两脚自然开立，两手拳眼向前，持铃下垂于体侧。先用力向两侧平举，稍停后，慢慢放下还原体侧。如此重复。侧平举时吸气，放下时呼气。如图9-2-2所示。

提示：侧平举时挺胸收腹，上体不得摆动。侧举高度不得低于肩。

（三）站姿前平举

作用：主要发展和健美三角肌前束和斜方肌。

要领：两腿自然开立，正握杠铃下垂于腿前，两手握距与肩宽，先直臂持铃经体前举起与肩高，稍停后直臂慢慢放下还原。如此重复。前平举时吸气，放下还原时呼气。如图9-2-3①②所示。

图9-2-3

提示：举铃时肘关节伸直，上体不准前后摆动和耸肩借力。还原过程要直臂、挺胸、收腹、紧腰用力控制下落。

（四）俯立飞鸟

作用：主要发展和健美三角肌后束和上背肌群。

要领：两脚站立与肩宽，两手各持一只哑铃，上体向前屈成 90° 角，两手垂直，手心相对，两臂向身体两侧尽量上举。上快落慢，如此重复。用力平举时吸气，还原时呼气。如图 9-2-4 ①②所示。

提示：向侧上方边屈肘边举起至最高点时，前臂与上臂的夹角控制在 130 度左右。躯干不得上下起伏，两腿站直，膝关节锁紧，挺胸，不得振摆借力。还原时两哑铃不得碰撞。

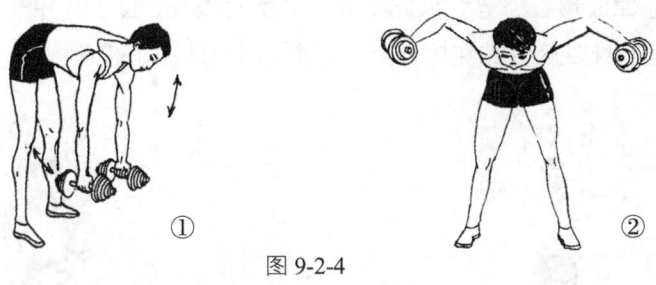

图 9-2-4

（五）颈后推举

作用：主要发展和健美三角肌中束和肱三头肌、斜方肌。

要领：两脚开立（或坐凳上），两手正握杠铃置于颈后肩上，上体保持挺胸收腹紧腰。先推铃至头后臂伸直，稍停后慢慢放下还原至准备姿势。如此重复。如使用推举器练肩亦相同。上推时吸气，放下时呼气。如图 9-2-5 ①②所示。

提示：始终保持挺胸收腹，调整杠铃重心与身体重心的平衡。

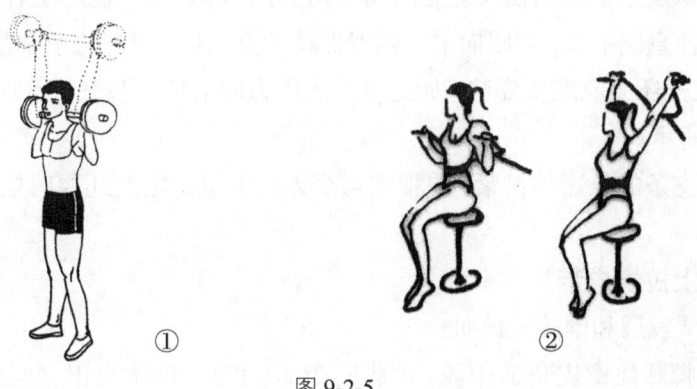

图 9-2-5

（六）颈前推举

作用：主要发展和健美三角肌前束和肱三头肌、斜方肌。

要领：两脚开立（可坐凳上），两手持铃提至肩胸上（哑铃提起置手臂部外侧）。上体保持挺胸收腹紧腰，全身直立。先垂直向上推铃至臂直，稍停后，两臂慢慢还原至预备姿势。如此重复。上举时吸气，放下时呼气。如图9-2-6所示。

提示：上举时用力方向应垂直向上，头部保持正直。如用哑铃练习时还可以交替上举。不准借助于上体摆动或躯干屈伸的力量来完成动作。

（七）坐姿推举哑铃

作用：主要发展和健美三角肌、肱三头肌和背部肌群。

要领：坐在有靠背的椅子上，紧腰，收腹，挺胸，双手握哑铃屈臂置于两肩外侧，拳眼向后。两臂同时用力向头的左右外侧上方推举至完全伸直为止，稍停，接着屈肘，使哑铃下落于肩还原成预备姿势。如此重复。上举时吸气，放下时呼气。如图9-2-7所示。

提示：做时上身要挺直靠在椅背上，双臂同时直线向上推举。

图 9-2-6

图 9-2-7

（八）平举下拉橡皮带

作用：主要发展和健美三角肌、大圆肌、小圆肌。

要领：将橡皮条中段挂在头上方的固定物上，两脚开立（也可坐着），两手抓紧橡皮条两端，两臂伸直侧平举，拳眼向前。两臂保持伸直，用力向下拉至贴紧身体，稍停。然后两臂慢慢放松还原成准备姿势，如此重复。用力向下拉时吸气，还原放松时呼气。如图9-2-8①②所示。

提示：橡皮条的长短与松紧，应根据每个人的力量而定。还原时应控制橡皮条回拉的速度。

（九）侧上拉橡皮带

作用：主要发展和健美三角肌。

要领：两脚踩住橡皮条的中段，两脚间距20厘米，身体成正立姿势，重心微下沉，两手分别抓住橡皮条两端，直臂垂于体侧。开始练习时，三角肌用力收缩，两臂保持伸直作侧平举，将橡皮条拉至与肩同高稍停。然后，慢慢回落成预备姿势，如此重复。用力侧平举时吸气，回落时呼气。如图9-2-9所示。

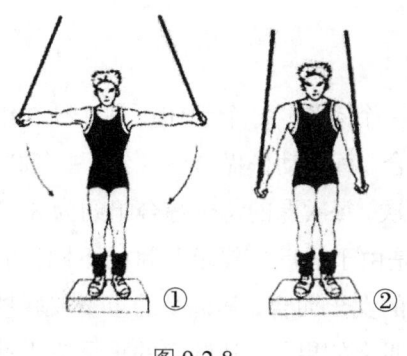

图 9-2-8

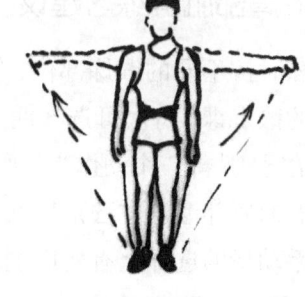

图 9-2-9

提示：拉至侧平举回落时不得屈肘，用三角肌的力量控制回落速度。

（十）站立耸肩

作用：主要发展和健美斜方肌、肩胛提肌、三角肌。

要领：两脚开立，正握杠铃，持铃下垂于腿前（或持哑铃于体侧），先向上提肩将杠铃提起至最高点，稍停后，再还原。如此重复。提铃时吸气，放下时呼气。如图9-2-10所示。

提示：耸肩时动作幅度要大，肩峰好像是要触及耳朵。主要是肩部用力，不得屈臂借力。除可以直接向上耸肩之外，也可以做成两肩由前向上、向后、向下的绕环动作，对矫正驼背和两肩前倾有良好效果。

图 9-2-10

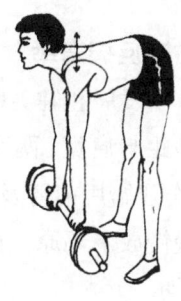

图 9-2-11

（十一）俯立耸肩

作用：主要发展和健美三角肌后束、斜方肌和上背肌群。

要领：两脚开立成俯立，两手持铃下垂于腿前，两臂肌群完全放松。先使两肩向上耸起至最高点，稍停后慢慢放松，下垂还原，如此重复。向上耸起时吸气，放下时呼气。如图9-2-11所示。

提示：耸肩充分，动作过程中两臂肘关节不能弯曲借力。上体也不准摆动。

二、肩部肌群练习建议

初练时按不同的锻炼部位，每次课可安排一个动作，每个动作可做 2～3 组；半年至一年的锻炼课，每次可选择两个动作为一组合，每个动作做 2～4 组；一年以后应根据实际情况，选择三个动作为一组合，每周练两次，每次课的每个综合组约为 8～10 组。

一般的肩部锻炼方法是男女大致相同，只是由于锻炼的要求和目的不同，在试举的重量和运动量的选择上有所区别。对要求减肥的女子而言，其试举的重量要轻些，次数可多些，每组一般 14 次以上；对部分为了发达肌肉的男子，其试举的重量应大些，次数可少些，每组一般 8～12 次。在锻炼中，还必须根据肩部的生理特点，把每个动作按不同的部位（如肩部的前中后）合理地安排在训练课中，以使"肩膀"周围的肌群都能得到锻炼。

第三节　臂部肌群健身健美指导

自古以来，胳膊就被视为力量的象征，它是完成人的基本活动的重要器官。在我国历史上人们也一直把臂力过人的英雄作为崇拜的偶像，如力举大鼎的楚霸王、倒拔垂杨柳的鲁智深。

一、臂部肌群练习

（一）站姿反握弯举

作用：主要发展和健美肱二头肌、肱桡肌及前臂前群肌。

要领：站距与肩宽，两手反握杠铃或哑铃垂于腿前（手心朝前，拳眼向外）。握距稍宽于肩。动作开始用前臂及肱二头肌的力量慢慢向身体方向弯举至肱二头肌完全收紧。稍停后，再慢慢放下还原。如此重复。向上弯举时吸气，放下时用口呼气。用胸式呼吸。如图 9-3-1 所示。

提示：练习时肘关节应悬空，离开身体 5 厘米远，不得借力和搁在髂骨上。初练者在动作过程中，上臂可以紧贴体侧不准前后移动。

图 9-3-1

图 9-3-2

图 9-3-3

（二）坐姿托肘固定弯举

作用：主要发展和健美肱二头肌及前臂屈肌群。

要领：两脚开立，上体稍前倾，两臂伸直搁在斜板上，拳心向前，两手握杠铃与肩同宽。两臂以肘关节为轴用力弯举，使杠铃尽量靠近锁骨，紧收肱二头肌并稍停，然后用肱二头肌控制慢慢放下还原。此动作也可用哑铃单臂呼气。如图9-3-2所示。依次或交替进行练习。向上弯举时吸气，放下还原时呼气。

提示：上体要固定，大臂保持不动，伸臂时缓慢。

（三）俯身弯举

作用：主要发展和健美肱二头肌及增强背肌力量。

要领：两脚开立，间距比肩略宽，上体前屈与地面平行，反握杠铃垂于腿前，握距稍宽于肩（握哑铃时手心朝前，拳眼朝外）。做动作时慢慢弯起至肱二头肌收紧，稍停后，慢慢放下还原。如此重复。弯起时充分吸气，放下时呼气。如图9-3-3所示。

提示：弯举时上体保持前屈、挺胸、紧腰、头稍抬起。两上臂固定不动，完全依靠屈前臂的力量将杠铃举至胸前。不得借助上体摆动的惯性。

（四）斜板单臂弯举

作用：主要发展和健美肱二头肌。

要领：一手反握持铃，上臂枕在斜板上固定。另一手扶住板的末端，使前臂弯起至上臂靠紧，稍停后伸直还原。如此重复，两手交替进行。向上弯起时吸气，放下还原时呼气。如图9-3-4所示。

提示：向上弯曲时尽量收紧肱二头肌，向前放下时尽量使臂伸直。

（五）单臂坐弯举

作用：主要发展和健美肱二头肌及前臂屈肌群。

要领：坐在矮凳上，上体略前倾，一手臂放于膝（或腿）上。屈臂时应向上，尽量弯曲至肱二头肌收紧。稍停，然后慢慢放下至还原。以此反复，两手交替。向上弯曲时吸气，放下时呼气。如图9-3-5所示。

提示：身体不要前后摆动，屈肘不借助外力。

图9-3-4

图9-3-5

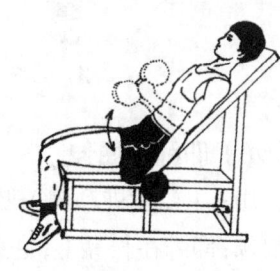
图9-3-6

（六）斜卧弯举

作用：主要发展和健美肱二头肌。

要领：两手各持一只哑铃斜躺在斜板上，用前臂和肘关节的力量，将哑铃向上举起至最高点，稍停后，慢慢向下放至两手臂伸直。如此重复。向上弯曲时吸气，向下伸直时呼气。如图 9-3-6 所示。

提示：身体尽量不动，单纯靠臂力完成动作。

（七）反握引体向上

作用：主要发展和健美肱二头肌，同时对发展肩、胸、背部肌肉也有作用。

要领：两手反握单杠，手背向前。握距与肩同宽，身体各部位伸直悬垂。两臂同时平稳用力拉起身体，直到下颏触到横杠为止，稍停。再用力控制作退让动作，慢慢放下至两臂完全伸直放松，重复再做。引体向上又分为颈前和颈后两种上拉；握法有正握和反握；握距分宽握、中握和窄握三种。引体向上时吸气，放下还原时呼气。如图 9-3-7 所示。

提示：身体上引时腰、腿放松，不摆振借力或收腹上拉。

（八）颈后臂屈伸

作用：主要发展和健美肱三头肌。

要领：坐在凳子上（也可站着），上体正直，胸微向前挺，两手正握或反握杠铃，置于颈后处。肘关节朝上，两上臂向内收缩。上臂保持固定不动，用肱三头肌收缩，并用前臂上举的力量将杠铃或哑铃举至头顶上方，两臂充分伸直，稍停。再屈臂下落到颈后成准备姿势。如此重复。用力前吸气，伸直后呼气。如图 9-3-8 所示。

提示：肘关节不可外展并始终高于肩。

图 9-3-7

图 9-3-8

（九）仰卧臂屈伸

作用：主要发展和健美肱三头肌及胸大肌等。

要领：仰卧在长凳上，正握杠铃，两臂伸直与地面垂直，先利用前臂和肱三头肌力量，慢慢向头部方向弯曲成 90 度或更低些，这时上臂垂直固定，稍停后，借用前臂和肱三头肌力量按原方向将杠铃向上举起，直至达到原来的直臂姿势。如此重复。向下屈臂时呼气，向上伸臂时吸气。如图9-3-9所示。

提示：向下屈臂时动作要慢些，向上伸臂时也不要太快，上臂应始终保持与地面垂直状。

（十）俯立臂屈伸

作用：主要发展和健美肱三头肌。

要领：两手或单手握橡皮条、拉力器或哑铃俯立，站距与肩同宽，上体与地面平行，上臂贴身不动。先前臂向后向上尽量拉起至臂伸直。稍停后，再慢慢往回屈臂至原来姿势。如单臂可单腿跪在凳子上俯身向前，一手扶在凳上或膝盖上，另一手拳眼向前持哑铃或手握橡皮带，上臂提起紧贴体侧，动作同双臂练习。伸直时吸气，还原时呼气。如图9-3-10①②所示。

提示：前臂后拉时，上臂应保持不动，尽量使臂部伸直，还原时动作要慢。

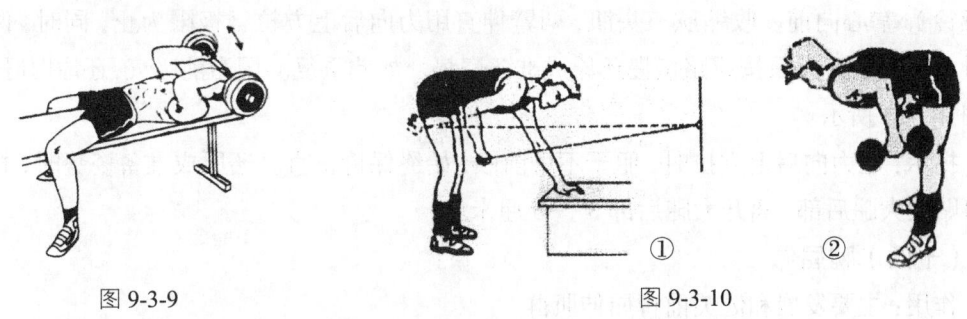

图9-3-9　　　　　　　　　　　图9-3-10

（十一）站姿双臂胸前屈肘下压

作用：主要发展和健美肱三头肌及肘肌等肌群。

要领：两脚开立，与肩同宽，抬头、挺胸、收腹、紧腰，身体直立。两臂屈肘于胸前，两手正握住高滑轮拉绳横杠两端的把柄，手心向下，虎口相对，手腕必须与前臂保持直线状。两前臂用力伸肘向下拉压（压掌）至两臂伸直于腹前，稍停2～3秒钟。缓慢退让还原至胸前，如此重复。用力前吸气，还原时呼气。如图9-3-11所示。

提示：身体不借助力。两前臂伸直时，两手腕要做"立腕压手掌"的动作。

（十二）仰卧撑

作用：主要发展和健美肱三头肌、大圆肌等。

要领：两手背后直臂支撑在凳上，两腿并拢伸直，髋关节也伸直，收腹紧腰，脚跟着地，身体成仰卧姿势。头正直或稍后仰。肘关节弯曲，使身体尽量下降，屈髋，到最低位后再向上伸臂将身体撑起成预备姿势。伸臂时吸气，放松还原时呼气。如图9-3-12所示。

提示：伸臂撑起身体时，应做到先撑臂，再伸髋，臂和躯干充分伸直。

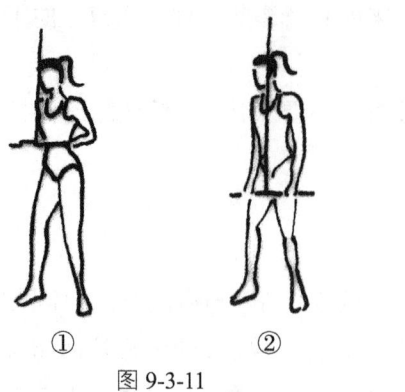
图 9-3-11

图 9-3-12

（十三）直臂后上拉举

作用：主要发展和健美肱三头肌、大圆肌、小圆肌、背阔肌。

要领：两脚左右平行开立，与肩同宽，身体挺直，两臂伸直下垂，体后握杠（或体侧握哑铃），拳心向前。收缩肱三头肌，两臂伸直用力向后上方拉至极限为止，同时，两腕尽量上翻，稍停，然后按原路慢慢还原成准备姿势。如此重复。用力前吸气，还原时呼气。如图 9-3-13 所示。

提示：用力向后上方拉时，躯干不可前倾，始终保持正直。还原成准备姿势时，杠铃不可贴住大腿后部，离开大腿后部 3～5 厘米。

（十四）腕屈伸

作用：主要发展和健美前臂屈伸肌群。

要领：坐在凳子上，上体微前倾，两脚踏实，脚间距离与肩同宽，大小腿夹角成 90 度。两手反握或正握杠铃，两前臂分别搁在两大腿上，手腕伸出膝部，悬空，放松下垂。两腕用力向上屈起至不能再屈肘时为止，稍停。然后再松腕放下还原成预备姿势。如此重复作。用力时吸气，放松还原时呼气。如图 9-3-14 所示。

提示：练习中，前臂始终紧靠在大腿上不得移动，手臂要充分屈伸。

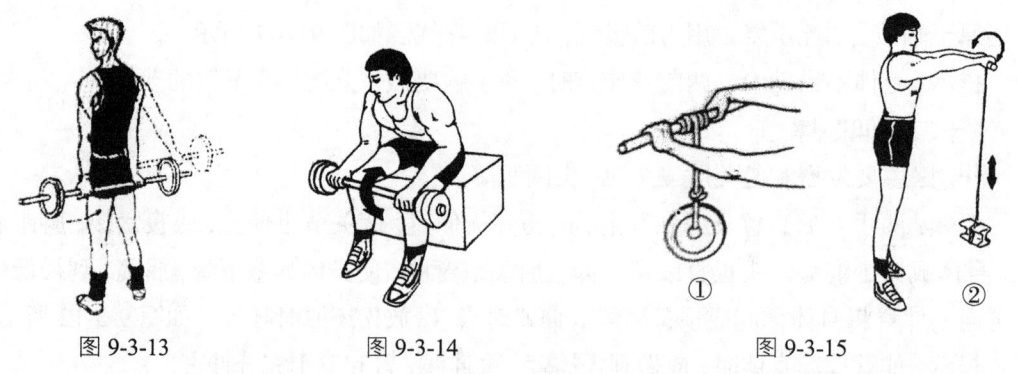

图 9-3-13　　　　图 9-3-14　　　　图 9-3-15

(十五）站姿双手卷棒

作用：主要发展和健美前臂桡侧和尺侧腕肌及前臂肌群。

要领：两手正握或反握圆木，两臂向前平举（与肩平）。用一条约 40 厘米长、5 厘米粗的圆木块，系一条约 1 米长的绳子，绳子吊着的重物应离开地面。用指力将绳子卷上来又卷下去。如此重复。自由呼吸。如图 9-3-15 所示。

提示：卷上和卷下才算一次，不要卷上来后让绳子自由放直。手腕运动的幅度要大。

（十六）重锤握力器交替握

作用：主要发展和健美前臂、手部肌群及力量。

要领：面对器械两脚开立，与肩同宽，躬身收腹、紧腰、挺胸，两臂下垂，左手大拇指握住练习器固定把柄，其余四指握住练习器阻力杠把柄，左手像虎钳似的用力做抓握动作。左、右手交替进行，如此重复。自由呼吸。如图 9-3-16 所示。

提示：抓握练习器固定把柄和练习器阻力杠把柄时一定要充分贴紧；每组练到极限次数效果最佳。使用弹簧握力器时，应直臂用力抓握，不可屈肘摆动借力。

①

②

图 9-3-16

二、臂部肌群练习建议

胳膊肌肉的锻炼，重点应集中在上臂，以练肱二头肌和肱三头肌为主。其他的肌肉如前臂的屈肌和伸肌，只要适当安排 2～3 个动作就足以能与上臂肌肉协调发展。这是因为在练上臂的同时，前臂也加入了运动，从而得到了锻炼。锻炼胳膊时应充分注意下列几点：

第一，两手交替练习和依次练习的项目，其负荷应完全相同，既要练屈肌又要练伸肌，只有这样，才能使臂肌发达对称。

第二，一般女子的锻炼，往往以增强臂力、提高肌肉的弹性和减缩多余的脂肪为目的。在锻炼中，练习重量常以中小重量为主，练习次数可多些。而男子的锻炼多数是以发达臂部肌肉、增强臂力为主要目的。练习重量应以大重量为主，练习次数可少些。在进行系统的锻炼时，各阶段训练课的内容安排一般为：

第一个月的锻炼课安排：每块主要肌肉或肌群，如肱二头肌、肱三头肌、前臂肌群等，各选择一个动作,每个动作练 2 组。

第二、三个月的锻炼课安排:应根据上述各肌肉或肌群另选择动作,每个动作练 3 组。

第三个月至第六个月的锻炼课安排:每块肌肉或肌群可选择两个不同方位或不同器械的动作,每个动作做 2～3 组。

6 个月以后的锻炼课安排:应根据臂部肌肉的增长情况,每块肌肉或肌群选择 2～3 个不同的动作,每个动作练 3～4 组,最多不超过 5 组。

锻炼一年左右,一般臂围会明显增粗。但一年后,臂围的增长幅度可能要稍慢些,为进一步增强训练效果,一年后的锻炼应根据实际情况,合理选择有效动作进行练习,并应适当地增加运动量。

第四节 胸部肌群健身健美指导

人们往往把挺拔、丰满、结实的胸脯看作是"人体美"的主要标志,它甚至象征着男性的力量和开阔的胸襟。它更是女性性特征最重要的部位和人体形体美审视的触目点。练就宽厚或丰满的胸部,不仅可使体形变得健壮、优美,而且有助于矫正低头含胸的缺陷,还可增强心肺功能,使人充满青春活力。

一、胸部肌群练习手段

(一) 平卧推举

作用:主要发展和健美胸大肌、肱三头肌、三角肌等。

杠铃仰卧推举,分为平板卧推(全面发展胸大肌)、正斜(也称上斜)板卧推(发展胸大肌上部位)、倒斜(也称下斜)板卧推(发展胸大肌下部位)三种。杠铃握法又分宽握、中握和窄握。宽握的作用是把胸大肌拉宽,窄握练习是把胸大肌隆起。

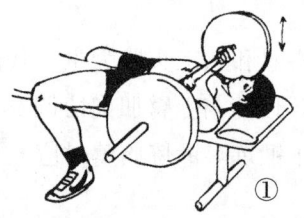 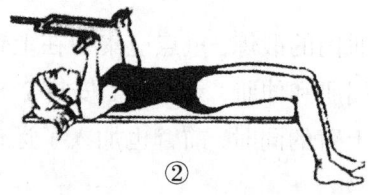

① ②

图 9-4-1

要领:仰卧在长凳上,躯干以后肩部到臀部成"桥形",即腰背用力收紧,挺胸吸小腹,腰部离开凳面,只以上背肩部和臀部接触凳面。持铃两臂伸直,接着慢慢屈臂向下,将杠铃放到胸部第三肋骨处,然后发力向上推举,两臂伸直至原来姿势。重复动作。也可以在卧推器上练习。开始时用鼻吸一口气,杠铃向下时慢慢用口呼气,但不要呼尽,如把气呼尽,胸廓收缩会显得无力。用鼻尽量吸气时,用力向上推。如图 9-4-1 ①②所示。

提示：试图推举时，胸大肌先收缩，然后才是手臂用力。推举起杠铃时，胸肌保持收紧，并意念胸大肌发力，做到挺胸沉肩。

（二）斜卧推举

作用：主要发展胸大肌外侧、上部和上胸连接三角肌前束等肌群及肱三头肌。

要领：仰卧长凳上，头背臀部平贴在凳面上，背臀成"桥形"，两脚平踏在地面上。持铃后，先伸直两臂，杠铃放下至胸上部锁骨下沿处，稍停后，垂直向上推起至两臂伸直。以此重复。哑铃则放在两肩外侧。初练者还可在平推机上练习坐姿双手平推。杠铃放下时呼气，杠铃碰到胸部后吸气。用力上举时憋气，以扩大胸腔。如图 9-4-2 所示。

提示：放下杠铃要慢，吸气要充分，使胸腔尽量扩大，臀位不能离开凳面。

（三）仰卧飞鸟

作用：主要发展和健美胸部，扩大胸腔。

要领：仰卧在长凳上，两手各持哑铃，先向胸前举起至两臂伸直，手心相对，然后两臂分别向两侧慢慢分开，下垂（肘关节稍微弯曲）到最低点稍停。接着又由下向上还原到两臂举直，如此重复。此外还可做上斜飞鸟。分开向下时用鼻吸气，向上还原时用口呼气。如图 9-4-3 所示。

提示：两臂向身体两侧下降时应边降边屈肘，并使肘关节控制在 110°～120°。但大臂应降至最低限度，以便将胸肌纤维充分拉开。为了便于集中胸大肌的用力收缩和放松，持铃要放松些，只要不脱手即可。

图 9-4-2

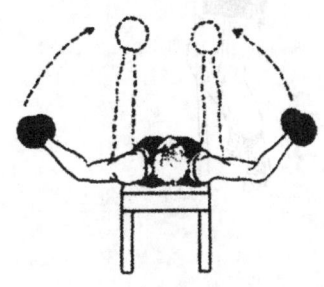

图 9-4-3

（四）俯卧撑

作用：主要发展胸大肌、肱三头肌和三角肌群，可使胸部（乳房）丰满挺拔。

要领：双手分别紧握俯卧撑架或徒手撑地（手指向前），可采用较窄或较宽的支撑。身体俯卧腰挺直，头保持正直，两手相距一般与肩同宽，或宽于肩。从直臂开始，屈肘向下，背部要低于肘关节，然后再撑起来还原，重复动作。如感觉轻松易做，可加高放脚的位置，使身体重心前倾，或背上放置重物，以此增加难度。还可采用正反波浪俯卧撑练习。屈臂向下时用口呼气，伸臂时用鼻吸气。如图 9-4-4 ①②所示。

提示：动作过程中要始终保持头正、胸挺、腰直。

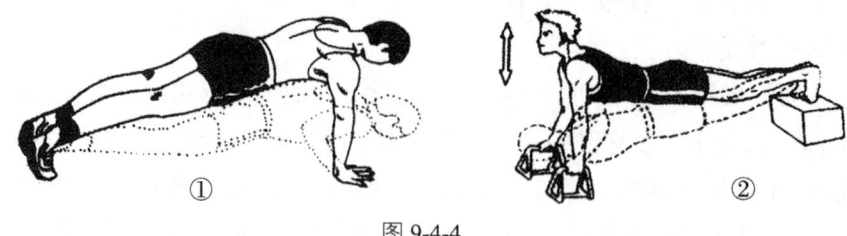

图 9-4-4

（五）双杠臂屈伸

作用：主要发展和健美胸肌下半部、三角肌和肱三头肌群。

要领：两臂伸直支撑在双杠上，身体悬垂。开始时两臂屈肘，使身体下降至最大限度，稍停。然后两臂同时平稳用力推起，直至肘关节伸直为止。屈臂时动作稍慢，两肘外展，充分扩胸。伸臂时速度稍快，要夹肘、挺胸、抬头、收腹、不耸肩。可做施加助力或腰部负重或脚上负重的双杠臂屈伸。屈肘向下时呼气，向上撑起时吸气。如图 9-4-5 ①②③所示。

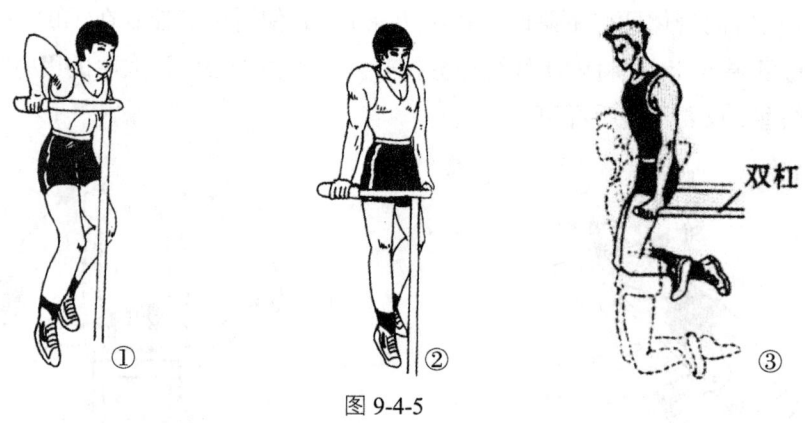

图 9-4-5

提示：不要借身体振摆助力完成动作。撑起时意念集中在胸部肌群。

（六）仰卧屈臂上拉

作用：主要发展和健美胸大肌、肱三头肌。

要领：仰卧在长凳上，两手正握杠铃直臂胸前支撑，握距宽于肩。先慢慢屈臂放下过头后，然后慢慢拉起还原。如此重复。放下时呼气，拉起向上时吸气。如图 9-4-6 ①②所示。

提示：练习时，主要用胸大肌和肱三头肌发力，腰部以下放松。屈臂放下时，应使胸腔完全扩张为止。

 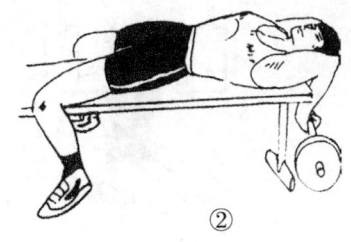

图 9-4-6

（七）仰卧直臂上拉

作用：主要发展和健美胸大肌、三角肌和臂部肌肉力量。

要领：仰卧在长凳上，挺胸沉肩成桥形，两手正握小杠铃，先将杠铃放于腿部位置，接着向上慢慢拉起，过头后，两臂伸直，慢慢下落到最低点，使胸部充分拉长伸展，然后，两臂用力向前上举起至于臂伸直还原。如此重复。上拉时用鼻吸气，还原时用口呼气。如图 9-4-7 ①②所示。

提示：用腰背肌肉收缩力量控制身体平衡，用胸大肌的力量控制动作过程。

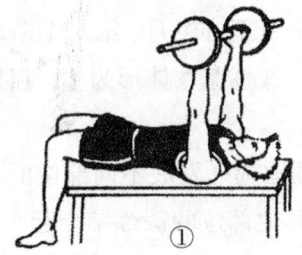 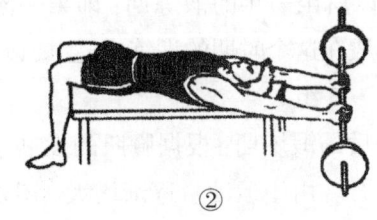

图 9-4-7

（八）坐姿屈臂扩夹胸

作用：主要发展胸大肌和三角肌群。对塑造丰满挺拔的胸部、宽阔饱满的肩膀和高耸不垂的乳房有特殊效果。

要领：坐在蝴蝶训练器固定椅上，上体直立，呈挺胸、收腹、紧腰的姿势，两臂屈肘，两前臂上举放在阻力器的护垫上，前臂与地面保持垂直，上臂与地面平行。以肩关节为轴，以两上臂为杠杆，两肘部同时用力水平向中间夹胸，使两个相分离的阻力器护垫尽可能地接触到一起，稍停。缓慢还原。如此重复。如无扩胸机，也可以用弹簧棒进行胸前内收练习。用力夹胸时吸气，当两个阻力器护垫相接触时稍停 2～3 秒，缓慢还原时呼气。如图 9-4-8 ①②所示。

提示：练习时一直要挺直身体，完成动作要圆滑，从容，不借助外力，内夹时意念胸大肌（如胸部乳房）发力，放松还原要和缓。

图 9-4-8

二、胸部肌群练习建议

（一）各阶段胸部肌群锻炼的内容安排

初练至三个月的锻炼期：除掌握基本的动作要领外，主要应以发展胸部形状为主。可隔天练习，每周练三次，每次课选 1～2 个动作。此外，在练胸肌时最好同练背阔肌及大腿肌群结合起来，以取得更好的效果。

3 个月以后至一年的锻炼期：即第一阶段是 3 个月至 6 个月，第二个阶段是 6 个月至 1 年。一般在这个时期的训练中，主要以扩大胸腔、改变基本体形为主，促使胸肌发达，每次课练 2～3 组。

一年以后的锻炼期：根据胸肌的发展情况，合理地选择发展不同部位的 3～5 个动作为一个组合。由于运动量逐渐增大，还要与身体其他部位的锻炼结合起来，每次课可选 3～10 个动作为一个组合，综合组数为 3～4 组。

（二）在进行胸部的锻炼时，男、女的锻炼方法的区别

男子的胸部外形，根据部位可分为"外侧翼""下缘沟""上胸部"等。如改变"排骨"体形的锻炼，主要从发达胸大肌、扩大胸腔、增强呼吸系统功能着手，然后结合肩、背、臂和腿部等肌肉群进行锻炼。前 3 个月的锻炼，主要以发展胸部的形状为主，即先发达"外侧翼""下缘沟"的肌群，然后，由"外侧翼"逐渐向"中间沟""下缘沟""上胸部"发展，把三角肌前束肌群联系起来，以形成宽厚结实的胸脯。

女子的胸部主要是由"乳腺"外覆盖脂肪形成的。一般来说，胸部的大小与遗传和先天因素有关。女子在青春期（16～18 岁）是胸部发育的顶峰，20 岁以后脂肪逐渐增多，如果女性荷尔蒙分泌较多，胸部往往过于肥大。有些胸部过小的人，为使其变得丰满，采用按摩推拿的方法，收效甚微；也有的服用荷尔蒙或食用高脂肪，扰乱了内分泌系统，引起严重恶果。如果经常采用徒手或器械的健美锻炼，可以防止脂肪增多和乳腺萎缩，使胸部丰满而富有弹性。在锻炼时一般应以采用轻器械的练习为主。

开始锻炼胸部时，应先从扩大胸腔、增强呼吸功能着手，同时发达胸大肌的两侧翼

和周围肌群，一般锻炼3个月以后，胸大肌用力收缩时，会有结实饱满的肌肉感，乳腺的弹性也会有所改善，但女子在进行胸部锻炼时还是应该注意以下几点：

（1）一般每周锻炼3次为宜，即隔天练一次。

（2）锻炼前要求选择两套或三套健美操为准备活动项目，至少活动15分钟。

（3）每课可选择2～3个动作，每组所采用的重量以能举起8～12次为宜，如能超过12次，说明要适当加重，举不起8次，则应减轻重量。每课的次数与组数应随训练水平的提高作适当的增加。

（4）如果重点是减缩多余脂肪或以增强肌肉弹性，则每组锻炼的次数至少要有15次，最多不超过20次；如果重点要求是扩大胸腔、增强胸大肌或使胸部永远保持"挺拔丰满"，可以按照常规要求练习。

（5）有些乳房发育过大或胸部脂肪过多的人，要使胸部健美，首先应从控制饮食着手，日常注意摄取"抵热能"和"低脂肪"的食物；要减缩脂肪，必须积极参加各种体育健身活动，如游泳、跑步、竞走、打球、骑自行车等，再配合做侧重锻炼胸部的健美操，才能获得良好的效果。

对胸部平塌、乳房较小的女青年来说，应加强胸部锻炼，发达胸大肌，增强肺活量，扩大胸腔，这对乳房发育也能起到一定作用。如果在家里锻炼没有杠铃、哑铃，还可以用其他废旧物代替，同样能收到效果。

第五节 背部肌群健身健美指导

背部肌肉宽阔、发达，不但使上肢强劲有力，给人以健壮、雄浑之感，而且能使躯干呈"V"字形，构成挺拔的体态，这也是现代男性健与美的综合反映。而女性背直腰硬，则是保持挺拔丰满胸脯的有力支柱。尤其是现代美女，上背部宽于上胸部的"倒三角形"无疑更具女性魅力和时代风采。

要想使躯干上部肌肉发达，重点是要加强对胸大肌和背阔肌的锻炼。值得注意的是，在健美训练中有的人只注重对胸大肌的锻炼，认为锻炼胸肌同时会影响到背肌，我们认为这种观点不算全对。虽然锻炼胸肌会使背阔肌得到锻炼，但背阔肌面积大，要使背阔肌与胸大肌同步发展，或者说要想使背阔肌发展得快，必须做大量的专门练习，否则只注意发达胸肌，不作背阔肌专门练习，可能会导致胸廓畸形发展。例如俯卧撑对健美胸部和肩部有很好的效果；对"后缩肩"和"鸡胸"体形有矫正作用，即可使肩前伸；但有"驼背""含胸""翼状肩"缺陷者则不宜练习，因为做俯卧撑反而增大了缺陷效果。所以发达胸大肌与背阔肌要交替进行，不可偏废。当然，在全面锻炼的基础上，各阶段可以有所侧重。

一、背部肌群练习手段

（一）坐姿重锤颈后下拉

作用：主要发展背阔肌，其次对三角肌后束、肱二头肌、肱肌也有锻炼作用。可使肩膀、上臂部丰满、挺拔、结实、宽阔、秀丽动人。对防治含胸驼背、溜肩、窄肩等体姿有特效。还可防治腰酸背痛等症状。

要领：坐在综合训练器高滑轮背阔肌训练器下面的凳子上，用压腿架压住大腿，以便固定身体的位置而不致升高，两臂伸直，两手抓住背阔肌训练器的横拉杆的两端，手心向前，使背阔肌充分伸展开。背部肌肉收缩，边屈肘边下拉，直至横杆触及肩部为止，稍停，然后两臂慢慢放松还原，如此重复。用力前先吸气，还原放松时呼气。如图 9-5-1 所示。

提示：主要是靠背阔肌收缩的力量和臂的力量将横杆拉至触及肩部，不得借用收腹、上体前倾下坠的力量。除颈后下拉外，也可拉至体前触胸，或是前后交替进行。

（二）单杠引体向上至颈后

作用：主要发展和健美背阔肌、冈下肌、大圆肌、肱二头肌及三角肌后束等。

要领：两手握住单杠，握距稍比肩宽，可采用正握或反握（初学者若力量不足，可采用此法）。先用两臂和背部肌肉的力量向上引拉，使肩部尽量能触到单杠（初学者可采用体前引体向上，横杆超过下颌），然后，慢慢落至两臂伸直，成垂直的悬吊姿势。如此重复。上拉时吸气，下落时呼气。如图 9-5-2 所示。

提示：屈臂上拉时，不得摆振借力。能拉 15 次以上时，应在腰或脚上挂杠铃片或其他重物进行练习。

图 9-5-1

图 9-5-2

（三）俯立划船

作用：主要发展和健美背阔肌，同时对斜方肌、三角肌后束有锻炼作用。另外，在做练习时为起到不同的锻炼效果，握距可作调整。如：

（1）窄握距：两手间握距约一掌宽。主要发达背阔肌上部，包括菱形肌、冈下肌、大圆肌和小圆肌等，使背部宽阔。

（2）中握距：两手间握距与肩同宽，主要发达背阔肌中上部位，使背部宽厚。它适宜于初学者锻炼。

（3）宽握距：两手间握距比肩宽一至二掌。主要发达背阔肌的中下部。

要领：两脚左右开立宽于肩，膝伸直或稍屈，站在杠铃的后面，距离约30厘米左右。向前屈体与地面平行，臀部后移，两臂伸直下垂宽握杠铃。挺胸，抬头。上体保持前俯。两臂从垂直姿势开始慢慢屈肘，将杠铃拉起作弧线上升，即沿小腿到大腿到腹部上升到乳头后稍停，再沿原路推回至双臂伸直悬垂的预备姿势如图。上拉时吸气，放下还原时呼气。如图9-5-3①所示。

（4）并握划船：锻炼部位同窄握距。握持器械把横杠一端套上杠铃片，另一端装铃片，支撑在地面，不使其活动。把横杠置于两腿间，然后开始练习。动作要领同其他握法。如图9-5-3②所示。

提示：练习时，上体与腿部的角度不要少于90°。不得拱背弯腰，不得摆体借力。

图 9-5-3

（四）俯卧提拉

作用：主要发展和健美背阔肌、三角肌后束、斜方肌、肱二头肌等肌群。

要领：俯卧在稍高的长凳上，两手握住凳下杠铃的横杠，握距与肩同宽，先两臂用力尽量把杠铃拉至板凳后，慢慢放下，如此重复。上拉时用鼻吸气，放下时用口呼气。如图9-5-4所示。

提示：两腿可放在凳上或踏在地板上，但要稳固放松，主要靠上背部力量拉铃。

（五）屈体硬拉

作用：主要发展背阔肌，对大圆肌、斜方肌及手臂力量也有较好的锻炼效果。

要领：两脚左右开立与肩同宽，两膝弯曲，上体前屈，抬头挺胸，两臂伸直抓住杠铃，握距与肩同宽或稍比肩宽。上体和下肢固定不动，腰背肌肉收缩，背阔肌先用力，随之两臂边屈肘边提拉杠铃至胸腹前，稍停后。用慢速度将杠铃下放还原成预备姿势。如此重复。用力时吸气，还原放松时呼气。如图9-5-5所示。

图 9-5-4　　　　　　　图 9-5-5　　　　　　　图 9-5-6

提示：屈肘提拉杠铃时，肘关节向后上方展开，使背阔肌肌纤维充分拉长，以得到彻底和较深度的锻炼。练习前最好系上宽腰带，以起加固作用，同时避免伤腰。

（六）坐姿双手划船

作用：主要发展和健美背阔肌及三角肌后束等肌群。

要领：坐在划船器移动式结构的座椅上，两手握住划船机双桨把手，上体直立，同时屈膝固定两脚。两臂向后拉划双桨，同时上体挺胸后仰，两腿蹬直，稍停2～3秒钟。两臂向前推送桨柄，上体抬起直立，两腿屈膝还原，如此重复。用力前吸气，蹬直双腿后呼气。如图9-5-6所示。

提示：双臂划桨要有节奏，用力要均匀。双臂拉划时两脚要固定好，便于全身用力和两臂发力。意念要集中在背部肌群。

（七）坐姿对握腹前平拉

作用：主要发展和健美背阔肌和上背部肌群。

要领：面向低滑轮重锤拉力器，坐在垫子上，上体直立，挺胸、收腹、紧腰、两臂伸直，两手分别对握住低滑轮拉绳的两个把柄，手心相对，虎口朝上，同时直膝，两脚固定。两臂向后方拉动牵引绳，两肘尖向后超过躯干的垂线，两肩胛骨要充分夹紧。当拉绳的两个把柄触及腹部外侧后，稍停2～3秒钟。缓慢退让还原。如此重复。用力前吸气，还原时呼气。如图9-5-7①②所示。

①　　　　　　　　　　　　　②

图 9-5-7

提示：动作过程中上体不要前倾后仰借力完成。肌肉收缩要充分，意念要集中在背部肌群上，要防止猛拉或猛放动作。

二、背部肌群练习建议

（一）女性背部肌群锻炼方法建议

如前所述，女性应有一个背直腰硬的躯干，因为它是保持挺拔丰满胸脯的有力支柱。加强背部肌群的锻炼，对纠正脊柱前屈和侧屈等有较好的整形效果，同时还能有效地减缩背部和腰部的多余脂肪。一般各阶段的锻炼安排是：

（1）在初级阶段主要应以掌握正确的锻炼背部的动作要领和改变背部的形状为主，其中，第一个月主要掌握背部练习的动作要领。

（2）第二、第三个月改变背部的肌肉形状，使之形成良好的形体。

（3）第三个月至一年的锻炼主要是进一步改变背部的肌肉群和形状，巩固训练后所获得的形体，使肌肉坚实而富于弹性，胸部更为丰满挺拔，以体现出女性的"曲线美"。

（4）一年以后的锻炼主要应以加强背部重点肌肉群的锻炼为主。另外，在各阶段的锻炼中，要注意背部各肌群的平均发展。

（二）男性背部肌群锻炼方法建议

古人把"虎背熊腰"作为男性健美的标准，而现代男性则把"V"字形挺拔体姿作为衡量健美的尺度。人体的躯干是人体活动的支柱，人到中年、晚年后，如果缺乏体育健身锻炼，背部肌群的萎缩或脊柱的老化就会提前，导致躯干变成"含胸前屈"体姿。如能经常进行锻炼，背部肌群就能保持良好的体态。一般男子的背部锻炼，应从背阔肌的训练着手，先使其宽厚和形成良好的体形，一年后，再根据各人的背部肌肉发展的特点，合理地安排重点锻炼部位。在锻炼课中，一般在1～3个月内，每次课可选两个动作，做2～3组；3个月至1年内，每次课可选2～3动作，做5～8组。不论男女，发达肌肉的最佳次数都是每组8～12次；如果着重减缩脂肪者，次数可多些；如果着重在发展力量者，次数应少于8次。

第六节 腰腹部肌群健身健美指导

当我们赞美某一个人"挺拔，利索"时，"挺"是指胸部肌肉丰满而结实，"拔"是指腰部细壮而拔直有力和重心高，"利索"则是指腰部动作灵活。人体躯干挺拔、利索，不仅是健与美的体现，而且具有重要的生理功能与运动功能。腰部是连接人体上、下两部分的枢纽，是人体做前后屈、体侧屈及旋转等各方面运动的一架万能轴承，承担着各种生活技能和运动技能的繁重工作。并且在人体的腰腹部位又集中着人体消化、排泄、生殖等重要器官，真可谓是人体内脏的一个大储藏箱。

腰部是人体躯体的第二个生理弯曲，更是女性线条美中最富有变化的部位。如果腰腹部脂肪堆积，大腹便便，不仅体形不美，而且使人们行动不便，动作迟缓，给人以笨拙之感，甚至引起内脏器官功能紊乱，体虚乏力，心血管系统负担加重，体质下降，还有可能出现其他疾病。增强腰腹肌群的锻炼，不仅可以增强消化和排泄系统的功能，而且对消化不良、胃溃疡、胃炎、胃下垂和便秘等症也有一定疗效。尤其对减缩腰腹部脂肪，更是一种很好的体育健身疗法。

要想使躯干强壮，就要发展竖棘肌和腰背伸肌以及股后肌群力量。要想使腹部曲线优美，肌肉结实而有力，就必须加强上腹部（腹直肌上部）、下腹部（腹直肌下部及髂腰肌）和腹部两侧（腹内外斜肌）肌群的锻炼。

一、腰部肌群练习手段

（一）俯卧两头起

作用：主要发展和健美竖棘肌、腰背伸肌及股后肌群。

要领：俯卧在平板或垫子上，两腿并拢伸直，两手置于头的两侧上方或搁在背上。两手随背部肌肉收缩，两手臂、两腿夹紧同时向上抬起，接着同时下落还原。如此重复。挺身时吸气，还原时呼气。如图9-6-1所示。

提示：自然呼吸，不要屏气。身体尽量后伸，反弓越大，锻炼腰背肌效果越好。

（二）俯卧挺身

作用：主要发展骶棘肌和下背部肌群，对去除赘肉、美化腰部曲线和矫正驼背也有良好作用。

要领：俯卧、大腿搁在山羊上，上体悬空前屈，两手抱头，两腿伸直脚跟勾住肋木横杠或由同伴站在两脚之间用臂夹住两小腿。上体挺身抬起，直至最大限度为止，成反弓形时稍停，然后上体下降，还原成预备姿势。如此重复。可徒手或负重练习。抬起时吸气，下降复原时呼气。如图9-6-2所示。

提示：伸展充分，抬起略快，放下还原时要慢，意念集中在腰背肌群。

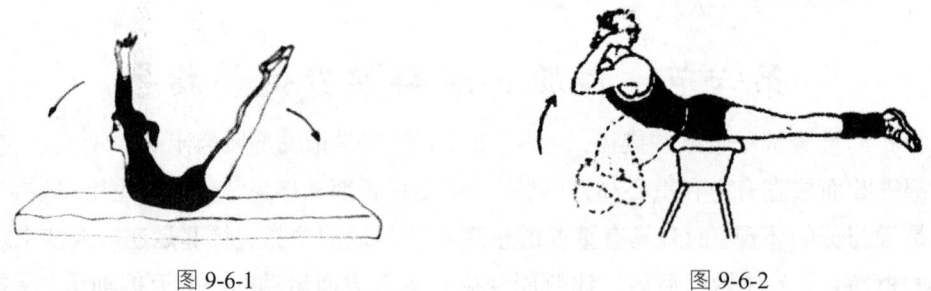

图9-6-1　　　　　　　　　　图9-6-2

（三）直腿硬拉

作用：以锻炼骶棘肌为主，同时对发展背阔肌、冈下肌也有一定作用。

要领：两脚站距与肩同宽，两腿伸直，上体前倾，挺胸抬头，紧腰，两臂伸直握杠，手背向前，握距略宽于肩。用腰背和腿部相协调的伸展动作，使全身慢慢站直，并把横杠拉至触及大腿上部为止。接着用腰背肌肉力量控制向前下屈体，放杠铃到最低点而未触及地面时稍停，如此重复。素质较高者还可进行负重挥举练习。用力前吸气，将杠铃提离地面，使身体充分伸直后再调整呼气。如图 9-6-3 所示。

提示：拉起时用力不可太猛，以免受伤。手只起握杠作用，要把主要力量集中在腰背部。臂腿要保持伸直，前屈时尽量弯曲，杠铃不触地，抬起上体时可稍后仰。

图 9-6-3　　　　　　　　　　图 9-6-4

（四）俯身展体

作用：主要发展腰背肌群力量，健美骶棘肌等腰部肌群，祛除赘肉，美化腰部曲线。

要领：肩负杠铃，两手握杠，手心朝前（手可以握住杠铃片），两脚开立与肩同宽，上体保持挺胸姿势，背部收紧，先慢慢向前弯曲约成 90°，稍停，然后向上还原至站立姿势，如此重复。素质较高者还可进行负重俯身转体弯起练习。前屈时呼气，还原时吸气。如图 9-6-4 ①②所示。

提示：两腿要直，膝关节紧锁，前屈时慢，还原时略快。

（五）负重体侧屈

作用：主要发展和健美腹内、外斜肌和髂腰肌群，减缩腰腹部多余脂肪。

要领：两脚左右开立与肩同宽，上体正直，一手直臂提哑铃或壶铃置于体侧，另一手屈肘在头后抱住头的异侧。随后，身体先向手握哑铃或壶铃的一侧屈体，直至最低位，再起立向另一侧屈体，直至最低位。如此重复。直立吸气，侧屈到最低点时呼气。如图 9-6-5 所示。

提示：身体不得前倾，腿直膝紧。手只起提铃的作用，不得用力上拉。

（六）侧卧弯起

作用：主要发展和健美腹内、外斜肌，减缩腰腹侧脂肪。

要领：侧卧在凳子（或垫子上），上体悬空，两手抱头，两脚伸入钉在凳子上的皮条圈内或由同伴按住双脚。随后上体向侧上方弯起至最高点，稍停。接着上体慢慢下落还原，如此重复。左侧练完，再练右侧。弯起时吸气，下落还原时呼气。如图9-6-6所示。

提示：器械和身体要固定好。侧弯起时不要转体，身体各部紧张，弯起要充分。

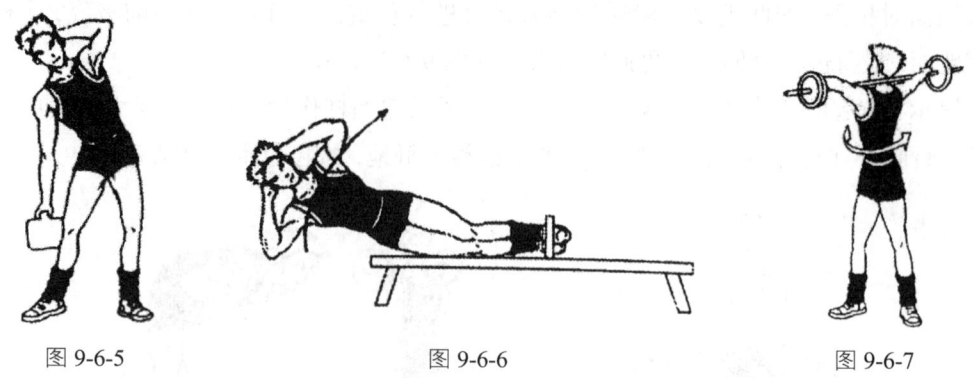

图9-6-5　　　　　　　　图9-6-6　　　　　　　　图9-6-7

（七）负重转体

作用：主要发展和健美腹内、外斜肌、髂腰肌及骶棘肌群，减缩腰腹部脂肪。

要领：两脚左右站立与肩同宽，挺胸收腹，将杠铃置于颈后肩上，两手抓住杠铃片。随后，用腰腹力量带动上体和杠铃先向左、再向右转体。如此重复。水平较高者，还可进行负重旋转和负重屈体左右转体练习。自然呼吸，不要憋气。如图9-6-7所示。

提示：动作平稳而缓慢，左右转动时脚跟不得离地。旋转时会产生一种离心力，此时应用腹内、外斜肌的力量加以控制。

（八）俯卧转体挺身

作用：主要发展骶棘肌、髂肌、下腰背部等肌群力量和肌肉，减缩腰背部脂肪。

要领：同俯卧挺身，只是抬体挺身的同时，要使躯干转体90°左右，并左右交替扭转上体。抬体时吸气，下降时呼气。如图9-6-8①②所示。

注意事项：转体后稍停，放下复原时慢，使上体扭转充分。

图9-6-8

二、腹部肌群练习手段

（一）仰卧起坐

作用：主要发展腹直肌上腹部肌群，减缩多余脂肪，美化腹部曲线。女性经常做仰卧起坐，能预防子宫疾病。

要领：仰卧起坐可分为徒手和持器械两大类。徒手仰卧起坐分平姿仰卧起坐与斜板仰卧起坐，平姿仰卧起坐又有直腿和屈腿之分。平姿和屈腿仰卧起坐就手臂所置的部位而言，又有屈臂于胸前、直臂于头上方两侧、双手抱头和两手放于体侧4种。平姿和斜板仰卧起坐又都可持器械进行练习。初练者应先易后难，即先做徒手的，后使用器械。这里以平姿仰卧起坐说明动作方法。

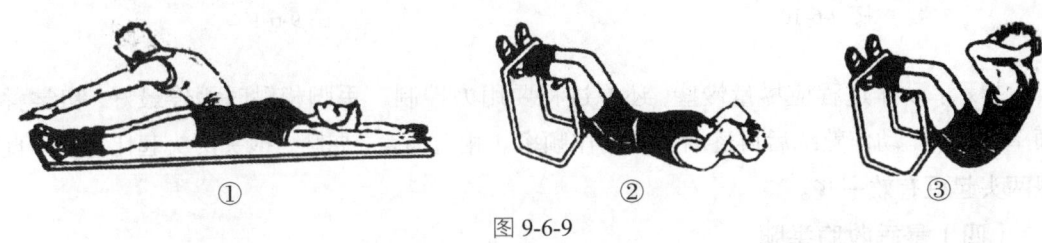

图 9-6-9

仰卧在地板、垫子或平凳子上，两腿伸直并拢，脚钩住凳子上的皮带或叫同伴按住脚背。两臂在头侧上方伸直。用腹直肌收缩的力量，使上体向前坐起，尽力将头接近膝部。接着上体后仰还原成预备姿势。如此重复。在向后仰卧的过程中开始吸气，当上体逐渐抬起至腹部有胀感时快速呼气。如图9-6-9①②③所示。

提示：起坐时可快些，上体保持挺胸收腹，仰卧时稍慢，两腿保持伸直（开始练习时可以先仰卧在地板上做，如感到还有困难时，可借助两臂向上摆动的惯性，使上体坐起，等有一定基础后，再逐渐加大难度，如双手抱住头，仰卧斜板和颈后加重等）。

（二）仰卧举腿

作用：主要发展腹直肌下部和髂腰肌及腿部肌群，减缩腹部多余脂肪。

要领：身体平卧在垫子或仰卧在斜板上（头高脚低），两腿伸直（也可曲），两手抓住上背后的垫子或斜板上端。上体不动，收腹举腿至垂直部位，稍停。收紧腹肌，然后慢慢回落，当两腿下落快要接近垫子或斜板面时再重复上举。上举时吸气，放下还原时呼气。如图9-6-10所示。

提示：上举时快，放下时稍慢，意念集中在下腹部肌群发力，上体和臀部不要抬离垫子。为了降低动作难度并延长运动时间，也可采用两腿轮流上举练习。

（三）仰卧两头起

作用：主要发展和健美腹直肌、髂腰肌，减缩腹部多余脂肪。

要领：两头起有直臂、直腿两头起和屈腿、抱头两头起。这里以直臂、直腿两头起为例。仰卧，两腿伸直并拢，两臂向上伸直于头上两侧，手心向上。上体和两腿同时向上举起，两手拍脚背，也可两手在两膝后击掌。两腿尽量向胸部靠拢，然后上体和腿回落，快要接触垫子时再又快速上举。如此重复。用力时（亦可用力前）吸气，还原时呼气。如图 9-6-11 所示。

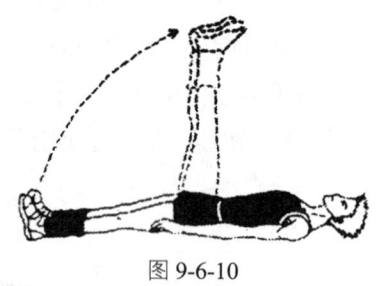

图 9-6-10

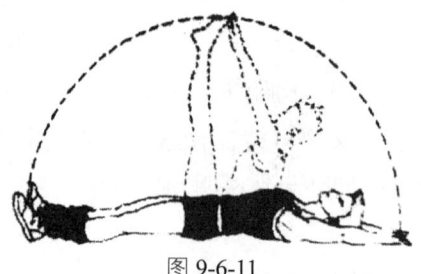

图 9-6-11

提示：动作过程应尽量慢些，还原过程要用力控制。手脚相触时稍停最好，初学者频率可慢些，动作熟练后再逐渐加快动作频率。相对而言，屈腿、抱头两头起比直臂、直腿两头起更有效一些。

（四）悬垂收腹举腿

作用：主要发展和健美腹直肌、髂腰肌等肌群，减缩腹部多余脂肪。

要领：两手正握单杠略比肩宽，两臂伸直，身体悬垂，两腿伸直并拢。腹肌收缩，两腿保持伸直向上举起，稍停，然后两腿慢慢下放还原。如此重复。用力收腹前吸气，还原时呼气。如图 9-6-12 所示。

提示：举腿时不得先做预摆。可直腿上举，也可屈腿上举，上举速度稍快，放下时缓慢控制。直腿上举时脚背尽量靠近单杠，屈腿上举时，大腿尽量触胸。

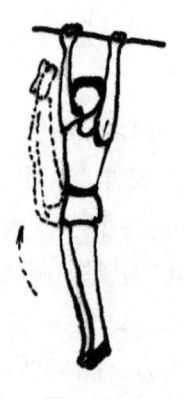

图 9-6-12

图 9-6-13

（五）仰卧双腿绕环

作用：主要发展和健美腹内、外斜肌，减缩腹部多余脂肪。

要领：仰卧，两臂在头后伸直（或抓住头后侧的垫沿），两腿伸直并拢，沿逆时针方向，经头绕一大圈至开始位置，使整个腹部受到锻炼，还可以沿顺时针方向绕环练习。因为动作幅度大，最好采用自然呼吸的方法练习。如图 9-6-13 所示。

提示：准备活动应充分，以免发生损伤。练习时，两手抓牢垫子边缘。

三、腰腹部肌群练习建议

第一，在男子健美体形匀称发展的要求中，腹部肌肉线条是体形美的主要部位。所以，腰腹部的锻炼，除了减缩多余的脂肪之外，主要是发达腹直肌和腹外侧肌。

第二，女子腹部的锻炼应根据不同的训练要求，采用不同的训练方法。

对重点减肥者而言，应进行包括腰周围的上腹、下腹、腹侧、腰背甚至胸部、臀部和大腿上部等部位的锻炼，每周安排 5～6 天的训练，每次训练至少 60 分钟以上，并以有氧运动为主。各部位的训练组数和次数也应相应增加。有条件的人每天还可练习两次。

对较瘦者而言，则应采取加强重点部位锻炼的方法，以达到丰满体形、增强内脏器官机能的目的。对外形原就比较匀称者，则以加强力量和肌肉弹性的练习为主，使其能达到增强体质、保持其健美体形的目的。

第三，腰腹肌的健美锻炼应与发达其他部位肌肉的锻炼严格区别开来。特别要注意：每次课应选择 2～4 个动作；练习的组数约为 3～5 组；每组的次数不得少于 20 次；间歇时间最多不超过 30 秒钟；每周至少安排 2～5 天。动作频率稍快；初练时动作难度要求不必过高，从徒手到持器械，有一定基础后不断增加训练难度和增加器械的重量。从运动生理学的能量供应与热量的消耗来说，腰腹肌的锻炼应安排在每次训练课的最后，这是使腰腹健美的关键。

第七节　臀部肌群健身健美指导

臀部是人体背面审美的焦点，是男性健和力的象征，是展示女性魅力最生动、最丰满的部位之一。女性的臀部、乳房和腰部是构成躯体曲线美的三大要素。胸部的大波和后翘的美臀构成一种上下呼应关系，通过腰的柔和连接，交织成一曲起伏跌宕、丰满圆润的"三乐章"，形成女性形体的韵律美。尤其是臀部和髋部，更是人体的重心所在处。男性的臀部则应有丰满、鼓胀、富有弹性和立体感的肌肉群。显现出男性的强健的力感和阳刚之气。塌臀、宽臀不美。臀部肥大或松弛下垂也不美，只有圆凸、坚实的臀部才最具魅力。女性若要使体形丰满、匀称、苗条，让臀部获得理想的曲线，必须与腰、腹、腿的训练结合起来，因为女性的肩、胸、腰、腹、臀、腿的曲线共同构成了"女性人体美"。如果臀部瘦削、干瘪、无肌肉弹性或臀部太小，通过系统的训练可使臀部肌肉发达起来，并逐渐塑造成丰满结实的臀部。反之，如果臀部肥大或松弛下垂，亦可以通过健美训练加以修塑。俯卧直腿后上举、负重弓步蹲、最大宽度半蹲等练习是美化臀部曲线的最好方法。

一、臀部肌群练习手段

（一）俯卧后举腿

作用：主要发展臀大肌及背肌和股后肌群，美化臀部曲线。

要领：上体俯卧在跳马或高长凳上，两手抓住马身或凳边，两腿并拢伸直，自然下垂。而后背肌、臀大肌用力收缩，两腿膝关节保持伸直，向后上方举起，至大腿与俯卧物水平面的夹角至 30 度左右为止，稍停，接着两腿慢慢下落还原。如此重复。腿后上摆时吸气，还原时呼气。如图 9-7-1 所示。

提示：两腿伸直绷紧，尽全力收缩后上举，下落时控制缓慢还原。

图 9-7-1　　　　　　　　图 9-7-2

（二）俯卧交替后举腿

作用：主要发展臀部肌肉及力量，减缩多余脂肪。

要领：俯卧在垫子或长凳上，双手抱握器械两侧或置于垫面，然后伸直两腿交替用力向后上摆起，直至最高位，还原后再做。自然呼吸。如图 9-7-2 所示。

提示：上摆时尽力向上举腿至极点，然后慢慢放下，通过退让性动作来发达臀部肌肉。能轻松完成时，足部或小腿可绑上沙袋练习。

（三）站姿直腿前举、外侧举、内侧举、后举

作用：主要锻炼臀部和大腿部肌肉群，减缩多余的脂肪层，是锻炼臀部曲线美的系列动作。它同时对促进和改善排泄系统功能有较好的效果。为了提高训练效果，可在脚踝上扎上重物（0.5～2 千克）。

要领：由于这 4 个动作做法简单容易，此略。一般举腿用力时吸气，放下还原时呼气。如图 9-7-3 ①②所示。

提示：上体始终保持挺胸收腹直腰姿势，不准前后左右摆动借助力。注意力应集中在髋关节上。用力点（意念）在臀部和大腿部的肌群，膝关节和足弓部必须绷直，不准

弯曲。直腿举起和放下，动作要平稳稍慢些，不要利用大腿摆动的惯性举起。

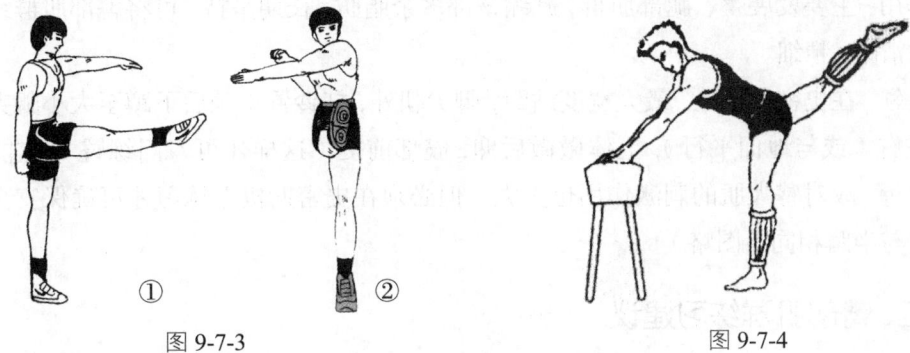

图 9-7-3　　　　　　　　　　　　　图 9-7-4

（四）站立支撑后摆腿

作用：主要发展臀部、腰背部肌群，减缩臀部多余脂肪，防止臀部下垂，美化臀部曲线。

要领：足负重，两手扶墙、肋木或扶山羊，然后向后摆腿至最高处，复原后再做。后上摆时吸气，还原时呼气。如图 9-7-4 所示。

提示：后上摆方向要正，注意力集中在髋关节、骨盆和臀部肌群。直腿后摆起时，头部应后仰，摆腿至最高点，使臀部肌肉群感到彻底收紧，并稍停 2～3 秒，平稳放下，不要依靠惯性摆动。为了提高锻炼效果，可在腿踝上绑上沙袋或重物。

（五）站姿负重伸大腿

作用：主要发展臀、腿部肌群，减缩该部多余脂肪，使臀部浑圆丰腴，坚实上翘。

要领：面对臀腿部训练器单腿站立，脚套拉力器，两手扶住固定把手。用力向后上方伸摆大腿（紧张臀大肌），稍停，直腿慢慢放下还原，左右腿交替练习。还可进行负重弓步蹲练习（此略）。用力前吸气，放松还原时呼气。如图 9-7-5 所示。

提示：动作过程中，上体要保持挺直，练习腿尽量向后上方伸摆、举，同时向后伸大腿时用力要均匀，意念集中在臀部肌群发力。同时也可以用上述器械进行外展大腿、内收大腿等练习（此略）。

图 9-7-5

（六）宽站距半蹲

作用：主要发展臀、腿部肌群，减缩该部多余脂肪，长期坚持，可将臀部肌群线条练得非常清晰、精细。

要领：在史密斯机上，最大宽度站距，脚尖朝外，杠铃置于颈后下蹲至大小腿夹角成90°左右（或与地面平行），上体微微后仰，髋部前挺（这样才可专门练臀），它能负更大的重量，故对臀大肌的刺激作用也更大。但必须在史密斯机上练习才可确保安全。其他要求与半蹲相同（图略）。

二、臀部肌群练习建议

胸、腰及臀部是女性曲线美的核心。调查研究表明，腰臀围比例达到 7∶10 的女性被认为是最完美、最理想的，也是最具吸引力的比例关系。修塑臀部并使臀部结实圆凸的最好办法，一是发展臀部肌肉，如臀大肌、臀中肌和臀小肌，二是减缩全身和臀部多余的脂肪。在锻炼中，对要求达到减缩脂肪、增加肌肉弹性或发达肌肉群的锻炼者们来说，由于锻炼部位相同，动作方法基本是相同的，只是试举的重量，练习的次数，练习的组数，动作速度、频率，动作幅度的大小和训练的强度、密度与运动量有所区别。

对重点要求减肥者和增强肌肉群弹性者，应采用最多不超过 60% 的重量标准（指这个动作能举起最大重量的百分比）进行练习，练习次数可做到极限的最后一次。锻炼时注意力一定要集中在所练的肌肉部位，动作速度、频率可稍快些。

对重点要求发达肌肉者，应采用最高为 85% 的重量标准进行练习，练习次数应比减肥者少些，组与组的间隙时间一般要比减肥者长些，组数要少些。通过一定时间的锻炼后，课程的内容可根据自己的特点进行合理选择，并根据体力和力量的增长情况适当增加试举的重量。

在锻炼课的安排中，一般前 3 个月选择 1～2 个动作，每个动作可做 2～3 组；对重点减肥者还可适当增加。3 个月后，除根据自己的特点选择动作外，每次训练课最多不能超过 4 个动作，每个动作练习的组数和次数可与前 3 个月基本相同。

第八节　腿部肌群健身健美指导

如果说把人宽阔、厚实的胸部比作是"门面"，挺拔、结实的腰部比作是一架"万能轴"，那么强健、有力的双腿应视为"中流砥柱"。线条流畅的双腿不仅是健美体格的基础，而且是维持运动和生命活力的有力"武器"。在正常情况下，除了运用外力和机械之外，能使人产生位移的唯一办法是靠双腿的运动，所以腿是人体的重要组成部分。不论男女，大腿应以股四头肌健壮有力、结实丰满、棱角分明、肌肉显著为美；小腿则以腿肚鼓突适中，呈纺锤形的为美，而腓肠肌与比目鱼肌构成的腿肚又是腿部审美的重点。然而，要想双腿既苗条修长和重心高又强健有力，只有积极参加健身健美锻炼，做专门练习才能达到这一目的。

一、腿部肌群练习手段

(一) 坐姿腿举

作用：主要发展和健美股四头肌。

要领：坐在综合训练器腿举架的凳上，背部紧靠在凳背上，两手抓紧凳子两旁的握把，两腿屈膝，脚踏放在腿举架的斜板上，两腿用力前蹬至两腿充分伸直为止，稍停后，用大腿力量控制，慢慢屈膝还原成预备姿势。一般用力时吸气，放松还原时呼气，重量过大时可适当憋气。如图9-8-1所示。

提示：练习前应根据腿的长短调整好坐凳与腿举架斜板的距离。一般来说，应坐在凳上，屈膝，两脚踏放在斜板上。

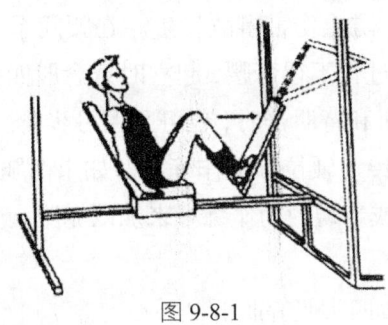

图 9-8-1

(二) 下蹲起

作用：主要发展股四头肌、小腿三头肌和臀大肌等肌群，减缩多余脂肪，美化臀腿曲线。

要领：

（1）前蹲：将杠铃放在胸前做下蹲起立的动作叫前蹲，其要领是两手握住放在深蹲架上的杠铃，屈肘将杠铃放在锁骨上，然后负铃向前走两步，离开深蹲架后保持挺胸直腰姿势慢慢下蹲（两腿可分开或并拢），至大小腿夹角小于90°后再起立。如图9-8-2①②所示。

（2）后蹲：将杠铃放在颈后慢慢下蹲而后起立的动作叫后蹲，其要领是两腿左右开立同肩宽，将杠铃放在颈后肩上，双手屈臂在肩外侧抓握杠铃杆，手心向前，挺胸、收腹、抬头、紧腰，平稳屈膝下蹲，当蹲至大小腿折叠时稍停，然后，上体保持正直，挺胸塌腰，两脚用力蹬地，伸腿起立还原成预备姿势。如此重复。如图9-8-2③④所示。

（3）半蹲：将杠铃放在颈后下蹲至大小腿夹角成100度左右（或90°以上）叫半蹲，它能负更大的重量，故对大腿股四头肌的刺激作用也更大，同时对锻炼小腿三头肌和躯干的支撑力也有一定作用（图略）。

图 9-8-2

下蹲起的呼吸方法较特殊，一般重量轻时，用力时吸气，放松时呼气。重量重时，预备姿势时先行换气，再吸气，同时憋气（不吸满）作屈膝下蹲动作，至完全下蹲稍停时，即作短促呼气和吸气，同时伸腿起立，至还原直立时换气。

提示：加强保护、帮助，防止伤害事故发生。在腰间系一条宽腰带可起到保护和加固腰部的作用。整个动作全过程不得弯腰，起立时意念股四头肌发力。如果在发展股四头肌的同时，还想发展臀大肌和背肌群时，也可采用弓步蹲、持铃（壶铃、哑铃）下蹲、前后持铃（壶铃、哑铃、杠铃）硬拉等动作练习。如果两腿发展不均衡时，还可采取单腿负重（哑铃和杠铃）深蹲或半蹲的动作练习来加以克服。

（三）坐姿腿屈伸

作用：主要发展和健美股四头肌等肌群。

要领：坐在综合训练器腿部屈伸架的凳上，两手在体侧后抓住凳边，上体稍后仰，两大腿固定，两小腿放松悬垂，脚背及踝关节勾住腿部屈伸架的下轱辘。然后，股四头肌用力收缩，两小腿向前上方举起至两膝关节充分伸直为止，稍停，然后仍用股四头肌力量控制使小腿慢慢下放，还原成预备姿势。如此重复。亦可采用绑沙袋、穿铁鞋的方法在凳子上练习。用力时吸气，放松时呼气。如图 9-8-3 ①②所示。

提示：负荷要适当，以免引起损伤，伸膝要缓慢而充分，意念要集中在股四头肌上，放下时也要慢。

（四）跨举

作用：主要发展和健美股四头肌等肌群。

要领：两脚骑跨杠铃，左右脚间距与肩同宽或宽于肩，屈膝下蹲，上体正直，挺胸、立腰、抬头，两臂伸直于身体前后，双手正反握杠，开始练习时，两臂保持伸直，两腿用力蹬地，两手将杠铃提起，至两膝充分伸直为止，稍停后，再屈膝下蹲还原成预备姿势。用力时吸气，放松时呼气。如图 9-8-4 所示。

提示：两手只起握抓杠铃作用，不得用力硬拉。整个动作不得拱背弯腰。上体不得扭转，必须保持正直，把主要精力集中在大腿上。

① ②

图 9-8-3　　　　　　　　　　　　　　　图 9-8-4

（五）仰卧腿举

作用：主要发展和健美股四头肌等肌群。

要领：身体仰卧或斜躺在腿举架的靠背板上，两腿斜上举起，屈膝，两脚掌朝斜上方蹬在阻力板上，两腿用力向斜上蹬阻力板，直至两腿完全伸直，同时尽力收缩股四头肌群，并稍停。然后慢慢屈膝让阻力板下降到预先卡定的高度。如此重复。较轻重量时自然呼吸，大重量则要注意用力时吸气，放松时呼气。如图 9-8-5 所示。

提示：腿举架上阻力板的下降高度要预先卡定并与身体合适。

（六）斜架负重蹲起

作用：主要发展和健美股四头肌。

要领：背靠在斜架蹲起训练器上，两腿并拢，屈膝下蹲（尽可能蹲得深些），接着两腿用力伸膝蹲起，向上扛起重力架，直至两腿完全伸直，同时尽力收缩股四头肌群，稍停后。缓慢还原，如此重复。伸腿前吸气，伸直时呼气，并注意根据需要调整呼吸。如图 9-8-6 ①②所示。

① ②

图 9-8-5　　　　　　　　　　　　　　　图 9-8-6

提示：在完成动作过程中，上体必须保持挺胸、收腹、紧腰的姿势，不准松腰弓背。下蹲时要缓慢，使股四头肌在紧张的状态中逐渐伸长，直至两腿呈全屈膝蹲状态。蹲起时，腰臀部要有向前顶的意识，不准利用屈膝反弹力量做伸膝蹲起动作。伸腿起立至两腿伸直时，必须使大腿股四头肌群彻底收紧。

（七）俯卧腿弯举

作用：主要发展心股二头肌、半腱肌、半膜肌及臀大肌等肌群，减缩多余脂肪，美化臀腿部曲线。

要领：上体俯卧在综合训练器腿部屈伸架的凳子上，两手抓住凳边，两腿伸直，脚后跟勾住屈伸架的上轱辘。慢慢地尽量屈膝弯举，当屈至不能再屈时，保持此姿势数秒钟，并尽力收缩大腿后肌群达到高度紧张状态。然后慢慢下放还原成预备姿势，如此重复。小腿向上弯举时吸气，放下还原时呼气。如图9-8-7 ①②③所示。

提示：后肌群收缩时屈腿要充分，放下时要缓慢。

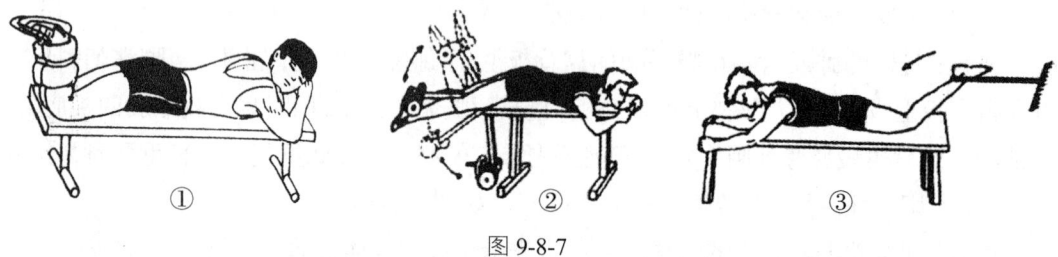

图 9-8-7

（八）站姿负重提踵

作用：主要发展小腿后部（小腿三头肌）肌群，减缩多余脂肪，美化小腿曲线。

要领：将杠铃置于颈后肩上，两脚自然开立，两脚掌站在垫木上，脚跟露在垫木外。随后以小腿肌肉群的力量，使脚跟向上跐起，至小腿腓肠肌彻底收紧。稍停后，慢慢放下脚跟还原。以此重复。向上提踵时吸气，放下时呼气（或用力提踵前吸气，动作完成后呼气）。如图9-8-8 ①②所示。

图 9-8-8

提示：提踵要充分，不能借助惯性力量向上提踵。完成动作时不要屈膝、屈体，意念要集中在小腿三头肌群上。初练者可不用垫木，水平较高者可在前脚掌下垫一块 5～10

厘米厚的木块以加大练习难度,提高训练效果。

(九) 练习架提踵

作用:同站姿负重提踵。

要领:斜靠在练习架上,肩部顶住阻力臂,两脚平行直立,两足相距约 10 厘米,用力向上跷起,停留数秒,连续做 20 次左右,主要发展小腿三头肌上部。用力前吸气,静力时停,还原时呼气。如图 9-8-9 ①②所示。

提示:身体要尽力顶伸,膝、髋、踝一定要伸展到最大限度,并意念小腿三头肌发力。

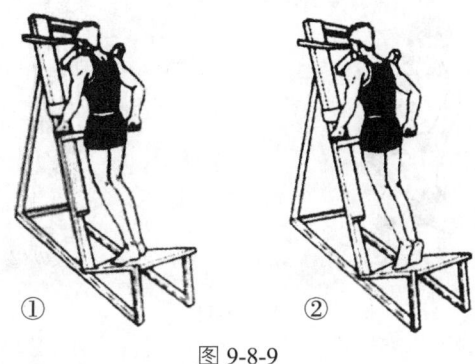

图 9-8-9

(十) 坐姿负重举踵

作用:主要发展和健美小腿后肌群(小腿三头肌)。

要领:坐在坐式小腿练习器上,两手握好把手,然后,用力向上提脚跟至最高点,再复原。如图 9-8-10 ①②所示。也可坐在凳上,两脚掌踏在垫木上,脚跟露在垫木外,先在膝盖上垫上毛巾等软垫物,然后将杠铃片或其他重物放在垫上,两手握稳杠铃片,先将脚跟跷起,稍停后,慢慢放下还原。如此重复。脚跟跷起时吸气,放下还原时呼气。如图 9-8-10 ③所示。

提示:举踵要充分,使小腿后肌群充分收紧。要感到重量集中到脚趾上,做动作时脚尖稍稍外分。这个练习能有效地发展比目鱼肌。

图 9-8-10

（十一）壶铃蹲跳

作用：主要发展和健美小腿三头肌、股四头肌等。

要领：练习者全蹲后，双手握住重物（大壶铃等），然后伸膝、抬上体、屈足、伸脚尖，使身体垂直向上跳起。用力蹬伸时吸气，下蹲时呼气。如图 9-8-11 ①②所示。

提示：下蹲时臂直、腰直，跳起时下肢各关节充分伸展。除上述动作外，还可采用仰卧腿举足屈伸、骑人提踵、屈足顶杠等练习锻炼小腿三头肌。

图 9-8-11

二、腿部肌群练习建议

腿部肌肉块较多，从健身健美角度出发，一般以大腿前面的股四头肌和小腿后面的小腿三头肌为主，以股二头肌等肌群为辅。女子腿部的锻炼主要是以减缩多余的脂肪，增强肌肉弹性，美化腿部线条为主。男子腿部的锻炼主要以发达肌肉群，增长肌肉力量为主。下肢肌群能承受的负荷和运动量比其他肌肉群要大得多，尤其是股四头肌。腿部能承担的负荷能力，一般超过体重的几倍。

在安排训练时，一般男子在前 6 个月的训练中，应适当降低动作难度，每次课可安排 1～2 个动作，大腿约做 3～4 组，小腿约做 2～3 组。在 6 个月至 1 年左右，动作难度可适当增加，每次课可安排 1～2 个动作，做 4～5 组。在 1 年以后，大腿锻炼一般安排 2～3 个动作。女子一般可多安排一些徒手和轻器械练习，动作的组数和次数要比男子多，组间休息时间要短些。不论男女，如属于单纯性腿部肥胖者，其锻炼方法，练习次数、组数、负荷、间歇时间等均可按照常规的减肥和体形雕塑方法进行。

腿部力量和肌肉增长有其客观规律，在开始的 1～2 年内，增长速度较快，以后越来越慢。到了一定程度时，增长曲线往往上下起伏，好像到了生理极限。遗传学的研究结果表明，腿部肌肉力量的极限所出现的时间最高点是受遗传因子影响的。因此，可以说，每个人的生理极限是有差异的。有些人练来练去腿部肌肉都不会怎么长，就是这个原因。在这种情况下就必须采取不同重量、不同站距、不同角度、不同方法等进行多组数和多次数的练习。腿部的潜力是很大的，只要不怕艰苦，坚持练习，腿部力量和肌肉都会逐渐地得到增强和增长，挺拔、美观、强健、有力的双腿一定会实现。

思考题：
1. 简述身体各部位肌群锻炼的最佳动作及其动作要领、呼吸方法和动作提示。
2. 简述人体各部位肌群的基本锻炼方法。

第九章　不同人群健身分类指导

本章导语

健身者的年龄、性别、职业活动、体质状况、健康水平等方面差异在很大程度上影响健身过程的实施和效果。因此,健身锻炼针对每个个体应该是一个个性化的运动过程,必须有针对性地进行分类指导,制订个性化的健身计划和实施方案。

第一节　不同年龄人群的健身指导

一、婴幼儿健身指导

婴幼儿处于人生的最初阶段,这一时期又分为三个时期:婴儿期(0～1岁)、幼儿期(1～3岁)和学龄前期(4～6岁)。从小开始锻炼对于增强身体素质,奠定日后的健康体魄极为必要。婴幼儿尚无自主意识,他们的锻炼全靠大人帮助进行,其主要途径有两条:一是充分利用大自然赐予的空气、阳光和水,二是开展适合于婴幼儿生理发育水平的简单运动。

(一)婴幼儿健身锻炼的内容与手段

1. 空气浴

使婴幼儿全身裸露,以接受大气的抚摸。在寒冷的早春和冬季宜在室温18℃～20℃的房间里进行;夏秋季节气温较高,可选户外避风处实施。做空气浴的时间宜先短后长,每次可由7～8分钟渐渐增加到15～20分钟。不足9个月的婴儿每天以一次为宜,9个月后可增加到一天2次。空气浴有利于提高身体素质,改善皮肤营养状态,促进新陈代谢和血液循环。

为配合空气浴,应常将婴幼儿抱到户外去呼吸清新空气。当室外气温在10℃以上时,足月儿在出生后一星期,未成熟儿在出生后一个月就可抱到户外溜达,每次约10～20分钟。当室外气温不低于5℃时,健康的足月儿也可在室外待上10～20分钟。随着婴幼儿的成长,对室外气温的要求可逐步降低,在外时间也可适当延长。

2. 类日光浴

婴幼儿的日光浴概念不同于成年人,务必选择在荫处进行,或者让柔和的阳光穿透玻璃后再进行日光浴。出生3~6个月的婴儿应选择20℃~30℃的气温环境，每次以2~10分钟为限，完毕后用30℃~35℃的温水冲洗全身。时间最好安排在上午9—11点或下午2—4点。出身6~12个月的婴儿则应选择12℃~20℃的气温环境，每次以6~12分钟为限，完毕后用32℃~36℃的温水冲洗全身。这样既可避免阳光中紫外线的有害影响，又可增进血红蛋白数量，有利于皮肤中的固醇类物质转化为肌体成长所需的维生素D。

3. 温水浴

利用水的物理、化学性质使婴幼儿获得体质上的锻炼。由于婴幼儿出生前一直生活在羊水中，因此，只要水温适宜，他们都愿意水浴。对周岁内的婴儿，水浴时水温应以36℃为宜，方式以盆浴为主，辅以轻柔的擦浴，即孩子浸泡在水中，使水温水压作用于肌体，然后仔细洗净其皮肤。因浴后毛孔扩张，应及时用浴巾把婴儿包裹起来，并擦干身体，穿上衣服，防止着凉。

4. 赤足行走

人的脚部皮肤分布着大量血管和神经末梢，经常搀扶婴幼儿赤足行走，能使足底肌肉群受到很好的按摩，有利于防治足癣、鸡眼和软组织炎症，同时也可减少足底出汗，提高肌体对外界环境变化的适应能力和增强皮肤的温度调节功能。相反，让娇嫩的双脚整天裹在汗气潮湿的鞋子里，只能有损健康。另据日本学者证实，赤足行走不仅能锻炼踝关节的柔韧性，而且能有效防治扁平足。正因为如此，日本国内已有相当多的教育机构正在大力推行"赤足运动"，并且取得了显著成效。所以，在生活水平日益改善的今天，家长们更有必要从婴幼儿的成长特点出发，有意识地鼓励孩子赤足在床铺或草坪、沙滩等处行走嬉戏，以促进身体健康。

（二）婴幼儿健身锻炼注意事项

（1）婴幼儿缺乏独立锻炼的能力，健身锻炼要在成人的引导下进行。

（2）婴幼儿的身体各器官、系统远未发育成熟，在身体锻炼时不宜进行持续时间过长的激烈运动。

（3）婴幼儿时期竞争意识发展较快，可安排某些游戏性竞赛活动。

（4）婴幼儿自我控制能力差，锻炼时要特别注意安全监护。

上述各项锻炼应遵照循序渐进的原则，做到因人而异，持之以恒。在此基础上，也可增加一些必要的为婴幼儿所能接受的启蒙游戏和简单运动（如幼儿体操）。

二、儿童健身指导

儿童期又称学龄初期，一般指从六七岁至十一二岁这个年龄阶段，即小学阶段。儿童期是生长发育的快速增长的中间阶段，因而其形态机能发育处于稳定增长的阶段。从整体上看，身高的发育快于体重的发育，孩子多呈现细长型。由于男女孩进入青春发育期的年龄不同，一般女孩要早于男孩两年左右，因此男女孩的形态发育方面存在着两次交叉的现象。这样，在十一二岁时，女孩的各项形态发育指标平均水平多超过男孩，出现第一次交叉。神经系统在这一时期已基本发育成熟，从事各种复杂运动的身体能力已基本具备，且具有较高的智力水平。

从儿童的健身锻炼环境来分，儿童期的健身锻炼可以分成两个部分，即学校教育中的健身和生活中的健身。

（一）学校教育中的健身

在我国，体育课从小学到大学都作为必修课被列入各类教育计划，是教育计划的一个重要组成部分。在我国的学校里，有专门的体育教师，有体育场地和器材作为保证。我国小学体育的任务，是促进学生身体的全面发展，使其掌握一定的动作技术和技能，培养其道德和意志品质。在一些条件较好的学校里，基本上能保证每个学生每天有一小时的体育活动时间，在一般的小学，基本上也能做到每周两节体育课，让学生坚持做广播操，开展有益于学生身心的课外体育活动。特别是"小学生体育合格标准"的贯彻实施，对促进小学生的身心发展起到了极为重要的作用。

（二）生活中的健身

应当说，单单学校的体育活动，对促进小学生的身体发展是明显不足的。国外研究认为，小学生的体力活动要占其全部活动的一半以上。因此，应当重视日常生活中的健身锻炼，这主要包括：家庭健身锻炼、儿童在校外自发进行的健身游戏、节假日健身锻炼、时令性健身锻炼等。对儿童来说，日常生活中的健身活动是必不可少的。它不仅是学校体育活动的继续，而且是儿童全面教育不可缺少的部分，对培养儿童锻炼身体的习惯和促进个性发展也是十分必要的。日常生活中的健身活动多是儿童自发组织的，他们对此兴趣高，自觉性强，通过日常健身锻炼，能有效地增强体质，促进运动能力的全面提高。

儿童健身应着重注意以下几个方面：

（1）要加强对小学生体育兴趣的培养。

（2）要把体育课、课外体育健身、家庭体育健身活动有机地结合起来。

（3）要科学组织小学生的各项健身锻炼活动。

三、青少年健身指导

青少年处于人体发育最旺盛的阶段，各器官系统已基本发育成熟，大脑皮层形态结构和思维过程日臻完善，心血管机能和骨骼肌肉也得到迅速发展，因此，有针对性地加强健身锻炼，不仅能使身体素质达到较高水平，而且也易于获得良好效果，对提高一生的健康水平和劳动能力大有好处。

运动医学认为，青少年健身锻炼必须考虑到自身发育特点。青少年前期即 11～12 岁时，正值心肺发展期，运动应以增强心肺功能为主，13～20 岁是肌肉发展期，则应参加发展肌肉的锻炼项目。按照运动专家的意见,青少年各年龄段的健身锻炼可作如下安排。

11～12岁,青春期的开始阶段。可进行一些兼备速度和灵敏度的运动,如跳绳、短跑、游泳、武术、体操和各种运动性游戏。同时适当做一些力量练习,如仰卧起坐、提举或抛接有一定重量的物体。

13～14岁的阶段。随着体重的迅速增加,神经系统对运动器官的调节有所降低,内脏器官的发育也跟不上肌体生长的需要,一般可进行中等速度、耐力和力量的练习,如跑步、骑自行车及各项球类活动等。

15～16岁的阶段。身体各部分基本发育成熟,可做些旨在提高力量和耐力的练习,如单双杠、举重、哑铃、实心球等,器械重量要轻些,运动量要小些。同时,也可从事跳跃、投掷、跑步和球类活动,但时间不宜过长。

17～18岁的阶段。身体发育已接近成年人,几乎可以参加各种体育项目的健身锻炼,但运动量要低于成年人。

青少年健身锻炼中还应注意以下几点:

(1)青少年前期力量锻炼最好选择伸展肢体和限于支撑自身体重的运动项目,不宜过多做超负荷训练,可做中小重量的力量练习。因为青少年的骨骼发育尚未最后定型,身体负担过重不仅会造成骨骼畸形,而且也会影响身体长高。

(2)在进行耐力训练时,不宜做长时间的激烈活动,因为青少年的心肺功能还比较弱,无氧代谢能力不强,应循序渐进,逐步提高运动量,如有不适,应及时进行调整。

(3)由于男女在性别和生理上的不同,运动项目的选择也要有所区别。女性发育一般较男性早一两年,且脊椎弹性好、骨盆大、重心低,宜于做韵律活动和平衡练习,如体操、滑冰、游泳、高低杠和平衡木等。但不宜进行举重、摔跤、撑竿跳等活动。此外,女性肌肉力量也较男性小,心肺功能也不如男性强,因而在运动量上应做相应变动。

四、青壮年健身指导

青壮年期包括青年和壮年两个时期,一般是指18～35岁这个年龄阶段。

在我国,进入18岁,已经是成人的标志。此时,身体的正常生长发育已基本完成,身体的发育一般已达到一生的最高水平,性的发育已完全成熟。青壮年期是人的一生中体力最为旺盛的时期,身体素质的发展达到了一生最高水平,具备了参加各种体育项目特别是竞技运动的身体条件。在青壮年时期,身体的横径仍有一定的发展,体重一般随年龄的增长而增长,身体力量和一般耐力呈提高的趋势,速度、灵敏程度等能在较长时间内保持在较高水平上。

青壮年期是由学校体育走向社会体育的重要时期,是人形成终身体育的重要环节。学校里所学的各种体育知识和技能会在个人的体育健身生涯中得到运用。在活动方式上,要由有组织的集体体育活动转变为分散的、以个体需要为前提的、注重锻炼实效的健身锻炼上。在活动场地条件上，会显现明显的个体差异。青壮年期的健身锻炼在内容上有如下特点。

（1）青壮年期的健身内容具有多样性和多层次性。青年人的兴趣广泛，爱好多样，因此，在安排健身锻炼内容时，要考虑这一特点。由于前二三十年的人生道路不同，所受的教育及体育素养存在着巨大的差异，他们在运动技术水平和身体素质上均有很大的不同。青壮年在考虑健身锻炼方案时，要十分注意个体差异，选择适合自己的锻炼内容、手段和方法，开展多种类型的健身锻炼。

（2）青壮年期的运动负荷具有较大的变异性。青壮年的身体肌肉、骨骼系统和内脏器官的机能均已发育到人生中的最高水平，身体远端环节的控制能力和感觉运动的竞技能力均有十分明显的发展，这就为系统地从事竞技运动和大强度的健身运动创造了良好的条件。因此，这一时期，可从健身、健美、娱乐、竞技的多样需要出发，进行较大强度和较大量的锻炼、训练和比赛活动，以扩大身体的机能潜力。当然，所谓大强度和量是一个相对的概念，是因人而异的。不要片面追求大的强度而使身体受到伤害。

五、中年人健身指导

一般将 36～60 岁年龄阶段称为中年期。中年是人生旅途的一个重要里程碑，它一方面表现出精力充沛、极富魄力和创造力的特点；另一方面，最大呼吸量、肺活量、肾脏血流、肾小球清除率、基础代谢、传导速度、心脏指数、细胞含水量八大生理指标均开始走向衰退，许多疾病或病理变化也相继出现。

为了挽回这种趋势，最明智的选择就是加强健身锻炼。俗语说："生命在于运动"，运动确实是减缓衰老进程、增强身体素质的最好方法。

鉴于中年人的血管和运动器官的发病率较高，他们的健身锻炼方法应当有自己的特点。一般说来，宜多进行全身性的轻缓项目，尽量不要参加短跑、踢足球等竞争激烈的活动，否则会使血管系统承受的压力过大，造成心动过速、血压过高，以致引起全身不适，甚至危及生命。根据一些运动专家的意见，中年人的健身锻炼应从以下几方面入手。

（1）改善心脏功能，预防血管过早老化。适宜的运动项目有慢跑、快走、骑自行车、游泳等。行进距离可逐步增加，时间宜在半小时至 1 小时。这些有氧代谢活动可增强呼吸、促进血液循环、降低血脂在血管壁的沉积，对推迟肌体衰老有积极意义。

（2）注意形体锻炼，防止肌肉过早萎缩。适宜的运动项目有匀速跑、徒手体操、俯卧撑、哑铃和拉力器练习等，强度可随运动的深入而加大。在此要特别强调腿部的锻炼，俗语说："人老腿先老"，只有通过深蹲、拉韧带等有利腿部四头肌、小腿和足部肌肉的力量练习，才能增强肌体的弹性、延伸性和灵活性，以保持矫健的青春步态。

（3）依照自身特点，加强锻炼的针对性。患有高血压、神经衰弱或各种慢性病的中年人，可进行太极拳、气功、迪斯科舞的练习，有颈、肩、腰、腿痛的患者可进行"练功十八法"锻炼，长期坚持，均对病体有缓解和康复功效。

（4）调节紧张情绪，增强锻炼的娱乐性。中年人由于肩负事业和家庭的双重担子，平日很少有机会进行适当的娱乐和休息。因此，应尽量利用节假日安排自娱性较强的活动项目，如旅游、垂钓、周末舞会等，对于调节情绪、强身健体有独特效果。

（5）科学安排，讲究锻炼的实效性。中年人进行锻炼的时间、次数和强度要适当，运动量太小，起不到健身的作用；运动量过大，超过肌体所能承受的生理限度，则易造成各种损伤，于健康反而不利。一般应以运动后精力充沛、食欲增加、睡眠改善、全身舒适，或虽有疲劳，但经一夜休息后症状消失为适宜。

六、老年人健身指导

进入老年阶段，人的身体结构和各项生理指标也随之进入衰老状态，其中一个重要原因就是缺少运动。因此，加强健身锻炼一直被视为老年保健的必由之路。

老年人的身体健康状况千差万别，且生理年龄和实际年龄相差悬殊，如有些人年事虽高，但生理功能还相当强；有些人年纪虽较轻，却已不能从事某些活动，因此，不可能规定统一的健身锻炼标准。

健身项目一般可选择散步、慢跑、爬山、游泳、骑自行车等有氧运动项目进行耐力锻炼，同时进行适量的肌力锻炼和柔韧锻炼。对不大喜欢运动的人来说，可选择太极拳、太极剑、保健按摩、医疗体操及日光浴、空气浴、冷水浴等项目。此外，也可进行自娱性较强的老年迪斯科、健身操、钓鱼、球类和棋类等活动。对运动量大、对抗性强、速度快、可能出现摔跌或憋气的活动不宜参加，以免引起心肌缺血、脑血管破裂、骨折或其他伤害事故。老年肥胖者可用每小时5千米左右的速度进行减肥锻炼，因为每小时4.8千米速度减肥效果最快。

清晨是老年人健身的最好时机，有利于促进肾上激素的正常分泌，对人体健康十分有效。上午9—12点、下午15—21点，人体的生物节奏处于机能的高峰期，可依据自己的日常习惯安排适宜的运动项目。但不要在空腹（空腹锻炼易得胆结石，且早晨是心肌梗死、心脑血管发病最高的时候，最起码要喝一杯温开水）、疲惫、有病时硬性参加锻炼活动。

健身强度要注意使运动量不要超过心脏负荷。体弱和高龄者在运动后每分钟增加的心率应控制在20次以内，体质较强者可控制在40次左右。如，平时心跳频在60次以下的，那么每分钟增加的心率可掌握在原来的50%～75%，否则就会造成不良后果。

注意健身环境的选择，多到户外活动，尤其是冬季。户外空气清新，有利于肌体吐故纳新。有资料表明，冷空气（14℃以下）或清凉空气（14℃～20℃）可使皮肤表面血管产生舒张压，对增加肺活量，加强造血器官的能力，提高红细胞和血红素含量颇有好处，也有助于年老体弱者恢复和治疗疾病。此外,活动地点应平坦宽敞,较少有车辆和行人,以防发生危险。

要注意运动卫生,养成良好习惯,运动前应做好准备活动,使关节、肌肉和内脏器官能够满足运动中的需要;运动后要做好调整活动,以消除体育健身锻炼时出现的疲劳和缺氧状态,同时还应做到循序渐进、持之以恒。

为了保证安全和增强运动效果,老年人在参加运动前后或运动期间均应配备医学监督,依照医生的检查结果,合理而有针对性地安排锻炼计划和确定锻炼项目,并改进锻炼方法。有较好锻炼基础的老年人在参加球类、长跑等大运动量和对抗性强的项目时,更须注意这个问题,以确保运动中的安全。

第二节 女性人群的健身指导

一、青少年女性健身锻炼

(一)青少年女性健身锻炼指导

1. 运动强度

有氧运动的靶心率可描述为 HR_{max} 60%～90%(最大心率的60%～90%)或靶心率范围的60%～80%等;如专家们曾把中小学生的最佳负荷价值阈定在心搏量极限脉率140次/分以下,以防止运动过度而损伤青少年女性的身体(心律120～140次/分的负荷标准是针对健身锻炼与体形塑造而非运动训练和知识技能教学的儿童和青少年)。心率是评价负荷强度最简便易行的指标。实验发现,能强身健体的合理运动负荷是本人最大运动心率值的65%～85%,普通健身健美者靶心率的范围阈值是最大心率的75%～85%(减肥者可控制在最大心率的60%～70%之间)或靶心率范围值的60%～80%。

值得强调的是,针对青少年女性心律120～140次/分的负荷标准,香港中文大学许世全教授提出了不同的看法。他用3年时间,对50名10～17岁儿童和青少年进行较高强度的运动实验及分析后得出结论:儿童和青少年心率较高,运动标准须提升。许教授的研究显示,儿童和青少年无论静止或运动时心跳率一直都较成年人高。还将9岁儿童与成人参与同一轻微活动进行了比较,9岁儿童轻微活动时心跳率每分钟便可达110多次,而成年人只有80多次;所以他认为儿童做的运动即使较剧烈,令心跳较快,亦是安全的,也更能有效促进心肺功能的发展。如一般成年人跑步锻炼要求每分钟心率应为130～140次;倘若儿童亦跟从有关指标,其锻炼效果则会过低甚至无效,应要求其每分钟心率达150～170次,才可获得最佳锻炼效果。为此,他于2000年提出了"心率储备"的概念,并因此获得2007年香港中文大学青年学者研究成就奖。

2. 运动频率

每周 5～7 次。

3. 运动时间

每次 45～60 分钟。为身心发展考虑，青少年保证每天 1 小时的健身锻炼最好。

（二）青少年女性健身锻炼注意事项

应根据青少年的身心特点、素质发展的敏感期来选择不同年龄段的最佳运动负荷及练习内容至关重要，同时运动强度、疲劳程度的判断和恢复手段的运用亦不可忽略。因此，在形体塑造和健身锻炼中对于负荷强度的大小和刺激频率的快慢，应考虑以下几点：

第一，负荷应适合于青少年有机体的可接受性，也就是要充分考虑负荷的个人特点，这是相对性的。

第二，锻炼负荷安排的节奏，要有延续且有不断加强的过程，也就是说要保证有机体生物学适应过程能顺利进行。

第三，锻炼负荷的内容要有合理的比例。也就是说要具体体现各阶段训练计划，且有固定的训练课的落实、实施。

第四，锻炼负荷量和强度要有适宜比例。

第五，锻炼负荷量与强度的大小及强度刺激频率节奏快与慢的安排，要有强有力的措施得以保证，要确实能提高与创造优异成绩，不能华而不实。

二、青壮年女性健身锻炼

（一）青壮年女性健身锻炼指导

1. 运动强度

运动强度应达到最大心率的 70%～85% 甚至 90% 左右，或最大吸氧量的 60%～75%。女性 18～25 岁的最大心率为 150～160 次/分；女性 26～35 岁的最大心率为 140～150 次/分。

2. 运动频率

每周 3～5 次。

3. 运动时间

每次 30～60 分钟。

（二）青壮年女性健身锻炼方案及运动方式

对青壮年尤其是青年人来说，选择可以非常广泛，最简便有效的方法是每天慢跑 30 分钟（至少隔天）或练一套有氧舞蹈、俯卧撑或仰卧起坐数十个、哑铃扩胸举高数十次。关键在于坚持。

如果经济条件允许可到健身俱乐部，每周运动 3～4 次，每次 40～60 分钟即可，不要超过 2 小时。养成习惯后自己可以在户外运动，但集体运动的效果明显大于个人活动的效果。

1. 活动平板或功率自行车运动

在活动平板（或功率自行车）上在低于 6 级、小于 5° 的坡度慢走（或骑行）15 分钟；在低于 8 级、小于 10° 的坡度中速走跑交替 15 分钟；不必大汗淋漓。也可只做一项，持续 35～40 分钟就可结束锻炼。

2. 力量器械训练

在力量训练器上做小力量而间隔时间较长的腹肌、背部肌肉（这是保护办公室白领及计算机从业人员脊柱健康的良方）、上肢胸大肌练习，持续 15～20 分钟，可消耗热量 418 千焦（100 千卡）。休息 10 分钟后进入下一步。也可从事系统的健美训练和竞赛。

3. 游泳或打乒乓球

在 28℃～30℃ 的温水泳池中缓慢游戏 10～20 分钟或打乒乓球 20 分钟；然后冲温水澡，这对于疲劳的恢复十分有利，可消耗 209～335 千焦（50～80 千卡）的热量。

4. 瑜伽或普拉提健美操练习

做户外瑜伽或普拉提健美操等柔韧牵拉（包括力量训练在内）运动，每周 1～2 次。以上运动安全有效。每次选择 2～3 项即可。

5. 旅游或球类运动

可进行户外休闲旅游和集体球类活动，每个月 1～2 次。

另外，争取每天在太阳下活动 15 分钟。

（三）青壮年女性健身锻炼注意事项

一是要进一步加强对健身锻炼重要性的认识。

二是要根据生活和工作的实际需要，调整好健身锻炼的内容与方法。

三是要注意发挥健身锻炼的多种功能。

三、中年女性健身锻炼

（一）中年女性可以优先选择的健身锻炼方案及运动方式

目前，可供选择的健身运动项目越来越多，适合中年人健身的基本运动方式亦不少。由于中年人大多年富力强，能够胜任中等甚至较大强度的练习，故可根据具体情况挑选简单易行和自己喜爱的运动方式。

如为了增强心血管系统的功能，有人喜欢跑步，有人喜欢骑自行车，还有人喜欢游泳等。对于缺乏锻炼的中年人来说，在开始的一段时间内，只适合练习快走、太极拳或简单的社区健身器械（如慢跑机、登山机）等负荷较小、简单易学的运动项目。而对于经常运动或体力较强健的中年人则可以选择一些强度较大、有一定难度的项目，如网球、门球、游泳等，甚至可以选择一些时尚的健身运动，如抗阻训练（健美运动）、壁球、高尔夫球、登山、滑雪等。

中年女性一般可进行中、低强度的有氧运动,如各种健身操、有氧舞蹈、哑铃操、游泳、登山、保龄球、垒球、攀岩等以及适度的力量性和伸展性练习。

此外,建议中年人可以在睡前进行散步、做操等运动量较小的项目,每次不超过20分钟,以不感觉疲劳为宜。睡前运动既可使协助呼吸的胸膈肌、肋骨等活动自如,从而增强呼吸功能,也可促进各系统的新陈代谢,同时还可提高肌体恢复的效率。

从当代大多数中年人的实际状况来看,不论精力还是经验等方面都处于人生最活跃、最充实的阶段,承受的来自各方面的压力也最大,所以这一阶段更要重视健康的生活方式,更要从健身、营养和心理保健等几方面着手,打造健康的体魄。

四五十岁的中年人已青春不再,体力、柔韧性、速度等方面可能都赶不上年轻人了。但只要积极运动,那么中年人的人生就像一出刚刚演出过半的好戏,后半场将更加精彩。在制订中年人的运动处方时主要考虑以下因素。

1. 运动强度

运动强度应使心率达到最大心率的70%～85%,或最大吸氧量的50%～70%。30～39岁的最大心率为140～150次/分;40～49岁为123～146次/分;50～59岁为118～139次/分。体能好的中年女性每分钟最大心率值可适当提高。

2. 运动频率

每周3～5次。

3. 运动时间

每次30～60分钟。

4. 运动项目

尽量选择肌群参与较多的运动项目,这样才能加强心肺功能锻炼,如跑步、快走,并相应增加上肢和躯干的运动。中年人腹部容易肥胖,应注重腹部肌群的锻炼。还可根据自身需要和爱好,选择步行、跑步、游泳、有氧舞蹈、瑜伽或普拉提、健身操、登山、跳绳、骑自行车、健美等运动项目。

5. 运动习惯

一旦为自己制订了合理的运动处方,就要坚持执行。不可"三天打鱼,两天晒网",不要以工作忙、疲倦等为借口间断运动,要养成良好的运动习惯。

(二)中年女性健身锻炼注意事项

第一,在参加锻炼前要做好医务检查和健康诊断,并听从医生的指导与安排。

第二,要养成良好的锻炼习惯,运动前做好准备活动,事后放松调整。

第三,锻炼既要持之以恒,又不要勉强进行,在睡眠、食欲和情绪不佳时,可以停止几天。中年朋友们应当充分认识健身锻炼带来的益处,多多参与符合自身特点的各项运动,以延长自己的青春活力和生命旅程。

四、老年女性健身锻炼

（一）老年女性健身锻炼方案及运动方式

1. 制订老年人运动处方或计划应遵循的原则

（1）运动前要做身体检查。全面了解自身体质和健康状况，发现潜在的疾病和危险因素。

（2）安全性。因个体差异大，老年人运动不提倡竞赛、与人攀比，而是提倡量力而行、安全第一。健身计划中要注意区别年龄、性别、身体等情况。不论是何锻炼目的，是何种人群，健身锻炼都要量力而行，因人而异。

（3）必须根据体检结果确定运动强度。"运动处方"要求把运动量规定在恰好达到健身治病效果的"剂量"上。故而，合理地安排运动量是制订健身运动处方的关键（即老年人运动时的最高心率应当控制在170减年龄数的水平上）。

美国运动医学会（1999年）推荐，老年人运动强度阈值是$60\%HR_{max}$（50%摄氧量），其适应心率为110～130次/分，每周3次，每次20～30分钟（体质较好者每次30～60分钟）。开始运动时强度应较小，时间也应较短，并有5～6周的适应期。

老年人运动时，也可用运动后即刻脉搏变化和恢复时间来控制运动负荷。一般运动后即刻脉搏以不超过110次/分为宜，老年人的适宜运动负荷也可用"170－年龄"这个公式来掌握。运动后5～10分钟内脉搏恢复到安静时水平较为合适。这样的脉搏反映了一般老年人在运动中身体氧的需要量和消耗量之间的平衡，这种强度对一般老年人是适宜的。对于健康及素有锻炼基础的老年人可采用"180－年龄"这个公式来掌握其运动负荷。当然，身体健硕的老年女性每分钟最大心率值可适当提高。

（4）最好选择自己喜好、有兴趣、能长期坚持的运动项目。老年人可从事以轻度运动为主的耐力性运动、伸展练习和增强肌肉力量的运动。可选择步行、慢跑、太极拳、老年健身操、门球、柔力球、游戏等运动项目。

（5）考虑循序渐进。健身锻炼是一门科学，它需要实事求是、一切从实际出发和认真刻苦的精神，需要一步一个脚印打基础，一次又一次逐步提高。因此，在健身活动中，首先要有一个科学的计划安排。

（6）持之以恒。锻炼身体是一个漫长的过程，将伴随人的一生，不是一朝一夕、一劳永逸就能练就强健身体，而是要经过长期艰苦的锻炼。因而，要有坚强的意志，树立长练不懈的决心，遵循经常性原则。

（7）注重实效。最好的运动是在练习后有微汗，但身体轻松舒畅，脉搏在10分钟内能恢复，食欲很好，睡眠很深为宜。因此，在制订计划或者锻炼中要克服"这山望着那山高"的思想，一定要从自己的实际情况出发，量力而行，否则会适得其反。

2. 制订健身锻炼计划的程序

对于想获得健康的人来说，如何计划好积极运动的生活方式是十分关键的，但无论多好的健身计划都需要实施才能获益。现代社会的人面临的挑战是，如何让有计划的运动锻炼成为自己生活方式的重要部分。制订一个有效的健身计划需要以下几个步骤。

（1）确定个人身体适应力的现状，明确运动锻炼的目的和要求。

（2）建立短期和长期目标。

（3）选择有助于实现长期目标的身体运动。

（4）制订一个周计划表。

（5）每月记录练习和身体适应力的变化。

（6）阶段性地重新评估、修改健身计划。

3. 老年人的健身活动计划应包括的内容

老年人的健身活动应以低强度、舒缓运动为主，随年龄增加逐渐放弃对抗性的运动，如球类、长跑类。基本内容如下。

（1）少看电视，以每天1～2次、每次不超过40分钟为宜。

（2）每天做力所能及的家务劳动30分钟。

（3）每天晒太阳30分钟，还可到空气新鲜、阳光灿烂的郊外或户外游玩半天，每周1～2次。

（4）每周进行2～3次健身路径器械练习，每次20～30分钟。

（5）每周至少进行2～3次休闲娱乐活动（如钓鱼、唱歌、书法），每次不超过半天。

（6）每周至少进行3次有氧运动（慢走或快走、游泳、秧歌、交谊舞等），每次30～40分钟。

所有年龄段的老年人前3条必选；60～70岁的老年人加后3条中的2条；70～80岁的老年人加后3条中的1条；80岁以上的高龄老人至少满足前3条，身体健康的还可以从后3条中再选择1条。

4. 能终身坚持的运动项目

除了走路外，东方传统的养生运动也属于终身可以坚持的有氧运动，如太极拳、太极剑、导引功、六字诀、五禽戏以及与上述相似的瑜伽等。传统的养生运动要求调身、调息和调心三者密切配合，调身即特殊的形体运作；调息即有意识的深呼吸；调心即放松精神。这些运动项目和谐、宁静、修身养性、舒缓绵长，对于促进人体健康是非常有益的。

（二）老年女性健身锻炼注意事项

一是要组织或参与群体性的健身锻炼，满足老年人怕孤独、喜交往的心理。

二是要与防病、治病、延年益寿结合起来。

三是锻炼内容方法要从简，贵在养成锻炼习惯。

（三）老年人暂停锻炼或停止运动的指征

1. 应暂停锻炼的情形

（1）体温升高，如感冒、急性扁桃体炎等。

（2）各种内脏疾病的急性发作阶段。

（3）身体某一部位有出血倾向的患者。

（4）运动器官外伤未痊愈者（功能恢复者除外）。

（5）各种传染性疾病未愈者。

平时经常锻炼的中老年人，体内各器官的代谢和功能增强，神经灵活性和均衡性提高。一旦突然停止运动，可能会出现烦躁不安或身体不适等不良的心理和躯体反应，运动医学中称之为"运动成瘾症"。有些因特殊情况需停止锻炼的，也应逐渐递减每天的运动量，以防止不良心理反应的发生。

2. 停止运动的指征

运动时如发现下列症状，应停止运动，及时就医：上身不适（包括胸、臂、颈或下颌，表现为酸痛、烧灼感、紧缩感或胀痛）、无力、气短、骨关节不适（关节痛或背痛等）。

总而言之，中老年人在养生健体方面要做到量力而行、适可而止、因地制宜、注重卫生和持之以恒。

第三节　康复人群的健身指导

一、高血压人群的健身锻炼指导

（一）运动治疗高血压的机理

一是运动可调整自主神经系统的功能。有氧训练可降低交感神经的兴奋性，放松运动可提高迷走神经系统张力，缓解小动脉痉挛。

二是运动可降低血容量。运动锻炼可降低心输出量。经常进行锻炼可使静息心率减慢、心输出量下降，可引起体内钠代谢的变化，其原因是运动导致血中前列腺素E水平升高及胰岛素水平下降，从而促进钠的排泄，使血容量下降。

三是运动可减低外周阻力。运动锻炼可引起血管扩张，降低交感神经的活性，使血中总的儿茶酚胺水平下降，血浆中前列腺素E水平升高。从而使血管扩张、外周阻力下降。

四是运动可调整内分泌。运动训练可提高心房利钠肽水平，降低胰岛素水平，从而减少血容量，降低血浆去甲肾上腺素水平，起到调整血压的作用。

五是运动锻炼能降低血浆总胆固醇，升高高密度脂蛋白，降低血液的黏滞度，这些改变都直接或间接地与运动降压效果有关。

（二）高血压人群的健身锻炼方案

没有心、脑、肾等严重合并症的轻、中度高血压患者均可进行运动疗法，特别是对伴有交感神经活性亢进的轻度高血压病人效果尤佳。但对于重度高血压病人，因运动时可至短时间的血压升高而增加危险性，故在血压未得到充分控制的情况下应禁用运动疗法。

（1）健身运动的方式。一般以有氧运动为主，如步行、慢跑、骑自行车、游泳和体操等。静力性练习及最大重量的举重应尽量避免。此外，气功、放松练习也是有效的运动治疗方式。

（2）健身运动的强度。研究认为40%～80%VO_{2max}^2的强度对降压都有效，而50%VO_{2max}^2的强度较75%VO_{2max}^2的强度降压效果更加明显。因为血浆中乳酸堆积达阈值时的运动水平大致相当于50%VO_{2max}^2，所以运动强度以轻中度为宜。

（3）健身运动的时间。每次运动的时间一般以30～60分钟为宜。每周3次以上即可产生降压效应。研究发现，每周5～7次运动锻炼比每周3次运动降压效果更明显。

二、高脂血症人群的健身锻炼方案

高脂血症患者宜采用中等强度、长时间周期性大肌群参与的运动。现在认为改善脂代谢所需运动强度应低于改善心肺功能的强度，约为40%～60%最大摄氧量（VO_{2max}^2）强度或60%～70%最大心率（HR_{max}），大于80%VO_{2max}^2强度与低强度效应相同。运动频率为3次/周～5次/周。每次持续时间为45～60分钟（准备活动5～10分钟，运动部分25～40分钟，整理活动5～10分钟）。但也有研究认为运动频率大于3次/周不会导致血脂的更大改善，甚至有研究发现每周2次的运动，共3个月也能使HDL-C上升19.3%，LDL-C下降12.8%。近年美国疾病控制预防中心和美国运动医学会推荐少量、短时、多次、累积和完成总的运动时间和运动量，同样可以取得较好的效果。

最好的运动方式是散步、慢跑、骑自行车、游泳、健身操、太极拳、气功等有节奏的全身性运动。患者可以依据各自的体力和爱好来适当选择简便、有效可行的运动项目，有规律科学地进行，才能保持运动锻炼的最佳顺应性。一些放松性治疗，如太极拳、气功等也有较好疗效。

也有人建议，采用有氧运动与力量练习相结合的方式，力量练习的负荷为最大重量的80%。

三、糖尿病人群的健身锻炼指导

（一）糖尿病运动疗法的作用及原理

大量糖尿病运动疗法的机理研究证实，糖尿病运动治疗是行之有效的。其效果表现为急性和慢性两个方面。一次性运动可以提高胰岛素的作用，促进糖原的产生，降低空腹血糖浓度。这一作用可以持续到运动后的24～48小时。长期从事有氧运动的人，除了达到以上效应外，还可以降低空腹胰岛素的浓度和改善血糖。然而运动一旦终止，锻炼的效果即开始降低，两个星期内不参加任何锻炼，效果将完全消失。也有报道称，1～2

天不锻炼即可使胰岛素的敏感性明显降低。这就是为什么在糖尿病的运动治疗中强调每周运动不能少于 3 次的原因。糖尿病运动疗法的作用机制表现在以下几个方面。

（1）提高外周组织对胰岛素的敏感性。

（2）长时间有氧运动可减轻体重。

（3）改善糖代谢。

（4）改善脂代谢。

（4）改善心肺功能。

（6）增强体质，提高肌体适应性。

（二）糖尿病人群的健身锻炼方案

1. 糖尿病运动治疗的实用对象

糖尿病运动治疗的对象主要适用于空腹血糖在 16.7 毫摩尔/升以下的 II 型糖尿病病人，特别是超重或肥胖者。对于缺乏运动而肥胖的中年以上患者和伴有高脂血症、高血压病的糖尿病人，运动锻炼有良好的生理效应，相当一部分人采用运动与饮食相结合的方法可达到控制血糖的目的。

2. 糖尿病人群的健身运动方式

糖尿病运动治疗主要采用中等强度节律性有氧耐力运动。并应根据病情、体力及客观条件选择适合个人特点和兴趣的运动项目。最好选用尽可能动员较多的大肌群的运动，这样的运动能量消耗大，对呼吸循环系统也能够产生有效的刺激。目前推荐的运动形式有散步、快走、慢跑、骑自行车、做广播操及各类健身操、太极拳、球类、划船、爬山及上下楼梯等。不必是单一的，可以是交换组合的。要避免快速高强度运动，如快跑、快速游泳、体操、网球等。此外，除了无并发症的轻度糖尿病人以外，赛车、举重、拳击、游泳等运动也不宜参加，以免兴奋交感神经及胰岛 β 细胞等，引起糖原分解和血糖升高。步行安全，简捷而易行，是最容易坚持的一种锻炼方式，是首选的运动项目。不同人群运动方式的选择可参见表 10-3-1。

表 10-3-1　不同人群运动方式的选择

老年、妊娠糖尿病	肥胖型糖尿病	轻度糖尿病无并发症
散步、下楼梯	平地快走、慢跑、上楼梯	举重、拳击
平地自行车	坡道自行车	游泳
太极拳、体操	登山、各类球类训练	体育比赛
轻微家务劳动	擦地板	重体力劳动

关于阻力锻炼对葡萄糖代谢的影响研究比较少，已获得的证据显示短期和长期阻力锻炼对葡萄糖平衡和胰岛素活动的影响与有氧运动相似。尽管研究证据表明阻力锻炼是有利的，但是糖尿病患者，尤其是 I 型糖尿病患者（胰岛素依赖型，IDDM）是不提倡进

行阻力锻炼的。阻力运动可以产生 Valsalva 反应,持续的运动可使血压升高,这使得有视网膜病变的患者有发生视网膜剥离、玻璃体出血等危险,也使得神经病变的患者有发生皮肤外伤和溃疡的危险。但如果给予严格的筛查和监督,可以防止运动造成的伤害。证据表明将有氧运动和阻力锻炼合理地结合起来对糖尿病患者的管理是十分有效的。

3. 糖尿病人群的健身运动强度

运动量和强度一定要适中,而且要个体化。运动过度反而会使血糖过大波动,使病情加重;运动量过小,对肌肉没有足够的刺激,达不到运动治疗的目的。对没有合并症的轻中度糖尿病病人推荐中等强度运动。美国运动医学会推荐糖尿病患者应以有氧运动为主,达到 40%～60% 的最大耗氧量,或是 60%～90% 的最大心率。国内学者多主张以 60% 的最大吸氧量运动 30 分钟。

准确的运动强度指标是最大吸氧量百分比,因测定最大吸氧量比较困难,所以常用心率来表示这种强度(相对强度),把极限的强度定为 100% 最大心率(HR_{max})。运动中达到的最大心率百分比越高,运动的强度也就越大。估算方法有:

(1)计算法:

运动中靶心率 = 最大心率 × $\%HR_{max}$

最大心率 = 220 - 年龄

如一名 50 岁的病人,如果以 60% HR_{max} 强度运动

运动中靶心率 =(220 - 50)× 60% = 102(次/分)

(2)简易法:

运动中心率 = 180(或 170)- 年龄 = 130(或 120)(次/分)

4. 糖尿病人群健身运动的时间和频率

目前大多数学者推荐餐后 1～2 小时定时进行运动,认为此举有很好的降糖作用。日本学者研究,认为餐后 90 分钟运动较餐后 30 分钟及 60 分钟降糖作用好。熊艳的研究显示,降糖效果最好为餐后 90 分钟进行,餐后 60 分钟次之,而餐后 30 分钟进行的降糖作用最差。另外,运动的时间因人而异,视所用药物品种而异,应在药物发挥最大效力之前进行,如注射普通胰岛素以餐后 0.5～1.5 小时运动为宜;口服药物降糖时的高峰浓度为服药后 1.5 小时,故运动在餐后 0.5～1 小时即可,运动时间应避开药物高峰作用时间及空腹时间。

有资料表明终止运动锻炼 3 天,已获得改善的胰岛素敏感性会随之消失,故运动频率以 3 天/周～5 天/周为宜,如果能坚持 1 次/天最为理想;运动的持续时间为 20～60 分钟/次/天,包括 5～10 分钟热身和放松运动。

(三)糖尿病人群健身运动时的注意事项

一是糖尿病运动疗法主要适用于轻度和中度的非胰岛素依赖型糖尿病(NIDDM)患者,肥胖型 II 型糖尿病是最佳适应症。胰岛素依赖型糖尿病(IDDM)患者,由于体

内胰岛素绝对不足，必须依赖胰岛素治疗。但对稳定期的 IDDM 病人，病情得到较好控制后也可进行运动锻炼，以促进健康和正常发育。

二是 II 型糖尿病多见于中老年患者，运动前最好进行医学评估（包括糖尿病诊断，确认是否存在大血管和微血管并发症，药物的使用情况），同时应进行运动耐力试验，以获得最佳运动适宜心率范围，保证锻炼安全有效。

三是选择适合自己的运动项目和运动方式。强调适量运动，过量运动可促进低血糖的发生，低血糖发生后又刺激交感神经系统兴奋，使体内各种升糖激素分泌增加，对抗胰岛素，致使高血糖出现，甚至发生酮症酸中毒，因此一定要加强医务监督。

四是运动前要做适当的准备活动，如伸展及松弛肌肉的运动，以免肌肉骨骼受伤，准备活动后逐渐加大运动量，以免心率增加过快。运动将结束时宜行减速等适当活动，以免发生运动后血压过低、心律失常或晕厥等。

五是有空腹运动习惯的可于运动前适量加餐，预防低血糖反应，加餐量应记入当日主食量。

六是定期检查身体，检测血糖、尿糖，时时关注自己的体重，评价锻炼效果，不断地修改完善运动处方。

七是有冠心病及高血压者选择慢行及太极拳、气功运动为宜，切不可负荷过度，以免诱发脑出血及心肌梗塞。

八是为了保证锻炼安全，I 型糖尿病人必须学会调整运动锻炼前碳水化合物的摄入量与胰岛素注射量，以维持运动锻炼过程中血糖的稳定。这要求病人不断地监测血糖浓度以便知道胰岛素和碳水化合物以怎样的比例搭配才是最合适的。例如，悠闲地散步不需要对胰岛素和碳水化合物的摄入量作任何调整；但对于长达 1～2 个小时费力的运动锻炼，则需要在运动锻炼前多摄入 25～50 克的碳水化合物；对于更长时间的运动锻炼活动，如全天的远足，尽管碳水化合物的摄入量增多了，但注射胰岛素的量仍要减少。

九是下列糖尿病人应严格禁忌从事运动治疗：①血糖过高，胰岛素用量太大，病情易波动者。②糖尿病酮症或消耗十分严重、血黏稠度高者。③伴有高热、严重感染、活动性肺结核者。④有严重心肾并发症及糖尿病视网膜病变者。

四、冠心病人群的健身锻炼指导

（一）运动的目的和健身锻炼方案的着眼点

冠心病人运动的目的是提高心脏功能的水平，增加对体力负荷的耐受量，控制体重、降低血脂、降低过高的血压，改变疾病的自然进程，从而控制冠心病的危险因素。减少发病率和死亡率，提高生存质量。因此运动处方应该从以下几个方面入手：①增加心肌供氧量，增强心肌工作效率；②降低血液胆固醇的含量；③减少心脏病的危险因素；④增加血管弹性，促进动脉硬化的逆转；⑤改善情绪。运动处方以改善心肺功能的有氧运动为主,配合一些活动关节、促进血液循环的体操和增强肌肉力量的训练。

(二)健身运动的安全保障

为了安全,冠心脏病人进行运动前务必进行身体功能评估,评估的方法主要是运动负荷试验,即在医疗监护下的活动跑台运动。在进行运动负荷试验中,应注意以下几类指标:①是否出现胸闷、心悸、气短、头晕、步态不稳、面色苍白等症状和体征;②心电图是否出现ST改变;③心脏缺血的程度(ST段压低的幅度和范围);④是否伴有各种心律失常。出现这类以上情况,应停止运动负荷试验。急性心血管意外后不宜参加运动负荷试验。如果没有以上不良反应,说明该患者能够耐受运动负荷,并能通过运动训练增强心血管功能。

(三)健身方案的锻炼方式、强度、持续时间和频度的控制

运动以耐力性有氧运动项目为主,其方式可以采用:

(1)步行。如果以80～85米/分的速度步行,心率可达100次/分,速度为100米/分以上者,可使心率达100～110次/分。

(2)走-跑交替。步行一分钟与慢跑半分钟交替进行,共20次,总时间为30分钟,走速约50米/分钟,跑速为100米/分钟。

(3)健身跑。一般人速度为8千米/小时,缓慢者只有4～5千米/小时。有过急性心肌梗塞者,不宜进行慢跑,以免发生意外。

(4)骑自行车。应用功率自行车在室内锻炼,运动强度(功率)为450～750千克·米/分钟,持续15分钟。

运动强度是制订冠心病人运动处方中最重要和难度最大的部分,对运动的效果和安全性有直接的影响。通常用运动的靶心率控制运动强度。可以用最大心率的60%作为靶心率,最大心率可用"220-年龄(岁)"推算。更为简单的计算方法是根据患者的年龄层次确定。青年:195-年龄;中年:180-年龄;老年:170-年龄。从小强度逐渐过渡到中等强度,运动时心率在110～130次/分范围为宜。

主项耐力性运动一般要求每次运动持续40～60分钟,其中包括15～20分钟的准备活动(如伸展活动、关节活动等)和5～10分钟的整理活动。真正的锻炼时间为20～30分钟,至少20分钟,其中达到适宜心率的时间应持续5分钟以上。

要取得运动效果并使其得以维持和积累,运动频度应为每周3～4次,隔日一次最好。如果一次运动强度等于或大于60%,持续20分钟,则每周3次;如果运动强度小,就要增加运动频度或时间,以确保运动量和运动效果。有些活动,如散步、健身气功、太极拳、保健操等可以每天练习。

五、骨质疏松症人群的健身锻炼指导

（一）健身运动有利于骨健康

长期不活动的人易发生骨质疏松。最明显的例子是，长期卧床的病人和失重状态下的宇航员，他们每周要丢失1%的骨质。其中主要丢失的是松质骨。因此，负重运动对骨骼健康是有益的。据国内外最新研究发现，运动对骨密度的影响比重（40%）远远超过了与骨代谢相关的激素、钙及维生素D对骨强度的影响（3%～10%）。

（1）长期科学地进行身体锻炼能维护和提高骨矿密度，增强肌肉力量，提高平衡能力，减少跌倒的危险性，从而降低因骨质疏松引起骨折的概率。

（2）适宜的运动锻炼还能减轻因骨质疏松引起的疼痛症状，能全面提高身体素质和日常生活活动能力，进一步改善生活质量。

（3）体育锻炼有益于绝经后妇女的骨健康。试验研究表明，每周进行3～4天，每次30～60分钟的锻炼，可以明显减缓绝经后妇女的骨丢失；中等强度和大强度锻炼者，髋部骨密度均显著高于小强度锻炼者。

（4）负重锻炼的效果最好。体育锻炼增加了肌体负重的机会，对骨生成细胞有刺激作用，可促进骨质形成，因此可预防骨质疏松。骨骼的发育和骨量的多少与运动有密切关系。经常从事体力劳动和体育运动者骨矿含量明显增加。体重与骨密度也呈正相关。

（5）运动可促进全身血液循环，骨骼也可得到充分的营养物质和矿物质，从而减缓骨骼的退行性变化。

（6）运动也可使肌肉强壮，骨骼的受力增加，应力刺激状态下，骨骼的成骨细胞代谢活跃，促进骨骼的生长，骨的密度和强度也缓慢增加。

（二）健身运动防治骨质疏松的机制

第一，性激素效应。性激素与骨代谢关系非常密切，睾酮与雌二醇能促进骨的蛋白质合成，骨基质总量增加，使骨盐沉积保留、骨质增厚、骨髓融合，从而促进骨的生长发育。一旦二者分泌不足，骨密度就随之下降，导致骨质疏松。研究表明：适度中等强度的运动训练，特别是各种力量性训练可促进睾酮及雌激素的分泌，防止骨质疏松的发生。

第二，骨血流量效应。钙易在酸性环境中溶解，一旦骨内血流降低使局部血流酸性化，就会导致骨溶解和骨萎缩。运动时骨血流量的增加可能也是引起骨形成增加的机制之一。

第三，骨机械应力效应。在应力负荷作用下，骨骼胶原基质发生变形，产生压电效应、改变骨细胞的生物物理环境，影响其增生和分化，这就是骨对运动负荷产生的适应性改变。骨骼的形态和骨量的多少受着个体活动水平的调控，运动不足时骨发育较差，运动足够时骨发育较好。

第四，提高钙阈值和钙吸收效应。缺钙是导致骨质疏松症发生的主要原因。运动在增加骨质的同时，也增加了对钙的需求量，即提高了需钙阈值，这时的补钙效果较好。

反之，长期不运动，使骨质对钙的需求量减少，此时即使大量补钙，钙从尿中排出，也不会产生明显效果。另外，如前所述，运动使骨皮质血流量增加，改善了细胞的血液供给，又进一步促进了钙的吸收。除此以外，户外充足的阳光，可使维生素 D 增加，从而促进钙的吸收。

第五，增强肌肉力量效应。在骨质疏松发病机制中，非机械因素（钙、维生素 D、激素等）并不是最主要的，而在神经系统调控下的肌肉质量（包括肌纤维的质量和肌力）是决定骨强度（包括骨量和骨结构）的重要因素。因此，运动在保持肌力的同时，也保持住了相应的骨量。

（三）骨质疏松症人群的健身方案

任何一种运动形式都是可行的，只要全身的骨骼都受到足够的张力和拉力就会有防治骨质疏松的效果。当然，不同的人群应选择不同的运动项目，安排不同的运动方式。

1. 老年人骨质疏松的健身锻炼方案

对于老年人，因为骨骼逐渐衰老，为了减少骨量的下降幅度，延缓骨质疏松的发生，宜选择符合其生理特点和运动能力的有氧运动项目，如走跑交替、慢跑、登山、中老年健身操、体育舞蹈、太极拳和广播操等。另外，还应有针对性地选择骨折好发部位（因骨质疏松所致的骨折主要集中在腰椎、四肢长骨近端和远端等处）的专项肌力锻炼，以加强肌肉对骨骼产生的牵张力和对骨强度的影响作用。

（1）走跑交替运动：走跑交替既有增强体质的显著效果，又便于从实际出发灵活掌握运动量，活动不剧烈且容易坚持，是一种较适合中老年人锻炼身体的好方法。锻炼方法是先走后跑，交替进行。根据身体的适应程度逐渐增加走跑的时间、距离和次数。刚开始锻炼时，一般是先走 1 分钟，再跑 1 分钟（每分钟 100 米左右），次数上可隔周递增 1 次，如第一周走 5 次跑 5 次（共 10 分钟），第三周走 6 次跑 6 次，第五周走 7 次跑 7 次，一直增加到走 10 次跑 10 次，就不再增加跑的速度，以出汗、稍喘气、跑后心率不超过 120 次/分、无异常感觉为宜。

（2）慢跑运动：开始时慢跑 400 米，1～2 周后，逐渐增加距离，待距离稳定在 1200～1600 米左右，身体逐渐适应时，也可改为中等速度；以出汗、喘粗气、跑后心率不超过 120 次/分、疲劳恢复较快为宜。

除了慢跑、游泳、爬楼梯、蹬自行车等基本方法外，还有许多有氧训练方法，如划船、太极拳、中老年迪斯科、篮球、排球、足球、羽毛球等项目。但球类运动均应在具备一定训练基础的条件下进行，而太极拳、健身舞、中老年迪斯科等简便易行，应大力提倡。

（3）专项肌力锻炼：

①日常静力性体位训练：取坐或站位时，伸直腰背，收缩腹肌和臀肌，增加腹压，吸气时扩胸伸背，接着收颔和向前压肩或背靠椅坐直；卧位时应平仰、低枕，尽量使背部伸直，坚持睡硬板床，对所有骨质疏松患者，无论有无骨折都应进行本项训练，通过训练习

惯这种姿势，以防骨折和驼背的发生。

②力量性训练：握力训练，每日坚持握力训练30分钟以上；俯卧撑练习：每日1次，尽量多做，每次所做个数不得少于前一次，先从低难度开始；拉橡皮练习：两腿分开与肩同宽，直立于1棵大树或类似物体前，取1根3～4米长的橡皮条，绕过树干，两手各持橡皮条的一端于体侧，并绷直皮条，做各种练习。

练习1：两臂同时前后摆动，用力向体后拉橡皮条；

练习2：手心向上，两臂同时屈肘，用力拉橡皮条至胸前，伸肘，还原；

练习3：转身、背向树干，两腿前后站立，前腿成弓步，两臂屈肘将橡皮条置于两侧肩上，然后同时用力伸臂向前拉直皮条，屈肘还原；

练习4：上述三种方法组合，每种方法来回重复15～20次，每天练习1次或每周练3～4次，持之以恒，可增强上肢肌肉和胸背部肌肉的力量，有效牵伸脊柱，提高肩关节的柔韧性，同时锻炼了腿部肌肉力量，具有全身性强骨、健骨效果，能起到预防骨质疏松的作用。

特别值得注意的是，原发性骨质疏松的发生多见于中老年人，而且这一人群发生骨折的危险性较高，必须重视运动的安全性。因此，运动强度宜选择中等强度为好。同时一定要循序渐进，不可操之过急。

2. 中年人骨质疏松的健身锻炼方案

为防止骨质疏松的发生，中年人应选择以全身运动为主，同时辅以适度的爆发性、力量性练习，如跑步、跳跃、俯卧撑、负重蹲起和推举哑铃等练习，以达到长时间维持高峰值骨量，避免或减少骨丢失的目的。中等强度的有氧运动方法很多，也比较容易掌握。这里我们着重就防止骨丢失的肌力锻炼的方法介绍如下：

（1）腹肌练习动作：仰卧起坐，悬垂抬腿或摆腿，仰卧抬腿（先单腿后双腿），俯卧撑，杠铃提放（过膝）。以上各动作10次为1组。

（2）背肌和腰肌练习动作：背屈，俯卧抬腿，侧屈，持横杆体前屈，持横杆俯卧引体。以上各动作10次为1组。

（3）腿部肌力练习动作：负重下蹲，负重跳台阶（5次为1组），俯卧屈小腿，立姿屈小腿，仰卧上下摆腿，仰卧直摆腿等。以上各动作10次为1组。

选取以上的2～3个动作，每个动作练4～6组，每组练15～20次以上。用本人最大负荷的30%～50%的强度来锻炼。组与组的间隙一般为3～4秒，最多不超过5秒。每分钟的动作频率为18～22次，肌肉收缩时快些，伸展时稍慢些。每周锻炼3～5次，每次锻炼的时间为1小时左右。这是针对体形肥胖的中年人所采用的小重量、多次、中快速度和短间隙的消耗性锻炼方法。

第四节 特殊人群的健身指导

一、孕期女子的健身锻炼指导

怀孕也是一种特殊情况，因为它给孕妇增添了额外的应激，即超出了单纯运动锻炼引起的应激。孕妇健身者在开始一项锻炼计划之前一定要先咨询一下健康保健医师，和他（她）讨论一下自己的目标和计划参与的活动，并在怀孕的不同阶段去征求医生的建议。如果怀孕顺利的话，完全可以在怀孕期间进行锻炼。在怀孕期间，如果健康保健医师告之其不要锻炼时，应遵从他（她）的意见。但是一些高危孕妇确实不能在孕期参加训练。

科学家通过研究发现，对于绝大多数准妈妈来说，外出工作是很安全的，只要她们具备基本的保健常识。参加运动锻炼并不会剥夺对胎儿的氧气供应，而且通过胎儿的心率对准妈妈运动锻炼的应答，可以判断运动锻炼并没有给胎儿带来不适。适度的运动不但对宝宝有益，对准妈妈更是有相当大的好处。与那些怀孕时身体不适的孕妇相比，那些定期做运动的孕妇所受的疼痛会少很多，会更有体力和精力，特别是在怀孕的第三阶段。定期的运动会让孕妇在分娩时更有信心和力量，更能忍受痛苦。

一些研究也表明，经常运动的产妇在分娩时会比不运动的产妇用时更短，剖腹产的概率更低。但运动并不能保证你可以安然度过生产的过程，哪怕你在分娩之前还在游泳或是散步，你还是有可能遭受痛苦的煎熬。一些产妇注定要经历一个漫长而又痛苦的分娩过程，而另一些则可以稍快地将一个小生命带到这个世界上。除此之外，经常运动的产妇恢复起来要比不爱运动的产妇快得多。

如果身体状况不太好，孕期锻炼是不是不安全呢？是的，只要你能适度锻炼并且事先征得医生的同意。事实上，大多数大夫认为怀孕期间进行锻炼是非常好的选择。他们说，在身体状况很糟糕的情况下分娩就如同未经过任何训练就去参加马拉松比赛一样。为最后生产做好身体准备是非常必要的。

（一）孕期健身锻炼对孕妇及胎儿的益处

怀孕女子如何保持孕期健康，从而轻松挺过40周的考验，让自己和胎儿从运动中受益，分娩时更轻松，并更快地在产后恢复到孕前的体重和优美身材？健身锻炼的主要作用如下。

（1）有利于减少后背疼痛感。怀孕女子应该知道，腹中胎儿逐渐长大会给孕妇的臀部和后背增加压力，从而导致背部僵硬，甚至有疼痛感。但若在怀孕期间进行锻炼，就会改善这种情形，让后背、臀部等部位的肌肉处于一个好的状态，从而减少背部的疼痛感。

（2）有利于增加足够但不是过多的体重。怀孕期间，孕妇腹中有胎儿正常成长所需的额外脂肪的储存、体液以及血液——不涉及胎儿的体重，我们无法确定孕妇应该增加的"足够的"重量。但是,许多孕妇都增重过多,需要花好几年时间减肥,有的甚至一生都减不下来。最近的一些研究表明,到怀孕的末期,常锻炼的孕妇比不常锻炼的孕妇要少增重八磅(当然,这仍处于健康怀孕正常增重的范围之内)。

(3)有利于保持好的睡眠。倘若孕妇怀孕期的睡眠质量不好——很多孕妇都这样——运动能帮助其在夜间睡得安详,白天更有精神。

(4)有利于减少生产并发症。一些研究表明,常锻炼的孕妇在生孩子时更少出现并发症,自然也就不需要更多的药物缓解疼痛。

(5)有利于减少生产时间。怀孕期间锻炼的最令人惊奇的好处之一是阵痛时间的减少(大约三分之一)。同时,常锻炼的孕妇比不锻炼的孕妇提早五天进入阵痛期,这让怀孕时间大大缩短。

(6)有利于生一个瘦些的健康宝宝。研究表明,怀孕期间常锻炼的孕妇生的宝宝瘦一些(并不是低于正常宝宝的出生体重),而且,这种状况会一直持续到孩子5岁。

(7)有利于快速恢复到正常体重。怀孕期间常锻炼的孕妇生完孩子后要减的体重更少,她们还会发现多余的体重更容易减掉。

(二)孕期健身锻炼的特点

从怀孕的前、中、晚期来看,整个孕期均可视情况安排适宜的健身锻炼,而怀孕4～7个月之间是最适合运动的时期。孕早期,胚胎尚没有牢固地"扎下营盘",运动不当,可能导致流产;孕晚期,因为胎儿已经长得较大了,运动有可能导致早产。故孕妇应根据自身的体能每天进行不少于30分钟的低强度身体活动,最好是1～2小时的户外活动,如散步、做体操等,因为适宜的身体活动有利于维持体重的适宜增长和自然分娩,户外活动还有助于改善维生素D的营养状况,以促进胎儿骨骼的发育和母体自身的骨骼健康。

在妊娠期进行运动时,如果发现阴道流出水样物或血,同时有下腹疼痛,应立即停止运动,并去医院检查,这些症状属于流产征兆。

宜静养,不适宜运动的情况有:前置胎盘、妊娠高血压、早期宫缩、羊水早破。

(三)孕期健身锻炼安全项目的选择与锻炼方法

1. 平地散步锻炼

(1)散步方式。有些孕妇每天都以散步的方式运动,有些喜欢跑步的孕妇当觉得跑步太困难、后腰和膝盖承受不了时,会转而采用走一会儿慢跑一会儿的方式或者是散步的方式运动。随着怀孕天数的增加,孕妇尽量避免爬陡峭的山,否则会心律徒增,给后腰施加更多的压力。

(2)散步要领。孕妇要特别关注走路的姿态。直立,背部成自然的S曲线,两肩向后、向下收紧,不要耸肩。挺胸向前走。手臂放松,前后甩而不是在身体周围摆动。

(3)散步禁忌。在炎热潮湿的天气中孕妇不要散步,那样心律会升高得更快,而且身体也会过热。地面结冰时也不要外出散步,因为怀孕时孕妇的平衡感不如平常好。如果天气不好,只能在室内运动,在踏车上散步时,要抓住两边的扶手(不要只死死抓住一个扶手)。在踏车上做运动比在地面散步对平衡感的要求更高。

(4)散步要求。孕妇要确保散步时穿的是能起支撑作用的散步鞋。由于孕妇怀孕时的体重增加,其关节也得承受额外的压力,关节需要所有帮助缓冲震动的东西,孕妇的脚可能会肿胀到比平常大半码。

2. 水中慢游锻炼

一些孕妇觉得散步不舒服,尤其在怀孕的最后三个月。因而她们改做一些对身体影响小的运动,譬如游泳,一些孕妇表示只有在水中时她们才真正觉得舒服。

水中锻炼是非常好的,因为在水中孕妇不必担心自己的平衡。水的浮力可减轻孕妇的体重,也包括孕妇腹中宝宝的体重,减轻孕妇后腰的压力。同时,水也能减少重力的影响,减轻孕妇关节的压力。没有什么能比在水中慢慢地游动更让人平静的了,游泳甚至能减轻一些由怀孕引起的肿胀感。再者,在水中,孕妇基本不可能摔倒。

同时,孕妇也能进行大量的锻炼。孕妇能在游泳池里跑步,绕着池边跑步,用湿手套和泡沫哑铃等专用器材锻炼自己的肌肉。随着腹中胎儿的不断成长,孕妇可能需要修改自己的水中锻炼计划。

3. 低强度的有氧健身操或瑜伽练习

许多健身俱乐部和医院都为孕妇和新妈妈专门开设了锻炼班。一些班级专门开设有氧运动,另一些则开设力量锻炼甚至瑜伽班。当然,不论是有氧运动或是力量锻炼甚至瑜伽班,这些锻炼必须和孕妇受限制的身体相适应——包括平衡感的下降、重心的改变、不断增加的关节的疏松以及不断减少的耐心。

4. 科学合理的连续举重锻炼

怀孕期间举重是孕妇的一项力量锻炼,可使孕妇减少一些常有的疼痛,甚至可能减少一些肩部和背部疼痛。同时,孕妇必须不断地调整其力量锻炼计划,使之与每天都在改变的身体相适应。

在举重锻炼的过程中,特别要关注那些负担最重的部位的肌肉,譬如膝盖、脚踝和后腰附近的肌肉。一旦做哪项运动时感觉到不舒服了,孕妇应立刻停止做该项运动。当孕妇感觉眩晕、恶心、腹部、臀部、骨盆或者其他部位拉伤的时候,应选择另外一种运动。

当女子怀孕时,其在举重室的目标就该改变了。不要一味关注肌肉的塑造,或者是在长凳举重器械上要求自己做到最好。在某种程度上来说,孕妇每组动作的最后几次重复应该是对自己的一种挑战,但是这最后的几次重复不应该释放自己全部的精力。随着怀孕时间的不断增加,孕妇的精力会不如从前,要随之逐渐减少举的重量,保证呼吸均匀并且要特别关注自己的体能和健康状况。不要太用力地抓把手——抓得太紧容易使血压升高,无论采用哪种方式锻炼,都会急剧增高孕妇的血压。

（四）孕期健身锻炼的安全措施

其一，怀孕妇女应与自己的医生商讨健身计划，并征得健康保健医生的同意。

其二，每周锻炼活动3天，并有充分的准备活动及放松练习。

其三，避免使心率超过140次/分的剧烈活动。

其四，避免长时间（超过40分钟）的运动锻炼和剧烈活动。

其五，避免在湿热的环境中运动，因为那种环境能将体温升至38℃以上，易导致中暑。

其六，怀孕4个月以上仰卧时不要进行任何活动。

其七，避免做弹跳式的运动及躯体过度屈伸的活动。

其八，一些高危孕妇不宜在孕期进行训练。

（五）产后健身锻炼建议

孕妇生完孩子后不要立刻就回到锻炼中去。没有人强迫生完孩子的女子干任何事情。一旦自己感觉不错（生完孩子几天或者几周并且在医生给其做完检查之后），就可以开始尝试简单的运动，例如，每天散步。逐渐地，推着婴儿车散步时自己的步子会变得轻快起来。甚至可以考虑一下买一个婴儿慢跑车或者是专用手推车，把它和自己的自行车绑在一起，这样就能安全地带着小宝宝出去骑车锻炼了。

如果孕妇生产没有什么并发症，不超过六周之后，医生就会同意其去参加更有活力的运动，例如游泳、慢跑、举重等。但需要保证的就是慢慢地、一步一步地开始做这些运动。孕妇的腹部肌肉因怀孕被伸展过了，那就意味着它们不能像怀孕之前一样支撑其后背了。在开始健身计划之前，还是应该先征求医生的意见。

产后锻炼能让人感觉更好，但是不要期望它能加速自己的减肥进程。换句话说，仍需要半年到一年时间才能恢复到怀孕之前的体重。

二、减脂塑身人群的健身指导

（一）肥胖的危害、原因及标准

1. 定义

世界卫生组织认为，肥胖可被简单定义为过多脂肪在体内积累到一定程度，引起健康损害的一种慢性非传染性疾病。

2. 危害

肥胖对身体的主要损害是容易引起非胰岛素依赖性糖尿病、心肌梗死、脂肪肝、冠心病、高血压、脑卒中、胆囊疾病、胆肾结石、呼吸功能不全、骨关节炎、痛风、胰腺炎、儿童疾病、皮肤疾病、反应缓慢、运动能力下降、乳腺癌、月经异常、卵巢机能不全和子宫发育不全、不孕症、子宫内膜癌和增加外科手术的危险性等，此外，还会产生一些社会心理问题和其他病症，特别是腹部和内脏脂肪含量过多对健康损害最大。英国科学家研究表明，过度肥胖平均减寿13年。还有资料显示，肥胖者每减少1千克体重可延寿3个月以上。

3. 原因及其影响因素

关于导致肥胖的原因，长期以来，众说纷纭，莫衷一是，大致有下列说法：①遗传和内分泌代谢异常，体重调节机制紊乱；②脂肪摄入过量；③精神紊乱及体内生物化学因素影响所致；④吃得好，运动少，贪睡形成；⑤饮食方法错误，进食速度过快，咀嚼次数太少；⑥脊背褐色脂肪细胞机能衰退；⑦血液中缺少三磷酸腺苷酶；⑧高胆固醇摄入；⑨食糖过多，没有用完的原糖由肝合成为中性脂肪储存体内，久而久之形成肥胖等。

从营养学角度看，肥胖是营养过剩的表现，是由于能量的供给大于能量的消耗，作为肌体燃料的脂肪在体内过剩而贮存起来的一种状态。

从医学角度看，肥胖是指脂肪细胞数量增加和脂肪细胞中脂肪储存过剩，身体脂肪过度增多，体重超过正常值的20%以上，并对健康造成了严重危害的一种超体重状态。

（二）肥胖的判定标准

肥胖的测定及其评价方法很多，可从原子、分子、细胞、组织系统和整体等不同水平和层面测试。常用方法有如下几种。

1. 根据体重指数（BMI）判定

体重指数也称身体质量指数（Body Mass Index，简称BMI）。体重指数＝实际体重（kg）/身高^2（m^2）。

国际肥胖特别工作组（IOTF）提出成人界值点为：BMI $\geqslant$ 25kg/m^2 为超重，BMI $\geqslant$ 30kg/m^2 为肥胖。而我国肥胖问题工作组（WGOC）根据20余万人体测量的8万份血液样本分析后提出我国成人界值点为，BMI $\geqslant$ 24kg/m^2 为超重，BMI $\geqslant$ 28kg/m^2 为肥胖。

2. 根据标准体重判定

标准体重测量法原为法国人类学家勃劳克（有时也译为布诺卡）提出的勃劳克指数法即：

标准体重（千克）＝身高（厘米）－100，并由此衍生而来。

按布诺卡（Broca）公式，我国健身健美专家提出成人的标准体重可用如下公式判定：

（1）成年男子标准体重（千克）。

标准体重（千克）＝身高（厘米）－100（适用165厘米以下人群）

标准体重（千克）＝身高（厘米）－105（适用166～175厘米之间人群）

标准体重（千克）＝身高（厘米）－110（适用176厘米以上人群）

（2）成年女子标准体重在成年男子标准体重相应组别基础上减去2.5千克。

3. 根据腰臀比（WHR）判定

腰臀比（WHR）＝腰围/臀围。国际最新研究提出：男性腰围与臀围比值最高限度为0.85～0.90，女性为0.75～0.80。通常腰臀比值小于0.9（男）或0.8（女）为好，大于这个比值为肥胖。

美国最新研究显示，女性的腰围与臀围比例达到 7：10 即被认为是最完美、最理想，也是最具吸引力的比例。

此外，科学家还根据我国具体情况确定了我国成年男女正常的腰围标准，男性正常腰围在 85 厘米（2.6 尺）以内，女性正常腰围在 80 厘米（2.4 尺）以内，超过这一标准为肥胖。

4. 根据理想体重判定

理想体重是指在体质调查材料中统计得出的死亡率最低的体重数值。脂肪约占肌体重量的 13%～15%。理想体重带有医学性质，我国的计算方法如下：

北方人理想体重（千克）＝［身高（厘米）－ 150］×0.6 ＋ 50

南方人理想体重（千克）＝［身高（厘米）－ 150］×0.6 ＋ 48

5. 根据体脂百分比判定

由于体内骨骼、肌肉等组织密度高（1.2 克/毫升～3.0 克/毫升），脂肪组织的密度低（0.9 克/毫升），两种组织的含量不同，身体密度不同。根据人体密度的高低，即可判断身体脂肪的含量。

身体脂肪含量用体脂百分比最可靠。正常成年人理想身体成分的平均体脂含量如表。身体脂肪过少，指储存脂肪低于必需脂肪的限度。身体脂肪过多，则会导致肥胖（表 10-4-1）。

表 10-4-1 身体脂肪含量的判断标准

	男性	女性
正常	14%～16%	20%～22%
脂肪含量过少	3%～5%	10%～12%
肥胖	20%～25%	25%～30%

一般 30 岁以下的成年人的体脂含量占体重的百分比，男子约为 10%，女子约为 25%。若男子的超过 15%，女子的超过 30% 即为肥胖。

（1）身体脂肪含量的最低限度。体内脂肪包括必需脂肪和身体中"额外"的脂肪，它存在于所有的细胞当中，大多数神经的外部也含有脂类，并与某些特定的组织功能有关。男子身体中必需脂肪约占体重的 3%，女子约占体重的 12%，这也是男性和女性身体脂肪含量的最低限度。人体一般每天至少应摄取 40～50 克脂肪才能维持健康。女性的脂肪含量较高能保证青春期乳房和腰部等部位脂肪的正常堆积和雌激素的产生。其实体内适量的脂肪是必不可少的，它是人体内重要的能源之一，对帮助脂溶性维生素（A、D、E、K）的溶解吸收，对肌体的热垫、保护垫作用，增加肌肤健美，保持青春，丰满曲线及繁衍后代都有着重要的生理功能。

（2）人体脂肪的理想推荐值。为了保证良好的健康状况，体内脂肪的含量不应太高或太低。对于男子推荐的脂肪值应为10%～20%，女子应为15%～25%。需要注意的是体脂通常在一年内有所变化，随不同季节和假期的变化、体力活动和饮食量的不同，体脂也随之不同。

（3）人体的脂肪细胞数。正常人体大约有300亿到350亿个脂肪细胞，当脂肪细胞的数量和体积增多后就形成了肥胖。随着体重的增加，脂肪细胞的体积首先增大，然后数量开始增多。并非一般人们认为的只有细胞体积的增大。

（4）人体的三大脂肪库。肥胖是体内脂肪，尤其是三酰甘油积聚过多而导致的一种状态。人体的脂肪主要储存在三大脂肪库。

皮下组织：皮下组织里含有适量脂肪，才不会使人显得皮包骨头，且有丰腴之美。

内脏周围：像肾脏及肠系膜周围含有适量脂肪，可以支撑、固定内脏，起保持稳定作用。

肚子里大网膜上：人体肥胖到一定程度后，变得大腹便便，这正是大网膜贮油过多的表现。

（三）减肥塑身人群的科学健身方法

1. 运动减脂的好处

（1）增加热能消耗量。

（2）影响安静代谢率及生热作用。

（3）使能量消耗和能量摄入准确适应，利于保持脂肪平衡。

（4）改善心血管、呼吸、消化系统功能，保持瘦体重，防止减体脂后的体重反弹。

（5）改善肥胖内分泌失调。

（6）防止或减轻肥胖合并症。

2. 减肥塑身人群的健身锻炼方案

健身锻炼方案是指在身体健康检查的基础上，根据健身者的锻炼目的或需要，运用科学健身的原理，来确定健身者适宜的健身锻炼的项目内容、强度、次数、时间及要求等的定量化的训练方案。制订健身锻炼方案前，必须询问健身者的病史或健康状况，进行体格检查和必要的实验室检查，特别是心功能检查，从而确定适宜的训练内容和运动负荷（强度、数量、次数、时间及要求等），使肌体在一定时期内获得适量的训练。经过一段时间的训练后，再根据肌体功能提高或改善的状况，重新设计出新的健身锻炼方案，以达到强健身体、疗疾康复、减肥塑身的目的。

（1）减肥塑身运动的形式、内容和方式。用于降低体重的运动应以中等强度（体质差者采用小强度）、较长时间、动力性、全身性的有氧运动为主，辅之以力量训练和柔韧训练（运动形式）；大肌肉群参与，如走、跑、游泳、骑车、有氧舞蹈和健身操等（内容）。走、跑虽方便易行，但耗时、枯燥及下肢负担重；坐位或卧位骑车（采用功量计），下肢不着地，膝关节负担轻，且可调节运动量，并在室内进行，但需设备，有坐久或卧久后体位不适，还有固定体位运动的热传导差及枯燥等问题；有氧舞蹈及健身操是一种良好的运动形式，既是全身性活动，又可提高健身者兴趣，易于坚持，但可能需要经费投入（方式）。

此外，身体状况好的练习者还可选择跳绳，每天在进行其他运动的同时跳绳10分钟，其效果相当于500米健身跑的功效。游泳对减肥也有效果，每周3～4次，每次不少于20分钟；还有各种球类、游戏和气功等也可能达到减肥的目的。

减肥运动中为什么要进行肌肉力量训练呢？一是修塑健美的形体，完美的身体曲线除依靠力量训练外，别无他法；二是增加和保持瘦体重，本节已提到在节食减去的体重中，肌肉组织占35%～45%，有研究报告显示，即使是温和的节食减肥也会减少瘦体重的25%；三是肌肉含量增加可提高人安静状态下的代谢率，如果通过力量训练增加了1千克肌肉，在不运动时也会每天多消耗100～200千卡热量，这其中也包括脂肪的消耗。这正是在现代减肥运动处方中，常常首先安排力量练习的缘故。

（2）减肥塑身运动的时间和频率。每次运动持续30～60分钟（每次活动能量消耗为300千卡左右），每周至少运动3次；也可早晚各锻炼一次，减肥者每天坚持运动则效果最佳。建议减肥者每次持续运动时间最好不要少于40分钟（水平较高者可达90分钟左右），因为运动中脂肪代谢的特点是分解较慢，常在运动2～4小时后。即便是训练强度高的人，在持续运动20～40分钟后才可能动用游离的脂肪酸提供热能。美国运动医学研究显示，有氧运动前15分钟，由肌糖原供能为主，脂肪供能在运动15～20分钟后才开始，运动20分钟内基本不减脂肪。运动30～60分钟时由糖原和脂肪同时供能，脂肪供能达40%～70%。运动60～90分钟时，消耗的能量大部分由脂肪提供，脂肪供能所占比例可达90%以上。故此，减肥者每次持续运动时间不可少于20分钟，也不要超过120分钟。

关于减肥运动最佳锻炼时间的选择，健身专家有三种建议。

①一种建议认为：每天下午4点至晚上9点，即16—21点运动为宜，19—20点最佳。因为晚餐后即19～20点锻炼，可以消耗晚饭摄取的能量，防止吃饱后睡觉时能量的堆积，同时消耗掉一天多余的热量。

②一种研究证实：晚餐前2小时，即每天的16—18点锻炼最佳。有人通过人体实验比较了每天的16—18点与19—20点这两个时间段的减肥效果，证实晚饭前跑步与晚饭后跑步都有减肥效果，但晚饭前跑步的减肥效果明显好于晚饭后跑步的减肥效果，前者在60天内体重指数比后者多下降了2.66。其机制可能有三：一是晚饭前运动时，身体会动员脂肪供能，降低了运动对含脂类、糖类食物的食欲，使人们较容易减少能量质的摄入；二是晚饭前跑步，由于运动负荷的增加，不但提高了身体机能，也有利于睡眠的改善和脂肪的代谢；三是晚饭时间相对延后，使睡眠前的饥饿期相应延迟到睡眠期内，不仅避免了饥饿感带来的痛苦，还再次动员了脂肪供能。

③一种观点认为：早饭前锻炼最佳。因为早饭前锻炼，其消耗的热量约三分之二来源于脂肪。这是因为人早上起床时是空腹，体内储存的糖原已被消耗殆尽，运动时无"原料"供应，只有靠分解脂肪供能。所以锻炼效果最好。但注意起床时先喝上一杯温开水和吃少量食物。因为，长期在早晨进行空腹锻炼可能出现下述问题：一是空腹跑步时胃里没有吸收一定的糖分，会因跑步而产生脂肪酸，使胃液分泌旺盛，甚至可能导致胃痛和十二指肠溃疡；二是空腹跑步不仅会增加心脏和肝脏负担，而且极易导致心率不齐，有猝死的风险，尤其50岁以上的中老年人，由于利用肌体内游离脂肪酸的能力比年轻人低得多，因此发生意外的可能性更大；三是可能导致结石病和低血糖。故建议早晨锻炼不可起得太早，早餐时间也不宜晚于8:30。

总之，晚饭或早饭前跑步可使减肥进入良性循环状态，既增加了运动量（即能量的消耗），又减少了能量物质的摄入，所以减肥效果更好。但也有研究证实，不论早上或晚上锻炼，其消耗的能量是一样的。

（3）减肥塑身运动的强度及监控。运动强度是健身锻炼方案的四要素（其他三要素是运动形式、时间、频率）中最重要的一个因素。一般用运动中的心率反映运动的强度，准确测量10秒钟的脉搏乘以6即代表运动中的每分钟心率。在有氧运动中，减肥运动的强度应为最大吸氧量的50%～70%或最大靶心率的60%～70%（青少年人可达75%）。在此负荷强度范围内运动，脂肪氧化的绝对速率处于理想状态，此时脂肪燃烧最快。

通过实验发现，能强身健体的合理运动负荷为本人最大运动心率值的65%～85%（减肥者为最大心率的60%～70%）。研究认为，心率过低，对肌体无明显影响；心率过高，易产生疲劳与运动伤病。因此，最佳心率范围也可参照如下指标：

男21～30岁（女18～25岁）:150～160次/分。

男31～40岁（女26～35岁）:140～150次/分。

男41～50岁（女36～45岁）:130～140次/分。

男51～60岁（女46～55岁）:120～130次/分。

男61岁以上（女55岁以上）:100～120次/分。

研究还证明，持续运动30～60分钟，用最大靶心率的50%的负荷强度锻炼，每分钟可燃烧7千卡热量，且90%的热量来自脂肪；而用最大靶心率的75%的负荷强度锻炼，每分钟可燃烧14千卡热量，约60%的热量来自脂肪。可见低强度长时间的有氧运动更有利于减肥。

三、青少年增高的健身指导

（一）影响身高的原因

1. 遗传因素的影响

一种观点认为遗传因素是决定人的身高的重要因素，这个要占70%，且父母的遗传各占35%，后天的环境、营养与运动只占30%。持这种观点的科学家占绝大部分。而日本的川畑爱义博士则持完全相反的态度，他经过大量的科学研究和电脑分析得出结论，在影响身高的因素中，后天的作用和努力占67%，先天性遗传因素仅占33%，诸因素的顺序依次是：营养占31%，遗传占33%，运动占20%，环境占16%。他甚至认为遗传因素对身高的影响最多只占20%。不管是哪一种观点，都一致认为，通过后天的努力，特别是运动、环境、营养的改善能促进人体增高，由此看来，后天的努力也是很重要的。

2. 日光作用增强

专家们一致认为阳光是促进生物生长的重要因素，身高与日照率有一定关系。有些地区日照率低，该地区人的身体比较矮小。通过日光等对肌体进行反复作用，可以促进人体的新陈代谢，尤其是人体维生素D的生成，对钙质吸收、骨骼发育都具有较好的作用。

因此，凡是生长发育中的青少年，为了使体形更健美，要经常坚持在阳光下活动。有些青少年怕晒了太阳，皮肤变黑影响"美"。其实黝黑发亮的皮肤较之细皮嫩肉更能彰显健康美。

3. 城市环境的刺激作用

城市里文化比较发达，人们从感官上获得的刺激较多，进而刺激脑垂体，使青少年生长激素分泌增加。当前许多国家城市普遍扩大，农村相对缩小，因此，广大青少年的生长发育长期而言具有加速趋势。

4. 体育健身锻炼和劳动的影响

体育健身锻炼和劳动对骨骼生长的影响是比较明显的。通过体育健身锻炼和劳动，可以促进骨骼的生长和钙化，增强骨骼力量，使肌肉长得更丰满、更结实，同时也能增强呼吸系统和心脏的功能。

5. 生活水平提高

营养供应充足，以及含激素食品增多，对人的生长发育会起到一些作用。我国青少年身高、体重和胸围虽然和解放前相比有很大的提高，但和许多发达国家相比，还有差距。其原因虽然是多方面的，但最重要的是缺乏锻炼、营养供应不足或不均衡（特别是农村的青少年和儿童，主要是蛋白质摄取不足）。因此，在充分发挥先天遗传潜力的基础上，要充分利用后天因素，使青少年的身体发育得更高大，更强壮。

6. 医疗保健水平的提高

毫无疑问，医学的进步，尤其是对影响生长发育的传染病、寄生虫病及一些小儿慢性疾病的控制和消灭，对代代长高也是有积极作用的。

（二）身高增长的基本原理

人体自身的高矮取决于骨骼的长短，尤其是长骨（股骨、肱骨等）的增长。

每个人身上都有206块骨头，它们借助关节囊或韧带相连接，构成人体支架——骨骼。

构成骨的成分有无机物和有机物。钙盐约占21.8%，使骨骼坚硬；骨胶元蛋白等使骨具有弹性，约占28.2%；其余的50%是水。由于骨骼既坚又韧，所以能承受外界的压力、拉力和扭转力，从而使人体能适应各种体力劳动和运动的需要。

每块新鲜骨的表面还覆盖有一层骨膜，膜内含有神经和血管，骨骼生长发育所需要的营养就是通过这些血管供给的。

骨的生长主要靠软骨的增长。在大腿骨、小腿骨等长骨的两端有骨骺，骨骺与骨干相连的地方有一层软骨板，叫骺软骨，骺软骨细胞不断增殖、肥大，并与钙盐沉淀，就会使骨逐渐加长。

随着年龄的增长，骺软骨增殖速度逐渐减慢，而钙盐沉淀越来越快。人到成年，即性成熟期，男子20～24岁，女子18～22岁，骺软骨内钙盐沉淀快于软骨细胞的增殖，骺软骨就渐渐钙化了，只留下一条线状的痕迹。至此骺软骨与骨干融合在一起，长骨的长度就不再变化，而脊椎骨还可以继续增长发育，稍有增高。男子到25～26岁，女子到23～24岁，人体的个头就定型了。因此，青少年和儿童时期骨的发育状况，决定了人成年后的高矮。

在骨生长发育停止以前，从事体育健身锻炼，能促进人体内各分泌素的调节，使各器官系统发育，并由脑下垂体前叶分泌生长素，促进骨骼、肌肉和内脏的生长，从而使身体长得高大，同时，体育健身锻炼还能使全身血液循环加快，使内脏和肌肉的血液增多，蛋白质供应充分，骨的血液循环得到改善，骨细胞的营养供应得到加强，提高骺软骨细胞的增殖能力，对骨头的生长十分有利。

俄罗斯专家认为，体育锻炼是影响身高的主要因素。刺激肌体内的代谢过程能导致骨组织的加速生长，尤其是各种各样的动力性练习，如纵跳、悬垂、跑步、跳高、跳远、跳绳、跳皮筋、踢毽子、游泳及体操中的大跳步、小跳步等动作，对下肢骨的增长十分有利。而游泳、体操等动作则能加强身体的柔韧性，对脊柱增长有良好的作用。

当然，青少年只有在长身体时期积极参加体育健身锻炼和加强营养，才能改变其遗传因素，塑造一幅比例匀称而身长适中的骨架。年龄过大，作用就不明显了。因为骨组织中有机物同无机物含量的比例随着年龄的增长而变化。儿童时期，有机物含量较多，无机物较少，因而具有较大弹性，但不够坚硬，虽不易骨折但易变形。所以，青少年和儿童从事体育锻炼时，应注意身体全面发展。在练习非对称项目如投掷、单腿跳跃等时，要让对侧肢体也得到锻炼，以防身体不对称发展。同时，还要注意在日常生活中保持良好的坐、站、走、跑的姿势，防止身体畸形。

我们知道骨骼不仅承担了身体的支柱作用，同时也是构成人体运动和活动姿态的根本前提条件。但是，为了使骨骼能够正常发育以及机能健全，肌肉的发育就必须能配合骨骼的成长。肌肉和骨骼的同时与协调发展是增长身高的必要条件，二者缺一不可。

（三）身高增长的一般规律

青春发育期，体重、身高的增长明显加快。一般以身高明显加快的年龄作为衡量青春发育的开始阶段，我国城区男为 12～13 岁，女为 10～11 岁；郊区男为 13～14 岁，女为 11～12 岁。由此可见，城区男子女子比郊区男子女子早一年，女子又比男子早 2 年，而北、中、南部地区差别不明显。脊椎的增长也是跳跃式的，男子 14～18 岁，女子 10～14 岁，这是人生发育的重要阶段，在这个时期锻炼效果最好。

从男少年运动员的青春发育期情况来看，其身高增长有 3 种不同类型。

1. 正常类型

正常类型占多数。他们身高的突增高峰维持 2 年，第一年平均增高 9.85 厘米左右，第二年仍能增长 7.18 厘米左右，第三年增长渐趋缓慢，第四年有 32.5% 的青少年身高停止变化。

2. 迅速增高型

他们身高的突增时间只有 1 年左右。虽然这一年的突增可达到 10 厘米以上，但第二年明显缓慢，第三年便有 23% 的人身高停止变化，第四年几乎大部分人都不长高。

这些青少年由于身高增高停止早，突增时间短，最后一般都长得不高，平均增长的范围也只有 15 厘米左右。

3. 缓慢增高型

缓慢增高型的是少数。他们的身高突增可以维持 3 年以上，第一年突增 8～9 厘米，第二年仍保持增长 8.5 厘米左右，第三年增长 6.2 厘米，第四年才缓慢停下来，甚至到第五至第六年还能增长。他们增长的范围平均在 27 厘米左右。

从以上 3 种类型来分析，一般发育早和发育快的青少年，最后未必长得高大；而发育进程缓慢、较弱的，最后却长得较高大。

根据世界卫生组织对青少年生长发育的调查研究发现，人类的生长发育有逐代增高的趋势。

国外文献报道，美国、英国、日本以及其他各国的发育调查发现，生长有长期加速趋势。这种趋势在 19 世纪后期及 20 世纪初期最显著。据统计分析，成年人在 100 年内同年龄比较，身高增加了 10～12 厘米，平均每 10 年长高 1 厘米左右。随着身高的长期加速，女子月经初潮年龄也在不断提前，有的国家统计，每 10 年平均提前 3 个月，有的报道在 50 年内提前 1 年。

中华人民共和国成立以来，青少年一代发育的加速也非常明显。据北京市 1979 年的调查，男性11岁儿童与1973年同龄的儿童比较，平均身高就增加了5厘米左右。各地的青少年体质调查结果也反映了这种趋势。

（四）身高增长最快的季节和月份

世界保健组织对各国进行的大量调查表明，儿童的生长速度一年四季并不相同，一年中，春夏两季长得较快，长得最快的月份是5月，平均身高增长7.3毫米；10月份则长得最慢，平均身高增长只有3.3毫米。因此，5月份被一些专家称作"奥秘的5月"。

儿童为什么在5月长得最快呢？因为决定身高增长快慢的，除遗传、内分泌、营养、体育锻炼、睡眠及卫生条件等因素外，还有气温、阳光等自然条件。

5月前后，大地回春，万物复苏，百花争艳，气候宜人，器官和细胞都空前活跃，增强了人的生理机能，促使青少年和儿童在5月份长得最快。因此，在此阶段应重视孩子的体育卫生保健，以促进身高的增长。

第一，保证足够合理的营养。孩子在5月份生长速度加快，营养物质消耗量相对增加，如果营养供应不足，就会影响生长速度。因此在4—5月份，要多给孩子吃一些鱼虾、瘦肉、蛋乳、豆制品及骨头汤等食品。这些食品中都含有一定数量的卵磷脂和赖氨酸，有利于儿童的大脑发育和长高。同时，还应多给孩子吃蔬菜、水果等含维生素及矿物质丰富的食品，保持膳食营养平衡，做到早餐热量要充分，三餐热量分配好。

第二，增加户外活动时间。通过户外活动，呼吸新鲜空气，接受阳光照射，以促进体内维生素D的合成，满足孩子生长发育加快对钙质的大量需求。

第三，加强体育健身锻炼。尤其应该多进行有利于长高的体育健身活动，如跑步、体操、跳绳、踢毽、打球、游泳等，以增强体质和抗病能力。

第四，保持合理充足的睡眠，促进生长激素的分泌。

第五，遵循适量、渐进、系统科学的训练原则，注意全面训练与专门训练的结合，要坚持情绪饱满的生活、学习与训练。

（五）青少儿增高训练的方法

1. 艾哈迈托夫增高训练法

鲁斯塔姆·艾哈迈托夫是苏联著名的健美研究专家，他创制的一套长高训练法，科学性很强，效果明显。采用艾哈迈托夫长高训练法时，要注意循序渐进，不可操之过急。同时，要注意训练后的体力恢复。训练时，一方面要认真练习，注意交换运动项目，如跑、跳、游泳、柔韧练习交替进行；另一方面，练习后要休息好，尤其要保证睡眠充足。此外，饮食要多样化，多吃含维生素和矿物质的食品，如肉、鱼、新鲜蔬菜和水果、奶制品等。尼古丁、酒精、各种传染病都会妨碍身高的增长。因此，要忌烟酒，讲究卫生，增强身体的抗病能力。艾哈迈托夫长高训练的主要方法如下。

（1）慢跑5～7分钟。柔韧和放松练习、劈腿、摆动、抖动18～20分钟。

（2）单杠悬垂，尽量放松身体，两组不带负荷，每组20秒钟，一组带5～10千克负荷（重物系在脚上）。头朝下悬重（双脚用皮带固定），两组不带负荷，每组15秒，一组带5～10千克负荷（要注意量力而行）。

（3）跳，双手摸高（树枝、篮板、天花板等）。双腿跳、左腿跳、右腿跳各2组，每组10次。每组间歇5～8秒，换腿时间间歇4～5分钟。要全力起跳，尽量跳得高些。

（4）登20～30米的小山，尽量加快速度，然后疾步跑下。重复3～4次。

（5）请同伴帮忙，一人抓住你的双手，一人抓住你的双腿，两人同时向相反方向轻轻振拉你的躯干2～3次，每次15～20秒。

艾哈迈托夫认为最主要的是跳。每天都要尽全力跳200次。再就是训练要多样化，球类、跳跃运动要和骑自行车、滑雪、滑冰、跑步等结合起来。有条件的青少年可以早晚各训练一次。

2. 简易增高训练法

简易增高训练法方便易行，随时可做，可加强刺激，促使身体更快地长高。

（1）每天早上起床时，多伸几个长长的懒腰，充分舒展四肢。

（2）每天早晨坚持步行或慢跑15分钟，宜前脚掌先着地，步幅大些。

（3）早晚纵跳、摸高各50次。

（4）仰卧在垫上或床上，足绑3～5千克的重物，屈腿抬起前踢。两足交替进行，每足踢20次，每天坚持1～2次。

（5）双腿屈膝，脚尖勾着一根杠，做后仰、收腹动作，每回30次。

（6）运动前，自上而下按摩各个大关节；运动后，除做放松运动外，自下而上按摩各大关节。

3. 游泳增高训练法

游泳的健身意义是尽人皆知的，可以使肌肉发达，内脏器官功能增强，提高人体对各种疾病的抵抗能力等。然而，很少有人想到，游泳还可以塑造人的体形，促进青少年长高。

据报道，女子100米、200米蛙泳前世界冠军鲍格丹诺娃，幼年时代曾有轻度的驼背，身高较矮，后来在医生的指点下从事游泳锻炼。游泳不仅纠正了她的驼背，还促进了她身高的增长，而且打开了她通向世界冠军的道路。

曾连续创造过女子游泳五个项目世界纪录的澳大利亚优秀运动员古尔德，也是在医生的建议下以游泳作为治疗皮肤烫伤的手段进而登上了世界冠军的宝座。

为什么游泳会有如此神奇的作用？游泳对体形体态的影响又是怎样的呢？

脊椎状态是决定人们体态和身高的关键因素，而游泳锻炼的重点正好在强健脊椎上。因为无论何种游泳方式，都是平卧在水中进行的。爬泳，不仅要俯卧，而且还要略呈背弓，使身体在水中尽可能呈流线形，最大限度地减少水的迎面阻力。海豚泳，则要求躯干做波浪动作，背部肌肉须保持紧张。蛙泳时，虽然腿不能蹬出水面，但在抬头吸气时，臀部和下肢仍要保持较高的位置，也要求背肌有一定的紧张度。各种游泳姿势都要求椎柱充分伸展，以便加长划水路线，使游泳动作更符合力学原理。而脊柱伸展对矫正和防止驼背及其他职业性脊柱侧弯是有益的。

游泳时，腿臂并用，全身肌肉都对称地参与运动。长期从事游泳不仅可以使四肢肌肉匀称发达，还可以使身体的一些小肌肉群得到锻炼。此外，因为水的密度比空气大320倍，游泳时胸廓所承受的压力为12～15千克，因此，游泳对人的呼吸肌提出了更高的要求，喜欢游泳的人，一般都胸部肌肉丰满，肩部宽阔。

由于游泳多在露天进行，因而能经常接受阳光中紫外线的照射。这对皮肤中的胆固醇转化为骨骼发育所需的维生素D具有强化作用，有助于骨质钙化和佝偻病的防治，长期坚持能使青少年大幅度增高。

游泳还是一种有效的减肥运动。科学试验证明，水的导热性比空气高28倍，其阻力远远超出空气。当在水温为12℃的水中活动4分钟时，它所消耗的热量几乎等同于在同温度空气中活动1小时释放出的能量。因此，通过游泳锻炼，可使人体变得苗条而富有曲线感。

与此同时，有些人还把游泳视为高效的"血管体操"。这是因为：其一，水对其身体各部分有按摩作用，有助于血液循环和促进表皮细胞的新陈代谢，使人的肌肤更加光滑细腻，富于弹性和美感；其二，人体在水中运动时，节奏方面一般都比较缓慢，这对心脏的工作很有好处；其三，当进入水中时，人体皮肤和皮肤血管会急剧收缩，大量血液被驱入内脏和深部组织，使内脏器官增大，接着，皮肤血管也随之扩张，血液开始回流。这种来回往复有利于增强血管弹性，提高心脏机能，从而也促进形体的健美。

然而，游泳锻炼时也需认真注意以下问题：游泳前一定要做好准备活动，使全身肌肉和关节都活动开，以免抽筋，发生危险。不要空腹下水游泳，以免体内出现入不敷出，使大脑血糖供应不足，直至引发头昏眼花、四肢无力、面色苍白乃至晕倒等症状。同时，刚吃过饭就游泳也不好，容易造成体表血管扩张，胃肠血液相对减少而影响消化功能。鉴于此，游泳最好安排在饭后1小时进行，每次不要超过3小时，而且每隔半小时就应休息10分钟。若遇雷雨天气，不要游泳。游泳时，还应保护好眼、耳、鼻等器官，以免造成疾患。

4. 幼儿增高训练法

要想让幼儿长得高一些，父母不妨利用早上起床之后与晚上就寝之前的时间带幼儿多做一些韵律游戏操。韵律游戏对孩子没有心理负担，运动也会变得更为轻松有趣。父母可结合幼儿实际情况编一套兼有伸展、抑止、回转、扭动、跳跃等各种类型动作的韵律游戏操。因为，如果一种运动都能使脊柱和腿骨适用于身高的增长，那么它必须是协调伸展、抑止、回转、扭动等各种类型的运动，换句话说，这种运动绝不能是偏于某一部分骨骼或关节的运动，而必须由所有的方面来协调各种运动。基于以上原理，我们应该针对身体的各部位关节、骨骼、肌肉，平衡地分配和进行屈体、伸展、回转、扭动、跳跃的运动，而这些正是增高体操的精髓所在。

尽管我们重复了多种局部性运动，但它们还不是全身运动。较为剧烈的全身运动，能使循环、神经、肌肉、呼吸器官系统产生独特的生理效应。而此处所讲述的全身运动则可以用跳绳运动代替。跳绳同样可以融入幼儿游戏操。幼儿可仿照无绳跳跃方式进行，时间、次数、强度及难度需灵活掌握。作为青少年，只要用心去做5分钟就够了。

跳绳运动已被人们用来作为减肥、增高、美容的运动，在青少年中间开展得颇为广泛。但是，由于使用了绳子的跳跃运动受到了绳子半径的影响，因此，在狭窄的室内便不易进行了，同时身体的运动也受到了绳子运动的束缚。而无绳跳跃运动则不受场地条件的影响。大家不妨一试。

幼儿做这类运动时尽可能少穿衣服，如此便能同时进行冷气浴和空气浴。因为空气浴透过皮肤刺激，活跃了增长身高的最重要的因素——荷尔蒙、甲状腺荷尔蒙及其他荷尔蒙的分泌。有利于儿童身高的增长。

幼儿韵律游戏操可自配音乐，自编歌词，注意音乐必须轻快、活泼、适合孩子特点，并是能配合游戏节奏的乐曲。

（六）增高训练处方

1. 准备活动

可进行诸如徒手操、慢跑、伸展、关节按摩、游戏等练习，时长5～15分钟左右。

2. 伸拉、悬垂、旋转扭腰、振压练习

主要刺激脊椎、关节、韧带及相关的肌肉群。

3. 跑跳练习（以跳为主）

指各种跑、跳及与跑跳相关的各种运动（时间、距离、次数视情况而定，但不应少于5～10分钟）。主要刺激下肢长骨和提高全身的生理机能。

4. 整理放松及深呼吸

主要指针对脊椎、下肢与全身和心理的放松练习。

上述练习少则十几分钟即可完成，多则几十分钟，即可使骨干、背骨、腿部长骨的骨端软骨都得到适度的刺激，从而促进人体增高。

5. 平时注意养成正确的站、坐、行、睡等姿势

预防或矫正脊椎非正常性生理弯曲，如驼背、脊柱侧弯、异常步态、X型腿、罗圈腿、八字脚、平足等。

要特别注意的一点是，儿童骨端软骨极其脆弱，最易受伤，切忌激烈运动。可采用韵律游戏法，形意练习法等进行锻炼。

（七）影响身高的常见错误姿势及其矫正技法

1. 青少年中最常见的不正确姿势

（1）站的不正确姿势。如有的身体重心习惯性地侧向一边，形成一肩高、一肩低；有的曲背、含胸、挺腹，形成水蛇腰；有的习惯于耸肩；有的喜欢突出一侧髋骨，显得不庄重；女孩子还由于青春期发育害羞而伸颈含胸；有的因个子高而伸脖弯腰等。这些不正确的站姿都有损姿态美，还会影响脊柱、胸廓和内脏器官的正常发育。

（2）坐的不正确姿势。如有的身子偏斜、歪歪扭扭；有的歪头写字；有的含胸驼背；有的胸部太靠近桌子。这些不正确的坐姿不仅会影响姿态美，还会影响脊柱、胸廓的正常发育，造成畸形，损伤视力等。此外，还有半躺半坐，东倒西靠，一腿盘在另一腿上、两腿大开的坐姿；体前弯、腰塌、臀部后蹶以及习惯性地跷"二郎腿"和不停地抖动等等不良姿态，不仅于己有害，而且还会给人一种丑陋、粗俗、不文明的感觉。

（3）走的不正确姿势。有的上体左右晃动，令人感到轻浮粗野；有的双肩前倾、垂首含胸；有的单肩背书包；有的喜好与同学勾肩搭背。这些姿势都不美，会给人一种不舒服的感觉。

2. 几种严重错误姿势的矫正方法

上述许多不正确的姿势中，有不少是属于脊柱不正造成的"姿势性变形"，来源于平常的坏习惯，如不在生长发育时期及早纠正，将终身受其影响，不但影响身高增长，使负重能力下降，还可能埋下腰痛病根的隐患。以下是几种严重错误姿势的纠正方法。

（1）圆背（驼前）的矫正（详见本章第六节），还可经常进行下述练习。

①俯卧仰起练习：俯卧，两手互握在背后，伸直并用力向后上方提位，同时头部和上体尽量向上仰起，两腿伸直，使两臂肱三头肌和肩带极度紧张，稍停还原，反复做10～15次。

②引体向上练习：在单杠上做颈后上拉，或在高滑轮重锤拉力器上做颈后下拉，也可背向肋木做拉引练习。

（2）脊柱侧弯的矫正：详见本章第六节。此外，若是向左侧弯，站立时身体重心最好落在右脚一边，右脚不要用力；坐时也可以让右侧负重。持之以恒，可收到效果。

（3）肩胛下角下移的矫正：详见本章第六节。一方面应用另一肩多背书包；另一方面应加强上肢肌肉和韧带的练习，如举哑铃、俯卧撑、引体向上、支撑臂屈伸等。

（4）腿部的畸形矫正：O 型腿和 X 型腿及足、颈等部的矫正方法详见本章第六节。

3. 矫正错误姿态时应注意的问题

（1）形成姿态美的关键部位是脊柱。应从小注意保持脊柱的正确姿态，要求颈、胸椎棘突、腰椎棘突与中心线一致。

（2）要在日常生活中注意培养良好姿态。姿态美是在生活中逐步形成的，是习惯的流露，不是矫揉造作所能得到的。因为人们一时一刻都离不开坐或立、走或跑，日常生活中要随时随地注意培养正确姿势，从小做起，才能养成良好习惯。

（3）要会正确克服不良姿态引起的疲劳。不正确的姿势常是人们长时间维持一种姿势而引起疲劳产生，如上课坐得过久，讲课站得过久，都会分别引起两肩、腰部、下肢的疲劳。有时同学为了克服疲劳，往往顺应肢体疲劳处肌肉的松弛，不自觉地改变了姿势，日久天长，便形成了不正确姿势。正确克服姿态引起疲劳的最好办法是更换姿势，借助外力和加强肌肉力量。如坐得过久可两手扶膝协助维持正确姿势以减轻疲劳；站立过久，可让左右脚交换支持体重或让体重平均落在开立的两脚上；书包应用双肩背式的，用单肩书包要勤换肩；课间应到室外活动，采取积极性休息的办法克服疲劳。

（4）克服不正确的心理。如有的同学由于自己身材的高大（特别是女同学）往往有不好意思抬头走路的心理，于是总驼着背，低着头，这种不正确心理造成的不正确姿势，若不注意克服，时间一长，习以为常，要想改变就要多费功夫了。

（5）加强健身锻炼是培养正确姿势的根本途径。体育健身锻炼能使人体肌肉匀称地、有力地发展，会给人长时间维持各种正确姿势创造最有利的条件，如控制能力、持久能力、协调能力的锻炼等。通过各种动作的练习还可以增加各种姿态的优美程度。

第五节　形体修塑人群的健身指导

一、形体修塑的原则与技巧

如果说身体局部过胖或者不良体形体态的修塑有什么秘诀和技巧的话，那就是必须遵从以下几条基本的训练原则。

（1）全面（身体）训练与专门（体形修塑）训练相结合。
（2）全身（整体）训练与局部（体形修塑的某部位）训练相结合。
（3）有氧训练与无氧训练相结合。
（4）负荷训练与徒手训练相结合。
（5）肌力训练与伸展训练相结合。
（6）突出弱势部位训练与兼顾优势部位训练相结合。
（7）循序渐进训练与区别对待训练相结合。
（8）系统训练与不间断训练相结合。
（9）科学综合训练与饮食调控相结合。

此外，不论是矫正不良体形体态，还是减缩局部多余脂肪，一般都是先全身，后局部；先有氧，后负荷（混合或无氧训练）；先大肌群，后小肌群。并制订出科学的训练计划和明确的阶段目标，再加上坚强的毅力和持久的恒心，才能获得事半功倍的锻炼效果。一种新出来的观点认为，先进行无氧训练，可率先动用身体的肌糖原，接着再进行有氧运动，即可动用脂肪酸。但不论是先进行无氧训练还是有氧训练，只要做好充分的准备活动和放松整理活动,对身体都会有益无害。

二、人体不同部位肥胖的修塑技法

人体多余的能量通常以脂肪的形式储存在身体的腰、腹、臀等不同部位,人在采用科学的综合训练与饮食调控等方法,特别是有氧训练的基础上,再进行针对性的训练(如局部修塑减肥练习等),每天练习并坚持数周或数月,就可达到减肥的目的。但在运用下面的局部减肥技法时,首先也必须遵从体形修塑的训练原则,如果仅练局部则可能收效甚微。

(一)腹部过胖的修塑技法

1. 仰卧起坐(20次×4)

(1)仰卧屈膝,屈臂交叉抱肩(也可双手抱头或双臂伸直置于头上方)。

(2)慢慢抬起上体成坐姿,计数3秒钟,还原。

(3)重复练习。起坐时脚不离地,可叫同伴用双手压住脚背。

2. 仰卧腿屈伸(15次×2)

(1)仰卧,两臂伸直在头上方,双手抓住床架或其他固定物体。

(2)收腹举腿,与躯干成直角。

(3)屈膝大腿贴胸。

(4)双腿下伸还原成(1)的姿势。

3. 收腹提膝(8次×3)

(1)直立,两手侧平举。

(2)左脚起跳,收腹,右膝触左肘。

(3)右腿放下,同时起跳,收腹,左膝触右肘。

(4)左右腿交替进行。

4. 屈膝两头起(8次×3)

(1)仰卧,两臂在头上方伸直。

(2)收腹起坐,同时屈膝,两臂前摆至膝部两侧。

(3)还原成仰卧姿势再做。

5. 全蹲跳转(15次×3)

(1)屈膝全蹲,脚跟抬起,两臂侧上举。

(2)上体不动,膝腿向左右转动或跳起左右转动,使之锻炼腹内外斜肌。

6. 仰卧并腿环绕(15次×2)

(1)仰卧,两腿伸直并拢,两臂平放于体侧,掌心朝下。

(2)两腿微抬起,由左侧经头部绕向右侧至原位,再练习。

7. 直立转体（20次×4）

（1）两腿微开立、左右间距10厘米，两手侧平举。

（2）下肢站稳不动，以腰部为轴左右转动，脚跟不得离地。

8. 仰卧交替举腿（15次×2）

（1）仰卧在垫子上，两手抓住固定物体，两腿并拢伸直。

（2）一腿上举至躯干垂直部位，放下脚跟不触地。

（3）另一腿做同样练习，交替进行。

（二）腰部过胖的修塑技法

1. 俯卧两头起（15次×2）

（1）俯卧在垫上，两臂在头前伸直。

（2）抬头挺胸，臂后振，同时两腿向上方摆动，使胸部和下腹同时离垫。

（3）还原成俯卧姿势。

2. 胸腰波浪（15次×3）

（1）跪撑、低头、弓背、肩后缩。

（2）屈肘、踢腰、胸轻微触垫向前滑动，然后伸直手臂、抬头、挺胸。

（3）弓身向后滑动成（1）的姿势，再重复练习。

3. 仰卧转体（15次×4）

（1）仰卧，两臂屈肘于胸前，两腿屈膝，大小腿折叠，脚稍抬起。

（2）两脚并拢向左转，尽量让脚部触地。同时上体带动两臂向右扭转。

（3）上下肢换一个方向扭转一次。

4. 左右侧屈（20次×3）

（1）左右开立同肩宽，上体正直，两臂下垂放于体侧。

（2）上体右侧屈，体不前倾，右手尽量下伸摸膝外侧下方。

（3）换一个方向，上体左侧屈，左手摸左膝外侧下方。如此左右交替练习。

5. 上体绕环（15次×2）

（1）坐在垫子上，两脚并拢伸直固定，两臂伸直上举。

（2）上体前倾由右向后、向左、向前匀速做绕环运动。

（3）换一个方向再做一次。顺、逆时针方向交替进行。

6. 俯身侧起（15次×2）

（1）俯卧，腹下部位置于长凳或跳箱盖上，两脚都用绳带固定或由同伴按住固定，躯干和头下垂。

（2）边抬上身边转上体，眼看上空。

（3）还原后换一个方向再做一次。左右交替进行。

7. 侧卧抬腿（15次×2）

（1）侧卧，两臂向前平伸，两腿重叠伸直。

（2）使劲抬起双腿向上举，稍停。

（3）还原成（1）的姿势再重复练习。练完一侧规定次数后，再换另一侧练习。

8. 左右体前屈（20次×2）

（1）两脚左右开立，与肩同宽，两手侧平举。

（2）先向左侧腿做一次体前屈，尽量使手触地或触脚趾。

（3）还原成开始姿势，再向后侧腿做体前屈。左右交替进行。

（三）臀部过胖的修塑技法

1. 弓步送髋（8次×4）

预备姿势：左膝跪地，右腿屈膝成90°，两手置于膝盖上。

（1）左腿和臂向前下方移，髋部尽量前送。

（2）还原成预备姿势，再重复练习。左右腿交替练习。

2. 仰卧抱膝（8次×4）

预备姿势：仰卧，两手放在身体两侧，两腿并拢伸直。

（1）右腿屈膝上举，两手抱膝（尽量靠近胸部），左脚伸直。

（2）还原成仰卧。

（3）（4）同（1）（2）。两腿交替练习。

3. 跪撑后摆腿（8次×4）

预备姿势：跪撑在垫子上，低头、弓腰、含胸。

（1）抬头、挺胸、蹋腰，左腿尽量伸直后上踢。

（2）还原。还原时腿尽量不要触垫子。

（3）（4）同（1）（2）。8次后换右腿按左腿方法练习。

4. 腿伸异侧（8次×2）

预备姿势：身体侧向有靠背的椅子站立，距离约30～50厘米，两手抓握椅背。

（1）～（3）左腿屈膝下蹲，右腿在左腿后尽力向左侧外伸展，上体正直、头部左转。

（4）还原成站立姿势。做完8次后换至另一侧练习。

5. 仰卧挺髋（15次×4）

预备姿势：仰卧在垫上，分腿（或并腿）屈膝，两腿间距约同肩宽，两臂伸直平放在身体两侧。

（1）两腿蹬伸，髋部向上挺起，臀部用力夹紧，身体成反弓。

（2）还原。

（3）同（1）。

（4）同（2）。

6. 体前屈（8次×3）

预备姿势：两脚左右开立，略宽于肩，两手臂放松垂于体侧。

（1）上体前屈，两手撑地，两脚尖内转，脚趾相对。

（2）两脚尖向侧外转。

（3）同（1）。

（4）还原成预备姿势。

7. 俯卧绕腿（8次×4）

预备姿势：俯卧垫上，手抓垫边，两腿伸直并拢。

（1）上体不动，两腿尽量向上抬起，划弧形向左边放下。

（2）同（1），向右边放下。

（3）同（1）。

（4）同（2）。

8. 坐姿前振（8次×4）

预备姿势：分腿坐，腿伸直，两臂屈肘撑地，手指相对。

（1）上体前振，同时两臂屈肘触地。

（2）、（3）上体微抬起，再向前振2次。

（4）手臂伸直向前压1次，手掌触地，停2～3秒钟。还原再做。

（四）腿部过胖的修塑技法

1. 并膝提踵（15次×2）

（1）坐在凳子上，两腿屈膝并拢，脚踏在地上，两手压住膝盖。

（2）提踵，脚趾用力抵地，双膝用力挤在一起。

（3）两踵轻轻放下，但不完全着地，自然放松。重复练习。

2. 俯卧抬腿（8次×2）

（1）俯卧，头枕双臂。

（2）双腿抬起离地15厘米左右，稍停。

（3）屈膝大小腿成90度角，停3～5秒钟。

（4）腿伸直，然后慢慢放下。

重复练习。

3. 两膝挤球（15次×4）

（1）坐正，两脚踏实，两膝夹住一个柔软的橡皮球。

（2）两膝挤压橡皮球。

（3）匀速地松开，挤压，再松开，再挤压。如此重复练习。

4. 屈膝触胸（15次×4）

（1）侧卧平躺，两腿伸直。

（2）屈右膝触胸。

（3）右大腿外展。

（4）向上伸小腿，绷直，然后轻轻放下，不着地。

重复练习 15 次后，换左腿按右腿方法练习。

5. 脚背屈伸（15 次 ×2）

（1）直背坐凳，两臂伸直撑凳边。

（2）直腿抬平勾腿尖。

（3）直腿绷脚背向上抬 10 厘米左右。

（4）放下成（2）的姿势。

大腿与躯干成直角。左脚练完后练右脚。

6. 站立提踵（15 次 ×4）

（1）直立，双腿并拢，两手在背后握住椅背或其他物体。

（2）双腿提踵，脚趾用力抵地稍停。

（3）两踵轻轻放下，离地 3～5 厘米。

重复练习。

7. 屈膝伸腿（8 次 ×4）

（1）半躺在垫子上，两臂屈肘放于体侧支撑上体，屈膝，两脚置地平放。

（2）两膝分开至超过肩宽，脚尖指向身体外侧，一腿屈膝靠向胸部中间，然后外展，弧形伸直还原成（1）的姿势。

另一脚重复同样的动作。

8. 大腿侧抬（4 次 ×4）

（1）直立，两臂侧平举，两肩放松，脚跟并拢，脚尖向外。

（2）左膝抬至左肘，体不前倾，然后还原成开始直立姿势。

（3）左腿直腿侧抬，脚或踝触手。

（4）右腿做（2）、（3）同样动作。动作开始慢些，以免拉伤肌肉。

（五）胸部过胖的修塑技法

1. 直立扩胸（8 次 ×3）

（1）两脚左右开立，与肩同宽。

（2）胸前屈肘抬平，手心向下，指尖相对。

（3）扩胸后振，还原。

（4）两臂经前平举扩胸，还原成胸前屈肘抬平的姿势。

重复练习。

2. 跪撑压胸（8 次 ×3）

（1）跪姿，两膝稍分开，手指相对撑地。

（2）用力下压胸部随之慢屈肘，使胸部尽可能接近垫子，两臂撑起还原。

再重复练习。

3. 站立抬臂（8次×4）

（1）两脚左右开立。左手背贴近左脸颊，肘部尽量上提。

（2）向上伸展左臂，再将左手由后向下画弧放至体侧。重复8次后换手做，动作相同。

（3）最后两手臂同时进行，重复做8次。

4. 直立夹胸（8次×4）

（1）两脚开立，上体正直，肩放松，臂下垂。

（2）臀部后移同时收胸，两肩前移尽量靠拢夹紧。挺胸，两肩后移尽量向后靠拢。还原。

重复练习。收胸时胸肌尽量夹紧，挺胸时两肩用力后收。

5. 俯卧抬头挺胸（8次×2）

俯卧，双手交叉置于脑后，头部和胸尽量向后上方抬起。还原再做。

6. 反撑挺胸（8次×2）

（1）背对椅子（或其他稳定物体），双脚分开站立。

（2）双手在背后握住椅背，慢慢下蹲，然后站起，胸部尽量前挺。还原，重复做。

7. 跪撑转肩（8次×3）

（1）直体跪，上体前屈，左手撑地。

（2）右臂先伸至左侧腰部，再回到右侧并尽量向右侧后上方伸举。

重复做8次，换左手做，动作相同。

8. 俯卧抬臂（8次×2）

（1）俯卧，右臂前伸，左臂放在体侧伸直。

（2）两臂同时向后抬起，还原，做8次后，将左臂前伸，右臂放在体侧，做同样动作。

（六）臂部过胖的修塑技法

1. 直臂内旋外转（8次×4）

预备姿势：两脚开立与肩同宽，身体站直，双手持哑铃垂于体侧，拳心向内，离身体15～20厘米。

（1）两臂同时外转超过90°。

（2）接着两臂同时内旋超过90°。

（3）同（1）。

（4）同（2）。

2. 直臂后举（8次×2）

预备姿势：右腿直立，左腿微屈，脚跟抬起，双手持哑铃置于身体两侧。

（1）双臂斜后拉至极限，拳心相对。

（2）大臂不动，小臂前屈，提铃至胸前两侧。

（3）大臂仍固定不动，小臂后伸，还原成（1）的姿势。

（4）慢慢还原成预备姿势。

3. 仰卧头上拉（8次×4）

预备姿势：仰卧，下背部贴紧垫子，两腿屈膝平放，手持哑铃直臂上举。

（1）微屈肘慢慢地把哑铃放在头顶上方，使哑铃微触地面。

（2）双手向上拉起哑铃，还原成预备姿势。

（3）同（1）。

（4）同（2）。

4. 颈后臂屈伸（8次×2）

预备姿势：一腿微屈，一腿直立，挺胸收腹，双手各持一哑铃，举至头上方。

（1）两臂屈肘向头后弯曲，使哑铃一端触背部。

（2）两臂用力向头上方拉起还原成预备姿势。

（3）同（1）。

（4）同（2）。

5. 俯卧臂伸展（8次×3）

预备姿势：俯卧，保持髋部贴紧地面，两手持哑铃置于体侧，拳心向下。

（1）直臂向上方举到极限，稍停。

（2）还原成预备姿势。

（3）同（1）。

（4）同（2）。

6. 单臂屈伸（8次×2）

预备姿势：一腿稍屈，另一腿支撑直立，收腹挺胸，左手持哑铃置于颈后，肘关节向头上方，右手抵住哑铃手臂的肘部。

（1）慢慢抬起持哑铃的前手臂于头顶上方。注意上臂保持静止状态不动，右手仍用力挡住肘部。

（2）还原。

（3）同（1）。

（4）同（2）。

7. 屈体臂屈伸（8次×3）

预备姿势：上体前屈与地面平行，双膝微屈，两臂屈肘持哑铃置于胸前，拳心相对。

（1）手臂用力后拉至最高点，拳心向上。

（2）还原成预备姿势。

（3）同（1）。

（4）同（2）。

8. 仰卧臂屈伸（8次×2）

预备姿势：屈腿仰卧，两臂伸直上举哑铃，拳心相对。

（1）慢慢屈臂，直到哑铃轻触前额为止。

（2）肘部保持不动，慢慢将哑铃举起成预备姿势。

（3）同（1）。

（4）同（2）。

（七）膝部过胖的修塑技法

1. 单腿外展（8次×2）

预备姿势：坐姿，两手撑于臀后外侧，挺腰直背，头正眼平视，左腿向前平伸，右腿屈膝。

（1）左脚背绷直，同时将左腿向外侧转动，膝关节朝外，并将腿抬离地面15厘米高左右。

（2）接着将左腿尽可能地向外侧移展，至左腿无法再继续移展时，将其在原高度的基础上再提高几厘米，然后回至原位，即到（1）姿。但仍需保持离地15厘米的高度。

（3）随后左腿再从（1）到（2）重复做8次×2。间歇时间为15秒钟。左腿练习结束后，再以同样的方式练习右腿8次×2。间歇时间为15秒钟。

2. 屈膝外旋（8次×2）

准备姿势：两脚左右开立伸直，略比肩宽，两手五指自然分开，分别抓握左右膝盖，眼看膝部。

（1）两腿屈膝至大小腿夹角成150～170度，身体重心下降。

（2）上动不停，两膝前送，弯曲程度超过脚趾。

（3）两膝外旋至极限，随之双腿伸直，还原成（1）的姿势。再重复8次×2。

整个动作要求连贯、匀速。动作过程中，两手用力抓捏膝盖。

这两节操每天练习5次，每次2分钟，2个月就能见成效。

第六节 体态矫正人群的健身指导

一、颈短的矫正技法

颈短，欲称"搓脖子"，看上去与人整体的比例不相称，不但有损于外形的美观，而且影响颈部运动，使头的活动不够灵活，甚至引起颈椎损伤或骨质增生等病症。

颈短主要是由于颈椎间韧带弹性差，或是颈部皮下脂肪较多，颈部肌肉群的力量差，不能将颈椎有力地支撑住的缘故。因此每天坚持做下列活动2～3次，加强颈肌的力量和颈椎间韧带的弹性，是可能将脖子变长一些的。

1. 两足左右分开站立，头屈伸、转动、绕环

可消除颈肌周围脂肪，增强颈部肌群力量，拉引颈肌韧带，提高颈部的灵活性。

1～4拍：向前屈2次（低头），向后屈2次（抬头）。

5～8拍：向左侧屈2次，向右侧屈2次。

9～12拍：向左转2次，向右转2次。

13～16拍：头由前向左、后、右绕环1周。

17～20拍：头由前向右、后、左绕环1周。

要求：肩部放松。在头做动作时，颈肌群放松，两臂自然下垂。做时速度稍慢一点，幅度大一些。

1～20拍为一组，每次共做10～20组。

2. 头颈上伸

可拉引颈肌群及颈椎间韧带。

1～2拍：在头顶上方悬挂一作业物，起踵并尽量伸长脖子，用头顶接触作业物，勿抬头或低头。

3～4拍：还原。

要求：上体直，尽量伸长颈肌，勿耸肩。还原时放松。

1～4拍为1组，每次共做10～20组。

此外，还可2人1组，短颈者仰卧或坐在椅子上，两手伸直用手抓住下边坐板，另一人两手托短颈者两腮侧，轻轻向上提，然后慢慢放松，帮助短颈者做伸颈动作。

二、脊柱侧弯的矫正技法

（一）脊柱侧弯矫正技法

正常人的脊柱有一系列向前后的正常生理弯曲，而没有向左或向右的弯曲，假如脊柱发生了向左或向右的弯曲，那就是脊柱侧弯。这种畸形，在脱掉衣服时，就会看得很明显，天热只穿一件背心或薄的衬衫时也会被人们清楚地看见，在一定程度上影响体形的健美。

脊柱侧弯初起时，由于骨骼和韧带还没有发生异常的变化，这一时期做矫正体操效果最显著。侧弯发生较久后，由于一侧的肌肉韧带松弛，另一侧发生萎缩，矫正起来就不如初起时那样快。侧弯发生更久时，脊柱骨本身往往也随着变了形，有的椎骨一边厚一边薄，矫正起来就更困难了。不过，青少年如果能长期坚持做矫正体操，还有可能防止畸形再发展，或使脊柱在发育过程中长得直一些。

青少年的脊柱侧弯，以脊柱中段凸向右侧者居多，下面就针对这种侧弯介绍一套简易的脊柱侧弯的矫正体操。

1. 仰卧挺胸

准备姿势：仰卧，左手用力向上伸，右手用力下伸。

动作要领：挺胸，同时抬起肩部，吸气，放下时呼气。

2. 仰卧举腿

准备姿势：同上节。

动作要领：右腿伸直抬高 60° 左右，呼气，放下时吸气。

3. 仰卧弓身

准备姿势：同上节，只是右下肢屈曲，足踩床（垫）面。

动作要领：抬起腰部和臀部，吸气，放下时呼气。

4. 侧卧弯起

准备姿势：向左侧卧，左手用力向上伸，右手用力向下伸。

动作要领：抬起头部、肩部和胸部，呼气，放下时吸气。

5. 侧卧举腿

准备姿势：同上节。

动作要领：右腿伸直抬起，同时呼气，放下时吸气。

6. 俯卧挺身

准备姿势：俯卧，左手向上伸，右手向下伸。

动作要领：抬起头部、肩部、上胸部和左手，吸气，放下时呼气。

7. 俯卧举腿

准备姿势：同上节。

动作要领：右腿伸直抬起吸气，放下时呼气。

8. 俯卧两头起

准备姿势：同上节。

动作要领：抬起头部、肩部、上胸和左手，同时右下肢伸直抬起，吸气，放下时呼气。

（二）脊柱侧弯矫正技法的作用

脊柱侧弯矫正技法的作用，在于重点加强脊柱凸出一侧的肌肉，逐渐把侧凸的脊柱拉直。这套操就是重点加强右侧的躯干肌肉。矫正体操的准备姿势和动作，要求左手用力向上伸展而右手用力向下伸直，这样脊柱两侧的肌肉活动就不对称，右侧紧张而左侧松弛。在这一姿势下做背部肌肉锻炼，就可把作用集中到右侧脊柱肌肉，达到矫正侧弯的目的。

在一侧的髋部用力时，可以使同侧的腰腹肌肉紧张，从而达到锻炼和矫正作用。

第 1 节和第 6 节，对胸部脊柱的作用大一些，第 2、3、5、7 各节，对腰部脊柱的作用大一些。

第 4 节全面地锻炼了躯干右侧的肌肉，第 8 节则综合了 6、7 两节的动作，这两节做起来较吃力，作用也较强。

这套操，脊柱中段凸向左侧者也可用，但在练习时必须把各节的左右方向全部颠倒过来。否则，不但无益，反而使畸形加重。

做操时，动作要缓慢平稳，每个动作做 3～5 秒，每一节重复两个 8 拍，逐渐增加到重复 4 个 8 拍。各节中间可适当休息。体力强的，做完全套还不太累时，可以选择某几节动作完成后再停住 10～30 秒，以增加运动量，提高矫正效果。此操每天要进行一次，一般要做几个月到几年，可获疗效。

除了定期做矫正操外，还要注意经常保持较好的动作姿势。有脊柱侧弯的青少年，两个肩胛不一样平，胸椎突出的一侧肩胛比凹陷的一侧高些，因此，在背书包、挎包或提重物时，都要用肩胛低的一侧来做，以使对侧的胸背肌肉用力，起到锻炼和矫正的作用，同时，可常进行体侧、体转练习，这样效果更佳。

三、背部畸形的矫正技法

（一）驼背预防技法

年轻人若含胸驼背，不仅无精神，而且大有碍于体形的健美。那么，怎样预防驼背呢？

驼背首先是由于背部肌肉松弛引起的。有许多身体练习可以加强背部肌肉，有助于防止驼背。如人人都能做到的单杠引体向上练习，特别是双手宽握上拉至后颈部触杠的练习，就能很好地发展背部和肩部的肌肉。

预防和矫正驼背最重要的是要经常注意保持正确的姿势。靠墙站立，使后脑壳、双肩、臀部和脚跟贴墙，尽可能长时间地保持这种姿势。每天练习几次，即可很有效地预防和矫正。

让少年学会做各种平衡练习（如在窄平衡木、平衡木或方木上来回走动），注意姿势，是效果更好的预防措施。这样做不仅心理因素起作用，而且生理因素也起作用——使躯体保持正常姿势的肌肉得到增强。

下列练习有助于矫正（取决于年龄大小）非病理性驼背。

（1）双手背后叉握，尽力上提至肩胛骨，用力顶住后背，头后仰。

（2）仰卧，双臂侧平放，上体挺起，成后脑壳和臀部撑地的姿势。

（3）跪立，两手抓住脚跟，胸前挺，头后仰。

（4）俯卧，双手叉握放头后，两脚固定。上体和头尽量向后上方抬起，两肘同时张开上抬。

（5）坐在椅子上，双手叉握放头后，胸部用力向前挺，头后仰。

（6）仰卧，用手（靠近头部）和脚支撑，做"桥"。

（7）背对墙站立，头后仰，前额触墙。

上述练习每天做 2～3 次，每次 3～4 个，每个重复 12～15 次。

这些练习的主要作用在于加强背部和肩颈部肌肉，从而帮助人保持正确的姿势。

（二）驼背矫正技法

青少年驼背（圆背）畸形，既影响体形的挺拔健美，又在一定程度上妨碍心肺的发育，容易疲劳，不耐久站久坐。至中年以后，还容易腰酸背痛，不能负重，给一生的工作、生活带来困难。

青少年驼背，多数是因平时经常低头、窝胸的不良姿势引起的，比如看书写字时身体趴在桌上，使用过矮的桌椅，经常用肩背扛过重的东西。在这种情况下，脊柱前面的韧带紧紧收缩，后面的韧带和肌肉就得放松，日久天长，背部肌肉就会变得松弛无力，形成姿势性的圆背。不及时矫正，任其发展下去，脊柱骨就可能出现结构性的改变，成为严重的驼背，再矫正就困难了。所以在刚刚出现圆背后，就应该尽快矫正，不能任其发展下去。

青少年时期，身体的可塑性较大，既容易因不良姿势引起驼背，又容易纠正不良姿势，矫治驼背。年龄愈轻，驼背愈容易矫正过来。最简单的方法是每天用一根木棍夹在背后两肘弯处，挺胸行走5～10分钟；或双肩后挺，将两手互握于背后腰际，每天步行5～10分钟；或头上顶书包行走300～400米；或单杠上做颈后上拉等，坚持锻炼，即可收到效果。青年人姿势性驼背的预防和矫正，还可采取两种方法矫正。

1. 习惯养成法

（1）注意端正身体姿势。平时不论站立、行走，双眼要向前平视，胸部自然挺起，两肩向后自然舒展，不窝胸弯腰。坐时脊背挺直，看书写字时不要过分低头，更不要趴在桌子上。

（2）使用合适的桌椅和用具。身高增加，相应增高桌椅；睡觉时的枕头不宜过高；视力不好的，及时配戴矫正视力的眼镜，等等。

（3）在身体还在发育的青春期内，不宜经常搬扛过重的东西。如挑、扛麻袋时，不要装得过满过重，尽量减少脊柱的过重负担。

（4）睡硬板床。上床后、入睡前，在背后垫上高枕头，全身放松，让头后仰，活动15～20分钟以上。早上起床前再做1次，每天坚持。

（5）坚持做矫正驼背的医疗体操。这主要是为了增强伸背挺胸的肌肉力量，调整身体前后方肌肉的力量平衡，纠正圆背。同时练习扩胸运动，可以增强两肩的肩胛骨向后靠拢的力量。

2. 体操矫正法

下面介绍的几节矫正圆背的体操，可以全做，也可选用一部分练习。

（1）挺胸运动。仰卧，用枕部和两肘支撑，挺起胸部，同时吸气，放下时呼气。

（2）抬头运动。俯卧，两手置体侧，抬起头部及肩部，同时吸气，维持10秒钟，放下时呼气。

（3）后举运动。俯卧，抬起头部和上胸部，两臂伸直向后举起，双腿尽量上抬，同时吸气，放下时呼气。

（4）扩胸运动。站立，两臂前平举，然后分别向左右挥摆，做扩胸动作，要求抬头，挺胸，收腹，踮脚。

（5）挺背运动。站立，两手轻靠在臀后，两肩及两上臂向后上方提拔，头同时向后仰，做挺背动作。

（6）拱背运动。仰卧，以双脚、双肘和头五点支撑，做上挺动作，挺时吸气，放下时呼气。

以上体操，每天早晚各练一次，长期持续进行。

四、肩部畸形的矫正技法

（一）两肩不平的矫正技法

造成两肩不平的主要原因是，经常用同一侧的肩挎背包、书包，或肩扛、手提重物，使一侧肩关节周围的软组织长时间地处于紧张状态，久而久之，致使肩部下肌群紧缩，上臂肌群拉长而成斜肩。如果不及时纠正，还会进一步引起颈向一侧歪斜，甚至造成脊柱向一侧弯曲等病症。除负重不平衡导致肩不平外，在日常生活或运动中，不注意保持正确的姿态，如站立时爱用一只脚支撑身体，坐或走路时，上体常向一侧弯倾，久而久之，脊柱弯曲也会使肩一侧下垂而不平。

在青少年时期，及早预防两肩不平是十分重要的。除进行全面锻炼，增强身体素质外，平日还须养成良好的生活习惯。比如，用两肩或两手轮流挎拎书包，提重物或扛重物，使两肩肌群轮流承受压力，有张有弛。挎包的背法也可斜肩背，或背后双肩背。负担的重量要少一些，不要过重。在坐、站、走、跑时，要注意姿势端正，美观大方。运动时则要注意正确的锻炼方法。

如果已经形成斜肩，在骨化前及早矫正还比较容易取得效果，骨化后就比较困难。轻微的斜骨容易矫正，而严重的就困难了。下面介绍几种预防和矫正的方法。

（1）两臂侧平举，向内和内外交替绕环。开始向外绕小环，逐步绕中环，至绕大环，四八呼后再向内绕环四八呼。可增强肩臂肌肉群及胸、背肌肉群的力量，加快这些部位的血液循环。做时保持侧举绕，内绕和外绕各四八呼为1组，共做3～4组。

（2）两臂侧屈，屈肘，向内和向外绕环。动作同上节。所不同的是，要加大肩绕环的幅度，由侧向前、向上、向侧后绕环，由小逐渐放大。做时上体注意保持正直，主要靠肩部运动。做四八呼后换另一方向做。内绕和外绕各四八呼为1组，每次共做3～4组。

（3）两肩轮流上提，一肩提两次后换另一肩上提。做四八呼为1组，共做3～4组。可加强肩部的血液循环，使肩部肌群新陈代谢旺盛，增强肌肉力量。做动作时上体正直，单纯是提肩动作，头、颈勿动，肩放松。

要求：做动作时思想应集中，用力协调，放松，速度由慢渐快，幅度从小到大，呼吸自然。

如果用作矫正，则针对肩歪斜一侧增加锻炼次数，甚至可以手握最轻量的物品做。但另一侧也要做，只是次数减少一些。

（二）肩太窄或太宽的矫正技法

1. 肩太窄的矫正体操

肩是人上体的主要组成部分之一，肩宽窄适度，与人体总身高的比例匀称协调，可显得开阔、稳健而有朝气，突出体形的曲线美。如果肩太窄，则给人们纤细软弱、无力支撑头颈的感觉；从横面看上体呈"锥状"，穿着衣饰显得空旷、拖沓，撑不起来。而且肩狭窄会缩小胸腔体积，除影响外形美观外，更有害的是限制了心、肺内脏器官的功能。肩还是上肢负重的主要支撑部位，如果肩窄而下溜，会影响日常生活劳动中负重、攀登、上举等动作。

肩带由锁骨和肩胛骨组成。肩的宽窄与锁骨和肩胛骨的平正有关。肩狭窄的根本原因是，锁骨和肩胛骨（肩胛带）周围附着的各肌肉群（如三角肌、胸大肌、背阔肌、斜方肌等）不发达而无力，使锁骨和肩胛骨远端下垂，另一个原因是两个横面的肌肉发育不平衡，前紧后松弛而形成扣肩凹胸。锁骨及肩胛骨的长短大小，除先天的遗传因素外，与后天缺乏锻炼、不注意保持正确姿态也有重要关系。

要使窄肩变宽，可以通过锻炼，增强上提肩胛骨及锁骨远端的肌肉群，以及胸肌和上背肌的力量，使锁骨得以平正。另外采用增强上臂肌的肌肉群（如三角肌及肱三头肌等）的力量的锻炼方法，加粗这些肌肉群的肌肉体积，使肩两侧隆起，前后增加一些厚度，以改变其外形。为了便于锻炼，可采用下列几种练习和徒手操练。

（1）站立，两臂侧举，下落。可增强三角肌力量。男子可手握哑铃、沙袋等重物，做同样的动作。做时上体要正直，侧举要到位，下落时要加强控制力。做10～15次为一组，共做8～10组，逐步加快速度。

（2）两足左右分开站立，两臂向内、向外绕环。可发展肩带肌群的伸展性。两臂由内向外绕环4次，再向内绕环4次，为1组，共做4～6组。做时肩放松，臂自然伸直，贴近上体的平面绕，上体和头正直。

（3）两足左右分开站立，两臂侧上举下落，再由上经侧下落。可增强肩带肌群的力量。做时要举到位，下落时要慢慢经侧下落。开始时约二拍时间一动，逐步提高到一拍一动。做12～16次为1组，每次3～4组。

（4）俯卧撑臂屈伸。可增强胸大肌、三角肌的力量。做时身体要平，勿塌腰、耸肩，腿蹬直。做10～15次为1组，每次做3～4组。

（5）臂交替上举。可增强斜方肌和三角肌等肌群的力量。做时上体要正，上举或下落时都要加强控制力。做10～15次为1组，每次做3～5组。这节练习也可使用拉力器或橡皮条做。

以上 5 节动作可作为一套做,也可以选择几节单独做,但要增加次数,肩、胸、背肌群的锻炼要全面。此外还可以负重做,尤其是男子,手持一定重量的哑铃、沙袋或其他重物进行负重练习,有助于肌纤维发达粗壮。

如有条件,还可以利用双杠作支撑前行、支撑摆动、支撑双臂屈伸,利用单杠做引体向上,或进行爬绳、爬竿,或利用拉力器做前举、侧拉开,可锻炼胸大肌、三角肌、斜方肌、背阔肌等肌群。

除以上练习外,游泳和划船也是窄肩变宽的极好运动。因游泳和划船时上肢活动大,呼吸深而有节奏,可促进肩、胸、背部肌群的发育。

总之,增强肩、胸、背部肌群的锻炼方法很多,可根据自己的体质、性别和条件进行选择。

刚开始锻炼时,可从徒手操做起,逐步加负重,持之以恒,就能获得明显效果。但须指出,锻炼时要注意配合全面锻炼,如跑、跳、打球等,只有在改善整体健康的基础上,才能奏效快。如果单纯为肩宽而狠练几块肌肉,就会欲速则不达,甚至会使其他部分的功能受到限制。另外做完练习后,必须及时做放松肌肉的练习,缓解肌肉的紧张状态,以免肌肉僵硬而影响血液循环。

2. 肩太宽的矫正体操

肩太窄影响人体健美。同样,肩过宽,超过总身长和胸厚的比例,则不能突出胸的曲线美,穿衣时肩部架起空荡而不显曲线,外形也一样不美观。

肩过宽的主要原因是,肩胛带较长,锁骨远端上翘,上肢肌肉群周围的脂肪肥厚。另一个原因是平时偏重于肩带肌和臂肌群的锻炼,而又不得法,使其体积粗大、僵硬。如果在青少年时期,及时采用正确的锻炼方法,使肩带肌群及上臂肌群拉长,缩小肌细胞和肩部脂肪的体积,可以改善肩过宽的现象,而且使肩部肌肉丰满有力、圆润美观。下面介绍锻炼肩带肌,增强其弹力的方法:

(1)两臂肘侧屈,手腕向内屈置于肩上,两足左右开立。

1～4 拍:两肘慢上举,吸气。

5～8 拍:两肘慢下举,呼气。

要求:以肩为主做动作,上体正直,要慢做,下举时尽量向下沉。

1～8 拍为 1 组,每次共做 8～12 组。

(2)两臂侧屈肘,同上节的准备动作。

1～4 拍:两肘带肩由侧向前、向上、向侧慢绕环。

5～8 拍:两肘带肩由侧向上、向前、向下至侧慢绕环。

要求:边意念"缩……缩",边动作,动作要很慢,似有阻力。

1～8 拍为 1 组,每次做 8～12 组。

（3）两足左右分开站立。

1～4拍：两臂由下经侧向上举（掌心向外）至两臂夹耳边，手背相碰，吸气。

5～8拍：停在1～4拍姿态上，闭气。

9～16拍：臂由上经侧慢慢下落（控制力），两手侧垂，同时呼气。

要求：侧举和下落时要保持臂伸直，上体要正，勿前倾、缩颈、低头，在动作过程中要保持平面。幅度要大，要到位，要慢做。

（4）两足前后分开站立，两臂侧平举，从肩关节开始，轮流做侧斜上摆和下摆，臂呈大波浪状。

要求：以肩关节为轴，逐节向上或向下摆动，上体不动，连续做。

做20～30次为1组，每次做5～8组。或不分组，一直做到感到肩臂发酸为止。

（5）臂肩放松。

1～4拍：两臂由前向上、侧下放松绕环4次。

5～8拍：反绕环4次。

9～12拍：两臂自然伸直，左、右手轮流上伸。

13～16拍：上体放松前屈。两臂松弛前下落，前后摆动。

要求：做动作时全身要协调、放松，不要用力。

1～16拍为1组，每次做4～6组。

在坚持慢做动作的过程中，容易引起肩带及臂部肌肉群发酸，这是因为肌纤维承受的阻力和紧张程度较大，同时消耗能量较多，血液供应暂时不足等缘故。因此，在做完上述练习后，必须做放松肌肉练习，及时缓解肌肉的紧张程度，使血液循环畅通。

五、胸部畸形的矫正技法

女性丰满的胸脯是曲线美不可缺少的组成部分。男性强健隆起的胸部则充分显露着阳刚之美。

胸部形态以骨性胸廓为基础。骨性胸廓由1块胸骨、12块胸椎和12对肋骨（肋骨和与之相连的肋软骨）借助韧带连接而成。其中12对肋骨呈向前和向外的弯曲状，使得胸廓内空加大，以保证胸腔内脏器官的良好发育。由于胸廓的存在，再加上宽大的胸大肌的覆盖，胸部就显得丰满、前挺。丰满而富于弹性的胸部。除了能显示健美体形、曲线美、阳刚美之外，还是强健体质的一种表征。

胸部健美与否，可通过目视和测量胸廓来衡量。根据胸廓前后径和横径的大小，一般可将胸部形态分为正常胸、扁平胸、桶状胸、鸡胸、漏斗胸、不对称胸等。如胸前后径与横径之比约为3∶4，胸骨较平，胸肌结实而丰满，即为正常胸。如胸部平坦，胸背径较小，胸背径与横径之比明显小于3∶4，则为扁平胸。扁平胸说明胸廓发育不正常，会影响胸腔内脏器官的发育和机能，同时也表明胸肌不发达。如胸背部特别外突，胸背径过大，则为桶状胸。此形态貌似肌肉发达，实际是胸廓发育不正常和各部肌肉发展不均衡。对女性来说，桶状胸尤其缺乏美感。如果胸骨突起程度过大，则形成鸡胸。如果前胸是凹陷状，则呈漏斗胸。如果胸部左、右两侧发育极不均衡，则称为不对称胸。以上四种形态均为不健美形态或畸形，可通过矫形操进行矫正。

（一）不对称胸的矫正技法

不对称胸的形成有先天性和后天性两种。先天性不对称胸一般是因神经或血管的病理性问题，造成一侧骨骼、肌肉发育不良。对于这种畸形，只通过矫形操来进行矫正，效果不明显。必须先进行临床诊治，然后在康复医生指导下采用综合性手段，其中包括矫形操锻炼，以获得对身体的康复和形体的矫正。后天性不对称胸形成的原因较复杂，有的是因为佝偻病后遗症，有的是职业特点所致，有的则是由于神经或者血管的病理性原因等。对于病理性原因造成的不对称胸，应该先诊治，再进行康复矫形。对于后遗症、职业特点或不良习惯所致的不对称胸，可以直接进行矫形操练习和健美训练。这种练习应以加强弱侧的训练为主。有些女孩子出于害羞，对不健美形态或畸形讳莫如深，消极掩饰，这是可以理解的。但切不能讳疾忌医，而应主动找医生诊治。

下面介绍一套矫形操，它既可成套按顺序做，也可以选择性地单节组合做；既可弱侧单独做，也可以两侧以不同负荷同时做。练习者可视训练效果随时进行内容、组合、数量和时间的调整。此练习进行一段时间后，最好与健美练习配合起来做。

（1）持铃摆臂：站立，两脚同肩宽，手持哑铃连续做前后摆臂。

（2）持铃绕环：站立，两脚同肩宽，手持哑铃连续做前后绕环。

（3）肋木斜撑臂屈伸：斜撑于肋木上，两腿伸直，足趾撑地，抬头、紧腰、收腹。呼气伴随臂弯曲，身体下降；然后吸气伴随撑起。重复数次。

（4）站姿举铃：屈肘，手持哑铃或壶铃于肩上，上举器械至肘充分伸直，然后缓慢还原。重复数次。

（5）仰卧举铃：仰卧于长凳、木板上，或斜卧于木板上，手持哑铃，屈肘。深吸气，臂向上伸直；然后屏气，臂向同侧下方放下，还原。重复数次。

（二）胸部过大的矫正技法

女性健美的胸部应该是胸脯隆起，乳房丰满而不下垂，侧面观有明显曲线。如胸脯过分前突则为桶状胸。胸部过大则往往是桶状胸加上脂肪过厚所致。对此形态，训练的目的主要是减少胸部、乳房部皮下脂肪和胸部肌肉内脂肪成分，以及使此部结缔组织成分相对致密；同时也使肌肉结实有力而便于调节和固定乳房位置。

下面所介绍的胸部健美练习，若以减脂为主时，可以适当增加练习数量和时间；以训练肌肉为主时，可适当加快动作速度。

（1）含胸和挺胸：直立，含胸、低头，挺胸、还原。重复 8~16 次。可快速做。

（2）含胸低头和挺胸仰头：直立，含胸、低头；挺胸、抬头。重复 8~16 次。

(3) 胸绕环：直立，以腰椎为轴，胸部依前、后、左、右方向绕环，重复4～8次。再做方向相反、动作相同的练习4～8次。

(4) 拉胸：离墙约50厘米，面对墙站立，两脚略分开，两臂上举，抬头挺胸，体前屈两手扶墙。弹性下压，塌腰直膝，使胸部贴墙。重复8～16次。最后保持胸部贴墙姿势数秒。

(5) 胸波浪：直立，两臂上举，手心向前。两臂向前，眼睛看手，稍含胸，脊柱前屈约45°左右；依次做胸上提、挺腰、低头伸颈、抬头，同时两臂做小波浪。重复4～8次。

(6) 扩胸：直立，两臂胸前平屈，两手半握拳，拳心向下，扩胸；两臂经前向侧扩胸。重复8～12次。此练习可持重物做。

(7) 提胸：站立，两脚同肩宽，两臂腹前交叉，稍低头，两臂侧上举，抬头，提胸。重复8～16次。可双手持重物做。

(8) 振臂提胸：预备姿势同上。两臂下垂后摆；两臂经前上举后振提胸。重复8～16次。此练习可单臂依次做，也可双手同时做，或者手持重物做。

(9) 躯干波浪：跪坐，两手前撑，胸部贴沿地面向前依次做躯干波浪式运动，成俯撑状，抬头挺胸；胸部贴沿地面向后依次做躯干波浪式运动，还原。重复8～12次。

(10) 双手对抗：跪坐，两臂胸前屈肘，手指紧握另侧前臂，两手相互猛力推动，胸肌紧收。重复8～12次。

(11) 俯卧撑：俯撑，两手分开与肩同宽，身体保持挺直，稍含胸收腹。屈臂，两肘不外张，胸部接近地面，再快速发力推起使肘关节伸直。重复10～20次为1组。此练习可通过改变足支撑点的高度，降低或增大强度。每次练习做2～3组。

(12) 体前屈提重物：站立，双脚同肩宽，体前屈，上体与地面平行，两手持哑铃或重物，手心向后。上提重物至胸前，还原。重复10～12次为1组，做2～3组。

(13) 仰卧扩胸：仰卧于长凳，两手持重物，臂上举，手心相对。两臂向两侧慢慢分开至两臂不能再下降，并使胸部隆起，还原。重复8～16次为1组，做2～3组。

(14) 仰卧推举：仰卧于长凳，屈肘，两手持重物，掌心向上。两臂上推，还原。重复8～16次为1组，做2～3组。

(15) 双臂屈伸：两手撑双杠或桌子，两手置于高处（高度视练习者情况而定）。屈臂，还原。重复8～16次为1组，做2～3组。

(三) 胸部过小的矫正技法

有的女青年由于营养不良或女性荷尔蒙分泌不畅等原因，乳房发育欠佳，几乎没有一点高峰；加之胸大肌群也不发达，几乎呈扁平胸。另外，有的姑娘由于缺乏健美知识，或有封建意识怕羞，平时常有意识地含胸低头，或是缩胸，尽量不使胸、乳房突起，久而久之，也很容易形成小乳房和扁平胸。这不仅有损于形体美，还影响脊柱、胸廓和胸肌群、内脏器官的正常发育。这两种情况所造成的扁平胸、小乳房，都可以通过加强营养和体育健身锻炼,尤其是加强胸部肌肉群的练习如俯卧撑等,使胸大肌发达,促进乳房的发育。其锻炼方法如下。

（1）仰卧挺胸:仰卧在垫子上,两臂侧举,挺胸,停一会儿,再下落。要求尽量抬头,收腹。每次做20～30次为1组,分2组做。

（2）站立含胸挺胸:含胸时两臂内旋,挺胸时两臂外旋,尽量挺胸收腹,抬头。两臂在侧自然放松,以胸为主动。每次做20～30次。

（3）跪撑移胸:跪撑在垫子上,屈臂,至胸触地,大小腿保持90°。臀保持原位,勿前移。以手支重,使乳房尽量下垂,停一会儿,再还原。每次做10～15次。

（4）仰卧辅助挺胸:一个人手向后撑,并腿仰卧,另一个人分腿立于坐者的两腿外侧,两手托坐者上背部,卧者的胸部提起,同时卧者挺胸抬头,手在侧支撑。停一会儿,放下还原至仰卧。共做10～15次。要求坐者挺胸时尽量收腹。

（5）俯卧辅助挺胸:一人俯卧在垫子上,另一个分腿跪在卧者腿外侧,两手握其小臂,将卧者两臂提起斜上举。卧者挺胸,胸腹不离地,停一会儿,再还原至开始姿势。共做8～10次。做完后应放松。

采用以上的运动,可促进胸大肌、肩带肌、背肌的发育,以胸大肌的强壮衬托起乳房,使其丰满起来。

六、腿部畸形的矫正技法

在幼儿时期,站立过早或行走时间过长,或缺乏营养和体育健身锻炼,或病后或伤愈后两腿支撑时间过长,或站立行走姿势不正确等,都可能造成罗圈腿或X型腿,有些青少年深为此影响健美而苦恼。其实,青少年尚在长身体的时期,如果能早发现,早做矫正体操,还是有可能减轻或矫正这种畸形的。腿部是否畸形,很容易检验。立正姿势站立,若两腿膝部足部能互相接触则为正常腿;若两腿膝部能靠拢,而两脚不能靠在一起并且相距1.5～2厘米以上,就称为X型腿;反之脚能靠拢而膝不能靠拢,并相距1.5～2厘米以上,则称之为O型腿,俗称罗圈腿。下面介绍两套矫正体操,供青少年试用。

（一）O型腿矫治体操

（1）膝部回转运动:直立,两脚并拢,两手扶膝,做蹲下起立的屈伸运动;然后半蹲,左右交替做膝部回转运动。

（2）膝部靠拢运动:两脚开立,距离50厘米左右（高个子可以宽一些）,两手扶膝半蹲,做两膝靠拢运动。

（3）脚跟外展内收运动:直立,两脚平行,做提脚跟运动（提起放下）;然后以脚跟为轴,做脚尖外展内收运动;再以脚尖为轴,做脚跟外展内收运动。

（4）跪坐两腿前移运动:跪坐腿上,塌腰,两脚慢慢向外向前移动,腰部随之渐渐直起。

(5)两腿夹书运动:坐在椅子上,用两脚夹住书本,不使脱落,坚持一会儿。这是增强两腿内侧韧带弹力的有效方法。若腿夹书时用橡皮带把两膝捆住,效果更好。

(二) X 型腿矫治体操

(1)坐姿压膝运动:坐正,脚掌相合,两手扶膝,轻轻下压。注意脚掌不要分开,膝盖压到不能再压时,坚持一会儿。

(2)坐姿两腿对抗运动:正坐,两臂于身后支撑,用橡皮带或布带系成圈套在脚腕上。两腿伸直抬起,两脚用力向左右分挣。

上述各项矫治运动,只要经常坚持,每天做一两次,每个练习做得认真准确,达到一定的运动量(重复次数应该多一些),就一定能收到良好效果。

七、足部畸形的矫正技法

(一)八字脚的矫正技法

一般人走路,两只脚的脚尖是正对着前方迈步的,大腿和脚掌在同一平面上。但是,有的人走路的姿势和一般人不同,脚尖不是向外,就是向内,大腿和脚掌不在同一平面上。从这种走路姿势的人的两只脚的脚印上看,很像一个"八"字,人们就把这种脚叫作"八字脚",脚尖朝内的叫"内八字脚",脚尖朝外的叫"外八字脚",常见的大多是外八字脚。

有八字脚的人,因为脚尖偏离前进的方向着地,所以步幅比正常走路的人小,走起路来一摇一摆的,动作迟缓。这不但影响身体姿态的健美,而且跑跳时脚掌一侧着力,不能充分利用所有的脚趾蹬地,反蹬力和弹跳力减弱,还影响跑跳的速度和高度,锻炼吃力,劳动工作不便。

有的人的八字脚,是幼年时过早地站立学走路,腿的力量弱,很难保持身体平衡,脚尖就自然地向左右分开,慢慢形成的习惯。有的人的八字脚,则是用不正确的姿势走路,慢慢形成的习惯。既然都是习惯,只要认真注意,肯下功夫,是可以矫正的。

"外八字"脚患者,行走时,每走一步,都要让自己感觉到两膝内侧有轻擦的过程;随时随地选择有直线的地面,两脚正直踩线进行练习,这主要靠在生活中坚持。

"内八字"脚患者,行走时,应让五个脚趾和前脚掌牢牢地接触地面,使脚的外侧部位吃重;随时随地选择有直线的地面,两脚正直踩线进行练习。这同样主要靠在生活中坚持。下面介绍 5 种矫正八字脚的方法。

(1)平时走路和跑步,随时注意使自己的膝盖和脚尖始终对着正前方,不要偏。

(2)在沙土、松土和水湿的地上走过后,检查一下脚印,看看脚尖是否朝正前方,边走边改。

(3)在田径的跑道线上练习走和跑,要求每一步都踩在直线上,或者脚步与直线平行。

(4)反复练习从高台阶上往下跳的动作。这样可使两脚尖被迫并拢一起起跳和下落。

（5）两脚交换用脚内侧连续向上盘踢毽子，或者用脚外侧拐踢毽子。

只要思想重视，坚定信心，经常注意，持之以恒，时间长了就会矫正过来。

但有些严重的"八字脚"，实际上是由臀肌挛缩引起的一种症状。有的青少年症状较重，用一般矫正方法难以见效，而只能通过完全、彻底的松解手术才能达到矫正效果。动手术的最佳年龄在10～15岁较理想，年龄太大，挛缩越广泛，甚至出现髋关节挛缩，造成终身髋关节功能受限。故应引起高度重视。

（二）平足的矫正技法

平足又叫平底足、扁平足，就是足弓塌陷，是足部肌肉和韧带的力量薄弱不能维持正常的足弓姿势引起的。足弓富有弹性，能使足部各肌群均匀地负担体重，还能使肌体在活动时减少震荡，感到轻快省力。所以足弓塌陷形成平足后，走路时容易疲劳，走路多时感到脚痛，不能多走路，也不能长时间站立和搬扛重物；运动时小腿肌肉和膝腰部难以适应，甚至下肢血液循环遇到障碍，出现足部肿胀，小腿前面胫肌痉挛。

平足多发生于青少年和儿童。是不是平足，可以自己检查一下，方法是：两足沾水，在地上踩个足印，看看足印内侧中间有无凹陷。要是没有明显的凹陷，就是平足。

造成平足的常见原因有：先天性肌肉和韧带发育不良；经常站立和负重过久，足肌过度疲劳，肌力减退；过分肥胖，足弓不能维持正常；缺乏锻炼，足弓力量不足。

有人曾对一些平足学生进行全身体格检查，发现他们的平足大多属于非病理性的，主要是足部肌肉、韧带力量弱造成的，而且平足程度大多数是轻度的。所以青少年及儿童的平足，只要能及早采取措施，是可以矫正或者减轻的。

矫正平足，目前医学上除了采用矫形鞋治疗外，尚无良好方法，主要还得靠加强体育健身锻炼。通过适当的锻炼，增强足部肌肉和韧带的力量和弹性，消除过度负重和长久站立的疲劳，消耗掉多余的脂肪而减轻体重。适合青少年矫正平足的锻炼方法如下。

（1）足尖走，足跟走，足底外缘着地走，各1～2分钟。

（2）两腿前伸，用力勾足尖和绷足尖，并且尽量使足外翻或者内翻，停留20秒钟。

（3）足尖向内或向外绕环，做20次。

（4）足背弓起，放下，做20次。

（5）屈曲足趾，伸直，连续做数次，然后再做用足趾夹起小球、沙袋等小东西练习。

（6）两足心合抱一小皮球，前后左右揉动，做20秒钟。

（7）足踏一圆木棍在地上滚动，做1～2分钟。

（8）站立，足前掌用力顶地，足跟提起，放下，连做10～20次。

（9）下蹲，足尖着地，足跟抬起，做短跑起跑的预备动作，到足部稍感疲劳为止。

（10）踮足尖跳绳，连续跳2分钟。

以上这些体操练习，每天早晚各做一遍，每次10分钟左右。轻度平足，连续3个月见效。青少年和儿童矫正快些，青年慢些，只要每天坚持做，至少可以减轻症状，防止平足发展。

游泳时多练蛙泳，也是锻炼足部肌肉的好方法。多参加跳高、跳远、跳绳以及踮足走的舞蹈动作，对轻度平足也有一定的矫治作用。

> **思考题**
>
> 1. 婴幼儿、儿童、青少年、青壮年、中年和老年人健身锻炼可采取哪些内容与手段？
> 2. 如何根据女性不同年龄阶段身心变化选择健身手段和方法？
> 3. 如何针对身体不同部位生理畸形选择矫正健身方法？
> 4. 简述高血压、高脂血症、糖尿病、心脑血管病、骨质疏松症人群的健身锻炼方法。
> 5. 简述孕期及哺乳期女子的健身锻炼方法及安全措施。
> 6. 简述形体修塑人群、体态矫正人群、青少年身高矮小人群的矫正方法。

第十章　健身计划的制订与实施

本章导语

> 健身锻炼是人体健康的重要基石。随着人们健康意识的不断增强，健身运动已经成为生活的重要内容。由于人们对健身锻炼重视程度的不断提升，如何科学健身就显得尤为重要。很多健身者忽视了健身计划的制订和健身活动的合理安排，往往导致健身效果不佳，甚至效果适得其反。因此，合理规划健身锻炼方案，强化健身过程管理很有必要。

第一节　健身锻炼的安排

在健身锻炼实践中，人们的注意力主要集中在健身项目上，往往忽视健身过程的准备和落实。要想科学地安排健身锻炼，提高健身锻炼的效果，就必须遵循健身锻炼的基本原则和规律。

一、长期健身锻炼的安排

（一）根据健身目的安排

在进行运动锻炼前，每个人都有较明显的健身目的，这是人们科学安排运动锻炼的重要依据。如果是为了一般增强体质，提高健康水平，那么，安排运动锻炼的内容和时间就比较灵活一些，可以跑步、打球、练习武术等，时间可长可短。如果是为了发展肌肉力量，就应该以力量练习为主，每周锻炼3次，其余时间用于身体机能的全面发展。增加肌肉力量要科学地、现实地拟订目标，制订目标时不要太高，要留有余地。目标过高，肌肉力量增长过快，不仅对肌肉本身不利，反而会破坏肌体的协调发展。如果以减肥为主要目的进行运动锻炼，就应该以有氧运动为主，运动的时间相对较长，以使体内多余的脂肪充分消耗，通过运动锻炼减肥，每月减体重2千克比较合适。如果女性为了保持优美的身材和体形进行运动锻炼，就应该多做一些健美操运动。

（二）根据季节特点安排

不同季节的气候条件对安排运动锻炼也有影响，锻炼者应考虑季节气候的变化规律来安排运动锻炼，并应注意季节交替时运动锻炼的内容的衔接。如春季锻炼，经过寒冷的冬季，身体各器官和肌肉的功能都处于较低水平，肌肉、韧带也较为僵硬，所以开春进行运动锻炼，主要是以加强体内的新陈代谢为主，逐渐提高各器官的机能水平。运动锻炼的内容应以有氧代谢为主，运动强度要逐渐增加，运动形式多为长跑、自行车、跳绳、爬山、球类等。在春季进行运动锻炼时，要做好准备活动，充分伸展僵硬的韧带，以减少运动损伤。同时，要注意增减衣服，防止感冒。如果是夏季锻炼，既要坚持运动锻炼，又要掌握锻炼的内容和时间。夏季最理想的运动是游泳，这项运动不仅可以提高身体机能，同时又可防暑解热。但并不是所有人都有条件或适合进行游泳运动。夏季可供人们选择的运动锻炼项目还有抖空竹、慢跑、散步、太极拳、羽毛球等。这些项目最好是在清晨和傍晚进行，运动后要注意水分的补充，以防身体脱水和中暑。如果在秋季锻炼，由于天气变化无常，早晚气温较低，锻炼时要注意及时增减衣服。另外，秋天天气干燥，锻炼前后要补充水分，以保持口腔黏膜的正常分泌和呼吸道的湿润。如在冬季锻炼，其内容非常丰富，一般人可进行长跑、踢足球、拔河等；青少年和儿童可选择跳绳、踢毽子、跳橡皮筋；老年人可选择抖空竹、慢跑、快走、太极拳、广播体操；北方还可练习滑雪、滑冰。一些冬季锻炼项目如冬泳、冷水浴等，也应该从夏末秋初就开始准备，以便使身体有一定的适应过程。冬季锻炼时身体生理机能惰性较大，肌肉组织容易受伤，所以要做好准备活动。运动最好采用口鼻呼吸方式，吸气时，口不要开得太大，防止冷空气直接刺激口腔黏膜。

（三）根据年龄特点安排

运动锻炼时，运动量是影响锻炼效果的重要因素。运动量过小，锻炼效果不明显；运动量太大，会对身体机能产生不利影响。并且，因不同年龄的人身体状况不同，运动锻炼的运动量也不同。要根据不同年龄阶段的身心特点，科学地选择锻炼内容、确定锻炼方法、合理安排运动负荷。如处于生长发育时期的青少年，随着年龄的增加，身体机能不断提高，这就要求锻炼者的活动量不断增加，以使运动量不断适应日益提高的身体机能。而成年人的身体机能较为稳定，进行运动锻炼主要是为了保持身体机能，预防各种疾病，因此在运动锻炼的开始阶段活动量可逐渐增加，当身体机能达到一定水平后，就应保持原运动量。对于老年人，其健身锻炼的目的是为了延缓衰老，所以健身锻炼时的活动量不要太大。

（四）根据职业特点安排

不同职业者的劳动性质差别较大，从劳动强度来讲也有大小之分，从工作的姿势来看，有的站着、有的坐着、有的相对静止等，都要根据职业特点，有针对性地进行身体锻炼，才能收到好的锻炼效果。有的人患上职业病，如教师长期伏案工作易患颈椎等疾病，售货员长时间站立易患静脉曲张，汽车司机由于精神紧张易患溃疡病、高血压等，这些疾病都与所从事的职业特点有关，但通过健身就可以弥补身体疾患。预防职业病的最重要和简单的方法就是多做全身性的健身锻炼。

此外，健身锻炼的安排还要综合考虑健身者自身的性别、身体状况、运动经历以及自然环境条件等因素来设计和安排健身锻炼计划和活动。

二、日健身锻炼的安排

健身锻炼实际是由每次的健身活动或健身课组成的，每次健身活动（课）要收获一定的效果，一般都要经过准备活动、运动强度逐渐增加、保持相对稳定的活动时间、身体疲劳与恢复等阶段，因此，健身锻炼者应学会科学地安排每次锻炼，以获得理想的健身效果。

（一）选择锻炼时间

一天中什么时间锻炼最为适当，对于这个问题有研究认为，大强度运动可在饭后两小时进行，中度运动可在一小时后进行，轻度运动可在饭后半小时后进行。据此可推导出几个运动的时间段。

（1）早晨时间段：晨起—早餐前；

（2）上午时间段：早餐后两小时—午餐前；

（3）下午时间段：午餐后两小时—晚餐；

（4）晚间时间段：晚餐后两小时—睡觉前。

日本的一项研究在对照了早和晚两组慢跑参加者的血液状况后发现，清晨肌体的血液黏滞度增高6%，而傍晚血小板的数量降低20%。结论是早晨跑步会增加血管栓塞的可能性。美国的一项研究结果也表明晨练会导致心脏病患者和隐性心脏病患者"发作高峰"。现代运动生理学的研究表明，人体体力的最高点和最低点受肌体"生物钟"的控制，一般都在傍晚达到最高峰。比如，最大摄氧量的顶点在下午6点，心脏跳动和血压的调节以下午5—6点最为平衡，而肌体嗅觉、触觉、视觉等也在下午5—7点最为敏感。因此，傍晚锻炼的效果较好。

另外，人体在下午4—7点体内激素调整和酶的活性也处于良好状态，肌体适应能力和神经的敏感性也最好。所以，专家们提倡傍晚锻炼。如在晚间时间段内进行高强度运动，易使交感神经兴奋，妨碍入睡等。由此看来，选择哪个时间段进行何种运动方式，要根据每个人的具体情况及生活习惯进行合理安排为宜。

1. 清晨锻炼

许多人喜欢在清晨进行体育锻炼，首先是由于清晨的空气新鲜，早锻炼有助于体内碳排出，吸入更多的氧气，有利于体内的新陈代谢；其次，清晨起床后大脑皮层处于抑制状态，通过体育锻炼，可适当提高大脑皮层的兴奋性，有利于一天的学习和工作。此外，早锻炼时凉爽的空气刺激呼吸道黏膜可增强肌体的抵抗力。

然而，清晨锻炼的强度过大，易使交感神经过于兴奋，这种急速变化可使肌体产生一系列的心理抑制并影响全天精神状态，对工作学习不利。另外，这个时间内血糖正处于较低水平，运动会消耗大量的血糖，容易导致低血糖症状发生。因此，清晨健身时运动负荷不能过大。有高血压和心脏病的锻炼者，尤其要加强医务监督。为防止肌体的血液黏滞度增加和低血糖的发生，健身前可适当饮水并补充一点食物。此外，对于工作学习紧张，习惯于晚起床的人来说，没有必要强迫自己每天进行早锻炼。

2. 下午锻炼

从生理角度来说，下午是身体机能的高峰时段，又是许多疾病的"安全期"，是比较理想的锻炼时间。它主要适合于有一定空余时间的人进行健身锻炼，特别适合于大、中、小学的师生。经过半天紧张的学习工作后，下午进行一定强度的健身锻炼，不仅可以增强体质，而且可使身心得到调整。下午进行健身锻炼时，运动强度可大一些，青年学生可以参与球类比赛，老年人可打门球、跑步。医学研究表明，心血管的发病率和心肌劳损的发生率均在上午6—12点最高。由此看来，心血管病人的适宜锻炼时间，以安排在下午最为安全。

3. 傍晚锻炼

傍晚后也是锻炼的好时段，特别是对那些清晨和白天工作、学习十分繁忙的人来说尤其如此。傍晚进行适当的体育锻炼，既可以强身健体，又可帮助肌体消化吸收。傍晚运动的主要形式为散步、打羽毛球等。也可扭大秧歌、跳集体舞等。傍晚进行体育活动的时间可长可短，但一般不要超过1小时，运动强度也不可过大，心率应控制在120次/分左右。强度过大的运动会影响肠道的消化和吸收。同时，傍晚锻炼结束与睡前的间隔时间要在1小时以上，否则会影响夜间的休息。

（二）安排准备活动

在每次运动锻炼前都要进行充分的准备活动，通过准备活动既可以提高锻炼效果，又可以减少运动损伤。准备活动分为一般性的和专项性的。一般性准备活动指在正式练习前所进行的活动量较小的全身性运动锻炼，运动形式主要是慢跑，同时可做一些伸展性体操和牵拉性练习，主要目的是使身体各器官活动充分，为即将开始的运动锻炼做好准备。活动时间一般为5～10分钟，天气冷，准备活动时间可长一些，天气热，活动时间可短一些。如果活动的形式是散步，则可以不做准备活动。专项准备活动主要指一些与活动项目相似的准备活动内容，如踢足球前的传接球、射门，武术前的踢腿、劈叉等。专项活动的时间不要太长，但活动的质量要高。准备活动不仅使身体机能进入最佳状态而且也使心理活动达到最佳水平。准备活动结束正式运动时，应保证全身心投入。

（三）确定健身内容和负荷

要根据个人兴趣，选择好活动项目内容。选择活动内容时除了要考虑年龄、性别、身体能力和健康状况等因素外，还要考虑锻炼的环境条件，要充分利用庭院、公园、山水、体育场地并结合季节和气候条件选择适合自己的健身项目。

为保证健身效果，要在对自身状况分析研究的基础上确定出运动适宜的心率值，以此作为健身负荷强度。根据人体生理活动能力变化的规律，健身强度要有一个逐步提高的过程。体育锻炼中确定运动强度最简单的办法是规定健身锻炼时的脉搏数（可控制在140次/分以内），锻炼时间的安排应与强度成反比，运动强度相对较小，而运动时间则应相对较长。在健身锻炼中也应安排一次或几次冲击式运动强度，这时运动强度可比预定强度高出10%左右，它对打破"习惯性负荷"、提高肌体能力非常有利。但在冲击式强度后要立即降低强度，使肌体有一个缓冲调整的时间。

（四）身体疲劳的判断与恢复

经过健身锻炼后，身体必然会产生疲劳。疲劳是一种生理现象，人体只有通过健身锻炼产生疲劳，才能出现身体机能的超量恢复。但是，疲劳的不断积累也可能造成身体的过度疲劳，会对肌体产生不利影响。因此，掌握疲劳诊断和消除方法，对提高健身锻炼效果具有重要意义。

1. 疲劳的判断

（1）简易生理指标测定法。肌力是最常用的测量指标之一，运动锻炼后肌肉力量不增加，反而下降，说明肌体产生了疲劳。心率是判断疲劳最简单的重要指标，运动锻炼后心率恢复时间延长，或者第二天清晨安静时心率较以前明显增加，表示肌体产生了疲劳。

（2）主观感觉。主观感觉是自我判定身体疲劳的重要依据，如果在锻炼后虽然工作能力下降，但却感到身体轻松、舒畅，食欲和睡眠情况较好，并有种舒服的疲劳感，说明这种疲劳是健身锻炼的正常反应。如果运动锻炼后，感到头昏、恶心、胸闷、食欲减退，身体明显疲劳，甚至厌恶运动锻炼，说明身体疲劳程度较重，应及时调整活动量，或停止锻炼。

（3）一般观察。运动锻炼后可以让家人和同伴观察锻炼者的肌体反应。运动后锻炼者面色苍白、眼神无光、反应迟钝、情绪低落，说明锻炼者的疲劳程度较重。

2. 疲劳的消除

（1）足够的睡眠。运动锻炼中能源物质大量消耗，身体机能明显下降，充分的休息是保证疲劳尽快消除的重要手段，而休息的最佳方式为睡眠。因此，在运动锻炼后，要保证足够的睡眠。

（2）整理性活动。健身锻炼后可进行一些整理性活动，对促进身体机能的恢复有明显的作用。整理性活动主要包括一些小强度慢跑、下肢柔软体操和全身伸展体操、肌肉群的按摩和抖动放松、呼吸和放松气功等。

（3）营养补充。运动中能源物质的消耗是疲劳产生的原因之一，人体在进行健身锻炼时，因运动项目与运动性质的不同，对营养的需求就会存在差异。因此，在摄入和补充营养物质时，必须依据不同特点进行，以适应体内代谢过程的需要，保持运动水平的提高和体质的增强。

（4）其他。健身锻炼后还可以采用其他一些手段促进疲劳的消除，如温水浴、听音乐等，这些方法对身体机能的恢复都有不可低估的作用。

第二节 健身计划的制订

个人健身计划是指根据个人身体情况，科学地、系统地设计和实施锻炼方案的理论规划。为保证健身锻炼的系统性和科学性，必须制订切实可行的锻炼计划，避免出现健身锻炼的片面性、盲目性和随意性。这对于检查健身效果、总结健身经验、改进健身方法和过程都有着重要影响。

一、个人健身计划制订过程

（一）健身计划应考虑的因素

锻炼计划没有统一的模式，但在制订时需要考虑如下因素。

（1）确定健身锻炼的目标。
（2）建立个人健康卡。
（3）要充分考虑学习、工作和生活特点。
（4）要考虑季节、环境和经济条件。
（5）要考虑个人的特长和兴趣。
（6）注意全面发展身体。
（7）锻炼内容要少而精。

（二）健身计划制订过程

健身计划制订过程包括健康诊断、体力测定、锻炼设计、锻炼实践、效果检验和计划调整等。

1. 健康诊断

这是对锻炼者健康程度的判断，包括锻炼者的姓名、年龄、职业、疾病史、过去和现在的身体锻炼状况以及食欲、睡眠和常用药品等，是制订运动处方的重要依据之一，可采用直接的医学检查，也可索取锻炼者近期的身体检查证明，在进行健康诊断时，要排除体育运动的禁忌证。如经过健康检查发现身体患有某种疾病，应首先进行积极治疗，再进行锻炼。

2. 体力测定

主要是对健身者的身体素质和身体机能状况进行检测和评定，内容包括锻炼者的力量、速度、耐力、灵敏、柔韧以及安静时心率、血压、运动时的最大摄氧量等。体力测定是确定运动强度和健身效果的依据，可采用库伯的12分钟定时跑等进行测定。

3. 制订运动方案

根据上述检测和评定的结果和健身锻炼的原则、方法，设计不同阶段、每周和每次健身活动的方案，主要内容包括健身锻炼目标、运动项目和锻炼内容、运动强度、运动时间和运动频率等。

4. 实施锻炼方案

即按照运动处方方案的要求进行锻炼。锻炼一个时期以后，应该再进行身体健康检查、运动负荷和体力测定。一方面用以评价运动处方锻炼的效果；另一方面也可以用以提供反馈信息，修改和制订出新的运动处方方案，调节锻炼过程，从而保证整个身体锻炼过程与个体的身体状况相适应。

二、个人健身计划的内容

健身计划可分为阶段健身计划、周健身计划和日健身计划。

（一）阶段健身计划

阶段健身计划是对一个阶段（季度、月或半年）的健身锻炼活动作出的规划。这特别适宜于体疗病人的康复锻炼或具有某些特殊要求的人（如比赛前锻炼、假日锻炼等）。这种计划要确定锻炼的目标、锻炼重点、时间、内容、方法和运动负荷等，有的还要定出阶段性监测指标。制订阶段健身计划时，应充分考虑全年健身计划对该阶段的各项要求和安排，结合健身目标、内容、手段、时间和运动量等，进一步具体落实到阶段训练中。其中重要内容之一就是每个阶段不同周的运动量节奏。通常可以采用一周大、一周小的节奏安排。水平高、承受能力强的人群，也可采用两周大、一周小或一大、一中、一小的节奏来安排。

（二）周健身计划

周健身计划是以阶段训练计划为依据，结合健身实际情况来制订。其内容包括下列几点。

（1）目标和要求：应把阶段目标具体化。如，错误动作的纠正；熟练掌握某一健身动作技术；注重某块肌肉或某部位肌肉群的训练等。

（2）训练内容：根据目标和要求，选择最佳或有效的动作来进行练习；突出负荷量或强度。

（3）练习次数：应按照健身者的运动水平和肌体所承受负荷量而定。初级水平每周3次，可在一、三、五或二、四、六隔天训练；中级水平每周4～5次，可在一、三、五、六或一、二、三、五、六训练；高水平每周9～12次，可在一、三、五上下午和二、四、六下午或除周日外，每天上下午训练。不同层次对练习次数的要求应有所不同，可按现有的水平、恢复和营养诸多因素及实际训练效果而定。

（4）运动量安排：周运动量节奏是因人而异的。每名健身者应在练习实践中去摸索适合自己的运动量节奏，切忌单纯追求运动量节奏或负荷量与强度，而忽视训练的实际效果。因为训练的最终追求是效果而不是节奏、量和强度。

如发达肌肉的周健身计划案例：

（1）健身目的。进一步发达肌肉，使肌肉轮廓明显。身体各部肌肉发达匀称，线条明显；增强肌体高负荷能力；加强"体艺"修养和表演能力的培养，参加省市级健美比赛。

（2）计划制订。①情况分析：了解健身者承受负荷的能力和各动作训练的强度；身体各部肌肉发达的状况和体态布局是否合理；是否有运动损伤史。②健身要求：端正思想，明确任务；掌握和熟练运用各种发达肌肉的动作、手段和方法；加强薄弱环节、部位训练，使体态逐步达到竞赛的要求。

（3）周训练内容安排：每周练习5次（表11-2-1）。

表11-2-1 发达肌肉周健身计划

星期	动作名称	锻炼部位	运动量	要求
一三	1. 卧推 2. 仰卧飞鸟 3. 弯举 4. 臂固定弯举 5. 后深蹲 6. 箭步蹲 7. 斜板仰卧起坐	胸部 胸部 上臂 上臂 大腿 大腿 腹部	（75%～85%）×（10～8）次×（4～6）组 （70%～80%）×（12～10）次×（3～5）组 （75%～85%）×（10～8）次×（4～6）组 （70%～80%）×（12～10）次×（3～5）组 （75%～85%）×（10～8）次×（4～6）组 （65%～75%）×（16～12）次×（3～5）组 20次×4组	1. 严格动作要求 2. 竭力完成任务
二五	1. 引体向上 2. 划船 3. 颈前推举 4. 壶铃坐推举 5. 颈后臂屈伸 6. 仰卧臂屈伸 7. 负重体侧屈	背部 背部 肩部 肩部 上臂 上臂 腰部	15次×（4～6）组 （75%～85%）×（10～8）次×（4～6）组 （75%～85%）×（10～8）次×（4～6）组 （70%～80%）×15次×（3～5）组 （75%～85%）×（10～8）次×（4～6）组 （65%～75%）×（16～12）次×（3～5）组 （60%～75%）次×20次×（3～5）组	3. 严格控制强度
六	1. 站立提拉 2. 负重提踵 3. 坐姿负重提踵 4. 硬拉接耸肩 5. 仰卧起坐 6. 仰卧举腿	肩部 小腿 小腿 腰、背部 腹部 腹部	（75%～85%）×（10～8）次×（4～6）组 （75%～85%）×（10～8）次×（4～6）组 （65%～75%）×（16～12）次×（3～5）组 （80%～90%）×（8～6）次×（4～6）组 20次×3组 20次×3组	4. 加强保护与帮助

（三）日健身计划

日健身计划是按照周计划所规定的目标、内容和运动量而制订的。要求定得十分具体。一般包括下列几点：

（1）目标和要求：将周计划中所规定的目标和要求，进一步分配和落实到每日健身课中。目标和要求应与课的内容及健身者的实际紧密联系，保持一致。

（2）练习内容：练习内容的选择和安排是制订日健身计划的主要工作之一。选择内容应根据任务的需要和从健身者的实际出发，这样才能有的放矢。

（3）练习方法：日健身活动的内容顺序安排好以后，就要选择每个内容的练习方法，即具体规定每个练习的训练重量、组数和次数。

（4）男女健身健美计划案例。

①练习时间：每次训练课时间为 1~1.5 小时。

②练习次数：每周训练 3 次。

③训练任务：学习和掌握健美动作的技术要领与训练方法；进行适应性的全面身体训练；提高身体素质，增强体能。

④练习内容及运动负荷分配。

表 11-2-2　健身健美日计划

星期	顺序	动作名称	组数	重量 次数	主要健美部位
星期一	1	徒手热身操	1	5~10 分钟	活动全身肌肉关节
	2	俯卧双臂屈伸	3	12~15RM 10~12 次	胸大肌群（乳房）
	3	站姿双臂持铃反握弯举	3	12~15RM 10~12 次	上臂肱二头肌群
	4	躬身双手持铃上拉	3	12~15RM 10~12 次	背部肌群
	5	仰卧撑挺身	3	12~15RM 10~12 次	上臂肱三头肌群
	6	坐姿颈前向上推举	3	12~15RM 10~12 次	肩部肌群
	7	站姿肩上负重深蹲起	3	12~15RM 10~15 次	腿部肌群
	8	仰卧直腿上举	4	20RM 15 次	腹部肌群
	9	放松慢跑按摩肌肉	1	3~5 分钟 5~10 分钟	放松全身肌肉
备注				重量单位为千克。	

第三节　健身方案的实施

一、健身锻炼着装

合适的运动服装和运动鞋是防止运动损伤的前提，不能轻视。运动服装和运动鞋应符合项目的要求。运动锻炼时最好穿运动服和运动鞋，这样既舒适轻便，有利于做各种动作，又能增加美感。运动服要选择宽松、柔软、弹性好的运动衣，还要注意色彩明快，吸水性能好。夏季应选择轻而薄、宽大而透气的衣服，以便散发热量，预防中暑。当阳光直射时，可戴遮阳帽，并注意尽量减少皮肤暴露在阳光下。冬天天气寒冷，要穿深色的、柔软且能保温的服装，但不要穿得太多，以利于运动和保温。运动服装一定要合身，过宽过紧都不便于运动，甚至会损伤皮肤。每次动后背心、短裤等都应洗干净。运动后汗湿了的衣袜应及时换掉，并把身体擦干，及时增添衣服以免感冒。从事下肢运动的人，运动鞋的选择非常重要。要选择透气性能好，鞋面舒适贴脚和鞋底有弹的运动鞋。太小太窄的鞋容易使足部擦伤、起泡。鞋还要轻，结实耐用，鞋底落地时稳定性好。有脚气、脚癣的人，还应注意锻炼时穿棉线袜，鞋垫要保持干净，经常翻晒。

二、健身安全措施

（一）运动前的安全措施

在运动前，人体各器官系统的机能都会发生一系列的生理变化，与此相适应，在心理上也会有一些改变。这种变化和改变与个人的情绪、精神状态、身体状况和运动经验等因素有密切关系。

愈是到运动开始，这种改变就愈为明显，这就是运动前状态。运动经验证明，运动前状态对人体健身运动及其效果并不都产生正面的影响。神经系统的兴奋性过高或过低，都对运动效果不利。比如，当兴奋程度过高时，人常表现出过度紧张，如急躁、食欲不振、失眠、全身无力等症状；如若兴奋程度低，则情绪低落，表情淡漠，人的运动兴趣和能力随之下降。导致这些症状发生的一个重要原因是心理因素影响到了运动前大脑皮质的兴奋状态。因此，要采取一些必要的安全措施加以调节。这里应注意以下几点。

（1）把握前几日和当日的身体状况。如在一段时间内出现睡眠不足，有过度疲劳感，受到较强神刺激、感冒、痢疾或其他身体不适，使用某些药物（如镇静剂、降压药、心脏病类药等）时，则应在当天的运动中停止激烈运动或强度过大的运动，改换轻度运动或中止运动。

（2）要注意环境变化对健身锻炼的影响。比如在过热或过冷的环境条件下运动，对锻炼人的意志，培养锻炼习惯和适应能力有着积极的影响。但对体弱者来说，就存在着一定的危险性。因此，夏天需选择阴凉的地方锻炼，冬天应选择在较暖和的时间段运动。

（3）把锻炼时间相对固定化，对提高锻炼安全也有好处。一般而言，在熟悉的环境里锻炼，身体由于适应了某种特定的生物节奏和人际氛围，运动起来也会驾轻就熟。

（二）运动中的安全措施

运动中最为重要的是自我保护。健身运动的目的是维持健康的身体状态，要尽量避免过量运动的现象，同时要注意运动的各种自我感觉，有针对性地加以排除。

1. 呼吸困难

有的人在运动开始1~2分钟以后，就感到呼吸困难，产生不愿坚持下去的想法。产生该症状的主要原因是由于内脏器官系统的惰性，内脏器官的机能还未达到充分的水平来满足肌体运动的需要。要从根本上克服这种症状，必须从轻微运动开始，再逐步过渡到强度稍大的运动，即要严格遵循运动负荷由小到大的原则。如果在运动时出现这一症状，可暂时停止练习，用散步代替，待3～5分钟以后症状消失再从小强度运动开始。如果重新运动后仍感呼吸困难，则可能是由于运动强度过大，肌体不太适应，应降低运动强度。

2. 腹痛

在跑步中常发生腹痛现象。发生腹痛的原因很多，但多半是由于运动者胃肠痉挛或肝脾淤血所致。胃肠痉挛多由肠内储积废气所产生。另外，进食过饱或过多饮用碳酸性饮料，以及进食、进水、吞咽唾液时将冷空气带入食管，也会造成胃肠痉挛。肌体进入工作状态后，循环器官的功能尚未适应，回心血量增多而心搏量相对较少，也会造成静脉血在肝脾内一时性的淤滞而导致肝脾胀痛。

当腹痛发生时，只要中止运动或减慢运动速度，即可缓解和自然消除疼痛症状。容易腹痛者，在日常生活中要注意调节饮食结构，尽量食用容易消化的营养食品，并养成每日早晨大便的习惯。在运动前、运动中要控制碳酸性饮料的摄入量。在跑步过程中要掌握正确的呼吸方法，尽量用鼻呼吸而不用口呼吸。还要根据运动量的大小来调整呼吸的节律和深度，避免腹痛的发生。

3. 胸闷与胸痛

运动中常伴有胸前区发闷、发胀、发痛等症状，这是因为心脏缺血所引起的心疼痛或冷空气刺激支气管而引起的气管痛症状。许多心前区疼痛者有冠状动脉硬化症。此外，心脏肥大者或贫血者也容易并发此症。一旦发生心前区疼痛症状，应做临床的细致检查，然后再根据结果进行必要的处置。

运动时所产生的心前区疼痛症状，除特别严重者，一般情况下，只要不引起其他临床症状，是可以适当运动的，而且运动还有锻炼和治疗效果。若是支气管疼痛症状，则可通过适当间歇性休息使其自然消失。要注意调整呼吸方法，寒冷季节可加戴口罩运动，以防止寒冷空气对呼吸道的刺激。

4. 下肢等部位的疼痛

运动所引起的下肢疼痛有各种各样的症状，其处置也不相同。

长期不运动者初次参加运动时，次日晨起可感到小腿（小腿三头肌）和大腿（股四头肌）部位的大部分肌肉疼。这是由于激烈运动导致乳酸积累，从而引起肌肉细胞膨大或渗出性无菌性炎症所引起的疼痛，对此不必担心，1～2日后可自然消失。在疼痛不严重时，仍可坚持运动，但运动量要小，或改换肢体其他部位运动。如疼痛较重，也可休息1～2日后再运动。

从开始跑步到坚持两周后，逐渐会出现足、膝关节疼痛。这是由于反复施加过大的运动量给骨和韧带关节增加了负荷而引起的。这种疼痛比较顽固，应中止锻炼数日，待疼痛消失后再开始运动为宜。再度运动后，运动强度也要适当控制。

疼痛的产生有时与环境因素有关，如跑道太硬、运动鞋没有缓冲垫等。这就需要改善运动场地与运动用品，当运动时足、膝关节反复疼痛时，疑有关节组织发生病变，应到医院检查，查明原因，以便及时治疗。

在运动中突发的下肢疼痛，可能是肌肉扭伤、断裂、肌腱撕裂甚至是骨折所引起的，此时应尽快接受医生的诊断，及时处置，以免发生后遗症。

5. 运动性中暑

中暑是因高温环境或受到烈日的暴晒而引起的疾病。在高温环境中长时间进行运动时，体温异常上升，汗液难以蒸发，则引起运动性中暑。尽管典型中暑症状包括无汗，但运动性中暑的最初症状是大量出汗、脱水。

在强烈日光（紫外线）过分照射时引起的中暑称为日射病。日射病的症状是：患者感到剧烈的头痛、头晕、眼花、耳鸣、烦躁不安等，严重时甚至昏迷、惊厥。对日射病的处置原则上应以降温为主，一般用冰袋或冷水湿敷治疗。当体温达到39℃以上时，可将冰袋放置在患者头部前额及枕部、胸部、腋区、大腿内侧等部位，用物理疗法进行降温。中度发热时（38℃），可用冷毛巾擦浴全身，微热时（37℃），可将身体暴露在阴凉的场所进行自然降温。

运动引起的中暑性昏厥发生后，如果及时采取降温措施即可很快恢复，但对身体有一定损害，故以预防为主。应该避免在烈日下及高温环境进行长时间剧烈运动。年老体弱者和有中暑史的人尤其应避免这种运动。当气温超过28℃时，长距离持续运动应终止。气温接近28℃时，可将运动安排在早上、午前或下午4点以后的时间段进行，避免正午的高热。

（三）运动后的安全措施

1. 水浴和洗澡

在运动后进行水浴，可使人心情爽快，促进疲劳的消除和精力的恢复。特别是在大汗以后，淋浴更是不可缺少。洗澡还可清洁皮肤，促进血液循环，加强新陈代谢，加速体内废物的排泄。洗澡还可使肌肉放松，张力下降，精神紧张消除。

研究表明，合理的入浴时间是在运动后心率恢复稳定、出汗停止以后。水温以微热为好，特别是老年人和血压高的人更应注意水温。池浴时也应注意洗浴的水温和时间，即使是健康人，泡在热水里的时间一次也不要超过5分钟。池浴比淋浴的效果好，因为能使心身更为放松舒适，但要注意浴池卫生。如果无此条件，可在家里简单擦洗，但要注意保暖，防止感冒。

适合降低疲劳的水温在40℃左右，介于热、温水浴之间，时间以10～20分钟为宜。涡流浴能起到按摩作用，更能达到消除疲劳的效果，洗桑拿浴使血液循环系统的负担增大，在剧烈运动后最好不要采用。

2. 睡眠

睡眠是消除疲劳、恢复工作能力的最有益的手段。睡眠不足，会加重疲劳的积累，推迟身体恢复的时间。无规律地增加睡眠时间也不可取。因此，每个从事健身运动的人都要注意提高睡眠质量。其中重要的是养成按时睡眠、按时起床的良好习惯，并保证每天有7～8小时的睡眠时间。如果条件允许，可养成午休的习惯。

3. 饮食营养

每个健身运动者都应学会科学的饮食方法。营养不良或营养过剩，均不利于健康，特别是从事运动者更应适当充实饮食营养。

三、预防健身中断

在实际生活中，常有这种情况，一些人做了一系列的准备工作，结果刚刚开始运动不久就由于某种原因而草率地中止了运动。据调查，100人当中在一个月内就有40%的人因各种原因中止了运动，能坚持一年之久的运动者只占10%～20%。许多人在学校里尚能坚持运动，但出校门走向工作岗位后即中止运动，这是造成我国目前中年从事体育锻炼的人口少的重要因素。

导致中止运动的原因是多方面的。诸如，因工作和家庭的变迁导致运动时间被挤占；运动场所或器材不理想；缺乏理想的伙伴或指导者；因伤病等个人原因等。为防止这种半途而废的情况，可以采取如下措施。

（一）增加对运动兴趣

体育运动的魅力就在于运动中的乐趣和运动后的快感。体育运动是一种具有很强娱乐性的运动形式，为增进健康而进行的运动，应该选择趣味性强的项目，使运动者尽情体验运动的乐趣。

（二）结交运动伙伴

结交志同道合的运动伙伴，对保持运动持久性有极大的帮助。人总是有些惰性的，若没有坚强的意志和动力源，独立坚持不懈地进行某项运动的确很难。若有比较知心的朋友、同事、邻居一同参加，相互陪伴、指点、鼓励，既可增强彼此的自信心，又可消除孤独感和单调感，对坚持运动有一定的作用。特别是跑步运动时，更应多结伴友，增加大家的集体归属感，运动才能坚持下去。

（三）参加群体性锻炼小组

在公园、体育场、学校操场或健身中心，已经组织起各式各样的体育锻炼群体，这些群体中通常有一些社会体育指导员和积极分子在组织每日的体育活动。由于活动场地有保证，活动内容较为一致，参加对象在年龄、职业、地域等方面大体近似，故能长期坚持。因此，找寻适合自身特点的锻炼者群体，营造宽松和谐的锻炼氛围，大家互相提醒、互相关心，对于坚持运动也是十分必要的。

（四）制订锻炼计划并付诸实施

在实际生活中，想锻炼的人往往由于生病受伤、家庭意外事件等原因而中断健身锻炼。这时，就要根据中断运动的原因，重新制订一个恢复性的体育锻炼计划并付诸实施。

由于身体状况而中断健身锻炼，如疾病受伤等，恢复锻炼时活动量要相对小一些，恢复时间可长一些。如果因非身体原因而中断健身锻炼，则活动量可大一些，适应性的时间也短一些。在过渡性锻炼过程中，主要进行小强度的锻炼方式，运动形式可安排散步、慢跑、打太极拳、打网球等，运动时心率以每分钟120次为宜，一般不超过140次/分。年轻人由于身体机能较好，代谢旺盛，过渡性锻炼的时间可短一些，一般有一周左右的时间就足够了。对中老年人来说，因同样原因中断健身锻炼，其过渡时间要比年轻人长一些。

思考题

1. 如何科学合理安排长期健身锻炼？
2. 日健身锻炼安排应考虑哪些方面的内容？
3. 简述健身计划制订的过程和方法。
4. 健身计划有哪几种类型？每种计划制订的要求是什么？
5. 健身计划实施应从哪些方面进行落实？

主要参考文献

[1] 刘胜，张先松，贾鹏．健身原理与方法 [M]．武汉：中国地质大学出版社，2010．

[2] 张先松．健身营养科学方案 [M]．武汉：中国地质大学出版社，2010．

[3] 张先松．健身健美运动 [M]．武汉：华中科技大学出版社，2009．

[4] 张先松．健身健美运动 [M]．北京：高等教育出版社，2005．

[5] 唐宏贵．体育健身原理与方法 [M]．武汉：湖北人民出版社，2007．

[6] 杨文轩等．体育原理 [M]．北京：高等教育出版社，2004．

[7] 张先松．健身健美理论与实践 [M]．武汉：武汉出版社，2005．

[8] 王权．大众体育与健身 [M]．哈尔滨：哈尔滨地图出版社，2007．

[9] 周西宽．体育基本理论 [M]．北京：人民体育出版社，2007．

[10] 翁锡全．体育·环境·健康 [M]．北京：人民体育出版社，2004．

[11] ［英］格雷·库克．人体运动平衡——基于功能性动作筛查的身体评估与训练．北京：人民邮电出版社，2020．

[12] 中国营养学会编著．中国居民膳食指南（2016）[M]．北京：人民卫生出版社，2016．

[13] 谷丽霞．我国古代养生观的发展及其对现代健身理论的意义 [J]．山东大学学报，2004（5）．

[14] 陈玲．身体哲学视域下的中国传统体育养生思想探析 [D]．长沙：湖南师范大学，2016（6）．

[15] 翁炀晖．论中国传统养生的理论基础 [J]．搏击·武术科学，2009（6）．

[16] 顾一煌．中医健身学 [M]．北京：中国中医出版社，2009．

[17] 罗元翔等．中西方体育养生思想之比较 [J]．西安体育学院学报，2000（3）．

[18] 徐本力．试论"现代体育健身观"[J]．山东体育学院学报，2009（10）．

[19] 沈芝萍．体育健身运动对人体健康和生活方式的影响 [J]．体育文化导刊，2006（3）．

[20] 邓荣华．全民健身与社会发展 [J]．西安体育学院学报，2001（3）．

[21] 倪同云．国际大众体育发展趋势的研究 [J]．体育科学，1998（5）．

[22] 刘次林．论身心统一的体育 [J]．教育研究与实验，1999（4）．

[23] 杨则宜．生命在于运动和营养 [M]．北京：北京体育大学出版社，2006．

[24] 杨则宜，冯炜权. 健康中年运动营养指南 [M]. 北京：人民体育出版社，2007.

[25] 张钧，张蕴琨. 运动营养学 [M]. 北京：高等教育出版社，2010.

[26] 吴晓强，张中豹. 运动健身理论与方法 [M]. 北京：人民体育出版社，2007.

[27] 张先松，刘胜等. 大学体育学 [M]. 北京：北京体育大学出版社，2008.

[28] 北京康比特运动营养研究所编著. 运动·营养 [M]. 北京：北京科学技术出版社，2005.

[29] 刘琦，赫忠慧. 科学健身 [M]. 北京：人民体育出版社，2008.

[30] 李世昌. 运动解剖学 [M]. 北京：高等教育出版社，2006.

[31] 卢起，周越. 运动生理学 [M]. 北京：人民体育出版社，2008.

[32] 刘洵，谭思洁. 运动生物科学基础 [M]. 北京：人民体育出版社，2008.

[33] 沈剑威等. 体适能基础理论 [M]. 北京：人民体育出版社，2008.

[34] 万京一. 体能学 [M]. 北京：人民体育出版社，2007.

[35] 何其霞. 运动处方理论与实践 [M]. 北京：人民体育出版社，2008.

[36] 肖泽民. 体育与健康 [M]. 郑州：黄河水利出版社，2004.

[37] 相建华，杨润琴，尹俊玉. 初级健美训练教程 [M]. 北京：人民体育出版社，2003.

[38]［澳］霍斯特. 有氧训练教练员手册 [M]. 深圳市中航健身康体有限公司译，北京：北京体育大学出版社，2002.

[39] 王健，何玉秀. 健康体适能（体育学科研究生通用教材）[M]. 北京：人民体育出版社，2008.

[40] 段黔冰. 现代健身新理念 [M]. 西安：电子科技大学出版社，2005.

[41] 田里，张盛海，张先松. 健身私人教练理论与实践 [M]. 北京：北京体育大学出版社，2004.

[42] 卢元镇. 社会体育导论 [M]. 北京：高等教育出版社，2011.

[43] 李相如. 健身教练 [M]. 北京：高等教育出版社，2011.

[44] 田麦元. 运动训练学. 北京：高等教育出版社，2017.